कथा-समय

दस्तावेज़ी लघुकथाएँ

कथा-समय
दस्तावेज़ी लघुकथाएँ

संपादन
अशोक भाटिया

अनुज्ञा

अनुज्ञा

प्रथम संस्करण : 2020
द्वितीय संस्करण : 2020
तृतीय संस्करण : 2021

ISBN 978-93-89341-10-2

प्रकाशक
अनुज्ञा बुक्स
1/10206, लेन नं. 1E, वेस्ट गोरख पार्क, शाहदरा, दिल्ली-110 032
mail : anuugyabooks@gmail.com • salesanuugyabooks@gmail.com
फोन : 011-22825424, 7291920186, 09350809192
www : anuugyabooks.com

शाखा कार्यालय : धर्मकांटा चौक, राष्ट्रीय राजमार्ग 57,
एम.बी.बी.एल कॉलेज रोड, बैरिया, मुजफ्फरपुर, बिहार-842 003

शाखा कार्यालय : बी-1171, द्वितीय तल,
ग्रीन फील्ड्स कॉलोनी, फरीदाबाद, हरियाणा-121 010

शाखा कार्यालय : 301, तृतीय तल, राधाकृष्ण अपार्टमेंट, सांई कॉलोनी,
स्टेशन रोड, चाईबासा, पश्चिमी सिंहभूम, झारखंड-833 201

मूल्य : 300.00 रुपये

आवरण
असरार 'सागरी'

मुद्रक
अर्पित प्रिंटोग्राफर्स, दिल्ली-32

KATHA-SAMAY—Dastawezi Laghukathein
***Storiettes** edited by* **Dr. Ashok Bhatia**

अनुक्रम

भूमिका : एक

लघुकथा की भूमिका

लघुकथाओं में ऐसा क्या है, जो कहानी या किसी दूसरे साहित्य-प्रकार में इतने शक्तिशाली रूप में नहीं कहा जा सकता?

जीवन की समग्रता कहानी में भी नहीं आ पाती, तभी तो उपन्यास है। एक उपन्यास में भी समग्र जीवन कैसे समा सकता है? प्रेमचन्द के विख्यात उपन्यास 'गोदान' में स्वतन्त्रता-पूर्व भारत का सच छिपा हुआ है। लेकिन 'गोदान' का अन्त क्या गोबर-झुनिया की कथा का भी अन्त है? ऐसा होता, तो रमेशचन्द्र शाह को 'गोबर गणेश' उपन्यास न लिखना पड़ता।

उपन्यास भी जीवन का एक खंड होता है। गाल्सवर्दी के फारसाइसीस सागा से प्रेरित होकर उपेन्द्रनाथ अश्क ने चेतन नामक निम्न-मध्यमवर्गीय पात्र के कुछ वर्षों की कहानी को छह उपन्यासों–गिरती दीवारें (1940), शहर में घूमता आईना (1963), एक नन्हीं किन्दील (1969), बाँधो न नाव इस ठाँव (1974), पलटती धारा (1997), इति नियति (2004 अधूरा)–में उतारा है। रामायण और महाभारत ग्रन्थों का अन्त क्या तत्कालीन जीवन का भी अन्त है? 'रामचरितमानस' के उत्तर कांड के पश्चात् भी कथा थी, जीवन था, जिसे मधुसूदन ने मानस की ही तर्ज पर 'रामाश्वमेघ' खंडकाव्य लिखकर जोड़ दिया था। 'महाभारत' के युद्ध के पश्चात् पांडवों द्वारा हिमालय की ओर प्रस्थान करने पर क्या हस्तिनापुर का जन-जीवन और उनकी समस्याएँ समाप्त हो गईं? तो अभिव्यक्ति का माध्यम कोई हो, एक रचना समग्र यथार्थ का कोई एक खंड ही सामने ला सकती है। इसलिए प्रश्न माध्यम का नहीं है, उसमें व्यक्त किए गए यथार्थ, अनुभव और वैचारिकता का है। जहाँ तक लघुकथा का प्रश्न है, तो यह कहानी से बच रही रन्ध्रों को ही नहीं भरती, अपितु जीवन को अपनी बांहों में समेटने की क्षमता रखती है। हिन्दी ही नहीं, अन्य भारतीय और विश्व-भाषाओं का प्रतिनिधि लघुकथा-साहित्य इसका प्रमाण है।

लघुकथा के लघु आकार पर प्रश्न नहीं उठाए जा सकते, वैसे ही जैसे दोहे, ग़ज़ल, शेर आदि के आकार को लेकर सवाल करना बेमानी है। आकार में छोटी ये कथाएँ अपने निहितार्थ और उद्देश्य में बड़ी और दूरगामी प्रभाव की रचनाएँ हैं।

लघुकथा जनविधा है, इसका पथ जनपथ है। इसमें आभिजात्य और कुलीन लेखन के लिए स्थान नहीं है। हिन्दी की समकालीन श्रेष्ठ लघुकथाओं को (एक सन्दर्भ में) गुणाढ्य की लगभग एक लाख श्लोकों की 'बड्डकहा' (बृहत्कथा) के समकक्ष मान सकते हैं। पैशाची (लौकिक संस्कृत) में लिखी जाने और ब्राह्मणवादी परम्पराओं के विरुद्ध पड़ने के कारण, 'बृहत्कथा' ग्रन्थ की उस काल में उपेक्षा हुई, जबकि यह ग्रन्थ मौलिकता और नवीनता लिये हुए है। लघुकथा साहित्य की स्थिति भी कमोबेश ऐसी ही रही है। वास्तव में लघुकथा को कथा-साहित्य की सत्ता में हस्तक्षेप आदि के रूप में देखने की अपेक्षा एक रचनात्मक दायित्व

के रूप में देखे-परखे जाने की ज़रूरत है। इस दायित्व को निभाते हुए विगत 45 वर्षों में एक अवधि-विशेष, भाषा, विषय या प्रदेश-विशेष की लघुकथाओं को लेकर ऐसे कई संकलन आ चुके हैं, जो इस क्षेत्र की रचनात्मक जिम्मेदारी और सक्रियता को जाहिर करते हैं। उन सबका उल्लेख यहाँ सम्भव नहीं। 'गुफाओं से मैदान की ओर' (1974, सं. रमेश जैन, भगीरथ) से यह यात्रा आज तक अनवरत जारी है। 'अनकहे कथ्य' (1984, सं. अशोक वर्मा) अपनी तरह का अकेला संकलन है। बलराम के दो बड़े काम–'भारतीय लघुकथा कोश' (दो खंड, 1990) और 'विश्व लघुकथा कोश' (चार खंड, 1995) निर्दोष न होकर भी अपनी समावेशी प्रवृत्ति के कारण अद्वितीय बन पड़े हैं। कुछ ऐसा ही, पर अधिक सजग प्रयास 'पड़ाव और पड़ताल' (सं. मधुदीप व अन्य) के 25 खंडों के रूप में मिलता है।

आज हर प्रकार की गम्भीरता पर लोकप्रिय संस्कृति मानो चढ़ बैठी है। सोशल मीडिया का व्यावसायिक मनोरंजन सबके दिलो-दिमाग पर बड़ी तेजी से दल-बल सहित कब्जा किये जा रहा है। मीडिया की लपलपाती जीभ बची-खुची संवेदना और मानवीयता को मानो अन्तिम रूप से निगल जाने को तैयार है। ऐसे में जैसे भी हो, शब्द की गरिमा को, संवाद को बचाने की गहन गम्भीर जिम्मेवारी रचनाकार की है। वह तमाम दबावों के बावजूद लिखे, किसी भी विधा में लिखे, प्रतिसंसार रचे।

साहित्य के लिए स्पेस बचाने-बनाने का एक रचनात्मक मार्ग लघुकथा हो सकता है। लघुकथा एक प्रतिरोधी समाज के लायक कोई भूमि तैयार करने में कितनी मददगार सिद्ध हो सकती है?– समय ही बताएगा। फिलहाल यह संवेदनशीलता और रचनाशीलता के विस्तार का एक आयाम तो है ही।

गाँधी जयन्ती
02 अक्टूबर 2019

–अशोक भाटिया

भूमिका : दो

यह चयन

प्रतिनिधि लघुकथा-साहित्य का चयन कर पाठकों के बीच ले जाने का समय आ गया है, हालाँकि इस दिशा में प्रयास पहले भी होते रहे हैं। एक लेखक की तीन-चार लघुकथाओं से उसकी विकसित होती जीवन-दृष्टि और रचनात्मकता का पता नहीं चलता। इस कारण यह संकलन निकालना आवश्यक हो गया था। आखिर बेहतर रचनाशीलता ही किसी भी साहित्य-रूप का आधार बनती है। तमाम आयोजन-संयोजन, प्रकाशन, सम्पादन आदि अपने समय में विधा-विशेष के विकास में सहयोगी बनते हैं। हिन्दी लघुकथा क्षेत्र में ऐसी सक्रियता अपने निखार पर है। किन्तु इन सबका महत्त्व तात्कालिक से लेकर समकाल तक ही प्रायः रहता है। इसके बाद केवल रचनात्मक साहित्य और उसकी यात्रा बचती है।

हिन्दी लघुकथा का नवरूप बीसवीं सदी के उत्तरार्ध के हालात और संघर्षों की उपज है। कोई चार बरस पहले सात लघुकथा लेखकों और उनकी रचनाशीलता को रेखांकित करने का विचार बना था, साथ ही कुछ दुविधाएँ भी थीं। आठ लेखकों की वर्तमान सूची पहले से कुछ भिन्न है।

जिज्ञासा होगी कि इन रचनाकारों के चयन की कसौटी क्या है? इनमें से छह लेखक लघुकथा के आठवें दशक से लेकर अब तक के संघर्ष से वाकिफ़ हैं, उसके साक्षी हैं, उसी में से पनपे हैं। शेष दो उभरते युवा लेखक हैं। नए लेखकों के पास वस्तु की उर्वर भूमि प्रायः अधिक होती है। इन सबकी रचनाएँ लघुकथा-लेखन की गम्भीर धारा का प्रतिनिधित्व करती हैं। ये सभी लेखक मुख्य रूप से लघुकथाएँ लिखते हैं, जिन्हें लघुकथाकार कहा जाना अनुचित नहीं होगा। ये सभी लेखक हालाँकि अन्य साहित्य-रूपों में भी लिखते हैं, लेकिन इन्होंने सर्वाधिक ऊर्जा लघुकथा क्षेत्र में लगाई है। और फिर इनके लेखन में निरन्तरता है। अपने स्वल्प परिसर में भी ये रचनाएँ वक्तपरस्ती के विपरीत, अपनी संवेदना और सुघड़-सुडौल निर्मिति के कारण पाठक और आलोचक का ध्यान खींचने में सक्षम हैं– ऐसा हमारा मानना है। इन रचनाओं में प्रयुक्त हुए अभिव्यक्ति के सूक्ष्म प्रसाधनों में रचनानुकूलता और ताज़गी है।

ये रचनाएँ इन लेखकों की प्रतिनिधि लघुकथाएँ हैं। प्रतिनिधित्व किसका? लेखक का या समकाल का? उत्तर है–दोनों का। चयन करते समय अपने समय के बहुआयामी सामाजिक यथार्थ से निःसृत लघुकथाएँ जिन लेखकों ने रची हैं, उन्हीं में से ही रचनाकारों का चयन किया गया है। फिर इन सबकी अपनी कहन-शैली है। इसलिए रचना-चयन में हमारा प्रयास रहा है कि ये लघुकथाएँ अपने समय को भी सम्बोधित करें और लेखक के रचनात्मक व्यक्तित्व की छाप भी इनमें अंकित हो। प्रयास किया है कि इस चयन में इक्कीसवीं सदी की बदलती अपेक्षाओं, मूल्यों, परिस्थितियों और वैचारिक टकराहटों का समावेश हो। ये लघुकथाएँ जीवन का कितना क्षेत्रफल समेट पाई हैं– यह सुधी पाठक और आलोचक ही बता सकते हैं।

कई प्रमुख साहित्यकारों ने अन्य विधाओं के साथ लघुकथा-क्षेत्र में भी उतनी ही जिम्मेवारी से कलम चलाकर इस साहित्य-रूप को समृद्ध किया है। समकाल में ही विष्णु प्रभाकर की 'सम्पूर्ण लघुकथाएँ', हरिशंकर परसाई की रचनावली के दूसरे खंड में संकलित करीब 80 लघुकथाएँ, चित्रा मुद्गल की 'बयान', असग़र वज़ाहत की 'मुश्किल काम', विष्णु नागर की 'ईश्वर की कहानियाँ' आदि पुस्तकों की लम्बी सूची है, किन्तु ये प्रतिष्ठित साहित्यकार मुख्य रूप से नाटक, निबन्ध, उपन्यास, कहानी या कविता क्षेत्र में सक्रिय (रहे) हैं।

इस पुस्तक की कसौटी पर और भी कई दावेदार हो सकते हैं, अवश्य होंगे। भविष्य में अन्य दावेदारों की रचनाओं पर विचार किया जा सकता है। फिलहाल, मारामारी से भरे, उथले माहौल के बीच रचनात्मकता को बनाए-बचाए रखने वाले, नये समय के यथार्थ के रचनात्मक रूपान्तरण वाली लघुकथाएँ लिखने वाले प्रतिनिधि हिन्दी लेखकों की यह केवल एक बानगी है। इतिहास भी ऐसी रचनाओं से बनता है।

इन कथाकारों का क्रम सम्पादक ने तय किया है; यह कोई वरिष्ठता-क्रम नहीं है।

–अशोक भाटिया

गाँधी जयन्ती
02 अक्टूबर 2019

भूमिका : तीन

हिन्दी लघुकथा के कुछ बिन्दु

- लघुकथाएँ किसी न किसी रूप में भारतीय संस्कृति का हिस्सा रही हैं।
- प्रारंभ से ही प्रमुख साहित्यकारों का हिन्दी लघुकथा को रचनात्मक संबल मिलता रहा है। सन् 1970 तक के लघुकथा-लेखक 'नींव के नायक' थे। अपनी इसी नाम की पुस्तक में मैंने 29 लेखकों की 177 लघुकथाओं को शामिल किया है। सन् 2011 के इस काम में नए शोध-यत्नों के बाद कुछ और नाम भी जुड़ सकते हैं। इनमें प्रमुख रूप से प्रेमचंद, जयशंकर प्रसाद, जगदीश चंद्र मिश्र ('मिट्टी के आदमी' 1971 आदि आठ लघुकथा-संग्रह), सुदर्शन ('झरोखे' ल. संग्रह 1947), अयोध्याप्रसाद गोयलीय (भारतीय ज्ञानपीठ द्वारा 'गहरे पानी पैठ' 1953 और 'जिन खोजा तिन पाइया' 1955 आदि लघुकथा-संग्रह), कन्हैयालाल मिश्र प्रभाकर (भा. ज्ञानपीठ द्वारा 'आकाश के तारे धरती के फूल' 1952), उपेन्द्रनाथ अश्क, रावी (भा. ज्ञानपीठ द्वारा 'मेरे कथागुरु का कहना है'-दो भाग 1958, 1961 आदि), विष्णु प्रभाकर ('आपकी कृपा है' 1982, 'संपूर्ण लघुकथाएँ' 2009 आदि), रामनारायण उपाध्याय ('नया पंचतंत्र' 1974, 'नाक का सवाल' 1983 आदि), हरिशंकर परसाई (परसाई रचनावली भाग दो में लगभग अस्सी लघुकथाएँ 1985), आनन्द मोहन अवस्थी ('बंधनों की रक्षा' 1950), शरद कुमार मिश्र 'शरद', श्यामनंदन शास्त्री ('पाषाण और पंछी' 1962) आदि शामिल हैं। इन सब लेखकों ने बीसवीं सदी के दूसरे से पाँचवें दशक तक लघुकथाएँ लिखना प्रारंभ कर दिया था। इस काल-खंड में लघुकथा का स्वरूप तेज़ी से बदल रहा था। वह तत्कालीन यथार्थ को धारण कर रही थी, साथ ही उसका बोध-कथा, नीति-कथा वाला आदर्श से संचालित रूप तिरोहित होता जा रहा था।
- हिन्दी लघुकथा आठवें दशक में अंतर्देशीय पत्र ('मिनी अंतर्यात्रा, भोपाल, 1970) और फोल्डर पत्रिका ('अतिरिक्त' रावतभाटा (राज.) 1972 तथा 'दीपशिखा', कैथल (हरियाणा) 1973) के रूप में भी आती रही। अब यह महाविशेषांक तक पहुँच चुकी है। ममता कालिया के शब्दों में कहें, तो "लघुकथा 'फिलर' से 'किलर' तक पहुँच चुकी है।"
- 1971 से आज तक छोटे-बड़े लगभग दो सौ लघुकथा-विशेषांकों ने इसके उभार, प्रसार और निरंतरता में सक्रिय भूमिका निभाई है। इनमें से कुछ प्रतिनिधि विशेषांकों में 'प्रयास' (नवांशहर दोआबा, पं. 1971), 'तारिका' (अम्बाला छावनी 1973), 'सारिका' (दिल्ली 1973, 1975, 1984, 1986 आदि), 'साहित्य निर्झर' (चंडीगढ़ 1974), 'नवभारत' (समाचार पत्र, इंदौर आदि, 1975), 'शब्द' (लखनऊ 1975), 'समग्र' (दिल्ली 1978), 'नवतारा' (हजारीबाग 1979), 'वर्ष वैभव' (मुंबई 1980), 'कथाबिंब' (मुंबई 1981), 'दिशा' (पटना 1986), 'संबोधन' (कांकरौली, राज., 1988), 'मिनी युग' (गाजियाबाद 1992) 'समान्तर' (शाजापुर म.प्र. 2001),'पुनः' (पटना 2002), 'द्वीप

लहरी' (अंडमान निकोबार 2002, 03), 'शीराज़ा' (जम्मू 2005), 'नई धारा' (पटना 2009), 'हरिगंधा' (पंचकूला 2010-11),'सरस्वती सुमन' (देहरादून 2011), 'सादर इंडिया' (गुड़गांव 2011), 'हिंदी चेतना' (कैनेडा 2012), 'शोध-दिशा' (दिल्ली 2012, 15, 16), 'अभिनव इमरोज़' (दिल्ली 2013), 'उदन्ती' (रायपुर 2015), 'मधुमती' (उदयपुर 2016), 'साहित्य अमृत' (दिल्ली 2017), 'साहित्य त्रिवेणी' (कोलकाता 2017), 'अविराम साहित्यिकी' (रुड़की हरिद्वार 2012, 15, 18), 'आधुनिक साहित्य' (दिल्ली 2018), 'परिंदे' (दिल्ली 2019) आदि शामिल हैं। पंद्रह राज्यों की विभिन्न व्यावसायिक और लघु पत्रिकाओं के ये और अन्य लघुकथा-विशेषांक सहज ही कुछ निष्कर्षों पर पहुँचा देते हैं। पहला, संपादकों द्वारा लघुकथा के प्रति स्वीकार-भाव और दूसरा, इस साहित्य-रूप का निरन्तर लिखा और पढ़ा जाना यानी लघुकथा का बढ़ता साहित्यिक व सामाजिक हस्तक्षेप।

- आठवें-नवें दशक में उपेक्षा से जूझती और अपने स्वरूप के लिए संघर्ष करती रही लघुकथा हर स्थिति में समय के सवालों और चुनौतियों से दो-चार होती रही। लघुकथा की रचनात्मकता पर कई प्रमुख कथाकार-आलोचक-पत्रकार किन्तु-परन्तु करते रहे, लेकिन इसकी सामाजिक प्रतिबद्धता कभी सवालों के घेरे में नही आई। समाज से आधार और ऊर्जा लेकर वह अनेकानेक लेखकों की कलम से कागज तक और पाठक के मन में उतरती रही।
- लघुकथा को पहला बड़ा मंच कहानी की केंद्रीय पत्रिका 'सारिका' ने 1973 में अपने लघुकथा विशेषांक के साथ उपलब्ध कराया। 1975 में फिर एक और विशेषांक दिया। यह तत्कालीन संपादक और प्रसिद्ध कथाकार कमलेश्वर की प्रगतिशील और प्रयोगधर्मी सोच का कमाल था। इसके साथ ही गंभीर कम, लेकिन अगंभीर लेखकों का रातों-रात बड़ी संख्या में 'जन्म' हो गया।
- लघुकथा की केंद्रीय पत्रिका 'लघु आघात' (त्रै.) विक्रम सोनी के संपादन में 1981 से 1990 तक निकलती रही। उस समय लघुकथा के तूफ़ान को दिशा देने के लिए एक नियमित लघु पत्रिका की बड़ी ज़रूरत थी, जो गंभीरता से लघुकथा को एक आधार और स्थिरता प्रदान कर सके। कहना न होगा कि 'लघु आघात' ने तब लघुकथा-साहित्य को उभारने-सँवारने में केंद्रीय भूमिका निभाई।
- समकालीन हिन्दी लघुकथा की सामर्थ्य को उभारने और इसके स्वरूप को निखारने में रमेश बत्तरा, कृष्ण कमलेश, युगल, विक्रम सोनी, जगदीश कश्यप, चित्रा मुद्‌गल, सतीश दुबे, बलराम, पृथ्वीराज अरोड़ा, कमल गुप्त, असगर वज़ाहत, विनायक, सतीशराज पुष्करणा, प्रबोध कुमार गोविल, सुरेन्द्र मंथन, मोहन राजेश, विजयदान देथा, यादवेन्द्र शर्मा 'चन्द्र', महेश दर्पण, जसबीर चावला, सिमर सदोष, सूर्यकांत नागर, मार्टिन जॉन, सुभाष नीरव, अमरीक सिंह दीप, रामकुमार आत्रेय, रामेश्वर काम्बोज 'हिमांशु', मुकेश वर्मा, चैतन्य त्रिवेदी आदि अनेक लेखकों की रचनात्मक भूमिका लघुकथा के इतिहास का हिस्सा बन चुकी है।
- आजकल आ रही लघुकथा-पत्रिकाओं में 'लघुकथा डॉट कॉम' (मासिक वेब 2000

से), 'संरचना' (वार्षिकी, दिल्ली 2008 से), 'दृष्टि' (अर्ध वा., गुड़गाँव 2016 से), 'लघुकथा कलश' (अर्ध वा., पटियाला 2018 से), 'क्षितिज' (इंदौर, 1983 से अनियतकालीन) तथा मासिक अखबार 'लघुकथा वृत्त' (भोपाल 2018 से) प्रकाशित हो रहे हैं।

- अब तक अनेक लेखकों की लघुकथाएँ पाठ्यक्रमों का हिस्सा बन चुकी हैं। अब पूरी लघुकथा-पुस्तकें भी युनिवर्सिटी द्वारा पाठ्यक्रम में निर्धारित की जाने लगी हैं। बलराम द्वारा संपादित 'लघुकथा लहरी' और 'छोटी-बड़ी कथाएँ' (2019) पुस्तकें मंगलौर विश्वविद्यालय, मंगलौर (कर्नाटक) के क्रमशः बी.ए. (प्रथम वर्ष) और बी.बी.ए. के पाठ्यक्रम में 2019 से लग चुकी हैं।
- राष्ट्रीय साहित्य अकादमी नई दिल्ली द्वारा पहली बार 15 मार्च 2016 को चार लेखकों (बलराम अग्रवाल, मधुदीप, सुकेश साहनी, अशोक भाटिया) का लघुकथा-पाठ करवाया गया।
- इक्कीसवीं सदी में हिन्दी गद्य की एक दिशा रूपांतरण की रही है यानी विविध विधाओं का परस्पर निकट आकर नई रचनात्मक संभावनाओं के साथ यथार्थ की कलात्मक निर्मिति। जैसे काशीनाथ सिंह का 'काशी का अस्सी' खालिस उपन्यास न होकर अपने में संस्मरण, आत्मकथा, रिपोर्ताज और रेखाचित्र की शक्ति का समावेश किए है। इधर लघुकथा क्षेत्र में भी ऐसे अनेक प्रयोग हुए हैं, जो उसकी तथाकथित शुद्धता के अंत की घोषणा करते हैं। इससे लघुकथा के आकार और प्रकार– दोनों स्तरों पर नई संभावनाएँ बनी हैं। समग्र यथार्थ को लघुकथा में यथासंभव समेट पाने और उसकी अभिव्यक्ति-क्षमता को बढ़ाने के लिए निरंतर ऐसे यत्न होने आवश्यक हैं। ऐसी संभावनाओं और प्रयोगों में से ही भविष्य की लघुकथा का स्वरूप निर्धारित होगा।

–अशोक भाटिया

इन लघुकथाओं में समय

–अशोक भाटिया

हमारी 'आधी दुनिया' (सुकेश साहनी) स्त्रियों की है, जो दुनिया-भर के प्रतिबन्ध झेलती हुई भी दिन-रात खटती है, फिर भी सामन्ती सोच वाला पुरुष कहता है कि 'स्त्री कुछ नहीं करती!' (अशोक भाटिया)। अब जागरूक स्त्री के तर्क अपने 'हक' (भगीरथ) के लिए पति की विकृत सोच को तार-तार करने लगे हैं। अब वह सिर्फ लड़के की चाह रखने वाले सामन्ती परिवार को छोड़कर आपसे पूछ सकती है–'क्या मैंने ठीक किया?' (भगीरथ)।

सन्तान के प्रति माँ का 'मोह' (अशोक भाटिया) भी अब उपेक्षा का शिकार होने लगा है। माँ तो सपने में आकर भी पश्चाताप और दुःख से मुक्ति देती है (सपने में माँ : भगीरथ)। दाम्पत्य में आजकल बाकायदा बच्चे का 'प्लान' (कमल चोपड़ा) किया जाता है, लेकिन तंग-छोटे घरों के चलते रोमांस का इन्तजार 'रो-मान्स' (अशोक भाटिया) में ही अधिक ढलता है। मात्र धन-बल से पत्नी पर अधिकार जमाने वाले पति को एक दिन सोचना पड़ सकता है कि 'वह चली क्यों गई?' (माधव नागदा)। यह रचना आचार्य चतुरसेन शास्त्री की प्रसिद्ध कहानी 'दुखवा मैं कासे कहूँ मोरी सजनी' का स्मरण करा देती है। वहाँ नायिका महल की रानी है, तो यहाँ उच्च-मध्यवर्ग की महिला। पड़ोसी के प्रति संवेदना वृद्ध दम्पति की 'ठंडी रजाई' (सुकेश साहनी) को भी गर्माहट से भर देती है।

बच्चा एक 'मिठास' (बलराम अग्रवाल) का एहसास है। भाइयों का बेशक हो, पर बच्चों में 'बँटवारा' (दीपक मशाल) नहीं हुआ करता। घर के 'त्रिभुज के कोण' (सुकेश साहनी) में बच्चा उपेक्षित नहीं होना चाहिए। शिक्षा के भार से आज हर बच्चे का खेलने का 'सपना' (अशोक भाटिया) खतरे में है। और फिर 'बड़े बच्चे' (दीपक मशाल) समझ की तीसरी आँख रखते हैं। घर का दूषित माहौल बच्चे पर अपना विपरीत 'असर' (माधव नागदा) जरूर दिखाता है। बच्चे से बतियाते हुए सजग न रहने पर उसमें किसी बात से 'खौफ़' (कमल चोपड़ा) पैदा हो सकता है।

पति 'भीतर का सच' (अशोक भाटिया) अब जानने लगा है कि लड़का या लड़की होना संयोग-मात्र है, फिर भी वह अपनी पुत्र-प्रधान 'अपरिपक्व' (चन्द्रेश कुमार छतलानी) सोच से बाज नहीं आता। समाज में कटड़ी की 'वैल्यू' (कमल चोपड़ा) है, बेटी की नहीं। हालाँकि बेटी की 'विश' (कमल चोपड़ा) सदा माता-पिता की खुशी में ही होती है। समाज में बेटी और बहू के फर्क की विडम्बना अब 'मलबे के ऊपर' (कमल चोपड़ा) आ चुकी है। पिता द्वारा बेटे को नसीहत के तौर पर बेटी के लिए 'मेरा खून' (कमल चोपड़ा) का प्रयोग चलन में आने लगा है। वैसे भी लड़कों को 'सयाना होने के दौरान' (दीपक मशाल) लड़कियों की भावनाएँ व संवेदनाएँ कई बार समझ नहीं आतीं।

जब तक पिता का साहस बेटी को 'सपने नहीं दे सकता' (भगीरथ), तब तक बेटी के जीवन की साहस और सौन्दर्य से युक्त 'समन्दर : एक प्रेम कहानी' (बलराम अग्रवाल) नहीं बन सकती। पिता 'दायित्व-बोध' (चन्द्रेश कुमार छतलानी) का दूसरा नाम है, जो पीढ़ी-दर-पीढ़ी चलता है। पिता को 'रुका हुआ पंखा' (बलराम अग्रवाल) भी डराता है कि बच्चा गलत न कर बैठे। परिवार में सन्तुलन का 'पेंडुलम' (सुकेश साहनी) कभी इधर या उधर झुकना स्वाभाविक है, लेकिन कई बार उपेक्षा के कारण 'रेज़र के ब्लेड' (दीपक मशाल) से खून के रिश्ते तेज़ी से कटते देखे गए हैं। परिवार यदि ध्यान से देखे, तो उसके सदस्यों में बँटवारा सिर्फ 'धुएँ की दीवार' (सुकेश साहनी) है, वरना तो 'लहू से गाढ़े' (दीपक मशाल) सम्बन्धों में लगाव का खिंचाव हमेशा रहता है। आपकी सन्तान आपकी 'ऋण मुक्ति' (माधव नागदा) ऐसी ही करेगी, जैसी आपने की होगी।

वास्तव में परिवार की सही दिशा तो 'सृजन' (माधव नागदा) है, जिसमें श्रम लगता है। 'मन की मथनी' (बलराम अग्रवाल) तो अभावों में भी खाली बर्तन खनकाकर अपना अस्तित्व बचाती है। ससुराल आए दामाद इस निर्धन स्थिति से उपजी 'गोश्त की गन्ध' (सुकेश साहनी) को जितनी जल्दी पहचान/महसूस कर लें, उतना बेहतर होगा। परिवार में मृतक के 'श्राद्ध' (अशोक भाटिया) से कहीं ज़रूरी जीवित की रक्षा करना है।

आबाद होते वृद्धाश्रम पुत्र और बहू की 'जानवरीयत' (चन्द्रेश कुमार छतलानी) का सुबूत हैं। वृद्ध विधुर के बहते आँसू उसके बिछुड़े जीवन-साथी से 'लगाव' (बलराम अग्रवाल) के प्रतीक हैं। वृद्धजन अपने बेटे के पास रहकर भी उससे 'इतनी दूर' (कमल चोपड़ा) होते हैं कि बेटे को उनकी कोई खबर नहीं होती। ये अपने 'दुःख के दिन' (बलराम अग्रवाल), 'आत्मालाप' (अशोक भाटिया) के रूप में ही बिता लेते हैं—बँटवारे और उपेक्षा की पीड़ा को झेलकर। वृद्ध को अपनी 'इच्छा' (कमल चोपड़ा) का दमन करना पड़ता है। वृद्ध और बीमार माँ/सास के बारे में बुरी और बीमार सोच रखना ही 'मृत्युबोध' (सुकेश साहनी) है। इसीलिए वृद्ध विधुर का 'मन अनन्त में' (बलराम अग्रवाल) अपनी दिवंगत पत्नी के पास उड़ता है।

राजनीति की 'लोमड़ी' (भगीरथ) सत्ता हाथ में रखने के लिए बिसात बिछाना खूब जानती है। 'धर्मनिरपेक्ष' (भगीरथ) होने-न होने का छद्म भी सत्ता पाने का अमोघ अस्त्र बन गया है। कुर्सी का 'रसीला फल' (चन्द्रेश कुमार छतलानी) खाने के लिए दंगे आदि उगाने और फसल काटने का अवसर ये कभी नहीं चूकते। नेता के लिए मनुष्य अगर 'वोटर' (माधव नागदा) है, तो सिर-माथे, वोटर-लिस्ट से बाहर है तो जूते की नोक पर रखा जाता है। यहाँ दरबारी लोगों का इस्तेमाल करने वाला 'बैसाखियों के पैर' (भगीरथ) लेकर भी महाराजाधिराज बन बैठता है। बनते ही फिर दूसरे दलों की कमजोरी ढूँढ़ने, उछालने, 'माचिस' (दीपक मशाल) लगाने के कर्तव्य में जुट जाता है। देश के 'नये रहनुमा' (बलराम अग्रवाल) भी जनता को बरगलाने का काम करते हैं। यहाँ बगुले झगड़ालू उल्लुओं का नेतृत्व करते हैं। (अथ उलूक कथा : सुकेश साहनी)। और यदि राजा मूर्ख होगा तो धन भी कुपात्रों की ओर बहाएगा। (एक कालजयी कथा : माधव नागदा)। 'मेढकों के बीच' (सुकेश साहनी) रहने वालों की संकीर्ण सोच टर्राती रहती है, उनसे बचना होगा।

ऐसे नेताओं का क्या देश और क्या धर्म, जिनके चेले-चपाड़े दंगाई हैं, शिरहीन हैं, लोगों

को 'मारते कंकाल' (चन्द्रेश कुमार छतलानी) हैं। उनसे तो जल्लाद अच्छे, जिनके भीतर एक इन्सान मौजूद होता है। इसीलिए आजादी के आन्दोलन में जल्लाद अपने देश-भक्तों को फाँसी देने का 'अपवित्र कर्म' (चन्द्रेश कुमार छतलानी) करने के बाद ग्लानि में डूब जाता है।

हमारी व्यवस्था आम आदमी को 'मुआवजा' (दीपक मशाल) देकर अन्याय करने का एक और अस्त्र बरामद कर लेती है। अतीत की राजनीति में अन्याय खोजना हो, तो श्रद्धा-भाव छोड़कर रामायण (राम-राज्य : अशोक भाटिया) और महाभारत (मृत्युदंड : चन्द्रेश कुमार छतलानी) के कुछ प्रसंगों का पुनर्पाठ करना जरूरी है। तन्त्र तो हमेशा ही लोक को अपने लिए इस्तेमाल करता आया है। (लोक और तन्त्र : अशोक भाटिया)। यहाँ लोकतन्त्र के लबादे में राजतन्त्र मौजूद है, जिसका 'शिकार' (दीपक मशाल) कोई भी हो सकता है। फिर सच छुपाने के लिए अग्नि तो है ही। और नहीं, तो विरोधियों की प्रतिमाएँ' (सुकेश साहनी) लगाकर उन्हें चुप कराया जा सकता है। ज़रूरत पड़ने पर ये 'मौनव्रत' (भगीरथ) का पाखंड रचने में भी उस्ताद हैं। लेकिन भ्रष्ट या ईमानदार–कैसा भी 'रेंजर दौरे पर' (भगीरथ) आ जाए, व्यवस्था की सड़ाँध ने बू मारनी ही है। कहीं का भी सरकारी 'लगा हुआ स्कूल' (अशोक भाटिया) देख लो– ज़ंग ज़रूर लगा मिलेगा। यहाँ 'जंगल का कानून' (दीपक मशाल) बदस्तूर कायम है, जहाँ कत्लेआम के आरोप में खरगोश को सजा-ए-मौत मिलती है। यहाँ निरंकुश होता है 'तानाशाह और चिड़ियाँ' (भगीरथ) यानी जनता हमेशा ही आजादी चाहती है। 'खेल-ए-लोकतंत्र' (दीपक मशाल) में चोर ढूँढने पर नहीं मिलता, हालाँकि वह सर्वत्र मौजूद है।

यहाँ की व्यवस्था अन्यायी और अन्याय के साथ है, जो कर्मचारियों को एक 'हड़ताल' (भगीरथ) में ही नाकों चने चबवा देती है। लेकिन यहाँ 'जली हुई रस्सी' (माधव नागदा) भी नेता को अन्याय का इतिहास याद करा देती है और यूनियन के जिम्मेवार नेता 'अफसर' (भगीरथ) को जमीन सुँघाने की क्षमता और साहस रखते हैं। हम सबके भीतर की आत्मा ही 'बिग बॉस' (माधव नागदा) है; अंतिम रूप से उसीका निर्णय सुनना चाहिए।

यह 'कल्पना' (कमल चोपड़ा) नहीं, सच है कि राजनीति ने धर्म को अपनी रखैल बना लिया है। हालात ऐसे हो गए हैं कि धर्म का नाम लेते ही हमारे सामने समाज में फैली साम्प्रदायिक मनोवृत्ति उभरने लगती है। धर्मग्रन्थों को मनुष्य से बड़ा मानना भी संकट का एक पक्ष है। इस स्थिति में कोई 'जीविका' (भगीरथ) भी दंगे का आधार बन सकती है। दंगे में हमेशा हिंसा जीतती है, भाईचारा हारता है। यहाँ धर्म हैं, उसके कर्मकांड हैं, यह धार्मिकता जैसे गायब हो गई है। यहाँ घोषित सांस्कृतिक संगठन राजनीतिक निर्णय लेते हैं और उन्हें लागू करने का दबाव बनाते हैं।

साम्प्रदायिकता की 'आग' (माधव नागदा) को हवा देने से हमारे अपने देशवासी ही झुलसते हैं। इन दंगों का परिणाम होता है 'विधवा धरती' (चन्द्रेश कुमार छतलानी), जिस पर सुनसान रक्तरंजित सड़कें, दर्द से चीखते घर, उजाड़ शहर और बसते हुए शमशान और कब्रिस्तान ही नजर आते हैं। ऐसे माहौल में आम आदमी का जीना मुहाल हो जाता है। साम्प्रदायिक जहर की बहती नदी में अपने को बचाने की खातिर उसे 'आइसबर्ग' (सुकेश साहनी) जैसा बनना पड़ता है। इसलिए इसकी खूनी 'चादर' (सुकेश साहनी) के प्रति वितृष्णा जितनी जल्दी और ज्यादा जागे, उतना अच्छा है।

इस संकट का एक बिन्दु यह है कि 'धर्म-प्रदूषण' (चन्द्रेश कुमार छतलानी) यानी धर्म की विगलित भूमिका को रोकने की अपेक्षा अपनी संकीर्ण सोच को, झूठ गढ़कर भी, बच्चों के दिलों में उतारा जा रहा है। बचपन का भोलापन अनजान मजहब के सामने 'छोनू' (कमल चोपड़ा) जैसा होता है। जहाँ सद्भावना होगी, वहाँ मुसलमान 'शैफू चाचा' होंगे, मजहब का 'बताया गया रास्ता' (कमल चोपड़ा) दरअसल यही है। साम्प्रदायिकता एक संकीर्ण सोच का नाम है, जिससके पार जाकर ही देखा जा सकता है कि 'इन्सानियत जिन्दा है' (चन्द्रेश कुमार छतलानी)।

हम इन्सान को जाति-धर्म-क्षेत्र-गोत्र आदि के चश्मे उतारकर ही सही अर्थों में 'पहचान' (अशोक भाटिया) सकते हैं। हम जूता गाँठने वाले मोची की इन्सानियत से प्रभावित होकर उसमें छिपे असली 'मास्टर' (सुकेश साहनी) के दर्शन कर सकते हैं। मनुष्यता की राह पर बढ़ते रहने पर हमें समाज में भी देर-सबेर उसकी प्रतिक्रिया और प्रतिदान 'सूद समेत' (दीपक मशाल) दिखाई दे जाता है। इसकी खिलाफ़त होते देख उसके पक्ष में कई रूपों में खड़ा हुआ जा सकता है। एक तो अपने भीतर छिपी, कुछ बेहतर करने की 'बेचैनी' (दीपक मशाल) को जमीन पर उतारकर, तो दूसरे लकीर से हटकर नया, साहसिक, उदार 'युग-मार्ग' (अशोक भाटिया) का निर्माण करते हुए वंचित के साथ खड़े होकर। इन दोनों से अलग, एक तीसरा मार्ग है, जिससे संकीर्ण सोच के विपरीत उदार सोच के तर्क प्रस्तुत किए जा सकते हैं। जाति पूछने पर 'कुणसी जात बताऊँ?' (माधव नागदा) के रूप में एक स्त्री मेहतर, ग्वालन, धोबी, दर्जी, कुम्हार, पतुरिया आदि रूपों को गिना सकती है। वास्तव में 'ईश्वर' (सुकेश साहनी) भी यदि कहीं है, तो मानवीयता, ममता, सेवा-भाव आदि रूपों में मिलेगा। यह लघुकथा विष्णु प्रभाकर की प्रसिद्ध लघुकथा 'ईश्वर का चेहरा' का अनायास ही स्मरण करा देती है। 'गोभोजन कथा' (बलराम अग्रवाल) बाँचने गया व्यक्ति कितनी संकीर्णताएँ लाँघकर उदात्त इन्सानी व्यवहार कर जाता है कि आश्चर्य होता है। साहित्य हमें बड़ा बनाता है, मनुष्य बनाता है, व्यवहार-कुशल बनाता है, हमारा विवेक जगाता है– बहुत कुछ करता है साहित्य। समकाल की हिन्दी लघुकथा भी यह सब कर रही है।

कृषि प्रधान भारतवर्ष में किसान सदा उपेक्षित रहा है। उसकी पीड़ा का स्वर हो या विरोध का–दोनों को उपेक्षा मिली है। इस 'अन्नदाता' (चन्द्रेश कुमार छतलानी) के द्वार पर वोट के भिखारी हमेशा दस्तक देते रहे, फिर भी उसे अपनी गर्दन फन्दे में देनी पड़ती है। सेठ, दलाल, सरकार–सभी उसकी बदहाली की इबारत लिख रहे हैं, जिस कारण वह 'खुदकुशी' (कमल चोपड़ा) के बारे में सोचने लगता है। किसान मर-खपकर फसल तैयार करता है, पर उसके सपने पूरे हों, 'उससे पहले' (अशोक भाटिया) ही जानवर उसे रौंद देते हैं। 'मंडी में रामदीन' (कमल चोपड़ा) दीख जाए सही, लुटेरे औने-पौने दाम देकर उसे लूटने को तैयार बैठे हैं। किसान की किसानी के बीच 'एक उसका होना' (कमल चोपड़ा) ही पीढ़ी-दर-पीढ़ी शोषण और गुलामी की गारंटी हो जाता है। यहाँ प्रेमचन्द की प्रसिद्ध कहानी 'सवा सेर गेहूँ' का स्मरण हो आता है, जिसमें शंकर की दो पीढ़ियाँ सवा सेर गेहूँ के एवज में सिर झुकाकर बेगार करती हैं। अब नए समय में दूसरी पीढ़ी जमींदार के यहाँ काम करने से इनकार करने लगी है, पर उसे रास्ते से हटा दिया जाता है। 'सद्गति' (प्रेमचन्द) का रूप बदल गया है, हालाँकि गुंडई और दबंगई बदस्तूर कायम है–'मुर्दा वही है, कफन बदला है।' किसानों को

इतना छला जा चुका है कि ये 'डरे हुए लोग' (सुकेश साहनी) अब किसी भी सरकारी योजना या प्रोजेक्ट पर विश्वास खो बैठे हैं। इस अन्याय के खिलाफ़ 'अलाव के इर्द-गिर्द' (बलराम अग्रवाल) बैठकर विमर्श करते रहना, जूझते रहना बहुत ज़रूरी है। सच्चे किसान 'धरती के बेटे' (माधव नागदा) हैं, जो अकाल में मवेशी बचाने की खातिर बड़े विवश हो खेत लूटते भी हैं, तो मजबूरी बताकर उसके रुपये रख जाते हैं।

मजदूर की हालत किसान से भी गई-बीती है। न वह किसी गिनती में है, न उसका कोई नामलेवा है। मजदूरी के इन्तजार में बैठे हुए उसके 'सामने' (अशोक भाटिया) भरा-पूरा संसार फैला है, पर उसे दो जून रोटी के लाले पड़े हैं। सड़क पर लुटेरों से बचा जा सकता है, पर कामगार के पास दो पैसे आ जाएँ, तो भरी बस्ती में 'है कोई' (कमल चोपड़ा) जो उसे मुनाफाखोर के चंगुल से बचा सके। 'बीसवीं सदी की आखिरी शाम' (अशोक भाटिया) से पहले भी और आज भी पूँजीपति ठसक से जीता है, जबकि कामगार हमेशा संघर्ष में रहा है। ये जो सत्पुरुष के वेश में मजदूरों के हक छीनने और लूट को इन्सानियत का जामा पहनाने वाले 'भलेमानुस' घूम रहे हैं, इन्हें पहचानने और अलग-थलग करने के लिए क्रान्तिकारी सोच की 'आग' (भगीरथ) की लपटें फैलना निहायत ज़रूरी है।

अब 'उलझन में शताब्दियाँ' (माधव नागदा) इसलिए आ गई हैं कि पुरुषवादी नज़रिए और प्राथमिकताओं को स्त्रियों से मजबूत चुनौती मिलने लगी है। वैसे भी आम बातचीत में लड़कियों की 'सोच' (दीपक मशाल) लड़कों से ज़्यादा खुली होती है। पुरुष को अपनी सोच की साँकलें खोलनी होंगीं। अगर स्त्री यानी 'नदी को बचाना है' (बलराम अग्रवाल), तो उसे उन्मुक्त बहने देना होगा। तब न भ्रूण-हत्या होगी, न समाज में हत्या। स्वतन्त्रता के बहत्तर वर्ष बाद भी स्त्री जीने के अधिकार से बहुत हद तक वंचित रखी जाती है। दुनिया में आ गई तो 'देश' (अशोक भाटिया) में जिधर देखो गिद्धों के रूप में उसके शत्रु मौजूद हैं। देश तीन-तीन भयावह युद्धों से इतना नहीं हिला, जितना स्त्री से दरिन्दगी में रोज़ हिलता है। शत्रु तो घर में भी होते हैं, पर बेटियाँ अब विवेक के साथ जुबान खोलने लगी हैं। वे अपनी 'इज्जत' (दीपक मशाल) की खातिर बाप के खिलाफ़ भी रपट लिखाने लगी हैं, जबकि ऐसे में भी एक तबका बेटी को ही इज्जत मिट्टी में मिलाने वाली मानता है। फिर भी समाज कमोबेश बदल रहा है। अब 'शहर में रामलीला' (माधव नागदा) हो तो जनता उसमें आज का 'राम' देखना चाहती है, जो सीता को छोड़े नहीं, बेशक अयोध्या छोड़नी पड़े। 'तार सप्तक' के कवि भारतभूषण अग्रवाल के नाट्य काव्य 'अग्निलीक' में सीता राम से सवाल करती है, जबकि यहाँ राम स्वयं ही साहसिक निर्णय लेता है।

सेक्स स्त्री की भी उतनी ही ज़रूरत है, जिससे गुजरकर ही 'मुक्ति' (अशोक भाटिया) का सुकून महसूस होता है। इसके बावजूद 'यात्रा में लड़कियाँ' (बलराम अग्रवाल) बताती हैं कि बाजार की ज़रूरतों में खुद को ढाल लेना एक बड़ा खतरा है। स्त्री की छवि और उसका एहसास पुरुष की सोच को बदलने की क्षमता रखता है। पुरुष की कामुक सोच 'आँखों का दायरा' (चन्द्रेश कुमार छतलानी) बढ़ाने वाली होती है, किन्तु स्त्री की ममतालू छवि उसके स्वर को शीतलता प्रदान कर जाती है। नारी की 'ममता' (चन्द्रेश कुमार छतलानी) के सामने तो आरती की घंटियाँ भी मानो मौन हो जाती हैं।

दलित-समाज के प्रति घृणा समय के साथ-साथ सूक्ष्म और तीखी होती गई है। दलित से व्यवहार को लेकर सामाजिक विवेक बेहतरी के प्रमाण भी दे रहा है। संस्कारों और विवेक का द्वन्द्व 'कपों की कहानी' (अशोक भाटिया) से भी पता चल जाता है, जहाँ विवेक दब जाता है। समाज में सम्मान पाने के लिए दलित-समाज को लड़ने की 'चुनौती' (भगीरथ) स्वीकार करनी होगी। संकीर्णता का उत्तर कभी उदारता से देकर (क्या समझे? : माधव नागदा), तो कभी अधिकारी के रूप में समझाकर भी 'समय की ज़ंजीरें' (अशोक भाटिया) तोड़ने का काम किया जा सकता है। अब मुँह तोड़ जवाब भी दिया जाने लगा है (मुआवजा : चन्द्रेश कुमार छतलानी)। इन रास्तों से ही कोई 'उम्मीद' (चन्द्रेश कुमार छतलानी) निकलेगी।

खाली पेट के सामने 'मानव-मूल्य' (चन्द्रेश कुमार छतलानी) की बात करना मनुष्य और मनुष्यता का उपहास करने के बराबर है। यह लघुकथा हरिशंकर परसाई की प्रसिद्ध लघुकथा 'संस्कृति' का स्मरण करा देती है। ईश्वर हो या कलाकार–सबके सामने निर्धन व्यक्ति सदा अन्तिम पंक्ति में खड़ा मिलता है (तीसरा चित्र : अशोक भाटिया)। उसके हिस्से में जीवन के रंगों की छटा नहीं, कालिमा ही आती है। कपड़ों-सी फटी और मैली 'जिन्दगी' (अशोक भाटिया) का ठेला खींचने के लिए कुछ तो पेट में होना चाहिए। बेशक 'पेट सबके हैं' (भगीरथ), फिर भी विडम्बना यह है कि पीढ़ियों से इन पर दया दिखाकर भी मजदूर के पेट पर ही लात पड़ती है और 'गरीब का गाल' (बलराम अग्रवाल) ही थप्पड़ खाता है। पीढ़ियों से ही 'कुआँ खोदने वाला' (सुकेश साहनी) महल के यहाँ मजदूरी करता पाया जाता है। यह आयरनी विडम्बना देश में जगह-जगह देख सकते हैं। 'जहाँ मैं खड़ा हूँ' (बलराम अग्रवाल), उसके एक तरफ़ उच्चवर्ग के (तालाबन्द) और दूसरी तरफ निम्नवर्ग के (झोपड़पट्टीवाले) बच्चे यह अन्तर मानो स्वयं बता रहे हैं। एक का पेट खाली सूखा तवा है, काला और भीतर धँसा हुआ; तो दूसरे का फूली पूरी-सा है, लाल-गुलाबी, चमचमाता हुआ, चिकना और अघाया हुआ। यह रचना ज्ञानरंजन की कहानी 'फेन्स के इधर और उधर' का स्मरण करा देती है।

संकीर्णता, मानवीय कमजोरी का ही एक आयाम है। 'इतिहास गवाह है' (चन्द्रेश कुमार छतलानी) कि युद्ध लड़ कोई भी रहा हो, जीत हमेशा नफ़रत की होती है। इन्सान की 'शिनाख़्त' (सुकेश साहनी) अपरिचय से तब दावेदारी में बदल जाती है, जब मृतक की जायदाद का पता चलता है। 'यह कौन-सा मुल्क है' (बलराम अग्रवाल) जहाँ इन्सान या टाँगें हैं, या हाथ या बेसिर का धड़। पूरा आदमी कहाँ गया? मध्यवर्ग में तो व्यक्ति ईर्ष्या-द्वेष से ही मानो संचालित होता है। उसे अपनी 'नमस्ते की वापसी' (अशोक भाटिया) की तलाश है, जो पड़ोसी ने छीन ली है। पड़ोसी के गेट से ऊँचा, बड़ा, सुन्दर, आकर्षक गेट बनाकर वह 'गेट-सम्राट' (अशोक भाटिया) का उपाधिधारी बनकर मानो विजेता का प्रशस्ति-पत्र प्राप्त कर लेता है। मृतक के दाह-संस्कार के समय 'शहर में अफसोस' (कमल चोपड़ा) देख लें, तो कर्मकांड की सच्ची परिभाषा सामने आ जाएगी।

इन्हीं लघुकथाओं में आपको प्राकृतिक सौन्दर्य की 'अन्तहीन ऊँचाइयाँ' (भगीरथ) मिलेंगी। वह 'चेहरा' (भगीरथ) मिलेगा, जो हमेशा युवा व सुंदर दीखना चाहता है। पानी के 'उतार' (सुकेश साहनी) का भयावह इतिहास भी मिलेगा। वह 'नंगा आदमी' (सुकेश साहनी) मिलेगा जो अपनी तरह दूसरों पर भी लबादे लादता है। यहाँ आपको निर्धन के संघर्षों और अघाए वर्ग के

विज्ञापनों का 'कोलाज' (सुकेश साहनी) मिलेगा। वह 'चेतना' (भगीरथ) मिलेगी, जो मनुष्य को भय और अन्धकार से मुक्ति दिलाती है। 'दुपहरिया' (भगीरथ) की तेजस्विता मिलेगी, जो यौवन की अल्हड़ता और तूफान का स्वीकार है।

भारत अन्धविश्वासों का मारा देश है। विभिन्न संस्थाएँ और राजनीतिक पार्टियाँ भी निहित स्वार्थों के चलते इन राहों पर चलती हैं। ग्रामीण अंचल की 'फूली' (भगीरथ) की भाँति तर्कपूर्ण मार्ग पर चलकर ही 'भानियों' के पाखंड को जमीन सुँघाई जा सकती है। विवाह की 'कुंडली' (अशोक भाटिया) देखने वाले पंडित जी की अपनी बेटी विधवा होकर घर बैठी है। समाज के तथाकथित 'जागरूक' (सुकेश साहनी) लोग निहत्थी लड़की की चीख को नहीं, कुत्ते के रोने को अशुभ मानते हैं। ऐसे अन्धविश्वासों के समर्थक भी देश को रसातल में धकेलने का काम ईमानदारी से सँभाले हुए हैं।

श्रीलाल शुक्ल के उपन्यास 'राग दरबारी' में लिखी यह उक्ति आज भी देश की उच्च माध्यमिक शिक्षा पर लागू होती है– "वर्तमान शिक्षा-पद्धति रास्ते में पड़ी हुई कुतिया है, जिसे कोई भी लात मार सकता है।" तोता-रटन्त-पद्धति की 'शिक्षा' (भगीरथ), तिस पर अध्यापक का डिक्टेटर रूप बच्चों के लिए हर तरह से हानिकारक है। अँग्रेजी का रट्टाफिकेशन और गला-काट प्रतियोगिता बच्चों को कोल्हू का 'बैल' (सुकेश साहनी) बनाती जा रही है। व्यवहार में तो सारी दुनिया सीखने के लिए खुला 'स्कूल' (सुकेश साहनी) है, जिसमें बच्चा जल्दी 'बड़ा' होता है। कमराबन्द शिक्षा की अपनी सीमाएँ हैं। कृष्ण ने अर्जुन को युद्धभूमि में समझाया था, बन्द कमरे में नहीं।

सामाजिक लगाव व्यक्ति को इस कदर जोड़ता है कि सेवा-निवृत्ति के दिन भी इस 'रिश्ते' (अशोक भाटिया) को छोड़ते हुए भारीपन महसूस होता है। और (शहर आने के बावजूद) अगर इन्सान की रगों में 'गाँव अभी भी' (बलराम अग्रवाल) दौड़ता है, तो सद्भाव, सहयोग और संवेदना के त्रिदेव उसके सामाजिक व्यवहार में अवश्य मौजूद रहेंगे। व्यक्ति के द्वारा सामाजिकता के 'रंग' (अशोक भाटिया) के बिना स्वयं को अकेला और अपरिचित महसूस करना भी सामाजिकता की अनिवार्यता को दर्शाता है।

नये ज़माने की सच्चाइयों की झलक अनेक रचनाओं में है। 'क्रेडिट कार्ड' (भगीरथ) के बहाने मछली फाँसने के सारे हथकंडे अपनाए जाते हैं। कारपोरेट की दुनिया में नौकरी की 'कसौटी' (सुकेश साहनी) 'प्युअरिटी' न होकर 'नॉटी' होना है। इसीलिए 'कार्पोरेट' (माधव नागदा) क्षेत्र में नौकरी पाने से निभाने तक सब झूठ और हथकंडे जायज़ हैं। आजकल लड़के-लड़की में 'लिव-इन' (कमल चोपड़ा) रिलेशन बनाना और छोड़ना सहज बात हो गई है। बॉस में लुच्चई है, 'लेकिन सोचो' (बलराम अग्रवाल) तो उसे सबक सिखाने के सहज मार्ग भी निकल आएँगे। इधर थर्ड जेंडर की काफी चर्चा है, चित्रा मुद्‌गल के उपन्यास 'नाला सोपारा' को साहित्य अकादमी पुरस्कार मिलने के बाद और भी अधिक। लड़कियों के यौन-शोषण की (दुर्) घटनाओं के चलते किन्नर-समाज सोचता है कि वह 'औरों से बेहतर' (दीपक मशाल) है, दुनिया में इसी रूप में फिर लौटना बेहतर होगा। बच्चा लड़की है या लड़का–क्या देखना, बस किन्नर न हो, क्योंकि वह 'बच्चा नहीं' (चन्द्रेश कुमार छतलानी) माना जाता। कई बार एक संवेदनशील वक्तव्य ही नशे-पत्ते से जुड़े 'कत्ल में शामिल' (कमल चोपड़ा) पक्षों को बेपर्दा

कर देता है।

यथार्थ के इन आयामों के अलावा भी लघुकथा विभिन्न स्थितियों में अपनी सामर्थ्य सिद्ध करती है। निर्धन विवशताओं में झुकता-ढलता आदमी (साँचा : दीपक मशाल), भ्रष्ट तरीके से बने धन का अस्वीकार (गरीब सोच : चन्द्रेश कुमार छतलानी), कड़की के दिनों में भी अच्छी सोच से अच्छे 'सपने' (कमल चोपड़ा) का जन्म, दफ्तर की नौकरी में भागमभाग (बिना नाल का घोड़ा : बलराम अग्रवाल), व्यक्ति की सोच में वर्गीय चेतना का उभार (बिरादरी : सुकेश साहनी), 'फेलोशिप' (दीपक मशाल), 'भाषा' (दीपक मशाल) की दिक्कतें, 'पानी' (दीपक मशाल) आदि के मसलों में अन्याय के प्रतिकार के रूप में सुदृढ़ भाषा, गलत राहों को बनाती रही पुलिस द्वारा उन्हीं राहों में अपनी बेटी की तलाश करना (खरीदी हुई तलाश : चन्द्रेश कुमार छतलानी), कलाकृतियों की 'कद्र' (दीपक मशाल) में भी धन-केन्द्रित सोच होना कुछ ऐसे ही आयाम हैं। आपाधापी के इस दौर में मन के संघर्षों से बाहर के संघर्ष अधिक बोझिल होते जा रहे हैं, सो 'जीवन स्थगित' (भगीरथ) करके जीना पड़ता है। बुराई से बचने के लिए गाँधी के सिद्धान्त चाहे नये हालात में बिखर रहे हों, पर उनका महत्त्व तो रहेगा (तीन संकल्प : चन्द्रेश कुमार छतलानी)।

ये रचनाएँ अपने समय की विशाल भित्ति पर उकेरे गए छोटे-बड़े चित्र हैं। लेखकों के दृष्टिकोण, यथार्थ के आयामों और कलात्मक उपादानों के द्वन्द्वात्मक सम्बन्धों से उपजी इन प्रतिनिधि लघुकथाओं को पाठकों का भरपूर स्नेह मिलेगा—ऐसा विश्वास है।

गुरु नानक प्रकाश-उत्सव
12 नवम्बर 2019

भगीरथ

पूरा नाम– भगीरथ परिहार।

जन्म– 2.7.1944, ग्राम सेवाड़, जिला पाली (राजस्थान)।

शिक्षा– बी. एस-सी., बी. एड., एम. ए. (अर्थशास्त्र व राजनीतिशास्त्र), एल.एल.बी.।

कृतियाँ– पेट सबके हैं, बैसाखियों के पैर (लघुकथा-संग्रह)। बाजीगर (कहानी-संग्रह)। हिन्दी लघुकथा के सिद्धान्त, लघुकथा-समीक्षा (आलोचना)। ऐतिहासिक लघुकथा संकलन 'गुफाओं से मैदान की ओर' (1974) सहित कुछ सम्पादन कार्य।

'अतिरिक्त', 'मोर्चा', 'अलाव' आदि अनियतकालीन पत्रिकाओं का कुछ वर्षों तक सम्पादन।

सम्मान– विविध संस्थाओं द्वारा सम्मानित।

सम्प्रति– मॉडर्न पब्लिक स्कूल का मानद संचालन व स्वतन्त्र लेखन।

संपर्क– भगीरथ परिहार, मॉडर्न पब्लिक स्कूल, नया बाज़ार, रावतभाटा –323307, वाया कोटा (राजस्थान)।

ई-मेल– gyansindhu@ gmail.com

मोबाइल– 09414317654

"अवैज्ञानिक कर्मकांडों, रूढ़ियों, परम्पराओं को बदलने के लिए लेखक वैचारिक भूमि बनाते हैं। समाज की प्रगतिशील शक्तियाँ जो शोषण, भेदभाव, दमन और अत्याचार के खिलाफ हैं, जो धर्मनिरपेक्षता, समाजवाद और व्यक्ति की स्वतन्त्रता और निजता को अहमियत देते हैं। उन शक्तियों को आगे बढ़ाने में अपरोक्ष ही सही, साहित्य मदद करता है। वे इसलिए लिखते हैं, ताकि वे मनुष्य के हित में समाज में बदलाव ला सकें।"

–भगीरथ

वक्तव्य

लेखक लिखता क्यों है? इसके कई उत्तर हो सकते हैं जैसे वह लेखक के तौर पर प्रसिद्ध होना चाहता है, वह बेस्ट सेलिंग ऑथर बनना चाहता है, वह चेतन भगत की तरह एक सेलेब्रिटी बनकर अखबार, टीवी और सोशल मीडिया पर छा जाना चाहता है, जहाँ उसे लाखों लोग फॉलो करते हैं। लेखक बनकर मान-सम्मान प्राप्त करना चाहता है, ज्ञानपीठ और पद्मश्री हासिल करना चाहता है जिससे नाम और दाम दोनों मिलते हैं, राज्यसभा की सदस्यता भी मिल सकती है। अन्तरराष्ट्रीय लेखक सम्मेलन और लिटररी फेस्टीवल में आमन्त्रण मिलता है। दुनिया घूमने के अवसर प्राप्त होते हैं। अकादमियों के अध्यक्ष बन सकते हैं। विश्वविद्यालय के कोर्सेज में लग गए तो पौ बारह, कुलपति बनने के भी चांसेज हैं। अमरत्व प्राप्त हो सकता है, पीढ़ियाँ याद करेंगी। लिखने के ये प्रेरक तत्त्व हो सकते है।

उसके (लेखक के) अन्दर ऐसा कुछ उबल रहा ह जिसे वह कहना चाहता है, दूसरों से शेयर करना चाहता है, जिससे उसे सन्तुष्टि मिलती है। आत्मिक संतोष मिलता है, इसलिए लिखता है।

धार्मिक, सामाजिक, राजनैतिक क्षेत्रों में व्याप्त विसंगतियों, विरोधाभासों, पाखंडों और विडम्बओं को अपने लेखन से उजागर करना चाहता है क्योंकि ये हमारे जीवन की गुणवत्ता को प्रभावित करते हैं, मेरे लेखन के प्रेरक तत्त्व यही हैं।

अवैज्ञानिक कर्मकांडों, रूढ़ियों, परम्पराओं को बदलने के लिए लेखक वैचारिक भूमि बनाते हैं। समाज की प्रगतिशील शक्तियाँ जो शोषण, भेदभाव, दमन और अत्याचार के खिलाफ हैं, जो धर्मनिरपेक्षता, समाजवाद और व्यक्ति की स्वतन्त्रता और निजता को अहमियत देते हैं। उन शक्तियों को आगे बढ़ाने में अपरोक्ष ही सही, साहित्य मदद करता है। वे इसलिए लिखते हैं, ताकि वे मनुष्य के हित में समाज में बदलाव ला सकें।

मेरी पहली लघुकथा 'ख़ामोशी' छुआछूत के विषय को लेकर थी, जो नितान्त एक व्यक्तिगत अनुभव था। प्यास का रिश्ता पानी से है जाति से नहीं है, लेकिन संस्कार के रूप में बैठा नायक का श्रेष्ठता भाव और निम्न जातियों में धर्म द्वारा दृढ़ की गई धारणा 'ब्राह्मण को पानी पिलाकर क्या नरक में जाना है' ने नायक को पेशोपेश में डाल दिया और नायक 'अवाले' (जानवरों के पीने के लिए बनाया गया हौद) से पानी पीकर अपनी प्यास बुझा लेता है। भारतीय समाज में ऊँच-नीच के जातीय स्तरों को सवालों के घेरे में लेने की कोशिश-भर थी यह लघुकथा। निश्चित ही सामाजिक सरोकार मेरे लेखन के प्रेरणा बिन्दु हैं।

लिखना क्यों जरूरी समझते हैं? कोई चीज कचोटती/विचलित करती है या सुकून देती है, भावोत्तेजना या वैचारिक उथल-पुथल पैदा कर देती है तो वह आन्तरिक दबाब बनाती है और फिर चिन्तन-मनन से रचना आकार ग्रहण करती है। मनोवैज्ञानिक दृष्टिकोण से देखें तो लेखन एक तरह का केथार्सिस है, जिसके व्यक्त होने पर लेखक राहत महसूस करता है।

लेखन के माध्यम से मैं अपने भाव और विचार व्यक्त कर सकता हूँ और पाठक से साझा

कर सकता हूँ। अगर रचना पढ़ते हुए पाठक उन्हीं भावों और विचारों के तल पर आकर चिन्तन करने लगे तो समझो लेखन सार्थक हुआ, अन्यथा वह निरर्थक लेखन है। लेखक लिखता पाठक के लिए है। उसके वैचारिक बदलाव से सामाजिक बदलाव की पृष्ठभूमि बनती है।

मेरा मुख्य लेखन लघुकथा ही है। इसके साथ मैं काफी कम्फर्टेबल महसूस करता हूँ क्योंकि अगर कोई बात मैं इस फॉर्म में कह सकता हूँ तो इसी में कहूँगा, अन्य विधा में नहीं। मेरा कथ्य पर जोर रहा है और उसके लिए यह विधा मुआफिक है। मेरे लिए यह सहज लेखन है क्योंकि मैं आरम्भ से इसी विधा में लिखता रहा हूँ और इसके क्राफ्ट और सौंदर्यबोध से वाकिफ हूँ।

जीवन में वैज्ञानिक और मार्क्सवादी दृष्टिकोण का समर्थक रहा हूँ। राजनीति में जिनका आचरण संवैधानिक मूल्यों के अनुसार है उन्हें वोट करता हूँ। हालाँकि भारत का लोकतन्त्र कोर्पोरेट जगत के यहाँ गिरवी पड़ा है फिर भी कुछ स्पेस है जहाँ अपनी बात रख सकते हैं। फ़िलहाल ऐसी हिंसक शक्तियाँ उभरी हैं जो लेखकों, पत्रकारों और पाखंडियों का विरोध करने वालों को निशाना बना रही हैं। लेखक का दायित्व बनता है कि ऐसी शक्तियों का अपने लेखन में विरोध करे तभी लेखन सार्थक और प्रासंगिक होगा। जिन मूल्यों के लिए लेखक लिखता है उनका संरक्षण भी उसका दायित्व है जो समानधर्मी लोगों की एकजुटता से सम्भव है।

जहाँ तक लेखन से सन्तुष्टि का सवाल है जब कोई एक कथा को लिख लेता हूँ और प्रकाशित होने पर उसको सराहना मिलती है तो सन्तुष्टि मिलती है, लेकिन जब मैं अपने पूरे लेखन को देखता हूँ तो लगता है अब तक तो ठीक से कुछ लिखा ही नहीं गया है। जीवन के कितने आयाम हैं जिन्हें अभी तक छुआ भी नहीं है। नये-नये शिल्प गढ़े जा सकते थे, लघुकथा की भाषा को और रचनात्मक बनाया जा सकता था, लेकिन कर नहीं पाया, तो लगता है सन्तुष्टि अभी काफी दूर है।

अपनी लघुकथाओं के बारे में इतना कहना चाहता हूँ कि चिन्तनशील और विचारशील लघुकथाएँ लिखने में सकून मिलता है। भाषा और शिल्प पर मेरा विशेष बल होता है। मजदूर, कर्मचारी, दलित, स्त्री और शासन-व्यवस्था मेरे सोच के केन्द्र में हैं और उसी के इर्द-गिर्द रचना-कर्म चलता है। मुद्दों पर लिखना अच्छा लगता है और रिश्तों पर तब लिखता हूँ जब वे किसी मुद्दे से सम्बन्धित हों।

जीवन में संघर्ष हो, चुनौतियाँ हों तो लेखन में तल्खी और शार्पनेस आ ही जाती है। मेरे जीवन में इनकी कोई कमी नहीं थी। मैं स्वयं सरकारी निजीकरण की नीतियों का विक्टिम रहा हूँ। जब परमाणु ऊर्जा विभाग ने विभागीय स्कूल को एक सोसाइटी बनाकर उसके सुपुर्द करना चाहा तो हम लोगों ने विरोध किया, सर्वोच्च न्यायालय तक गए फिर भी विभाग ने कमजोर लोगों को विक्टिम बना ही दिया। दस साल के संघर्ष के बाद बहाल हुआ और किसी तरह अपनी पेंशन बचाने में सफल रहा, हालाँकि दस वर्ष का वेतन नहीं दिया जबकि कई अन्य केसेज में सर्वोच्च न्यायालय ने ऐसे आदेश दिए थे। हमारे ही केस में एक साथी को मिला, बाकी को नहीं। इस प्रक्रिया में वकीलों और जजों के अन्तःस्थल की सैर करने का अवसर मिला। सर्वोच्च न्यायालय के हमारे एक वकील साहब जुगाड़ जमाकर हाईकोर्ट के जज बन गए और 'सेक्स फॉर जस्टिस' में पकड़े गए तो इस्तीफा देकर भागे। हालाँकि बेकारी के दिनों

में मैंने भी वकालत की, लेकिन मेरे माफिक नहीं पड़ी। अध्यापक ने जोर मारा और एक विद्यालय स्थापित किया।

लघुकथा के बारे में यह कहना चाहता हूँ कि इसका कंटेंट नवीन और फोर्सफुल होना चाहिए, विस्फोटक हो तो और भी अच्छा। लघुकथा का नवीनोन्मेष (नवीनीकरण) इस उद्देश्य से हुआ था कि यह अपने छोटे कलेवर में मुखौटों को नोचेगी, प्रतिरोध और प्रतिरोध की भाषा को पुष्ट करेगी, व्यंग्य के तीर वहाँ साधेगी जहाँ सबसे ज्यादा दर्द होता हो। तिलमिलाहट तभी पैदा होगी और तभी लघुकथा सार्थक होगी।

–भगीरथ

आग

नयी कॉलोनी उठ रही है। ठेकेदार की ट्रकें भाग रही हैं। मशीने रेत, गिट्टी और सीमेंट मिला रही है। रोड-रोलर चल रहे हैं। राजगीरों के हाथ मशीन की तरह चल रहे हैं। मजदूर पत्थर ढो रहे हैं, सीमेंट ढो रहे हैं, कंक्रीट ढो रहे हैं।

जानते हैं, ये मजदूर-मजदूरिनें कौन हैं? आदिवासी भील, आधुनिक सभ्यता से कोसों दूर, लेकिन इनके सीने में भी दिल धड़कता है। रक्त नलिकाओं में खून दौड़ता है, कभी-कभी खौलता भी है। मृदंग की थाप पर पाँव थिरकते हैं, स्वर फूटते हैं और रात देर तक नाचते-गाते वहीं खुले आकाश तले सो जाते हैं।

एक सत्पुरुष, जो शाम के समय टहलते हुए उधर से निकलते, ईर्ष्या से भर जाते। प्रकृति की गोद, ठंडी हवा के झोंके, चाँदनी रात, नाच और गाना। आह! क्या जीवन है! किन्तु अब सर्दी है, जरसी के ऊपर कोट पहनने पर भी ठंड लगती है। अब उन्हें खुले आकाश में चूल्हे जलाते देख, चूल्हे के आस-पास सिमटे नंग-धडंग बच्चों को देख वे उदास हो जाते हैं। उनका मन दया से भर जाता। कुछ करना चाहिए, वे सोचते हैं। शहर के गणमान्य व्यक्तियों, यानी जिनमें दान दे सकने की हैसियत थी, जिनकी जमीनें थीं, जायदादें थीं, धन्धे थे, व्यापार थे, ठेके थे, मिले थीं; की मदद से कम्बल खरीदे गए। और एक शाम वे मजदूरों में कम्बल बाँटने पहुँच गए। उनके साथ-साथ और भी गणमान्य लोग थे। मजदूर अलाव के चारों ओर बैठे बातचीत कर रहे हैं। औरतें रोटी पो रही हैं।

"यह कौन है?" सत्पुरुष ने एक अनजान चेहरे को देखकर पूछा।

"यही वो शख्स है, हिंस्र पशु। जंगल से भागा नक्सली"।

"इनको संगठित कर रहा है"। ठेकेदार उनके कान में फुसफुसाया।

वह अनजान चेहरा उठता है, उसके साथ मजदूर भी उठते हैं। वह ठोस मुद्रा में धीरे-धीरे आगे बढ़ता है। उसके चेहरे पर आग की लपटें धधक रही हैं। आँखों के लाल डोरे बाहर निकलकर स्थिर हो गए हैं।

"हम वो नहीं हैं, यकीन करो, अभी कोई चुनाव का समय नहीं है"। गाँधी टोपी ने सफाई दी।

"हम वो नहीं हैं, पादरी जो कम्बल बाँटकर तुम्हारा धर्म परिवर्तन करेंगे।" "हम वो नहीं हैं, मौलवी जो तुम्हें एक चीथड़ा सुख देकर मुसलमान बनाएँगे"। "हम तो हिन्दू है, तुम्हारे भाई"।

"नहीं-नहीं, हम तो इन्सानी फर्ज निभा रहे हैं"। सत्पुरुष ने कहा।

'इन्सानी फर्ज!' वह हँसा 'क्या खूबसूरत नाम दिया है! दिन-भर लूटो और रात के वक्त फर्ज निभाओ'। वह फिर हँसता है। एकाएक तेवर बदल जाते हैं। अन्दर से लावा फूटता है। 'न हमें हिन्दू बने रहने की रिश्वत चाहिए न क्रिस्तान बनने का लालच'।

'हम गरीब सही, भिखमंगे तो नहीं'। बुधिया ने हिम्मत बटोरी।

'नहीं-नहीं, बुधिया ये हमें खरीदने आए हैं, ताकि कल हम दिहाड़ी बढ़ाने की झोंपड़ी

बनवाने की, स्नान-शौचालय, दवा-दारू की माँग न करें। यह दया नहीं, हमारे हक को छीनने का षड्यन्त्र है। अपनी लूट को इन्सानियत का जामा पहना रहे हैं'। वे सब अपना-सा मुँह लिये लौटने लगे।

'गुण्डा कहीं का, बेचारों को तबाह करने पर तुला हुआ है'। ठेकेदार फुसफुसाया। बच्चे टुकुर-टुकुर कम्बलों को देख रहे थे।

'सरदी बढ़ गई है। आओ आग के पास बैठेंगे'। वह बच्चों से बोला।

बैसाखियों के पैर

वह अपनी टाँगों के सहारे नहीं चलता था, क्योंकि उसकी महत्त्वाकाक्षाएँ ऊँची थीं, क्योंकि वह चढ़ाइयाँ बड़ी तेज़ी में चढ़ना चाहता था, क्योंकि उसे अपनी टाँगों पर भरोसा नहीं था, क्योंकि वे मरियल और गठिया से पीड़ित थी।

फिर भी, जिन दूसरी टाँगों के सहारे चलता था, उन पर टरपेंटाइन तेल की मालिश किया करता था। हाथ की मांसपेशियाँ खेता नाई की तरह मज़बूत हो गई थीं और हर शाम उनके टखने एवं उँगलियाँ चटखाया करती थीं ताकि विश्वास हो जाए कि कल भी ये टाँगें उसका साथ देंगी। इतना कर चुकने के बावजूद उसका मन सशंकित रहता, क्या पता! और बोलते वक्त भाषा उससे आगे निकल जाती। और वह फिर आश्वस्त हो जाता कि एक वाक्य में चार बार हिनहिनाने से उसकी बैसाखियों में सुखद हरक़त होने लगती है। आख़िर उसे अपनी सारी दूरियाँ इन्हीं बैसाखियों से तय करनी हैं।

वह इस बात को जानता है कि उसके सम्मान में उठे हाथ उसके लिए नहीं है पर वह जानता है यहाँ के लोग इसी भाषा को समझते हैं। निहायत दरबारी।

वह जानता है जो सेनापति बैठे हुए हैं, उनसे सुरक्षा का वचन लेना है और उन्हीं की सहायता से अपने प्रतिद्वन्द्वी को पछाड़ना है।

वह जानता है कि वह स्वयं अपने में कुछ नहीं है और उसकी बैसाखियों को छीन लो तो वह धड़ाम से धूल में लोट जाएगा पर वह अपनी बैसाखियों को दूसरे के हाथों में नहीं जाने देगा।

आज वह किले की हर बुर्ज पर मौजूद है। भव्य महल और मयूर सिंहासन की सुरक्षा के लिए बना है यह किला, जिसमें अब उसके लिए 'श्री 1008 महाराजाधिराज' की गुहार लगाने वाले मौजूद हैं।

वह अपनी सफलता के जश्न का केक काटते हुए इस बात का ऐलान करता है कि उसके पैर निकल आए हैं– मज़बूत और बलिष्ठ।

अन्तहीन ऊँचाइयाँ

सूरज बादलों में छिपता-छिपता अस्ताचल की ओर जा रहा था, जैसे कोई अपराध करके लौट रहा हो। वनस्पतिहीन पहाड़ियों पर धूप के चकत्ते प्रकाश के फोकस के रूप में यहाँ-वहाँ

बिखरे पड़े हैं। बाकी बची जगह आभाहीन होकर भी बदसूरत नहीं है। जहाँ रहस्य हो, वहाँ देखना भी अच्छा लगता है। मैदान में फैली धूप को कौन देखता है! बादलों को निहारो तो मटमैले काले बादल अपने भीमकाय रूप में आसमान में फैले पड़े हैं। उनकी किनारें चाँदी के गोटे के समान या हिमालय की हिमानी चोटियों की चमकती धूप के समान चमक रही है। पहाड़ियों पर धूप के चकत्ते घूमते हैं, जैसे हवाखोरी के लिए निकले हों! पक्षियों के झुंड जंगल की ओर लौट रहे हैं। क्षितिज रंगों से आपूर होने लगा है। ऐसे में झिलमिलाते पानी में सूरज के डूबने का दृश्य कितना मनोहारी, आनन्ददायक और सुन्दर है। निराशाओं, हीनताओं, कुंठाओं और आत्महत्या के विचारों से आप्लावित मैं नदी के इस छोर पर आया था और पाँवों को पानी में डालकर बस यूँ ही देखे जा रहा था। मैं अन्तिम समय में शान्त हो गया, सारी सफलता-असफलता अब बस यहीं समाप्त। मस्तिष्क में जमी भीड़ यकायक गायब हो गई। सुन्दरता का अथाह सागर हिलोरें लेने लगा। सामने प्रकृति की अमूल्य निधियाँ विमुक्त फैली पड़ी हैं। क्या ये सभी मुझसे अभी छूट जाएँगी? मैं अब तक कूड़ा-करकट ही इकठ्ठा करता रहा, यह अथाह सौंदर्य कहाँ देख पाया? मैं अपने मानस को मुक्त कर देता हूँ! शान्ति के सफ़ेद कबूतर को क्यों कैद कर रखा है! उसे उन्मुक्त होने दो, व्योम की अन्तहीन ऊँचाइयों तक उड़ने दो। सूरज डूब चुका था, अब मुझे भी लौट जाना चाहिए।

आत्मकथ्य

तीस वर्षों से मैं बिजलीघरों के दैत्याकार टॉवरों को खड़ा करता आया है। वे अब मुझे दबोचने लगे हैं। जिन शानदार अट्टालिकाओं के फर्श पर पॉलिश करते हुए, अपने को कीचड़ में सना था, आज वही चमकता फर्श मुझ पर हँस रहा था। मैंने अपनी शारीरिक कमजोरी के बावजूद रक्तदान देकर, दूसरे को जीवन दिया। नतीजन, दूसरे ही दिन चक्कर खाकर चिमनी से गिर पड़ा।

फिर भी मैंने मशीनों को चलने से नहीं रोका। मैं उत्पादन बढ़ाने में लगा था। निर्माण के गीत गाने में लगा था। क्योंकि मैं समझता था– यह निर्माण, यह उत्पादन मेरे अपने लिए है। ये मिलें मेरे लिए कपड़ा बना रही हैं। इन स्कूलों में मेरे बच्चे पढ़ने वाले हैं। इन अस्पतालों में मेरा इलाज होगा। ये कारखाने, दफ्तर, न्यायालय और बैंक मेरे बेहतर भविष्य के लिए आकाश की ओर उठकर विस्तार पा रहे हैं। इसलिए मैंने मशीन से हाथ कटने, बिजली के शॉक से मर जाने, आँखों की रोशनी खत्म हो जाने, दमा और टी.बी. लग जाने की परवाह नहीं की।

लेकिन क्या हुआ? सारा निर्माण मुझे आक्रान्त किए बैठा है। मुझे खुलेआम गाली दी जा रही है। मुझे कामचोर, निकम्मा और फोगटिया कहा जा रहा है। मुझे अराजकता और राष्ट्रदोह का मसीहा करार कर दिया गया है। जब निहित स्वार्थों की बात की जाती है; इशारा मेरी ही तरफ होता है।

राष्ट्र क्या है?

मैं अज्ञान रहा हूँ। मैंने सोचा था, मेरे तमाम प्रश्नों के उत्तर वही देगा जिसने बार-बार मुझसे अपील की है।

मैंने फिर भी गरीबी की शिकायत नहीं की थी, क्योंकि मैं जानता था, गरीबी मिटाना जादू नहीं है।

लेकिन आज, जब मेरे बच्चे अस्पताल से बाहर पड़े साँसें तोड़ रहे हैं। मेरी छँटनी के कारण मेरा परिवार दुःख से आक्रान्त है। कड़ाके की सर्दी और तपती लू आज भी मेरे बच्चों के प्राण ले लेती है। तब मुझे लगता है, तमाम निर्माण मेरी हत्या के षड्यन्त्र में लगा है। आज जब यह महसूसकर मैंने करवट लेना आरम्भ किया है तो मेरे हाथ बाँध दिए जाते हैं, गले में कपड़ा ठूँस दिया जाता है।

और फिर मेरे श्रम को खरीदने से इनकार कर; मेरे जीने के नैसर्गिक अधिकार को मुझसे छीन लिया जाता है। तब वातावरण में झुनझुने बजने की आवाज जोर-जोर से आने लगती है।

लेकिन मैं जानता हूँ, झुनझुने मेरे प्रश्न के उत्तर नहीं हैं।

अफसर

कमरे में घुसते ही एयरकंडीशन का एहसास होता है। वह कुर्सी पर बैठने का आग्रह कर, मेरी सम्पूर्ण गर्मी सोख लेता है। कुर्सी में बैठकर कालीन पर पाँव जमाता हूँ। कालीन पर बड़ा-सा मेज, मेज पर ग्लास, उसमें बनती स्टेनो और उसकी युगल तस्वीर। एग्जिक्यूटिव चेयर और उस पर झूलते चीफ एडमिनिस्ट्रेटर। रंग-बिरंगे टेलीफोन। फाइलों से भरी ट्रे। कुछ देर तक वे फाइल देखते हुए डिक्टेशन देते हैं। उनकी नजरें कहीं दूर रहती हैं– सोचने के अन्दाज में। मैं अपने-आपको व्यवस्थित करने की कोशिश करता हूँ।

अचानक ही बोले, “यह हैं मिस फर्नांडीज और आप हैं मिस्टर चटर्जी यूनियन के नेता।” उन्होंने स्टेनो से परिचय कराया, “और सुनाइए! कैसे हाल हैं?” “सब ठीक है, आपकी मेहरबानी है।” औपचारिकतावश मुझे निरर्थक शब्द बोलने पड़े। “क्या सेवा करूँ?” कहकर उन्होंने कॉल बेल बजाई, चपरासी आया। “चाय ले आओ।” वह आदेश सुनकर चला गया।

कमरे की ठंडक मेरे जेहन में पैठ रही थी। मैं जिस काम के लिए आया था कहीं अनसुना ही न रह जाय इसलिए बोला, “सर! वही पे-रिविजन वाली प्रोब्लम थी।” “साल-भर हो गया, अब तो होना ही चाहिए। चाहता हूँ दीवाली के पहले एरियर दिला दूँ। फाइनेंशियल सैंक्शन के लिए हेड ऑफिस को लिखता हूँ।” “सर, यह तो आप कई दफे कह चुके हैं। वैसे दूसरी सैंक्शन तो आती रहती है।” “भई सरकारी काम है, होते-होते ही होगा।” उन्होंने मेरे वाक्य के उत्तरार्ध की तरफ ध्यान नहीं दिया। शायद उन्होंने भाँप लिया था कि सैंक्शन नहीं आई वाला बहाना नहीं चलेगा। “सर, इस बार तो करना ही होगा। कर्मचारियों में रोष है।” मेरा स्वर कठोर था। वे शान्त भाव से फिर फाइल पलटने में व्यस्त हो गए। “लीजिए चाय पीजिए!” फिर समझाने के अन्दाज में बोले, “भई क्या करूँ! मेरे पास फाइनेंशियल पावर तो है नहीं।” “हमें सस्पेंड करने की, टर्मिनेट करने की तो पावर है आपको।” “वो तो है। इसमें फाइनेंस इन्वाल्व नहीं होता न इसलिए।” “पावर किसके पास है? वहीं जाकर खटखटाएँगे।” मैंने खड़े होते हुए कहा। “इस मशीनरी में यही तो पता नहीं लगता।” उन्होंने मुस्कराते हुए कहा। “यह पता नहीं लगने देना ही आपका काम है।” मैं तैश में आ गया, “आप खाम खाँ साल-भर से

लटकाते आ रहे हैं। आप खुद काम नहीं करना चाहते।" "गेटआउट! मुझे बकवास सुनाने की आदत नहीं है।" "पे-रिविजन तो तेरे चचा को भी करना पड़ेगा।" और मैं लम्बे डग भरते हुए चेंबर से बाहर आ गया।

चेहरा

आयशा शीशे में निहार रही है, अपने-आपको। भौहों पर पेंसिल फेर ली, हाँ अब कुछ बात बनी। लेकिन, नहीं लिपिस्टिक जरा-सी फैल गई, उसे पोंछ डाला, रंग जरा गहरा है, इसमें तो वह सोफिस्टिकेटेड नहीं लगेंगी, हल्का गुलाबी ओठ के रंग से मैच करता ही ठीक रहेगा, उसने देखा गालों की हड्डियाँ कुछ ज्यादा उभरी हैं, बेहतर होगा उन पर रूज फैला ले तो यही शिखर चौंधिया देंगे। जूड़े को सँभालते वक्त ख्याल आया कि यह स्टाइल बहुत पारम्परिक है, और ध्यान आकृष्ट करने में बिल्कुल नाकाम रहेगी। बेहतर होगा मॉड स्टाइल अपना ले, पर इसके खतरे भी हैं, फिर तो लोगों के ध्यान के केन्द्र में रहेगी, तब गली-कूचे, बस-स्टैंड कहीं भी सुरक्षित महसूस नहीं कर पायेगी, इससे तो अच्छा है, हल्के से बालों को छितरा लिया जाय, ताकि उनमें एक तरह की उन्मुक्तता रहती है। और नारी में उन्मुक्तता कौन नहीं पसन्द करता, बालों में कंघी फेरते, उसने एक झटके से बाल ऊपर फेंके, यह क्या! उसे तीन-चार बाल अपनी पूरी लम्बाई में धूप से उजले नजर आए, डाई करने की बजाय उन्हें उखाड़ फेंका जाए, आखिर कुछ संघर्ष के बाद बाल उखाड़ फेंके, मानो उम्र को दर किनार कर दिया हो।

हम हमेशा युवा और सुन्दर दिखना चाहते हैं। चेहरा ही हमारी पहचान बनकर रह गया है। आयशा यह जानती है, फिर भी उसने आँखों के काजल को जरा गहरा कर दिया ताकि आँखें बड़ी और सुन्दर दिखाई पड़े और जरा चंचल भी प्रतीत हो। आखिरी नजर डालते उसे महसूस हुआ कि वह अब आयशा नहीं रही।

चेतना

भूत के पाँव दिखते हैं। मैं उसके धड़ को देखना चाहता हूँ। ऊपर नजर करते ही धड़ गायब। बस, अँधेरे का एक काला धब्बा।

धड़कन तेज होती है। धड़धड़ाती है। भूख का एहसास मिट जाता है। शरीर काँप उठता है। चारों तरफ़ देखता हूँ। सिर्फ़ एक भय का अस्तित्व चारों तरफ़ फैला पड़ा है। आँखें मींच लेता हूँ, चिल्लाने या पता नहीं रोने की कोशिश करता हूँ। लेकिन कर कुछ नहीं पाता।

आँखें खोलने का साहस जुटाता हूँ। भूत के पाँव मेरी ओर बढ़ते हैं। फिर कुछ दूरी पर आकर रुक जाते हैं। केवल पाँव। मैं बेहोश होने ही वाला था कि अँधेरे के हाथ मेरे गले के इर्द-गिर्द चलने लगे। मानो उसकी मोटाई नाप रहे हों। अचानक पाँव भी गायब हो जाते हैं। उनकी पहचान मिट जाती है, और अँधेरे के मजबूत हाथ का शिकंजा मुझे जकड़ लेता है। जड़वत। जैसे अहिल्या पत्थर बन गई थी। सब कुछ समाप्त। जैसे किसी का कोई अस्तित्व नहीं था।

एक एहसास। भयंकर पिशाची अट्टहास। मेरे अस्तित्व को अन्तिम चुनौती थी। यकायक

मैं अस्तित्व के खतरे से मुक्त हो जाता हूँ। सब कुछ से निबटने को तैयार। आत्मा शरीर के मुकाबले विशालकाय हो चुकी थी। चेतना कह रही थी, चुनौती स्वीकार करो।

चेतना प्रज्वलित होकर ऊपर उठती है। लपटें। लाल सूर्ख लपलपाती लपटें किसी भी अँधेरे का मुकाबला कर सकती है। भूत को भूनकर खा सकती है। मैं चाहता हूँ– वे हाथ और पाँव मेरी तरफ़ बढ़ें मगर यह क्या! अब वे अपने-आपको बचाने में लग गए हैं। अँधेरा मेरे लिए अब अचीन्हा होता जा रहा है।

धर्म-निरपेक्ष

सूअर अपनी थूथनी घूरे में डाले, उसे तितर-बितर कर रहा था। "कुछ मिला" पास आती गाय ने पूछा, जो भूखी-प्यासी घूरे के ढेर पर घास के तिनके ढूँढ़ रही थी।

"क्या मिलता?" सूअर ने प्रतिप्रश्न किया। "लेकिन तुम्हारे चाहने वाले तो बहुत हैं। गौशाला है, धर्म की हरी घास है, तू तो गाय माता है, तुझे खिलाकर लोग बैकुंठ में जगह रिजर्व करा लेते हैं फिर तू यहाँ क्यों डोल रही है।"

"मुझे तो अपना कोई दिखा नहीं, जब से दूध देना बन्द कर दिया कोई खबर लेने वाला नहीं। कहने को माता हूँ, सारे देवता मुझमें बसते हैं, लेकिन सूखी घास को तरसती हूँ। बैसाख में कभी-कभार हरी घास मिल जाती है। वैसे धार्मिक दृष्टिकोण से तू भी कम महत्त्वपूर्ण नहीं है।"

'हाँ जरूर हूँ, तू पवित्र तो मैं अपवित्र, बस मुझे मारकर मस्जिद के आगे फेंक देते हैं, फिर मेरी लाश पर कई लाशें बिछ जाती हैं'।

'इस सन्दर्भ में, मैं भी कम महत्त्वपूर्ण नहीं हूँ, मेरे गोश्त के टुकड़े मन्दिर में फेंक कर, पूरे शहर में आगजनी, लूटपाट, हत्या, बलात्कार का आलम फैलाया जाता है'।

'ये आदमी आपस में लड़ने के लिए हमारा इस्तेमाल क्यों करते हैं?' सूअर ने चिन्ता जताई।

एक कुत्ता जो घूरे पर खड़ा टाँग ऊँची कर मूत रहा था बोला– तुम लोगों ने इन्सान के जीवन को नर्क कर रखा है। मुझे देखो मैं पूर्णतः धर्मनिरपेक्ष हूँ। मुझे लीगी भी गोद में उठाते हैं और संघी भी।

कुत्ते की बात सुनकर एक धर्मनिरपेक्ष नागरिक कहने लगा, 'प्यारे कुत्ते तुम ऐंठ ऐसे रहे हो जैसे धर्म निरपेक्ष होना गौरव की बात है। आज असली धर्म निरपेक्ष तो संघी हैं, वे उन्हें सूडो सेक्यूलरिस्ट कहकर कटघरे में खड़ा कर देते हैं या धर्महीन कहकर उनका मजाक उड़ाते हैं। जब माहौल साम्प्रदायिक हो तो धर्म निरपेक्ष सहधर्मी की निगाह में गद्दार और विधर्मी की निगाह में दुश्मन होता है। तब उसका अस्तित्व सबसे ज्यादा खतरे में होता है।'

'यह समस्या तुम्हारी है, मनुष्यों की। कुत्ते साम्प्रदायिक दंगों में निरापद घूमते हैं।

चुनौती

ठुकराई की ठसक रखने वाले सुमेरसिंह ने बादामी के बापू भैरा भांबी को बुलवाया। भैरा "जै माता जी" कह, आँगन में उकड़ूँ बैठ गया।

सुमेरसिंह ने जमाने के तेवर भाँपते हुए अपनी ठसक छोड़, समझाईश करने लगे, "देख भैरा, जो हो गया सो तो हो गया। जवानी के जोश में होश कहाँ रहते हैं। नादानी कर बैठा, नालायक कहीं का! चाहो तो हमारे जूते मार लो लेकिन हमारे बेटे को माफ़ कर दो। तुम्हारा-हमारा पीढ़ियों से व्यवहार चला आ रहा है। हमारे व्यवहार में आग लगाई का कोई फ़ायदा नहीं। आज जो तेरे पीछे खड़े हैं न, वे कल दिखाई नहीं देंगे।"

ये शब्द सुमेरसिंह की ठसक को चूर-चूरकर रहे थे। उसके अहंकार और श्रेष्ठता को आहत कर रहे थे। लेकिन क्या करे, समय ही ऐसा है।

बादामी का बापू चुप्प! बोले तो क्या बोले– हमेशा "हाँ हुकुम" कहता रहा है। ठाकुर को गिड़गिड़ाते देख उसे अच्छा लगा, उसके कलेजे में ठंडक पड़ गई। हृदय कह रहा था, 'बिचारा माफ़ी माँग रहा है, माफ़ कर दो।' कैसे माफ़ कर दे सुमेरसिंह के बेटे को, जिसने सरेआम हथियार बन्द खुली जीप में बदामी को उठा लिया, कैसे माफ़ करे उस हरामी के पिल्ले को, जिसने उसकी इज्जत पर सरेआम हाथ डाला। कोई माफ़ी-वाफ़ी नहीं। युगों से चला आ रहा यह अत्याचार और अपमान, अब यहीं रुकेगा। सोचते-सोचते उसका चेहरा सख्त हो गया। ठाकुर ने बादामी के बापू का प्रतिक्रियाहीन सख्त चेहरा देख पैंतरा बदला।

"ठीक है, फ़िर यह जंग भी लड़ के देख लो। हाँ इतना जान लो कि चाकू और खरबूजे की जंग में, पेट खरबूजे का ही फटता है, बाप होकर बेटी की बदनामी करवा रहे हो, अब तो बात अखबारों तक पहुँच गई है, बदनामी तो गाँव की बेटी की हो रही है न'।

पूरा दलित समाज बदामी के बापू के पीछे खड़ा है। अब तो यह पूरे दलित समाज के मान-सम्मान की लड़ाई हो गई है। दलितों के जत्थे-के-जत्थे थाने के आगे धरने पर नहीं बैठते तो क्या पुलिस एफ़-आई-आर- लिखती, उग्र रैली नहीं निकली होती तो क्या इस घटना को अखबार में जगह मिलती।

इस बढ़ते आन्दोलन को देख दलित मन्त्री और विधायक भी बिन माँगे समर्थन दे रहे हैं। सरकार पर दबाव बन रहा है। गिरफ़्तारी तो हो ही गई, अब जमानत भी नहीं होगी। बिना लड़े तो इनके अभिमान, श्रेष्ठता और उच्चता की गाँठें टूटेंगी भी नहीं। सम्मान पाना है, तो लड़ना तो होगा ही। लड़ने के तमाम जोखिम उठाने ही पड़ेंगे। यह सोचते हुए भैरा भांबी चुनौती की मुद्रा में खड़ा हो गया।

क्रेडिट कार्ड

फ्रीज खरीदना है? पैसे नहीं है? कोई बात नहीं, चिन्ता मत कीजिए, हम हैं न आपकी सेवा के लिए हमारा क्रेडिट कार्ड लीजिए, दुकानदार को दीजिए, एक साईन कीजिए और फ्रीज ले आइये। है न सरल तरीका। क्या कहा? आपके पास आई.सी.आई.सी.आई का क्रेडिट कार्ड पहले से ही है। कोई बात नहीं, आप दूसरा लें, जरूरत आपको फिर भी पड़ सकती है। खुदा न करे बीमार हो जाएँ, आपरेशन कराना पड़ जाए, सीधे भरती हो जाइये, और निश्चिंत होकर इलाज कराएँ और स्वस्थ होकर घर जाएँ। तब आप हमें धन्यवाद देंगे कि बन्दे ने क्या चीज दी थी!– क्या कहते हैं?, आपके पास तीन-तीन क्रेडिट कार्ड हैं। अच्छा है, चौथा भी लीजिए।

चौथा लेने में कोई पाबन्दी नहीं है।

"चले जाइए! चले जाइए! बहुत हो गया अभी साँस लेने की जगह बची है, चौथा देकर, तुम मुझे कर्जे में पूरा ही डूबा दोगे। एक दिन ऐसा आएगा कि मेरी लाश पंखे से झूलती नजर आएगी।"

– क्यों? क्या हुआ मैं तो तुम्हारी सहूलियत के लिए कह रहा हूँ। क्रूज पर मजे करने हो, हवाई जहाज का सफर करना हो, विदेश यात्रा करनी हो। होटल में रुकना हो, विदेशों में खरीद-फरोख्त करना हो, क्रेडिट कार्ड सब दुःखों की रामबाण दवा है। रुपया-पैसा ले जाने की झंझट नहीं। चोरी-चकारी का डर नहीं। बिंदास विदेश यात्रा करो। हमारे कार्डधारी को 20 प्रतिशत डिस्काउंट मिलता है और हवाई कम्पनियाँ, होटल आदि बम्पर लाटरी भी निकालते हैं, कहीं आपकी लाटरी लग गई तो क्या कहने, सारे कर्जे दूर, जुहू बीच पर नया बँगला, मर्सडीज बेंज गाड़ी इन्तजार करेगी। तब तो आप हमें अवश्य धन्यवाद देंगे।

"मेरे बाप, मैं डूब चुका हूँ। क्रेडिट कार्डवाले कई तरह के चार्ज लेकर, कर्ज की राशि पर 40 प्रतिशत तक ले लेते हैं। बैंक में जमा कराओ तो साले 6 प्रतिशत देते हैं। हमें लूटने के क्या-क्या इन्तजाम कर रखे हैं।"

"मत लीजिए। बिल्कुल मत लीजिए। मैं नहीं चाहता कि आप क्रेडिट कार्ड लें।"

वे अपने बैग से दूसरा फार्म निकालते हैं।

"हमारी कम्पनी 0 प्रतिशत ब्याज दर पर कर्ज देती है, मनचाही किश्तों में भुगतान कीजिए।

लीजिए यहाँ साइन कीजिए पैसा उठाइये और कार ले आइये, ए.सी. ले आइये जो चाहो सो ले आओ, हम आपकी सेवा में हमेशा हाजिर हैं।"

"अब सर यह मत कहिएगा कि 0 प्रतिशत से भी कम ब्याज लें।"

वे 'हैं हैं' कर हँसने लगे। वह चिन्तित-सा सोचने लगा, साइन करे या न करे ए.सी. तो लेना ही है, सो फाइनेंस कम्पनी के कागजात पर हस्ताक्षर कर देता है।

आखिर मछली जाल में फँस ही गई।

दोज़ख़

आँखों में शीशे की किरचें चुभ रही थीं। बीच बाजार में खून से लथपथ लाश पड़ी थी–बिल्कुल अकेली। जिस भीड़ में वह था, अब वह गलियों-गलियारों में भागती हुई चाय-घरों में घुस गई थी। सिर्फ़ वह एक साक्षी था, जिसने पूरी घटना को घटते देखा था। उसने आँखें बन्द कर ली, नहीं देखा जाता। उसने ईश्वर से दुआ माँगी, "प्रभु! ये आँखें वापस ले लो" और उस दिन वह अन्धा हो गया।

दृश्य बेमानी हो गए थे, लेकिन अब दूसरी इन्द्रियाँ ज्यादा संवेदनशील हो गई थीं। जब वह लाठी के सहारे चलता तो आवाजों से ही सब कुछ पता लगा लेता। अब उसे आवाजें परेशान करने लगीं– मारो, काटो, मादर...यह विधर्मी है! इतने में ट्रक से कुचलता हुआ साइकिल-सवार किं...किं ...च-च-च...बेचारा!

उसने फिर ईश्वर से दुआ माँगी और वह बहरा हो गया।

इस तरह वह अन्धा, बहरा और गूँगा हो गया। यहाँ तक कि अन्त में उसने ईश्वर से दुआ की कि वह उसके प्राण ही ले ले। ज्यों ही वह यमराज के दरबार में उपस्थित हुआ, उसे दोज़ख़ की आग में झोंकने की आज्ञा दे दी गई। वह बौखलाया– यह कैसा न्याय है? न मैंने बुरा देखा, न बुरा सुना, न बुरा कहा, फिर यह सजा! प्रभु, तुम तो दयानिधान हो!

'मैंने तुम्हें न केवल जीवन दिया, बल्कि उसकी सब उपलब्धियों से परिपूर्ण किया। इसके उपरान्त भी तुम लगातार जीवन से भागते रहे दब्बू और कायर की तरह। मेरी रचनात्मक शक्ति का उपहास किया तुमने, इसकी यही सज़ा है!'

और उसे पकड़कर दोज़ख़ की आग में झोंक दिया गया।

दुपहरिया

ग्रीष्म की चौंधियाने वाली दुपहरिया की धूप आँगन में ऐसी पसरी पड़ी है, जैसे अल्हड़ जवानी। तपती धूप की चौंध से भागे कौए पेड़ों की शाखों पर बैठे काँव-काँव कर रहे हैं। सड़क खाली पड़ी है, निष्प्राण! हवाएँ शिरीष के पेड़ों की सूखी फलियों को हिचकोले दे चूड़ियों के खनखनाने-सी आवाज दे रही हैं। घरों के दरवाजे बन्द हैं। धूप चुहिया की तरह दुबकती हुई दरवाजों में घुसने का यत्न कर रही है। सारा वातावरण उनींदा-सा हो रहा है। हर कोई धूप के ढलने की प्रतीक्षा कर रहा है, जैसे ढलते ही सब कुछ ठीक हो जायेगा। यौवन की देहरी जब कोई कदम रखता है, लोग ऐसे ही कहते हैं। तेजस्विता व्यावहारिक तौर पर मानवीय गुण नहीं माना जाता। 'मोडरेशन' एक सामाजिक गुण है। तेजस्विता तो दैविक होती है, अतः वह प्रशंसनीय और पूजित हो सकती है। जीवन को स्मूथली जीने के लिए, समाज में बने रहने के लिए 'मोडरेशन' एक मूलभूत आवश्यकता है। अपने व्यक्तित्व की अलग पहचान जैसे समाज के लिए खतरा बन जाती हो। बचो! तेजस्विता से, नहीं तो भस्म हो जाओगे। यह अलग बात है कि 'मोडरेशन' युवा मानस को संघर्ष से विलग कर उसे समाज के 'डैडवुड' का हिस्सा बना देती है। तभी तो लोग अक्सर कहा करते हैं कि थोड़ा यौवन ढलने दो, सब स्वतः ही ठीक हो जायेगा। जैसे अब ठीक नहीं है। मानो यौवन का उत्साह कुछ कर गुजरने की चाह, समाज की बूढ़ी दीवारों को तोड़ने की ललक, जिसमें वह कैदी है, निरर्थक एवं बेमानी हो। जो दैविक है, वह मानवीय क्यों नहीं है? जब ढलती धूप सुहानी हो सकती है, उगती किरणें सुनहरी हो सकती हैं, तो चकाचौंध भरी, तपती दुपहरिया का ही क्या कसूर कि वह उज्जड, उदास और बेनूर हो।

हड़ताल

माँगपत्र– सभा– आमसभा– मैनेजमेंट– बातचीत– खत्म– लेबर कमिश्नर– बातचीत– बीच-बचाव–

फेल्योर रिपोर्ट– आमसभा– गरमागरम– जनसभा– तेजतर्रार– आक्रोशी चेहरे– मुट्ठियाँ– बँधी– जुलूस– मशाल जुलूस– नारे– गगनभेदी– मैनेजमेंट– कान में रूई– दिल में

षड्यन्त्र– –धमकी– एक्शन– अनुशासनात्मक कार्यवाही– धौंस– कानून– चेहरे– चैलेंज– चेहरे– तमतमाए– मुट्ठियाँ– कड़क– नारे– भड़ास– गाली-गलौज– कार्यवाही– जवाबी–

नोटिस– हड़ताल– डंके की चोट– काम का चक्का– जाम– चमचे– गद्दार– पिट्ठू– गुंडे– आक्रमण– षड्यन्त्र– उकसाना– फँसाना– दबाना– धमकाना– लालच– नारे– जुलूस– धरना– घेराव– पुलिस– अलगाव– लौह तोपधारी– राइफलधारी– पेट की खातिर– आँसू गैस– लाठी चार्ज– स्थिति– परिस्थिति– विस्फोटक– मजिस्ट्रेट– मैनेजमेंट– शासन– भगत– मिलीभगत– तोड़ो– घेरा– तोड़ो– एकता– लालच– टुकड़े– डर– सुरक्षा– कड़े– इंतजाम– धारा 144– जुलूस– बन्द– घेराव– बन्द– धरना– प्रदर्शन– बन्द–

गद्दार– पिट्ठू– फैक्टरी– धुआँ– मजदूर– भड़का– धारा– टूटी– जेलभरी– आन्दोलन– उभरा– मैनेजमेंट– बौखलाया– चालें– पाँसा– टर्मिनेशन– सस्पेंशन– चार्जशीट– पुलिस केस– 320, 304

टूटन– हताशा– बिखराव– मैनेजमेंट– खिलखिलाहट– सरकार– सख्ती– मजदूर यूनियनें– सहयोग– आर्थिक– नैतिक– एकबद्ध– एक्शन– सरकार– दबाव– मैनेजमेंट– झुकाव– रुख– समझौतावादी– मैनेजमेंट– बौखलाहट– धमकी– तालाबन्दी– नुकसान–

हड़ताल– तीस दिन– घाटा– मालिक– चिन्ता– मजदूर– जोश-खरोश– मजदूर-मजदूर– भाई-भाई– लड़के लेंगे– पाई-पाई– मजदूर– एकता– बलिदान– त्याग– इतिहास– विजय– जिंदाबाद–

समझौता– विजय– खुशी– मजदूर– संग्रामी– कोर्ट– कचहरी– बहस– तारीख-दर-तारीख– बहस– साल-दर-साल–

हक

"पिता की सम्पति में अब पुत्रियों का भी वही हक़ है, जो पुत्रों का है। कानून ने अब स्त्री-पुरुषों को बराबर का अधिकार दिया है।" पति अपनी पत्नी को समझा रहा था।

"पिताजी की सम्पति में जो तुम्हारा हिस्सा है, उसका दावा है यह!" यह कहते हुए पति ने कोर्ट केस के पेपर्स पत्नी के सामने रख दिए। पत्नी सोच में पड़ गई।

"क्या चाहते हो तुम?"

"इस पर दस्तखत कर दो बस, बाकी मैं देख लूँगा।"

"हूँ, तो तुम देख लोगे! क्या देख लोगे?"

"तुम बेकार में तैश में आ रही हो। तुम केवल अपना हक माँग रही हो।"

"दहेज में तुमने एक लाख रुपया लिया। माल लिया, सो अलग। जिसे तुमने निठल्ले बैठकर हजम कर लिया।"

"सीमा! प्लीज, समझने की कोशिश करो। तुम तो केवल अपना हक..."

"हक! वाह ख़ूब! हक माँगना मैं तुमसे सीखूँगी, बताओ दहेज लेना तुम्हारा हक था?"

"वो छोड़ो, पुरानी बात में क्या रखा है। दहेज तो रस्म है और समाज में अपनी इज्जत बनाए रखने के लिए हर कोई दहेज देता है।"

"मेरे पिता को लूटने की यह नई तरकीब है। मैं हरगिज दस्तखत नहीं करूँगी।" और उसने कागज फाड़कर फेंक दिए।

"तुम बेकार ताव खा रही हो, जरा समझने की कोशिश करो। आज हम अभावों से जूझ रहे हैं। अगर कुछ इंतजाम नहीं करते तो निश्चित है, बहुत बुरे दिन देखने होंगे।"

अभावों का आकाश खुलते ही सीमा के तेवर ढीले पड़ गए। वह समझौता करने पर तैयार हो गई। धीमे स्वर में बोली, "लेकिन इससे हमारे सम्बन्धों में जहर घुल जायेगा, भावनाओं का गला घुँट जायेगा। मैं इतना बड़ा पहाड़ अपने सीने पर रख कर जी नहीं सकूँगी।"

"अरे सम्बन्धों का क्या! आज बिगड़े, कल ठीक।"

"इतने हल्के स्तर पर मत लो मेरी बात।"

"नहीं मैं गम्भीर हूँ। प्रगतिशील नारी का कर्तव्य है कि ..."

"तुम्हारे जैसा नकारा आदमी प्रगतिशीलता की बात करता है, और शर्म भी नहीं आती!" पत्नी फिर तैश में आ गई।

"तुम्हे पैसा चाहिए! एक काम करो, जितना माल और पैसा अब तक तुमने मेरे पिता से लिया है उसका हिसाब कर, दावे की रकम में से घटा दो, फिर हस्ताक्षर कर दूँगी। बाप-बेटी और भाई-बहन के सम्बन्धों को हमेशा के लिए तिलांजलि दे दूँगी।"

"तुमने यह सब बाकी निकलवा दिया तो फिर बचेगा क्या? अच्छा यह सब छोड़ो, पिताजी से कहकर मुझे यहाँ धन्धा खुलवा दो।"

"धन्धे के लक्षण होते तो यह नौबत ही क्यों आती! ऐसा करो, मेरा गला घोंट दो, बच्चों को चम्बल में डुबो दो। फिर एक शादी करना। उसका माल मिले, उससे धन्धा खोल लेना। बस इससे ज्यादा मैं कुछ नहीं कर सकती।"

अब वहाँ चुप्पी पसर गई थी।

जीविका

नितान्त अकेली बुढ़िया। निपट अनपढ़-गँवार। कमर झुकी हुई और आँखों पर चश्मा डोरी से बँधा। एक आँख से तो कुछ दिखता ही नहीं, इसलिए वह मोहल्ले में कानी बुढ़िया के नाम से जानी जाती थी। करीम रद्दीवाले से वह अखबार, किताब, कापियाँ आदि खरीदती और उनसे पाव, आधा किलो, किलो की थैलियाँ बना, लाला अमरनाथ की दुकान पर बेचकर अपना पेट पालती।

कानी बुढ़िया एक हाथ में लाठी पकड़े और दूसरे में कागज की थैलियों का झोला लटकाये दुकान पर पहुँची, "लाला तौल ले इन्हें।" कहते हुए उसने झोला लाला की ओर बढ़ा दिया। लाला थैलियों के बंडल बाहर निकालकर तौलने लगा।

इतने में ही एक ग्राहक ने आधा किलो मसूर दाल देने को कहा। लाला ने थैलियाँ तौलना छोड़कर, वहीं से एक थैली उठा, मसूर की दाल भरी और तौल कर उसे दे दी। ग्राहक थैली को कुछ गौर से देख रहा था।

ग्राहक हाथ में थैली लिये जा रहा था कि मोहल्ले के मुहाने पर तीन-चार परिचित मिल गए।

"क्या लाए हो मियाँ?"

"कुरान शरीफ लाया हूँ और क्या! यह देखो।" और उसने कागज की थैली की इबारतें उनकी ओर कर दी।

"हें! कुरान की आयतें!" वे अचम्भित से एक साथ बोले।

"देखिए इस मुल्क में कुरान की क्या इज्जत रह गई है?"

उनकी आँखों में ललाई छाने लगी। भुजाएँ फड़कीं, मुट्ठियाँ भिंच गईं और शरीर कमान-सा तनने लगा।

"किसके यहाँ से लाए हो?"

"लाला अमरनाथ के यहाँ से।"

"वही जो कलश यात्रा का अगुआ था।"

"हाँ, हाँ, वही।"

"चलो लाला से अभी निपटते हैं।" एक युवक चेतावनी की मुद्रा में आगे चला। बाकी सब भी चल पड़े। रास्ते में जो मिला उसे इशारे से बुला लिया।

वे धड़ाधड़ लाला की दुकान में घुस गए, तोड़-फोड़ की। सामान फेंका, एक ने लाला का गिरेबान पकड़ा। ग्राहक देख रहे थे, पड़ोसी देख रहे थे। वे मामला ताड़ गए, दंगे की आशंका में शटर बन्द होने लगे।

लाला बोला, "क्या बात है भाई? कुछ तो बताओ।"

"साले कुरान शरीफ की तौहीन करते हो।" उसने वह थैली उसे दिखा दी।

लाला की समझ में कुछ-कुछ आने लगा।

"भई थैलियाँ मेरे यहाँ नहीं बनतीं, मैं तो कानी बुढ़िया से खरीदता हूँ।"

धक्का-मुक्की में लाला गिर पड़ा। दो-चार ने उसके लात जमाई, चलते-चलते एक ने दुकान को पलीता लगा दिया। पन्द्रह-बीस मिनट की कार्यवाही ने, कब-कैसे पूरे शहर को दशहत की आगोश में ले लिया पता ही नहीं चला।

दंगाइयों की वह छोटी-सी भीड़ अब कानी बुढ़िया को घेरे हुई थी। बुढ़िया कुछ बोले उसके पहले ही लाठी के एक वार से वह वहीं ढेर हो गई।

एक बार फिर भाईचारे की हत्या हुई और कुरान शरीफ की इज्जत बच गई।

क्या मैंने ठीक किया?

जब मैं पहली बार गर्भवती हुई तो घर में खुशियाँ छा गईं। सास-ससुर व पति के सपने सँवरने लगे। मैं अब घर की एक विशिष्ट सदस्य बन गई थी और मेरा खास खयाल रखा जाने लगा।

रूटीन चैकअप करते हुए डॉक्टर ने कहा, "सब कुछ ठीक है बच्चे की ग्रोथ सामान्य है। विटामिन, आयरन और कैल्शियम की गोलियाँ लेने की सलाह दी। पति ने पूछा, "सोनोग्राफी का क्या परिणाम रहा डॉक्टर साहब?"

"हार्ट ठीक है रक्त संचार सामान्य है।"

"यह नहीं गर्भ में लड़का है या लड़की?"

"अरे, पहली सन्तान है, ईश्वर का आशीर्वाद समझ कर जो भी है उसे स्वीकार कर लो।"

खुशियों के बीच उनके माथे पर चिन्ता की रेखाएँ स्पष्ट दिखाई दे रही थीं।

मैं अभी माँ नहीं बनना चाह रही थी। मैं अपने कैरियर पर ध्यान देना चाहती थी। एर्बोशन के फेवर में थी लेकिन जब जाना कि गर्भ में लड़की है और ये लोग उसे गिरा देना चाहते हैं तो मैंने उसे जन्म देने की ठान ली। अपनी सन्तान को प्रतिपल महसूस करने लगी।

"अपने प्यार की पहली निशानी है। इसे जन्म लेने दो। दूसरी बार देख लेंगे, तुम कहोगे जैसा करूँगी।" मैंने हाँ कह दी कि भविष्य का किसे क्या पता! हो सकता है पुत्र ही हो। भविष्य की बात को लेकर वर्तमान क्यों खराब करूँ। मेरे उक्त आश्वासन पर वे मान गए।

पहला प्रसव मेरे मायके में हुआ। वे मुझे और बच्ची को देखने तक नहीं आए। न ही मेरे सास-ससुर आए। मेरे कई बार फोन करने पर वे बेरूखी से आजकल आने का कहते रहे। फिर पिता ने समाज का दबाव बनाया, कानून का डर दिखाया तो वे आए जैसे एहसान किया हो।

"चलो, घर चलो लेकिन इस बला (बच्ची) को यहीं नाना-नानी के पास छोड़ दे।" मेरा प्रियतम ऐसा कैसे कह सकता है! आखिर पापा ने एक लाख रुपए की बच्ची के नाम एफ. डी. कराई तो लिवा ले गए।

जब दूसरी बार गर्भवती हुई तो घर में खुशियाँ मचलने लगीं। ज्योतिषी कह गए थे कि इस बार पुत्र जन्म लेगा। पीर-औलिया के पास ले जाया गया। गंडे-ताबीज बाँधे गए। झाड़-फूँक की गई। हवन-यज्ञ किए, नाना प्रकार की पूजाएँ कीं। चौथे माह में चैंकिग हुआ तो घर में भू-चाल आ गया कि मैं फिर अपनी कोख में लड़की पाल रही हूँ।

"इसकी माँ ने एक छोरा नहीं जना, यह कहाँ से जनेगी। छोरियाँ जन-जन कर घर बरबाद करेगी"। गाली-गलौज होने लगी। पग-पग पर अपमान। मार-पीट भी होने लगी। विशाल समझाने लगे, "तूने कहा था कि अगली बार देख लेंगे। तो अब समय आ गया है, एबोर्शन करा लो। और इस जिल्लत से बचो।"

"विशाल यह नहीं मानती तो इसे इसके घर पर छोड़ दे, अब हमारा इससे कोई लेना-देना नहीं। बहुत पड़ी हैं छोरियाँ।"

"नहीं, मैं अपनी बच्ची को नहीं मारूँगी।"

उनका एक झन्नाटेदार हाथ मेरे गाल पर पड़ा।

मैं सुबकती-सुबकती बच्ची को लेकर माँ-बाबूजी के पास आ गई। मैंने अपनी बच्ची को तो बचा लिया लेकिन क्या यह मैंने ठीक किया?

लोग कहते हैं कि मैंने स्वयं अपने व बच्चों के लिए नरक रचा है।

मैं मानसिक तौर पर टूट चुकी हूँ। न अब मुझे कैरियर की चिन्ता है न बच्चों की। बच्चे हमेशा डरे-सहमे रहते हैं।

विशाल ने दूसरी शादी कर ली है।

कोर्ट-कचहरी हुई, गिरफ्तारियाँ भी हुईं।

2700 रु. की भरण-पोषण राशि वो भी नियमित नहीं मिलती उसकी वसूली के लिए नानी याद आ जाए।

क्या मैंने ठीक किया? आप ही बताएँ।

लोमड़ी

जब तक उस जंगल में दासप्रथा थी, नागरिकजन शान्ति की जिन्दगी बसर कर रहे थे। सामाजिक-राजनैतिक हैसियत के हिसाब से हरेक के पास दासों की संख्या थी। जागीर थी। शेर, चीते और भेड़िए अपनी-अपनी खोहों में रंगरेलियाँ मनाते। शिकार के लिए जाना उनके लिए बेइज्जती की बात थी।

एकाएक स्वतन्त्रता की जबरदस्त आँधी आई। पुरानी परम्पराएँ उड़न तश्तरियों की तरह गायब हो गईं। अब चुनाव में मच्छर, मेढक और झींगुर जीतने लगे, जो ज्यादा भन्ना सकते थे, टर्रा सकते थे।

एक बार लोमड़ी चुनाव में जीत गई। अंगूर खट्टे नहीं रहे। मीठे अंगूर खाने लगी तो खाती ही रही। दूसरे जानवर बोले, "हमें भी अंगूर खाने का अधिकार है, जनतन्त्र में सभी समान हैं।" वह नहीं मानी। वे तुल गए, असहयोग पर।

मामला पंचायत को सुपुर्द हुआ। पंचायत ने निर्णय दिया कि लोमड़ी ने अंगूरों पर एकाधिकार कर लिया है और समानता के सिद्धांत की अवमानना की है, अतः उसे लोकतन्त्र की परम्परा का निर्वाह करते हुए पद त्याग कर देना चाहिए।

लेकिन लोमड़ी कच्ची गोलियाँ नहीं खेली थी। उसने संसद की बैठक बुलाई और पिछली तारीख से पंचायतों के अधिकारों को सीमित कर दिया।

मौनव्रत

जिलाधीश कार्यालय के सामने शामियाने के नीचे एक आदमी अपने मुँह को दोनों हाथों से ढाँपे, गाँधी जी के बन्दर की मुद्रा में बैठा है। ठीक उसके ऊपर एक बैनर टँगा है। बैनर पर मौन व्रत लिखा है। कुछ और खद्दरधारी उसी मुद्रा में उसके दोनों ओर धरने पर बैठ जाते हैं। जिलाधीश को ज्ञापन देना है। कौन ज्ञापन देगा? पहले से ही तय हो तो उचित रहेगा, नहीं तो वहाँ हड़बड़ी में मौन जुलूस की भद्द पड़ जाएगी।

पत्रकारों और फोटोग्राफरों का प्रवेश। विडियो कैमरा काम कर रहा है, पत्रकार ने पूछा, "देश में आपातकाल लगा, उस पर आपकी प्रतिक्रिया!" वे मौन हैं।

"1984 के सिक्ख विरोधी दंगों के बारे में आपका क्या कहना है?" वे मौन हैं

"बाबरी मस्जिद को तोड़ डाला, इस सन्दर्भ में आपका क्या कहना है?" वे मौन हैं।

"अहमदाबाद में हिन्दू-मुस्लिम दंगे में लोगों को जिन्दा जला दिया गया है, कौन इसके लिए जिम्मेदार है?" वे फिर मौन हैं।

उत्तर न पाकर पत्रकार ने उकसाया– "जब भी कोई महत्त्वपूर्ण निर्णय लेना होता है, आप लोग मौन साध लेते हैं।" मुख्य बन्दर मौन व्रतधारी उन्हें चुप रहने का आँखों से इशारा करता है। पत्रकार अनुनय करता है, "लिखित वक्तव्य ही दे दीजिए।"

"सार्थक संवाद केवल मौन में ही सम्भव है।
कौन जिम्मेदार है, अपने माँही टटोल।

आत्मा को शुद्ध करो, मौन भटको को रास्ते पर लाता है।
शब्द झगड़े की जड़ है। मौन शान्तिपूर्ण और प्रेममय है।
मौन में सारी समस्याएँ समाप्त हो जाती हैं।"

मौन धीरे-धीरे असाध्य लगने लगता है। कुछ लोग खुजलाते हैं। एक-दो हथेली पर तम्बाकू घिसते हैं। कई अपनी पुड़िया खोलकर खाते हैं। दर्शकों में से लड़के-लड़कियाँ आँख लड़ाने की कोशिश करते हैं।

जुल्म, अन्याय व अत्याचार के विरुद्ध मौन जुलूस, बेरोजगारी व गरीबी के विरुद्ध मौन जुलुस, मौन रामबाण है। अतः सरकार मौन रहने का मूलभूत अधिकार सबको देती है। बोलने की बदतमीजी की आज्ञा सिर्फ सिरफिरों को है। सरकार मौनव्रत धारी बन्दरों की मूर्तियों को सार्वजनिक स्थानों पर स्थापित किए जाने के आदेश देती है और मौनव्रतधारियों का धन्यवाद करती है।

पेट सबके हैं

वर्षों से सूखी जमीन चटखती जा रही थी। दरारें धीरे-धीरे चौड़ाती गईं और इन्सान उसमें समाने लगे। भयंकर हाहाकार चारों तरफ लपटें मार रहा था। उसने सोचा– 'सस्ती का जमाना है। मकान बनवा लेना चाहिए। फिर ऐसा सुनहरा मौका नहीं मिलने का।" लकड़ी, ईंट, चूना धूल के भाव मिलने लगा था। माल और मजदूरी दोनों ही सस्ती।

रोज शाम को मजूर मालूम करने आते, "कल काम चलेगा न?' वह कभी 'हाँ' कह देता, कभी कह देता–'पानी का प्रबन्ध नहीं हो पा रहा है। कुएँवाला बहुत पैसे माँगता है, बड़ी मुश्किल हो गई है! कैसा ज़माना आ गया है!'

लुबा और देवा उसके पास कल की चिन्ता लेकर आए। "भई, कल तो सिर्फ एक मजूर की जरूरत है। लुबा, तू आ जाना। पाँच रुपये मिलेंगे भई।" आधी मजूरी को आधा कर दिया उसने। पर लुबा कुछ नहीं बोला। देवा बोला, "मैं भी कल आ जाऊँगा, मुझे आप तीन रुपये ही देना।" वह उदास चिन्तामग्न स्वर में अपने भूखे परिवार का रोना रोने लगा।

"अच्छा तो देवा, तू ही आ जाना। लुबा तुझे परसों लगा लेंगे।" उसने दयालु होकर कहा।

लुबा ने देवा का गला पकड़ लिया, साले, तू मेरे भाते में झपट्टा मार रहा है!"

"साले, तेरे ही पेट है क्या! बाकी सबके पेट में पत्थर पड़ा है?" देवा बोला और दोनों गुत्थम-गुत्था हो गए।

"अरे भई! क्यों लड़ते हो! उसने चारपाई से उठते हुए कहा, "मेरी बात तो सुनो!" उसने लगभग उन्हें झिंझोड़ते हुए कहा, "अच्छा! तुम दोनों आ जाना। तीन-तीन रुपए दूँगा। आखिर भई, पेट सबके हैं!"

फूली

पौ फट रही थी।

फूली माँचे से उठी और दालान में आकर गाय, भैंस का गोबर करने लगी। गोबर करने के

बाद बाँटा चूल्हे पर चढ़ाना था। दूध दुहना था। दिन उगते तो मक्खियाँ तंग करने लगती हैं।

फूली का आदमी भानिया पूरा भगत है। सुबह पेली उठकर वीर बावजी का धूप करता, आरती उतारता। अक्सर आरती उतारते-उतारते उसे वीर बावजी का 'भाव' आने लगता। पूरा शरीर काँपने लगता, धूजता और बड़बड़ाता।

उस दिन भी भानिया के शरीर में वीर बावजी आए तो फूली दालान से ही चिल्लाई, "सुबह पैली काम के टैम काँई माँड्यो है। हे वीरजी! मैं थारा हाथ जोड़ूँ, क्यूँ म्हारे पीछे लागो हो!"

भानिया का भाव और तेजी पकड़ने लगा। शरीर बुरी तरह काँपने लगा। गरदन तो ऐसे घूम रही थी, जैसे कील पर रखी हो।

वह देखते-देखते दुःखी हो गई थी, यह सब। भाव उतरने के बाद उसका शरीर दुखता और वह खेत में खाट पर पड़ा रहता था। फूली से कहता, जरा दबा दे। आज तो वीर जी ऐसे 'पड़' में आए कि हाड़-हाड़ दुख रहा है।"

घर में खटे तो फूली, और खेत में जुते तो फूली। कई बार फूली आँसुओं सनी आँखें लेकर वीरजी के मन्दिर में गई। खूब हाथ जोड़े, पाँव पड़ी मगर भानिया में कोई फर्क नहीं पड़ा।

फूली ने गाय की टाँगों में बँधी रस्सी खोली, दूध की चरी वहीं पटक औले में गई और भानिया से बोली, "थारा हाथ जोड़ूँ, वीरजी थे अठाउँ पधारों।" प्रार्थना बेअसर होते देख फूली गुस्से में आई। नारियल फोड़ा, चूल्हे से सुलगता कंडा लाई। उस पर धूप और नारियल डाला, धुआँ उठते-उठते आग भभक उठी।

"जायेगा कि नहीं जायेगा!" कहती हुई वह आग को भानिया के मुँह तक ले गई।

आँच लगते ही उसकी मूँछों के बाल जल गए। मूँछें जलते ही भानिया होश में आया और एकदम पीछे हटा, मगर फूली तो आग और आगे कर रही थी।

भानिया बोला, "क्या कर रही है तू। मैं कोई भूत-प्रेत नहीं हूँ जो तू ऐसे भगा रही है। मैं तो देव हूँ, देव!"

फूली बोली, "दीखता नहीं है! सुबह पैली काम तेरा वीरजी करेगा, बता। आज तो वीर जी को भगा के ही मानूँगी। मेरा घर बरबाद हो रहा है और मैं देखती रहूँ! भगत भाव को भी कोई टैम व्है है।" कहते हुए आग को उसकी ओर बढ़ाया। अगर भानिया पीछे नहीं हटता तो आग उसके मुँह में घुस जाती।

भानिया एकदम पलटा, दालान में आया और चरी उठाकर दूध दुहने लगा।

रेंजर दौरे पर

रेंजर दौरे पर आने वाले थे। नर्सरी का बँगला सजाया गया। कर्मचारी पलक-पाँवड़े बिछाने को तैयार।

लेकिन रेंजर भी ड्यूटी का पूरा पक्का था, वह सीधे जंगल गया। वहाँ कोई भी ड्यूटी पर नहीं था, सब तो ऑफिस में फूलों की माला लिये स्वागत की तैयारी में जुटे थे। लंच-डिनर की व्यवस्था हो रही थी, ऐसे में जंगल जाता भी तो कौन!

मवेशी घास चर रही थी, लकड़ी कट रही थी, कोयला सुलग रहा था, चूने और ईंट के

भट्टे जल रहे थे, वह दंग रह गया।

वह गुस्से में फनफनाता ड्राइवर से बोला, "जीप ऑफिस में ले चलो।" जंगलात का दफ्तर एक पुरानी हवेली में था। जीप देखते ही अफरा-तफरी मच गई। कोई फूल मालाएँ ढूँढ़ रहा है, कोई पानी की ट्रे लिये खड़ा है। औरतें आरती की तैयारी करने लगती हैं, मंगल वाद्य बजने लगे।

मालाएँ पहनने और आरती उतरवाने के बाद, उन्होनें डंडा अपनी पेंट पर फटकाया, "तो यहाँ ड्यूटी हो रही है, जंगल पूरा तबाह हो रहा है, सब सस्पेंड होंगे।"

कर्मचारी सब हाथ बाँधे खड़े थे, उन्हें समझ में नहीं आ रहा था कि क्या करें! मगर सब साहब की ड्यूटी बजाने को तैयार।

जलपान मेज पर सजा पड़ा था। कई तरह की मिठाइयाँ और नमकीन। मुंशी ने हिम्मत की, "सर जलपान कर लीजिए।"

"जंगल तबाह हो रहा है और तुम्हें जलपान की पड़ी है, फारेस्ट गार्ड को भेजो।"

मुंशी ने तुरत-फुरत सबको जंगल की तरफ रवाना किया, कर्मचारी भी भागे-भागे गए। मवेशी को कांजी हाउस में बन्द किया, ठेकेदारों को तलब किया।

साहब जलपान करते रहे और मुंशी लताड़ सुनता रहा।

कांजी हाउस ने मवेशी छुड़ाने आए लोगों को हर्जाना देना पड़ा, लोग चिल्लाए, "पैसे तो चराई के तुम पहले ही ले चुके हो यह जुर्माना क्यों?" वे मुस्कराये, "साहब दौरे पर आए हैं।"

ठेकेदारों के भट्टे बन्द होंगे, साहब सख्त नाराज हैं। ठेकेदार चिन्तित, साहब का मिजाज ठीक करना होगा।

शाम को महफिल लगी, ठेकेदार कोर्निश करते रहे। नाच-गाना हुआ। इंगलिश वाइन के साथ मटन और चिकन, साहब खुश हुए।

सुबह जब दौरा खत्म हुआ तो विदाई में शहद, गोंद, घी और मेम साहब के लिए ठेकेदारों की ओर से हार भेंट किया गया।

और साहब अपना दौरा पूरा कर जीप से फुर्र हो गए।

रोजगार का अधिकार

"मैं आपकी शरण में आया हूँ।" छँटनी का शिकार मजदूर न्याय का दरवाजा खटखटाता है। दरवाजा खुलते ही ये इबारत उसकी आँखों के सामने से गुजर जाती है, 'यहाँ सभी को समान रूप से न्याय मिलता है।' वह खुश हुआ कि अब की बार सही जगह आया है। बेकार ही यूनियन, मैनेजर, मालिक और मन्त्री का दरवाजा खटखटाया। उसे कहीं से न्याय नहीं मिला। "न्याय वहीं मिल जाता तो मेरी क्या जरूरत थी!" न्यायालय ने स्पष्ट किया, "न्याय देना मेरे अधिकार क्षेत्र में है। ठीक ही हुआ जो तुम यहाँ आ गए।" "न्याय कीजिएगा हजूर! मालिक ने मेरी रोजी छीन ली है। मेरे तीन बच्चे हैं, बीबी और बूढ़े माँ-बाप हैं। पिछले तीन महीनों से हम भूखों मर रहे हैं।" न्यायालय को यह बात भाई नहीं। निरपेक्ष आवाज में बोला, "बीबी-बच्चे, बूढ़े माँ-बाप का न्याय से क्या सम्बन्ध है!" इतने में मालिक भी न्याय की गुहार करता न्यायालय के समक्ष अदब से खड़ा हो गया। "न्याय कीजिएगा हजूर!" "निश्चिन्त रहो, यहाँ

केवल न्याय होता है, न्याय के अतिरिक्त कुछ भी नहीं।" मालिक ने गुजारिश की, "मुझे डर है कि आप उसके रोने-झींकने से पसीज जाएँगे।" "न्याय संवेदनहीन होता है।" न्यायालय ने उसे आश्वस्त करते हुए कहा, "आप अपना पक्ष प्रस्तुत करें।" "मैंने किसी का रोजगार नहीं छीना है। मैं आए दिन रोजगार देता हूँ, नई-नई फैक्ट्रियाँ लगाता हूँ और सैकड़ों को रोजगार देता हूँ। मुझे फैक्ट्री चलाने का हक हासिल है।" "बेशक!" न्यायालय ने टिप्पणी की। "नफे-नुकसान का जिम्मेदार मैं हूँ। मजदूर नफे में हिस्सेदारी चाहता है, लेकिन नुकसान केवल मुझे उठाना पड़ता है।" "ठीक कह रहे हो तुम!" "दूसरे मालिकों ने देश की प्रगति के लिए स्वचालित मशीन लगाई है, वहाँ उत्पादन बढ़ गया है और वस्तु के दाम घट गए हैं। अगर मैं स्वचालित मशीनें नहीं लगाऊँगा तो नुकसान की भरपाई कौन करेगा? अब अगर मशीनें लगेंगी तो छँटनी तो होगी हजूर!" "कानून ने तुम्हें छँटनी का अधिकार दिया है, लेकिन इन्हें कानून-सम्मत मुआवजा दिया है या नहीं?" "दिया है हजूर, नुकसान उठाकर भी दिया है।" मजदूर बोला, "हजूर मेरे साथ अन्याय हो रहा है, मुझे मेरा रोजगार मिलना चाहिए।" "मिलना चाहिए, जरूर मिलना चाहिए, लेकिन कानून तुम्हें रोजगार का अधिकार नहीं देता है। मैं विवश हूँ।"

सपने में माँ

एक दिन माँ सपने में आई। कुछ बोली नहीं वह। चुप, जैसी वह हमेशा रहती थी, निर्विकार और निश्चल। "तुझे देख लिया, तू ठीक है।" उसके चेहरे पर परम सन्तोष झलक रहा था। "अपने चैतन्य में तूने मुझे बिठा रखा है इसलिए आना पड़ा कि चलते-चलते सभी रिश्तों को विराम दे दूँ।" वह मेरे पास आई मेरे माथे को अपने हाथों में लेकर चूमा और विलीन हो गई। तब मैं उससे सैकड़ों मील दूर था।

मैं फिर पूरी रात सो नहीं सका। वह अब भी मेरी खुली आँखों के सामने थी, ठीक वैसी ही जैसी वह सपने में आई थी। प्रेम और श्रद्धा से मेरी आँखें नम हो गई थीं। बचपन से लेकर अब तक कई चित्र स्मृति में कौंध गए। माँ की स्नेह भरी ठंडी छाँव में सारा ताप बह जाता था।

माँ से बार-बार क्षमा-याचना करता रहा कि तेरी प्रेमपूर्वक सेवा नहीं कर सका, मैं गहन पश्चाताप के विषाद से घिर गया था। चिन्ताओं और आशंकाओं से ग्रस्त मेरा मन उस अवसाद से उबर नहीं पाया। कई दिनों तक मेरी पूरी चेतना पर माँ आच्छादित रही। चुप और निश्चल। तीसरा दिन बीतते-बीतते फोन आया कि माँ अब नहीं रही।

माँ बीमार तो क्या थी! बुढ़ापा ही था। धीरे-धीरे अशक्त हो गई उसका शरीर गलने लगा। अन्तिम बार जब मैंने उसे देखा तो मात्र ठठरी-भर रह गई थी। पूरी तरह दूसरों पर निर्भर। खिलाए तो खाए, पिलाए तो पिए। दो-चार चम्मच मुँह में दलिया ठेल देने-भर से उसके शरीर की जरूरतें कहीं पूरी होतीं? फलतः भूख-प्यास से ही वह मर गई। मैं कहीं-न-कहीं जिम्मेदार हूँ, गहन पश्चाताप से ग्रस्त, कि तुझे ठीक से विदा भी न कर पाया। हे! माँ! मुझे माफ कर दे।

"कर दिया माफ, बस।" वह फिर सपने में आई, अपने मन पर बोझ मत ले, इस अपराध-बोध से मुक्त हो, तू जो कर सकता था, वही तूने किया। जीवन-मरण के लिए हम कैसे जिम्मेदार हो गए, व्यर्थ ही बोझ उठाये घूम रहा है, माँ से कैसी क्षमा-याचना। माँ का

प्रेम कोई सशर्त है। माँ का प्रेम कोई प्रतिदान चाहता है! पश्चाताप से मुक्त हो और बिंदास जी। पश्चाताप कर मुझे बन्धन में मत बाँध। मुझे भी मुक्त कर दे और स्वयं भी मुक्त हो।

जो रेत अपनी मुट्ठी में कसकर सँभाले था उसके देहावसान के साथ ही वह फिसल गई। मैं फफक-फफककर रोया, इन आँसुओं के साथ ही अपराध-बोध बह गया, सब कुछ रीत गया। अन्तर आकाश शून्य और निरभ्र। विचारों, चिन्ताओं और आशंकाओं के झंझावत थम गए थे। भावनाओं की बदलियाँ बरस गई थीं और शुभ्र ज्योतिर्मय आकाश-भर रह गया था। पता नहीं कितनी देर मैं उस स्थिति में रहा। समय के पार, हमारा चैतन्य कैसे पहुँच जाता है, उसका आज अनुभव हुआ। माँ तेरा आशीर्वाद मिल गया मुझे।

सपने नहीं दे सकता

पुत्रियाँ इतनी जल्दी युवा क्यों हो जाती हैं! युवा होकर सपने क्यों देखती हैं! सपने भी इन्द्रधनुषी!

सपनों में वे हिरनियों-सी कूदती-फाँदती, किलोल करती, मद-मस्त विचरण करती है। हिरनी जैसी आँखों को देखकर सपनों का राजकुमार पीछा करता है। वह रोमांचित हो उठती है। अंग-प्रत्यंग मस्ती में चूर। इस उमर में इतनी मस्ती आती कहाँ से है!

घोड़े पर सवार राजकुमार फिर उसके सपने में आता है। वे वन में अठखेलियाँ कर रहे हैं। आँख-मिचौनी खेल रहे हैं। राजकुमार, आँख पर पट्टी बँधी अपनी राजकुमारी को आलिंगन में ले लेता है।

'बेटी, सपना देख, लेकिन सपने में राजकुमार को मत देख।' किन्तु युवती का सपनों पर वश नहीं है। वे आते हैं और आते ही चले जाते हैं। एक रोमानी खुमारी और मीठी चुभन छोड़ जाते हैं। वह सपनों के बाहर नहीं आ पाती, सपनों का सौन्दर्य और माधुर्य अलौकिक है। रोमांस भरे दृश्य उसकी आँखों में तैरते हैं। वह खुली आँखों से सपने देखती है।

इन सपनों में वह पति नहीं, चिर प्रेमी को देखती है। बस एक आकर्षण है, भविष्य के सपने हैं, लेकिन भविष्य के परिणाम से निश्चिन्त हैं, वह अतीत में नहीं है, भविष्य में भी नहीं है। सिर्फ वर्तमान में है, सपने में है। उसे लग रहा है जैसे पूरा अस्तित्व उसके साथ उत्सव मना रहा हो, प्रेम में परिपूर्ण आनन्द है।

पिता चिन्तित है, क्योंकि उन्होंने उसकी आँखों में सपना देख लिया है। पिता समझाते हैं, 'सच देख, सपने नहीं। मैं तुम्हें सपने नहीं दे सकता।' स्त्री यहाँ सपने नहीं देखती वह सपनों में भी यथार्थ देखती है। अपना हौसला कर बुलन्द कि सपनों में यथार्थ देख सके। समाज में औरत की नियति देख। परिवार में औरत की नियति देख।

सपने टूटने लगते हैं, और टूटते ही चले जाते हैं। कहीं आत्मा के चटखने की आवाज भी सुन लेती है युवती। एक आत्महीन युवती का जीवन सामाजिक यथार्थ बन जाता है।

लेकिन सपने देखने वाले ही सामाजिक यथार्थ को बदलते हैं। नहीं, तू देख सपने और मुस्तैदी से देख, कि तू औरत की नियति बदल सके।

तानाशाह और चिड़ियाँ

एक शहंशाह अपने विशाल महल में सुख की नींद सो रहा था।

भोर हुआ चाहती थी। चिड़ियाँ उसके खूबसूरत बगीचे में चहचहाने लगीं, फुदकने लगीं–एक डाल से दूसरी डाल, चोंच में चोंच डालकर बच्चों पर अपना प्यार उड़ेलने लगीं। शहंशाह की नींद में खलल पड़ा–"ये क्या चें-चें मचा रखी है! खत्म कर डालो इन्हें!"

हुक्मरान का हुक्म, नौकरों की बिसात क्या! तोप-तमंचे लेकर तैयार।

शहंशाह तोप-तमंचे देखकर विचलित हुए; हम अत्याचारी शासक के रूप में इतिहास में नहीं याद किए जाने चाहिए।"

"तो फिर इन्हें देश-निकाला दे दें?" वजीर ने पूछा।

"नहीं! निर्वासित होने पर, निर्वासित सरकार बनाकर हमारे लिए सिरदर्द बन जाएँगे।"

"इन्हें जेल में बन्द कर थर्ड ग्रेड यातनाएँ दी जानी चाहिए, ताकि इन्हें सबक मिले कि एक शहंशाह की नींद में खलल डालने का क्या अंजाम होता है।" वजीर बोले।

"सरकार! जैसे हम कानून बनाकर हड़ताल को गैरकानूनी कर देते हैं, किसी को गिरफ्तार करना हो तो 'रक्षा कानून' और इस तरह सैकड़ों कानूनों से हम आम लोगों की गतिविधियों को रोक सकते हैं, वैसे ही..."

"हाँ-हाँ बोलिए।" शहंशाह इस प्रस्ताव की जल्दी सुनना चाहते थे।

"तो हजूर, राजद्रोह कानून में संशोधन कर चें-चें को राजद्रोह में सम्मिलित कर बाकायदा न्यायालय-कानून की उचित प्रक्रिया अपनाकर हम इन्हें खुलेआम फाँसी दे सकते हैं।

"ठीक है।" शहंशाह को अब भी पूरी तसल्ली नहीं हुई।

"हुजूर! बचाव-पक्ष को पूरा मौका मिलेगा कि वो इन्हें बचा ले। लेकिन सरकार, आप तो जानते हैं, न्यायालय हमारी ही सरकार के अंग हैं।"

"बेहतर! बहुत बेहतर!" बादशाह अब पूर्णतः आश्वस्त थे।

तभी चिड़ियों का झुंड पेड़ों से उड़ा और चहचाहता हुआ चारों दिशाओं में उड़ चला।

शिक्षा

अध्यापक ने अँग्रेजी का नया पाठ आरम्भ करने से पहले छात्रों से पूछा, "होमवर्क कर लिया है?" चालीस में से दस बच्चों ने कहा, "हाँ सर, कर लिया है।" बाकी बच्चे चुप रहे। अध्यापक ने उन बच्चों को खड़ा होने का आदेश दिया, जो होमवर्क करके नहीं लाए थे। अध्यापक अब एक-एक से ऐसे सवाल पूछने लगा, जैसे थानेदार किसी अपराधी से पूछता है।

"होमवर्क क्यों नहीं किया?" अध्यापक ने एक से कड़ककर पूछा।

वह चुप। बच्चे सहम गए।

"मैं पूछता हूँ, होमवर्क क्यों नहीं किया?"

फिर चुप्पी।

"अबे ढीठ, बोलता क्यों नहीं? क्या जबान कट गई है? वैसे तो क्लास को सिर पर

उठाए रहोगे, लेकिन जब पढ़ाई-लिखाई की बात आती है तो इनकी नानी मर जाती है। बोलो, होमवर्क क्यों नहीं किया?"

"सर भूल गया।" सुरेश ने डरते-डरते कहा।

"भूल गए! वाह! साहबजादे भूल गए! खाना खाना क्यों नहीं भूला? कपड़े पहनना क्यों नहीं भूला? बताओ।" अध्यापक ने उसका मखौल उड़ाते हुए कहा। लड़का चुप। सिर झुकाए खड़ा रहा। अपराध-बोध से ग्रसित।

अध्यापक दूसरे बच्चे के पास जाता है।

"और कुन्दन तुमने होमवर्क क्यों नहीं किया?"

"सर, मैथ्स का काम बहुत था। टाइम ही नहीं मिला।"

"अच्छा तो तुम मैथ्स का काम करते रहे! इंगलिश अपना भुगतान ले लेगी बच्चू, समझे!" अध्यापक ने धमकी दी!

अध्यापक तीसरे बच्चे के पास गया।

"क्यों बद्री प्रसाद जी, आपने काम क्यों नहीं किया?"

"सर, काम तो कर लिया लेकिन कापी नहीं लाया।"

"क्या कहने! क्या खूबसूरत बहाना बनाया है। तुम जरूर राजनेता बनोगे। पढ़ने से क्या फायदा! जाओ और एम.एल.ए. का इलेक्शन लड़ो।"

"और तुम्हारा क्या कहना है?" चौथे छात्र के पास जाकर पूछा।

"तुम क्यों बोलोगे! दिन-भर अमरूद तोड़ने के चक्कर में मारे-मारे फिरते हो या कंचे खेलते रहते हो। तुम्हें टाईम कहाँ से मिलेगा? चोर-उचक्के बनोगे। बाप का नाम रोशन करोगे। करो, मुझे क्या!"

"दिनेश, तुम तो अच्छे लड़के थे, तुमने क्यों नहीं किया?"' "सर, समझ में नहीं आया।"

"क्या समझ में नहीं आया?" उन्होंने आवाज को सख्त कर पूछा।

"सर, कुछ भी समझ नहीं आया।" बच्चे की आवाज काँपी।

"माँ-बाप से कहो, थोड़ा बादाम खिलाएँ। मैं घंटे-भर भौंकता रहा और तुम्हें कुछ भी समझ में नहीं आया।"

सभी लड़के लज्जित, अपमानित, मुँह लटकाए खड़े हैं। अध्यापक विजेता की तरह सीना ताने खड़ा है। सजा– चालीस उठक-बैठक और चार-चार बेंत।

एक लड़का सोचता है– जहाँ इतनी जलालत हो वहाँ क्या भविष्य बनेगा!

दूसरा सोचता है– बेहतर है इस जहन्नुम से भाग चलें।

दाँत पीसता हुआ तीसरा लड़का सोचता है– इस मास्टर ने ऐसी-तैसी कर रखी है। इसकी तो अकड़ सीधी करनी पड़ेगी।

चौथा सोच रहा है– यह स्कूल है या जेल! मौके की तलाश में है कब उसे खिड़की-दरवाजे और बेंच तोड़ने का सौभाग्य प्राप्त हो।

पाँचवाँ कुछ नहीं सोचता। वह भोथरा होता जाता है।

कुंठित और ठस्स।

यथार्थ

'बहुत देर कर दी, आओ बैठो।' बगीचे की बेंच पर बैठे युवक ने बेचैनी से कहा।

'लो बैठ गई।' युवती को देख युवक के चेहरे पर चमक आ गई।

'तुमने पूछा था अपने पिता से।'

'हाँ कह रहे थे विधर्मी लड़की से शादी, इज्जत और दहेज दोनों का नुकसान।'

'तो तुम्हारा क्या इरादा है?

'पहले अपनी बात बताओ।'

'पिताजी धर्म-जाति की दकियानूसी परम्पराएँ नहीं मानते, लेकिन कहते हैं सोच-समझकर क़दम बढ़ाना लड़का बेकार है।'

'सो तो हूँ, तुमने क्या सोचा।'

'मैं क्या सोचती!'

'फिर भी?'

'सुरेश और शमा की शादीवाला साम्प्रदायिक माहौल बन रहा है।'

'अपने साथ?'

'हाँ कुछ ऐसा ही लगता है।'

'तब तो चिन्ता की बात है। '

'इसमें चिन्ता की क्या बात है! या तो तुम थान सिंह से थामस बन जाना, नहीं तो मैं सुशन से सुशीला बन जाऊँगी।'

'इतना सरल है!'

'क्यों नहीं शादी चर्च में हो या आर्यसमाज में क्या फ़र्क़ पड़ता है।'

'चर्च और आर्यसमाज में खींचातानी होगी उसका क्या?'

'कब आग पकड़ ले क्या पता!'

'ओह! कहाँ उलझ गए!'

'यथार्थ! कटु यथार्थ!'

'कितना भयानक है आओ मेरे आगोश में सो जाओ।'

युवक युवती की गोद में सिर रखकर लेट जाता है।

'हम किसी नतीज़े पर नहीं पहुँचे।'

'क्या प्रेम अपने-आप नतीज़ा नहीं है?' युवती।

'तो फिर शादी की बात बार-बार क्यों उठती है?' युवक।

'स्त्री-पुरुष को साथ जीने के लिए, नैतिक आधार और समाज की मान्यता चाहिए।'

'समाज की मान्यता बदल भी तो सकती हैं।'

जीवन स्थगित

एक लड़की से बात क्या कर ली जैसे आसमान टूट पड़ा!

'बेटा लड़कियों का चक्कर छोड़ पढाई पर ध्यान दे' दोस्त ने कहा, 'अब मजे ले लिए तो बाद में फटीचर जिंदगी हाथ में आएगी।'

'एक बार आई.आई.टी. हो गए तो एक से एक खूबसूरत और खानदानी लड़कियां मिलेगी तुझे।'

'वह मेरे सपनो में आती है तो मैं क्या करूँ? उसे सपनों में से कैसे धकेल दूँ। आखिर जिंदा लोग प्यार तो करेंगे ही।'

बस रात दिन पढ़ता ही रहूँ। किसी तरह आई आई टी कर लूँ अच्छी सी नौकरी में सैटल हो जाऊं फिर मेरे लिए परियां दौड़ी आएगी। यानी मैं अपना जीवन जीना स्थगित कर लूँ, प्यार के अनमोल लम्हों को यूँ ही गुजर जाने दूँ।

मुश्किल तो तब आती है जब गर्लफ्रेंड भी यही कहती है, 'करियर प्रमुख है जीवन जीने का आधार तो चाहिए।'

'ऐ, ऐ! तुम्हें क्या हो गया है?'

'ठीक कह रही हूँ।'

यानी आज न जिएं, आज केवल कल के लिए जीवन जीने की तैयारी करें जीवन जीना स्थगित कर दे इन कोर्पोरेटों की नौकरी के लिए, इनके लिए तो खटना पडता है जिएँगे क्या खाक!

'आओ मेरे पास बैठो।' वह बैठ जाता है। गर्लफ्रेंड उसके बालों में अंगुलियां फिराने लगती है। लड़के की त्वरा धीमी पड़ने लगती है। वह उसे बाहुपाश में घेर लेती है।

लड़की कहती है, 'जैसी प्यार के लिए ललक है वैसी ही ललक करियर के लिए पैदा करो। मैं तो हूँ ही तुम्हारे पास। मुझे भी तो अपने करियर की तरफ ध्यान देने दो। बहुत मन हो तो फोन से बात कर लो।'

'तू कहती है तो मान लेता हूँ लेकिन मिलना तो पड़ेगा।'

'हाँ-हाँ, मिलेंगे क्यों नहीं। पढ़ाई अधिक समय चाहती है वह समय उसे दो।'

बलराम अग्रवाल

जन्म—26.11.1952 बुलन्दशहर (उ. प्र.)

शिक्षा— एम. ए., पी-एच. डी. (हिन्दी), अनुवाद में स्नातकोत्तर डिप्लोमा।

प्रकाशित कृतियाँ—

लघुकथा व कहानी-संग्रह— सरसों के फूल, जुबैदा, चन्ना चरनदास, पीले पंखों वाली तितलियाँ, खुले पंजों वाली चील, तैरती हैं पत्तियाँ। बलराम अग्रवाल की 66 लघुकथाएँ और उनकी पड़ताल। 'कैक्टस ते तितलियाँ' पंजाबी में चुनिन्दा लघुकथाएँ।

आलोचना—हिन्दी लघुकथा का मनोविज्ञान, परिन्दों के दरमियाँ, लघुकथा का प्रबल पक्ष, लघुकथा : चिंतन-अनुचिंतन।

बाल साहित्य की दस पुस्तकें।

अनुवाद, पुनर्लेखन और सम्पादन की अनेक पुस्तकें।

कुछ बाल-एकांकी स्कूली पाठ्यक्रमों में निर्धारित।

सम्मान व पुरस्कार— अनेक संस्थाओं द्वारा सम्मानित व पुरस्कृत।

सम्प्रति— स्वतन्त्र लेखन।

संपर्क— एम-70, नवीन शाहदरा, दिल्ली— 110032

ई-मेल— 2611ableram@gmail.com

मोबाइल— 91–8826499115

"अपनी अनुभूतियों और मंतव्य को उपयुक्त शब्द देने और सम्प्रेषित करने की दिशा में 'लघुकथा' मुझे उतनी ही सक्षम विधा लगती है, जितनी सक्षम विधा बिरजू महाराज को नृत्य की, एम.एफ. हुसैन को चित्रांकन की और बिस्मिल्ला खाँ को शहनाई बजाने की लगती होगी। 'सन्तुष्टि' का अर्थ पूर्ण क्षमता, शक्ति और ईमानदारी से अपने कार्य में लगे रहना होता है; सो, मैं अपने-आप से एक-तिहाई ही सन्तुष्ट हूँ क्योंकि आलस्य के चलते अपनी पूरी क्षमता और शक्ति का उपयोग लेखन में मैं नहीं कर पाया।"

—बलराम अग्रवाल

वक्तव्य

मेरा लेखन, सरोकार और जीवन-दृष्टि

लिखने की प्रेरणा मुझे महात्मा गाँधी से मिली। सम्भवतः कक्षा 7 में हिन्दी या अँग्रेजी की पाठ्य-पुस्तक में उनकी आत्मकथा से एक अंश था जिसमें उन्होंने बताया था कि चोरी की एक स्वीकारोक्ति अपने पिता के समक्ष उन्होंने किस तरह की थी। बस, तभी से वह बीज मन में पड़ गया कि बोलकर कहने की तुलना में लिखकर कहना अधिक आसान है; और पुख्ता भी।

मैं भी अपने पिताजी से कुछ कहते हुए डरता था। यह डर बाद में इस रूप में पनप गया कि उम्र में अपने से बड़े सभी के समक्ष कुछ कहने से डरने लगा। वह डर आज तक मेरे भीतर कायम है। मैं अक्सर बोलकर नहीं, लिखकर ही अपने मनोभावों को प्रकट करने का अभ्यस्त हूँ।

जो लेखक लिखने को 'जरूरी' समझता है, मैं समझता हूँ कि उसमें लिखने का ताव अभी आधा-अधूरा ही है। लिखना 'जरूरी' समझा नहीं जाता; लिखना जरूरी हो जाता है। लेखन की उपमा अधिकतर लोग प्रसव से देते हैं। यह ओढ़ा हुआ सौंदर्य है क्योंकि प्रसव तक पहुँचने के लिए जिन जरूरी हालात से गुजरना होता है, अधिकतर लेखक उनसे शायद नहीं ही गुजरते हैं। लेखन में प्रसव तक पहुँचने की पहली जरूरत जिज्ञासा, तत्पश्चात् अध्ययन और अन्त में स्वाध्याय है। ये पद दैनिक अर्चना सरीखे हैं और 'सुगन्धिम् पुष्टिवर्द्धनम्' कहे और माने जाते हैं। लेखन विचार से कम, चिन्तन से अधिक उत्सर्जित होता है। लेकिन ऐसे उत्सर्जित लेखकों की संख्या कितनी है, इसे उनकी रचनाओं के आधार पर आसानी से रेखांकित किया जा सकता है। किसी स्तरीय संकलन के लिए पहले लेखकों का, तत्पश्चात् रचनाओं का चयन करते हुए प्रत्येक चयनकर्ता और सम्पादक यह अवश्य पाता है कि हर व्यक्ति का लेखन अथवा किसी लेखक की हर रचना चिन्तन से ही प्रसवित हो, ऐसा नहीं है। बहुत से लोगों के लिए लेखन प्रोडक्ट मात्र है, बहुत इसे वमन की तरह करते हैं; और बहुतों के लिए यह अपथ्य प्रदत्त वायु-त्याग की तरह का बदबूदार कर्म भी है।

लेखन कब से शुरू हुआ? यह एक सनातन सवाल है। हालाँकि मेरी रचनाओं का छपना 1969 से शुरू हुआ। वह एक लेख था जिसे मैंने गाँधी जी की जन्म-शताब्दी के अवसर पर 1969 की शुरुआती छमाही में लिखा था और जो विद्यालय की पत्रिका में उसी वर्ष छपा था। उसके बाद विद्यालय की वार्षिक पत्रिका में ही कविता, कहानी आदि छपती रहीं। एक लघु-पत्रिका 'अरहंत' में भी छोटी-मोटी तुकबन्दियाँ छपने का सिलसिला 1969-70 में चला। उसके सम्पादक सुप्रसिद्ध गीतकार श्याम 'निर्मम' (उन दिनों वे खुर्जा के एन. आर. ई. सी. कॉलेज में स्नातक के छात्र थे और श्याम बिहारी कौशिक 'निर्मम' नाम से लम्बी कहानियाँ लिखते थे) थे। लेकिन अपने लेखन की शुरुआत मैं जून 1972 में लखनऊ से प्रकाशित 'कात्यायनी' में छपी लघुकथा 'लौकी की बेल' से मानता हूँ। यह बेशक एक बोधकथा सरीखी रचना है और पत्रिका ने भी इसे बोधकथा शीर्ष तले ही छापा था, तथापि यह मेरे लघुकथा लेखन का

प्रस्थान बिन्दु साबित हुई। यहीं से मैंने यह तय किया कि 'कहानी' के माध्यम से कही जा सकने वाली अपनी बातें मैं 'लघुकथा' के माध्यम से अधिक प्रभावपूर्ण और आधिकारिक ढंग से कह सकने में सक्षम हूँ। आठवें दशक में नचिकेता आदि बहुत-से लोग मुख्यतः 'नवगीत' लिख रहे थे, भवानी प्रसाद मिश्र आदि 'गीत' लिख रहे थे, रघुवीर सहाय, सर्वेश्वर दयाल सक्सेना, धूमिल आदि 'कविता' लिख रहे थे और दुष्यंत 'ग़ज़ल'। इस युग में बहुत-से लोग हैं जिनका चिन्तन व लेखन दोहा, हाइकु, तांका आदि पर केन्द्रित है। निराला जी और बाबा नागार्जुन ने कहानियाँ और उपन्यास भी लिखे, लेकिन रमे वे कविता में। आज भी, अनेक मित्र हैं, जिन्होंने अपने लेखन की शुरुआत तो लघुकथा लेखन से की थी, लेकिन बाद में उन्हें लगा कि अपनी बात को वे लघुकथा में पूरी दक्षता से पिरो नहीं पा रहे हैं; तब वे 'लघुकथा' लेखन छोड़कर कहानी, उपन्यास, व्यंग्य आदि की ओर उन्मुख हो गए। सुकेश साहनी और मधुदीप ने लघुकथा में आने से पहले कई-कई उपन्यास लिख डाले थे, ऐसा इनका स्वयं का कहना है। बलराम का जोरदार पदार्पण 'शिक्षाकाल', 'पालनहारे' और 'कलम हुए हाथ' सरीखी कहानियों के माध्यम से हुआ था। किसी भी दबाव के चलते सही, उन्होंने 20-30 लघुकथाएँ लिखीं, उन रचनाओं का संग्रह 'मृगजल' नाम से प्रकाशित भी कराया। कथानामा, हिन्दी लघुकथा कोश, भारतीय लघुकथा कोश और विश्व लघुकथा कोश जैसे एकाधिक खण्ड वाले भारी-भरकम संकलन भी सम्पादित किए जिनसे 'लघुकथा' को एक पहचान स्थापित करने में निःसन्देह मदद मिली। लेकिन अन्ततः कथा-कहानी से विमुख हो, इन दिनों वे कथेतर गद्य में रमे हैं। पर्वतारोहण करते हुए जरूरी नहीं कि आपको मात्र शिखरों के ही दर्शन होते रहें; किसी पहाड़ पर विस्तृत मैदान भी आपको मिल सकता है। अगर आप बहुत थक गए हैं तो उस मैदान में अपना तम्बू गाड़कर बैठ सकते हैं। और एक बार तम्बू गड़ गया तो जरूरी नहीं कि आप आगे पर्वतारोहण करेंगे ही; पीछे से आने वाले पर्वतारोहियों के लिए विश्राम-स्थल उपलब्ध कराने और पूर्व संघर्षों की गाथा सुनाने का पुनीत कार्य भी शुरू कर सकते हैं। यानी सवाल केवल यह नहीं कि कोई सिर्फ 'लघुकथा', सिर्फ 'कविता', सिर्फ 'ग़ज़ल', सिर्फ 'व्यंग्य' क्यों लिखता है; जरूरी सवाल यह होना चाहिए कि वह किस विधा में सशक्त रूप से अभिव्यक्त हो पाने में स्वयं को सक्षम पाता है।

मन असीम इच्छाओं से भरा होता है। सामान्यतः हमें नहीं मालूम होता कि उन असीम में कौन-सी इच्छा सर्वोपरि है, कौन-सी प्रमुख है, और कौन-सी गौण अथवा त्याज्य। यों, सामान्य व्यक्ति के लिए उसकी कोई भी इच्छा त्याज्य अथवा गौण नहीं होती, वह उन्हें बस आगे-पीछे करता रहता है। यह सच्चाई तो सामान्यतः लेखक को भी नहीं मालूम, कि 'इच्छा' का 'सरोकार' बनना लम्बी चिन्तन-प्रक्रिया से ही सम्भव हो पाता है। चिन्तन-प्रक्रिया यानी बिखरी हुई अथवा असंतुलित दृष्टि का सम्यक् दृष्टि में विकास और उसका जीवन-दृष्टि में निर्धारण। जीवन-दृष्टि का निर्धारण न हुआ तो सरोकार कैसे निर्धारित हो सकते हैं। रटे-रटाए शब्दों और वाक्यों में सरोकार बता देना आसान है, सचमुच सरोकार को जानना और तय करना असम्भव नहीं, मुश्किल जरूर है; क्योंकि यह समुचित धैर्य की अपेक्षा रखता है। एक और महत्त्वपूर्ण बात यह है कि इच्छाएँ अनुकूलता चाहती हैं, इसलिए समय के अनुरूप अपना रूप और तेवर बदलती हैं। एक इच्छा पूरी हो जाने पर दूसरी का और दूसरी इच्छा पूरी हो

जाने पर तीसरी का उभर आना तय है; अन्तहीन सिलसिला है यह। समय के अनुरूप क्योंकि इच्छाओं का रूप और तेवर दोनों बदलते हैं तो स्पष्ट है कि सरोकारों का रूप भी बदलता है; लेकिन साहित्य और कलामय व्यक्ति के लिए तत्त्वतः वे नहीं बदलते, सामान्य व्यक्ति के लिए बदल जाते हैं। 'इच्छा' और 'सरोकार' में यही मूल अन्तर है; और यही अन्तःसम्बन्ध भी। यही मूल अन्तर और अन्तःसम्बन्ध अचिन्तक और चिन्तक के बीच भी है। अधिकतर लेखन 'इच्छा' का परिणाम होता है, 'सरोकार' से उसका कोई सरोकार नहीं। बड़ी-बड़ी बातें करना फिजूल है। सच्ची बात यह है कि जीवन-दृष्टि को और लेखन के अपने सरोकारों को निर्धारित करने के मैं अभी मार्ग में ही हूँ। हाँ, विश्वासपूर्वक इतना अवश्य कह सकता हूँ कि सही मार्ग पर हूँ, अपरिपक्व अथवा भटका हुआ नहीं हूँ।

अपनी अनुभूतियों और मंतव्य को उपयुक्त शब्द देने और सम्प्रेषित करने की दिशा में 'लघुकथा' मुझे उतनी ही सक्षम विधा लगती है, जितनी सक्षम विधा बिरजू महाराज को नृत्य की, एम. एफ. हुसैन को चित्रांकन की और बिस्मिल्ला खाँ को शहनाई बजाने की लगती होगी। 'सन्तुष्टि' का अर्थ पूर्ण क्षमता, शक्ति और ईमानदारी से अपने कार्य में लगे रहना होता है; सो, मैं अपने-आप से एक-तिहाई ही सन्तुष्ट हूँ क्योंकि आलस्य के चलते अपनी पूरी क्षमता और शक्ति का उपयोग लेखन में मैं नहीं कर पाया।

अपनी लघुकथाओं के बारे में स्वयं कुछ कहना कभी भी उपयुक्त मैं नहीं मानता। सौ प्रतिशत यह काम समीक्षक, आलोचक और पाठक का है, मेरा नहीं। हाँ, इतना जरूर है कि आकलन करने वाले लोग अगर सम्यक् दृष्टि वाले न हों, एकाक्षी या पूर्वाग्रही हों तो लेखक को हताशा और पीड़ा देते हैं। वह पीड़ा मुझे भी मिलती रही है; लेकिन उस पर लिखित प्रतिक्रिया व्यक्त करने से मैं अक्सर बचे रहना पसन्द करता हूँ। प्रतिक्रिया व्यक्त करने का अर्थ है– उक्त पूर्वाग्रह को स्वीकार कर लेना और अपने ही दुराग्रह में झाँकने का अवसर उसे न देना।

–बलराम अग्रवाल

समन्दर : एक प्रेमकथा

"उधर से तेरे दादा निकलते थे और इधर से मैं..."

दादी ने सुनाना शुरू किया। किशोर पौत्री आँखें फाड़कर उनकी ओर देखती रही—एकदम निश्चल; गोया कहानी सुनने की बजाय कोई फिल्म देख रही हो।

"लम्बे कदम बढ़ाते, करीब-करीब भागते-से, हम एक-दूसरे की ओर बढ़ते... बड़ा रोमांच होता था।"

यों कहकर एक पल को वह चुप हो गईं और आँखें बन्द करके बैठ गईं।

बच्ची ने पूछा—"फिर?"

"फिर क्या! बीच में समन्दर होता था—गहरा और काला...!"

"समन्दर!"

"हाँ... दिल ठाठें मारता था न, उसी को कह रही हूँ।"

"दिल था, तो गहरा और काला क्यों?"

"चोर रहता था न दिल में... घरवालों से छिपकर निकलते थे!"

"ओ...ऽ... आप भी?"

"...और तेरे दादा भी।"

"फिर?"

"फिर, इधर से मैं समन्दर को पीना शुरू करती थी, उधर से तेरे दादा...! सारा समन्दर सोख जाते थे हम और एक जगह जा मिलते थे।"

"सारा समन्दर!! कैसे?"

"कैसे क्या...ऽ... जवान थे भई, एक क्या सात समन्दर पी सकते थे!"

"मतलब क्या हुआ इसका?"

"हर बात मैं ही बतलाऊँ! तुम भी तो दिमाग के घोड़ों को दौड़ाओ कुछ।" दादी ने हल्की-सी चपत उसके सिर पर लगाई और हँस दी।

बुधुआ

"आइए, खाना खाइए बाबू साहब!"

"खाओ-खाओ, लंच टाइम का मजा लो। मैं तो भाई कोठी के भीतर बैठूँगा थोड़ी देर। लू के थपेड़े अपन से बर्दाश्त नहीं होते।"

"...!"

"अच्छा, एक बात बता बुधुआ..."

"दो पूछिए बाबू साहब!"

"भाई, ये ईंटें ही ढोयी हैं उम्र-भर या प्यार भी किया है कभी?"

"किया तो नहीं; लेकिन..."

"लेकिन क्या?"

"हो गया था लड़कपन में...!"

"जिससे हुआ, उसे जताया भी कभी, या...?"

"जताया भी और बताया भी; लेकिन..."

"लेकिन क्या?"

"प्यार था न बाबू साहब, शादी में तब्दील नहीं हो पाया कमबख्त। ... यह बरगद देख रहे हैं?"

"हाँ!"

"बस इसी की तरह बढ़ता-फैलता रहा...। बाल-बच्चेदार हो गया हूँ, लेकिन रहता उसी के साये में हूँ। लू का दूर-दूर तक नामो-निशान नहीं। इतनी ठंडी बयार देता है कि... आत्मा हरी रहती है।"

नदी को बचाना है

"इस समय हम जहाँ से गुजर रहे हैं, किसी समय वहाँ नदी बहा करती थी।"

"सच में?"

"और यह रास्ता जिस बड़े रेगिस्तान में जाकर मिलता है, जानती हो वह क्या था?"

"क्या?"

"समुद्र।"

"ओ... ऽ..."

"हम उन दिनों साइबेरिया से आया करते थे यहाँ। चहल-कदमी किया करते थे नदी के किनारे-किनारे दूर तक। पास के खेतों और जंगलों में रात बिताते थे और..."

"खेत और जंगल भी थे यहाँ!!!"

"बहुत-कुछ था जो अब नहीं है। आँखों में भर लो इस दृश्य को; अगली बार आओगी तो उँगलियों में उँगलियाँ फँसाकर घूम नहीं पाओगी इस तरह। धरती की सतह को लील चुके होंगे जहरीले रसायन।"

"तब?"

"स्पेस सिटी में रह रहे होंगे लोग, जीव-जन्तु, सब। छोटे-छोटे कैप्सूल में बन्द होकर तैरा करेंगे अकेले। बिना उसके, धरती के वायुमंडल में प्रवेश करते ही गल जाया करेंगी काया।"

"ओह, नहीं।"

"सुनो प्रिया! लोग अगर गर्भ में ही मारते रहेंगे नदियों को। बहने नहीं देंगे उन्मुक्त। तो सोचो–बचा-खुचा सागर भी जिएगा किसके लिए? वह नहीं बचेगा तो बादलों से वंचित रह जाएगा आकाश... जहरीली हवाएँ कर लेंगी उस पर कब्जा। नदियों को बचाना होगा गर्भ में नष्ट होने से, बचाना है अगर धरती को जैविक युद्ध से।"

रुका हुआ पंखा

पापा बड़े उद्विग्न दिखाई दे रहे थे कुछ दिनों से। कमरे में झाँककर देखते और चले जाते। उस उद्विग्नता में ही एक दिन पास आ खड़े हुए; पूछा, "बेटी, ये पंखा क्यों बन्द किया हुआ है?"

"ठंड के मौसम कौन पंखा चलाता है पापा!" मैंने जवाब दिया।

"हाँ, लेकिन मच्छर वगैरा से तो बचाव करता ही है।" वह बोले, "ऐसा कर, दो नम्बर पर चला लिया कर।"

"उन्हीं की वजह से पूरी बाँहों की कमीज, टखनों तक सलवार और पैरों में मोजे पहनकर पढ़ने बैठती हूँ।" मैंने समझदारी जताते हुए कहा, "ये देखो।"

"फिर भी..." पंखा ऑन कर रेग्युलेटर को दो नम्बर पर घुमाकर बोले, "मन्दा-मन्दा चलते रहना चाहिए।"

उस दिन से कन्धों पर शॉल भी डालकर बैठने लगी।

आज आए तो बड़े खुश थे। बोले, "तेरे कमरे के लिए स्प्लिट ए. सी. खरीद लिया है। कुछ ही देर में फिट कर जाएगा मैकेनिक। पंखे से छुट्टी।"

"ऑफ सीजन रिबेट मिल गई क्या?" मैंने मुस्कराकर सवाल किया।

"जरूरत हो तो क्या ऑफ सीजन और क्या रिबेट बेटी!" उन्होंने कहा, "खरीद लाया, बस।"

उसी समय ए.सी. की डिलीवरी आ गई और साथ में मैकेनिक भी। दो-तीन घंटे की कवायद के बाद कमरे की दीवार पर ए. सी. फिट हो गया।

"एक काम और कर दे मकबूल!" पापा मैकेनिक से बोले, "सीलिंग फैन को उतारकर बाहर रख दे।"

"उसे लगा रहने दो सा'ब।" मकबूल ने कहा, "ए. सी. के बावजूद इसकी जरूरत पड़ जाती है।"

"जरूरत को मार गोली यार!" पापा उससे बोले, "इसे हटाने के लिए ही तो ए.सी. खरीदा है।"

"क्यों?"

"आजकल के बच्चों का कुछ भरोसा नहीं है... पता नहीं किस बात पर...!" कहते-कहते उनकी नजर मेरी नजर से टकरा गई।

तो यह बात थी!!! एकाएक ही मेरी आँखें उन्हें देखते हुए डबडबा आईं।

"जिगर का टुकड़ा है तू।" तुरन्त ही खींचकर मुझे सीने से लगा वह एकदम सुबक-से पड़े, "चारों ओर से आने वाली गरम हवाओं ने भीतर तक झुलसाकर रख दिया है बेटी। रुका हुआ पंखा बहुत डराने लगा था..."

मकबूल ने उनसे अब कुछ भी पूछने-कहने की जरूरत नहीं समझी। अपने औजार समेटे और बाहर निकल गया।

उसकी हँसी

चौराहे पर उत्तर और पूर्व की ओर जाने वाली सड़कों के बीच, ईशान में, काफी पीछे बरगद

का घना पेड़ था। कहीं से आकर एक बुढ़िया कई सालों से उसके नीचे रहने लगी थी।

उसी पेड़ के नीचे कुलचे-छोले का ठीया लगाने वाले शंकर का एक नियम था। सुबह को सबसे पहला और शाम को घर लौटने से पहले आखिरी पत्ता वह बुढ़िया के लिए बनाता था।

आस-पास के सभी खोमचेवाले देखा करते, कि खाली समय में बुढ़िया फटी-सी अपनी झोली से एक गोल डिबिया निकालती थी। वह धीमे से उसे खोलती और अपलक ऊपर वाले ढक्कन को निहारती। कभी शरमाती, कभी मुस्कराती और कभी खिलखिलाकर हँस पड़ती।

वह हँसती तो जैसे सारा आस-पास हँस उठता। उसकी हँसी में घुँघरुओं-सी छनछनाहट थी। वे छनछनाते तो आस-पास का हर व्यक्ति उस ओर देख उठता। पेड़ पर बैठी गौरैयाँ चहक उठतीं। चीलें चौकन्नी हो जातीं। कौए, डरकर इधर-उधर ताकने लगते।

उस दिन, शंकर की दस वर्षीया बेटी साथ आ गई थी। उसने कुलचे-छोले का पत्ता उसके हाथ में थमाकर कहा, "परी, पेड़ के नीचे बैठी उस दादी को दे आ।"

परी गई, तो पत्ता पकड़कर बुढ़िया ने उसे निकट बैठा लिया। नाम पूछा और कहा, "बैठ, तुझे एक चीज़ दिखाती हूँ।..." यों कहकर उसने झोली से डिबिया निकालकर उसे दिखाई, "बता, क्या है ये?"

"डिबिया है।" परी ने सहज भाव से बताया।

"लोहे की ऐसी चादर से बनी है, जिस पर जंग नहीं लगता।" बुढ़िया बोली, "अब नहीं बनती ऐसी डिबियाँ; और...।" फिर उसे खोलकर ऊपर वाले ढक्कन को उसकी ओर बढ़ाते हुए पूछा, "देख, ये क्या है?"

"दर्पण है।" परी ने बताया।

"जितना चमकदार यह शादी के वक्त था, उतना ही आज भी है। खराब होने वाला नहीं है इसका मसाला। जब तेरी उम्र की थी, तब ससुराल से मिली थी यह दरपन वाली डिबिया।" बुढ़िया ने अतीत में उतरते हुए कहा, "मैं तब बहुत सुन्दर थी, एकदम तेरे जैसी।"

"आप तो अब भी बहुत सुन्दर हो।" परी बोली, "एकदम मेरे जैसी।"

इतना सुनना था कि बुढ़िया की हँसी छूट गई, जोर की हँसी। उसके साथ ही परी भी खिलखिलाकर हँस पड़ी। दोनों ऐसा हँसीं, कि चारों दिशाओं से सिमटकर बादल बरगद के द्वारे आ खड़े हुए। हवाएँ शहनाई बजाने लगीं। पत्तियाँ झूम-झूमकर नाचने लगीं। समूचा पेड़ बारिश में भीगने लगा।

"मुझे सालों से तेरा इन्तजार था।" हँसी और बारिश के बीच डिबिया को परी के हाथों में थमाते हुए बुढ़िया बोली, "इसकी तू ही सही हकदार है, ले सँभाल।"

इतना कहकर वह कब, लम्बी यात्रा पर निकल गई, परी को पता ही नहीं चला!

मिठास

पता नहीं कैसे हुई यह विरक्ति! शायद महँगाई के कारण...या फिर पेड़ से कच्चा ही उतारकर उन्हें कारबाइड से पकाए जाने की प्रक्रिया को जान लेने के कारण, या ...जो भी कारण रहा हो—जब से इस महानगर में कदम रखा है—आम मुझे अच्छा नहीं लगता। लेकिन आज

एकदम अजीब हादसा हुआ।

"माय गॉड, ऐसा आम तो कई सीजन में एक पैदा होता होगा—हाउ स्वीट!" मेरी बेटी प्रफुल्ल स्वर में बोली, "टेस्ट ए लिटिल बाइट ऑफ दिस मैंगो डैड!"

कहने के उसके अन्दाज से मुझे मेरा बचपन याद आ गया। हम नौ भाई-बहन थे और पिताजी खेतिहर। इसलिए सेब तो हमारे घर कभी आया ही नहीं। खेतों से तोड़कर पिताजी अक्सर तरबूज ले आते और उसकी भी यह गत होती कि हमें सिर्फ एक-एक फाँक ही खाने को मिल पाती। पिताजी सन्तोषी थे। वह तरबूज खाते नहीं थे...हमें खाते देखकर खुश होते रहते थे। बस!

बड़ी बहन हम सब में शायद ज्यादा समझदार थी। वह पिताजी को देखती और अपने हिस्से की फाँक उनकी ओर बढ़ाकर बोलती, "बेहद मीठा तरबूज है पिताजी! एक बुक्की खाकर देखो।"

"बच्चों का हाथ लगकर चीजें खूबसूरत और मीठी हो जाती हैं बेटी।" वह मुस्कराकर कहते, "तुम खाओ।"

पिताजी की यह बात हमें हर वक्त याद रहती। हम खेतों पर जाते और वहाँ फैले कच्चे-पके सारे तरबूजों को छू डालते। हम बगिया में जाते और फूलों की सभी क्यारियों में घूम जाते। बागों में जाकर हम सभी पेड़ों को छू डालते और सोचते कि इन पर अब मीठे फल आएँगे। और, आते भी थे।

"आम यहाँ हैं डैड...इस प्लेट में।" बेटी का स्वर मेरी तन्द्रा को तोड़ता है, "वहाँ, दीवार पर नहीं।"

"वहाँ... बागों में... बच्चे पेड़ों को छूते रहते हैं न बेटी। उनके छूने से चीजें खूबसूरत और मीठी हो जाती हैं।" कुछ क्षण रुककर मैं मुस्कराकर उससे कहता हूँ, "एक टुकड़ा मेरे मुँह में रख दो, बाकी तुम खा लो।"

गोभोजन कथा

"याद आया।" गऊशाला से भी निराश निकलते इन्दर ने पत्नी को बताया, "अपना बशीर था न...वही, जो हाल के दंगों में मारा गया। उसकी गाय शायद गर्भिणी है।"

"छिः!"

"कमाल करती हो।" इन्दर तमतमा गया, "बशीर के खूँटे पर बँधकर गाय गाय नहीं रही, बकरी हो गई? याद है, दंगाइयों के हाथों से उस गाय को हलाक होने से बचाने के चक्कर में ही जान गई उस बेचारे की...।"

"..."

"दो-चार, दस-पाँच दिन का समय दिया होता तो कहीं और भी तलाश कर सकते थे हम।" उसकी उपेक्षापूर्ण चुप्पी से क्षुब्ध होकर वह पुनः बोला, "शुभ मुहूर्त है!...आज ही से शुरू करना होगा!...पड़ गई साले ज्योतिषी के चक्कर में।"

चुप रही माधुरी, क्या कहती। सन्तान-प्राप्ति जैसे भावुक मामले में बेजान पत्थर और

अव्वल अहमक तक को पीर-औलिया मानकर पूजने लगते हैं लोग। यह तो गाय थी, सजीव और साक्षात्। बशीर की ही सही। घर पहुँचकर उसने हाथ-मुँह धोए। लबालब तीन अँजुरी-भर गेहूँ का आटा एक बर्तन में डाला, तोड़कर गुड़ का एक टुकड़ा उसमें रखा और साड़ी के पल्लू से उसे ढाँपकर चल पड़ी बशीर के घर की ओर।

गाय बाहर ही बँधी थी, लेकिन गर्भिणी होना तय करने से पहले उसको कुछ देना माधुरी को ज्योतिषी की सलाह के अनुरूप नहीं लगा। सो, साँकल खटखटा दी। सूनी आँखों और रूखे चेहरेवाली बशीर की विधवा ने दरवाजा खोला। देखती रह गई माधुरी—यह थी ही ऐसी रूखी-सूखी या...! इन्दर तो एक बार यह भी बताते थे कि बशीर का बच्चा इसके पेट में है!

"क्या हुक्म है?"

"मैं...माधुरी हूँ, इन्दर की पत्नी।" कभी गाय को तो कभी बशीर की बीवी के पेट को परखती माधुरी जैसे तन्द्रा से जाग उठी—"आटा लाई हूँ।...ज्यादा तो नहीं, फिर भी अपनी हैसियत-भर...तुम्हारे लिए जो भी बन पड़ेगा, हम करेंगे बहन।" बर्तन के ऊपर से पल्लू हटाकर उसकी ओर बढ़ाते हुए उसने कहा, "संकोच न करो...रख लो...बच्चे की खातिर।"

बशीर की विधवा ने चूनर को अपने पेट पर सरका लिया और फफककर चौखट के सहारे सरकती हुई धीरे-धीरे वहीं बैठ गई।

अलाव के इर्द-गिर्द

टखनों तक खेत में धँसे मिसरी ने सीधे खड़े होकर पानी से भरे अपने पूरे खेत पर निगाह डाली। नलकूप की नाली में बहते पानी में उसने हाथ-पाँव और फावड़े को धोया और श्यामा के बाद अपना खेत सींचने के इन्तजार में अलाव ताप रहे बदरू के पास जा बैठा।

"बोल भाई मिसरी, के रह्या थारे मामले में?" बदरू ने पूछा।

"सब ससुर धोखा!" अलाव के पास ही रखी बीड़ियों में से एक को सुलगाकर खेत भर जाने के प्रति कश-ब-कश आश्वस्त होता मिसरी बोला, "ई ससुर सुराज तो फिस्स हुई गया रे बदरू!"

"कउन सुराज...इस श्यामा का छोरा?"

"श्यामा का नहीं, गाँधी का छोरा...पिर्जातन्त।"

"मैंने तो पहले ही कह दिया था थारे को। ई कोर्ट-कचहरी का न्याय तो भैया पैसेवालों के हाथों में जा पहुँचा। सब बेकार।"

"गलती हुई रे बदरू! थारी जमीन दबाने के समय ही हम एका बरतते तो चौधरी आज इत्ता हावी न होता।"

"थारे को तो पता है...अपनी जमीन हारने के बाद मैं कित्ता रोया था उसमें बैठकर। ...और यही बात मैंने कही थी उस बखत, कि एका नहीं होगा तो थोड़ा-थोड़ा करके हर किसान का खेत चबा जाएगा चौधरी।" अलाव की आग को पतली-सी एक डण्डी से कुरेदते हुए बदरू बोला, "और आज ही बताए देता हूँ, थारे से निबटते ही इस श्यामा की जमीन पर गड़ेंगे उसके दाँत।"

बदरू की बात के साथ ही मिसरी की नजरें खेत सींचने में मस्त श्यामा पर जा पड़ीं। बित्ता-बित्ता-भर जमीन अपनी होने के अहसास ने उन्हें आजाद-हैसियत का गर्व दे रखा है। इस गर्व को कायम रखने की ललक ने मिसरी के अन्दर से भय की सिहरन को बाहर निकाल फेंका।

"मुझे दे।" चिनगारी कुरेद रहे बदरू के हाथ से डण्डी को लेकर मिसरी ने जगह बनाई और फेफड़ों में पूरी हवा भरकर चार-छह लम्बी फूँक अलाव की जड़ में झाँकीं। झरी हुई राख के सैकड़ों चिन्दे हवा में उड़े और दूर जा गिरे। अलाव ने आग पकड़ ली।

कुहासे भरी उस सर्द रात के तीसरे पहर लपटों के तीव्र प्रकाश में बदरू ने श्यामवर्ण मिसरी के ताम्बई पड़ गए चेहरे को देखा और अलाव के इर्द-गिर्द बिखरी पड़ी डंडियों-तीलियों को बीनकर उसमें झोंकने लगा।

मन अनन्त में

"अम्माजी के बाद एकदम से बदल गए हैं बाबूजी। जहाँ बैठे हैं—बैठे रहेंगे, खड़े हैं...खड़े रहेंगे। देखना शुरू करेंगे तो हवा में पता नहीं कहाँ—देखते ही जाएँगे, एकटक। चिड़चिड़े इतने हो गए हैं कि किसी का बोलना तक बुरा लगने लगा है।"

खाना खाने को बैठे तपेन्द्र की थाली में रोटियाँ रखकर रोमा कुर्सी खिसकाकर पास ही बैठ गई; बोली, "बाहर जाएँगे तो पता नहीं किधर निकल जाएँगे। मैं तो उनसे कहूँ क्या...तुम हो कि दोस्तों से फुर्सत नहीं। सुबह-शाम कुछ देर उनके पास बैठ लिया करो। यार-दोस्त कहीं नहीं जाने वाले तुम्हें छोड़कर...दुःखी बाप को कुछ हो गया तो जिन्दगी-भर का पछतावा...।"

"अब चुप भी कर।" हाथ में पकड़े कौर को मुँह में रखते-रखते तपेन्द्र बिगड़ उठा, "इधर से रोटियाँ रखती है, उधर से भेजा खाने लगती है...बेवकूफ कहीं की।"

"बेवकूफ तो मैं हूँ ही। दिन-भर उन्हें देखती जो रहती हूँ।" रोमा बोली, "महीने-भर में ही कितने दुबले हो गए हैं, नजरें उठाकर उनकी ओर देखा है कभी?"

"नया-नया सुख और नया-नया दुःख आदमी के चेहरे पर गहरा दिखाई देता है।" वह पूर्व अन्दाज में बोला, "माँ को मरे महीना-भर ही हुआ है ना...धीरे-धीरे वह खुद नॉर्मल हो जाएँगे। जैसा चल रहा है, देखती जा, बस।"

रोमा ने आश्चर्यचकित होकर पति की ओर देखा। अभी तक उसे वह एक कठोर-हृदय व्यक्ति समझती थी लेकिन आज की बातों से तो वह हृदयहीन ही सिद्ध होता है।

"तुम समझते क्यों नहीं उनका दुःख...।" वह क्षुब्ध स्वर में बोली।

"दुःख!" वह तीखी हँसी हँसा, "कोई किसी के साथ जाता है क्या?"

"जाता है, साथ भी जाता है...।" कमरे के बाहर से बाबूजी का उग्र स्वर सुनकर अचानक वह बुरी तरह चौंक गया। अगले ही पल कमरे के भीतर भी घुस आए वह। उन्होंने घूरकर तपेन्द्र को देखा। आवेश के कारण उनका बदन काँपने-सा लगा था। ज्यादा देर तक खड़े न रह सके, जमीन पर ही बैठ गए। रोमा तो घबरा ही गई उनकी यह हालत देखकर। वह लपकी लेकिन हाथ के इशारे से उन्होंने उसे वहीं रुक जाने को कह दिया।

"एक के न रहने पर दूसरा उसके साथ चला जाता है बेटे।" कुछ देर बाद उन्होंने पुनः बोलना शुरू किया, "मुझे दुःख है कि परस्पर प्रेम और लगाव की वैसी जिन्दगी तूने नहीं जी। ...यह सबकुछ देख रहा है न—यह मकान, यह टी.वी., रेडियो, यह कूलर, यह फ्रिज...और यह डिनर टेबल जिस पर बैठकर तू इत्मीनान के साथ खा-पी रहा है—कुछ नहीं था जब तेरी माँ और मैं इस शहर में आए थे। ...तू तो पेट तक में नहीं था...घर में सम्पत्ति-बँटवारे के झगड़े के कारण चार चपातियाँ तक साथ नहीं लाए थे हम...।"

"बाबूजी...आप उठकर बिस्तर पर बैठ जाइए बाबूजी!" उनके पास पहुँचकर रोमा हठात् उन्हें उठाती हुई बोली।

"नहीं...सुख के दिन अब नहीं रहे बेटी।" रोमा के हाथों से अपनी बाँह को छुड़ाते हुए वह जोर से रो पड़े, "अपनी जिन्दगी के पेज हमने कभी खोले नहीं किसी के आगे...लेकिन आज उन्हें बाँच लेने दे। ...रात के दो बजे हम रेल से उतरे। शहर से कोसों दूर जंगली इलाके में था स्टेशन। शहर भी आज जितना असीम नहीं, सिमटा हुआ था, कछुए की तरह। बेहद खौफ और वीरानगी के बीच, एक लोई में खुद को लपेटे रात-भर हम प्लेट-फार्म पर बैठे रहे। स्टेशन मास्टर भला आदमी था...बातचीत करके सवेरे अपने दफ्तर का एक कोना उसने हमें दे दिया, बोला कि कहीं और इन्तजाम होने तक यहाँ रुको। ...दुनियादारी से बहुत दूर पहाड़ी गाँव में पली, कच्ची उम्र की उस हिरनी को विवश-मन से वहीं पर छोड़कर रोजी की तलाश में मैं शहर चला जाता। क्या तू महसूस कर सकता है कि उस पूरे दिन वह मेरे साथ ही रहती और मैं पल-पल उसके पास।" बोलते-बोलते वह उठकर खड़े हो गए और कमरे से बाहर की ओर चल दिए—"...और अब भी, सिर्फ यह शरीर ही उसके साथ नहीं जा पाया है बेटे... आत्मा तो गई। मुझ पर नजर मत रख बहू...जैसा भी हूँ, मैं ठीक हूँ। मुझ पर...।"

चरित्र, प्रेम और नैतिकता—नशाखोरों की दुनिया से दूर की बातें हैं। घृणापूर्वक रोमा ने सिर झुकाए बैठे पति की ओर देखा और दौड़कर बाबूजी के चरण पकड़ लिये। सुबकते हुए बोली, "कहीं न जाइए...हमें माफ कर दीजिए बाबूजी...हमें...।"

बाबूजी निस्पन्द खड़े रहे। जैसे कुछ सुन ही न रहे हों। वह दूर अनन्त में कहीं देख रहे थे। साँसें तेज हो गई थीं, जैसे अनन्त में ही पहुँच जाना चाहती हों।

जहाँ मैं खड़ा हूँ

आजादी के इतने अधिक वर्षों बाद भी यह कैसा दुर्योग है! जिस जगह पर मैं खड़ा हूँ, उसके दाईं ओर भव्य और आलीशान कोठियाँ हैं। खा-खा और पी-पीकर अघाए हुए लोग हैं। बाईं ओर जमीन को छूती घास-फूस, टीन-टप्पर और लकड़ी-पॉलिथीन जैसे कबाड़ से बनाई छानवाली निरी मिट्टी से बनी खोलियाँ हैं। दिन-भर खटते-खटाते और रात-भर पीटते-पिटाते एक-दूसरे से उलझते, सो जाते लोग हैं। बीच में सड़क है। सड़क पर नंग-धड़ंग या चीथड़ लटकाए लीचड़ बच्चे हैं। उछलते-कूदते। खेलते। सड़क बीच का रास्ता है। अमीरजादों को यह अपनी बपौती नजर आती है। झोंपड़पट्टी के बच्चों के लिए यह सड़क एक सच है, जिसके इस पार उनका यथार्थ है और उस पार कल्पनालोक। अनेक रंगों से पुती अनेक आकार और प्रकार

की दीवारें। उन दीवारों के भीतर की दुनिया को ये अपनी हैसियत और जरूरतों के मुताबिक बुनते और उधेड़ते रहते हैं। इनकी कहानियाँ सुनाते-सुनते और उन पर हँसाते-हँसते रहते हैं।

झोंपड़पट्टी के बच्चों के लिए सड़क खुला इलाका है। इस पर वे जैसे चाहें खेल सकते हैं। जितनी दूर तक चाहें दौड़ सकते हैं। कारें हालाँकि आती हैं लेकिन कॉलोनी का पिछला इलाका होने के कारण कुछ कम ही आती हैं। बाकी ट्रैफिक का भी खास मतलब नहीं। सड़क पर खेलते बच्चे कार की आहट-भर से ही किनारे हो जाने का कौशल जानते हैं। कारें यहाँ हमेशा ही सर्र से गुजरती हैं। साल-दो-साल में एकाध मुआ कुचल भी जाता है, लेकिन कुछ नहीं। ले-देकर फैसला हो जाता है। बवाल नहीं बनता।

सड़क को बाप ने हमारे सैर-सपाटे के लिए बनवाया है। हरामजादे ये झोंपड़पट्टीवाले इसके किनारे बसे ही क्यों हैं? ये साले चलते भी क्यों हैं इस पर। —कारवाले सोचते हैं।

कोठियों में कैद तालाबन्द बच्चे गेट के सरियों को पकड़कर इस पार झाँकते हैं। वे इन बच्चों का उछलना-कूदना-खेलना देखते हैं और उल्लसित होते हैं। वे देखते हैं कि खेलते-खेलते ये बच्चे एक-दूसरे से गुँथ गए हैं लेकिन खिलखिला रहे हैं। ये रोने-चिल्लाने लगे हैं लेकिन खिलखिला रहे हैं। उन्हें लगता है कि वहाँ होते तो वे भी खेलते। गुँथते। खिलखिलाते। लेकिन नहीं। यह मुमकिन नहीं। मम्मी कहती हैं कि रेलिंग के उस पार मत झाँका करो। ये गन्दे लोग उठाईगीरे होते हैं। छोटे बच्चों को भी उठा ले जाते हैं।

तो ये सब-के-सब क्या उठाए हुए बच्चे हैं?

नहीं। ये तो इनके अपने बच्चे हैं। उठाए हुए बच्चों को तो ये बेच आते हैं। उसी पैसे से आटा-दाल लाते हैं।

यह सब याद आते ही कोठियोंवाले बच्चे काँप उठते हैं। रेलिंग छोड़कर वे उससे बित्ता-भर पीछे खड़े हो जाते हैं।

क्या ऐसा नहीं हो सकता कि बेचने की बजाय ये लोग उन्हें अपने साथ ही रख लें। अपने बच्चों के साथ खाने दें। खेलने दें। गुँथने दें। खिलखिलाने दें।

"सुनो भैया!" खेलते-खेलते रेलिंग के पास आ फटके झोंपड़पट्टी के बच्चों को पुकारकर वे अनायास ही बोल उठते हैं, "किडनैपिंग के बाद बेच देना जरूरी है क्या?"

गरीब बच्चे उनकी बात को समझ नहीं पाते हैं। एक अनजाना विश्वास कि ये ऊँची-ऊँची दीवारें, ये फाटक, ये रेलिंग—सब उन गरीबों की हड्डियों पर खड़े हैं, जाग उठता है। उनकी बातें सुनते ही वे खिलखिलाते-कूदते दूर भाग जाते हैं।

कोठीवाले बच्चे रेलिंग को जकड़कर अपना सिर उसमें फँसा लेते हैं और उदास व ललचाई नजरों से उन्हें देखते रहते हैं।

यह कौन-सा मुल्क है

उसको आज कई माह बाद जमीन दिखाई दी थी। आनन-फानन में उसने समुद्र में भटकते अपने बेड़े को किनारे की ओर बढ़ा दिया। किनारे पर पहुँचकर उसने लंगर डाला और जहाज से नीचे कूद पड़ा। हालाँकि दिन अभी निकला ही था, लेकिन माहौल धुएँ और धूल से सराबोर

था। अपने नथुनों के जरिए हवा को थोड़ा और सूँघकर उसने अन्दाजा लगाया कि यह धुआँ गरीब-गुरबों के चूल्हों से नहीं निकला था। इसमें डीजल, पेट्रोल और एल.पी.जी. की गन्ध समाविष्ट थी।

घूमता-घामता वह शहर की एक सड़क पर आ पहुँचा। शायद राष्ट्रीय राजमार्ग पर। उसने देखा कि लाखों जोड़ी टाँगें इधर से उधर और उधर से इधर दनादन दौड़े चली जा रही हैं। एक अनुशासनहीन-सी बेतरतीब दौड़। एकाएक उसने देखा कि कुछ टाँगें आगे बढ़ने में कम, आगे बढ़ती दूसरी टाँगों को टँगड़ी मारने में अधिक तेज हैं।

"हे...क्या करते हो...?" वह टँगड़ीमारों पर चिल्लाया।

लेकिन कुछ नहीं। गिराने वाली टाँगें गिराती रहीं। गिरने वाली टाँगें गिरती रहीं, और दौड़ बदस्तूर जारी रही।

"अरे, देखो उसे...।" वह पुनः चिल्लाया, "वह गिर गया है...उसे उठाओ, वरना मर जाएगा।"

कोई टाँग नहीं रुकी। न कोई झुकी ही। बहुत चीखने-चिल्लाने के बाद उसकी समझ में आया कि वह बेमतलब ही चिल्ला रहा है। ये तो सिर्फ टाँगें हैं, और टाँगें कभी सुना नहीं करतीं।

वह दूसरी सड़क पर मुड़ गया। वहाँ उसने हजारों हाथों को हवा में लहराते देखा। हर हाथ की अपनी अलग ही मुद्रा थी। कोई मुक्के की मुद्रा में था तो कोई आशीष की मुद्रा में। कोई थप्पड़ की मुद्रा में था तो कोई क्षमादान की मुद्रा में। कोई अपना अँगूठा खड़ा किए हुए था तो कोई तर्जनी और मध्यमा से अँग्रेजी का 'वी' अक्षर बनाए था। बहुत-से हाथ ऐसे भी थे जो कनिष्ठा उठाए खड़े थे। अभी वह हालात को समझने की कोशिश में ही था कि एल्यूमीनियम का एक पुश्तैनी-सा कटोरा एक हाथ ने उसके आगे पसार दिया।

भिखमंगा!...वह मुँह-ही-मुँह में बुदबुदाया। उसने जेब में अपना हाथ डाला और कुछ सिक्के निकालकर उस कटोरे में डाल दिए। कटोरे में सिक्कों की खनखनाहट के साथ ही और भी अनेक कटोरे उसके आगे आ पसरे। इतने भिखमंगे!! कटोरे पर कटोरे को देखकर वह घबरा गया। इतने कटोरों में डालने लायक सिक्के तो उसकी जेब में अब थे भी नहीं। वह कुछ सोच ही रहा था कि कटोरे फेंक-फेंककर हाथ उसकी जेबों में घुसने लगे।

"क्या करते हो! हटो, हटो...।" उसने चिल्लाना और उन्हें पीछे को धकियाना शुरू किया। लेकिन नतीजा फिर वही—हाथों के कान नहीं होते। वह जितने हाथों को पीछे धकेलता, उससे दूने हाथ अगले ही पल उस पर टूट पड़ते। उनसे टक्कर लेने की बजाय उसने आहिस्ता-आहिस्ता थोड़ी-सी जगह बनाई और वहाँ से भाग निकला।

इस बार वह एक खुली जगह पर खड़ा था। यह एक मैदान था।

उसने देखा कि इस सिरे से उस सिरे तक सारा मैदान खचाखच भरा था। दू...ऽ...र, उस किनारे पर एक मंच बना हुआ था। उस पर भी कुछ शख्स बैठे हुए थे। उसने मैदान में और मंच पर बैठे एक-एक शख्स पर निगाह डाली। सभी के हाथ, पैर और धड़ तो थे, सिर नहीं था।

"उफ्, खुदा मेरे, तूने मुझे यह किस जमीन पर ला खड़ा किया।" डरा-सहमा-सा वह इस बार फिर बुदबुदाया, "बड़ी अजीब बात है! अपनी जिन्दगी में मैंने बड़े-बड़े अजूबे देखे-सुने। ... पहाड़ जितने उकाब और बालिश्त-बालिश्त-भर के आदमी भी देखे-सुने; लेकिन इन्सान के टुकड़े!... यहाँ तो कहीं पर सिर्फ टाँगें दौड़ लगा रही हैं और कहीं पर सिर्फ हाथ हवा में

लहरा रहे हैं!... और इस वक्त, इस मैदान में! यह तो हद दर्जे का अजूबा है कि बेसिर लोग चर्चाओं में मशगूल हैं! यह कौन-सा मुल्क है मेरे मौला, जहाँ एक भी शख्स पूरा इन्सान नहीं! मुझे बता, कुछ मदद कर।"

दुःख के दिन

"बाकी बची माँ, सो चार-चार महीना वह बारी-बारी से सबके साथ रह लेगी।" सम्पत्ति के मौखिक बँटवारे के बाद बड़े ने माँ के प्रति तीनों भाइयों की जिम्मेदारी तय करते हुए सुझाया।

"यह तो माँ को अलग-अलग खूँटों से बाँधने वाली बात हुई!" मँझले ने टोका, "तर्क के तौर पर ठीक सही, शिष्टता के तौर पर कोई कभी भी इसे ठीक नहीं ठहरा सकता।"

"बँटवारे जैसे छोटे काम के लिए माँ की मौत का इन्तजार करना भी तो शिष्टता की सीमा से बाहर की बात है।" छोटा तुनककर बोला।

"माँ के रहते ऐसा करने में शायद बड़ा शिष्टाचार है!" मँझले ने व्यंग्य कसा।

छोटा तीखे स्वभाववाला व्यक्ति था। संयोगवश पत्नी भी वैसी ही मिल जाने के कारण माँ उसके पास एक-दो दिन से ज्यादा टिक नहीं पाती थी। इसलिए माँ के रख-रखाव का मुद्दा उसके लिए पूरी तरह निरर्थक था। सम्पत्ति के बँटवारे से अलग किसी और समय यह विवाद उठा होता तो अब तक वह कभी का उठकर जा भी चुका होता।

"ठीक है। माँ के बारे में आप दोनों बड़े जो भी फैसला करेंगे, मुझे मंजूर है।" मँझले के व्यंग्य से आहत हो वह दो-टूक बोला।

सम्पत्ति के बँटवारे पर बहस के समय इससे पहले तो इसने एक बार भी ऐसा अधिकार हमें नहीं दिया था!—बड़े ने अपना माथा मला।

"नन्ने!" काफी देर सोचने के बाद वह मँझले से बोला।

"जी भैया!"

"तीन बेटे और थोड़ी-सी सम्पत्ति होने का दण्ड माँ को सुबह के दीये जैसी उपेक्षित जिन्दगी तो नहीं मिलना चाहिए।"

"मैं तो शुरू से ही आपको यह समझा रहा हूँ भैया!" बड़े की बात पर भावावेशवश मँझले की आँखें और गला भर आए।

"सवाल यह है कि बँटवारे की यह नौबत हमारे बीच बार-बार आती ही क्यों है?" बड़े ने सवाल किया। फिर आगे बोला, "हम अगर किसी अच्छे काम के लिए एक जगह बैठें तो माँ बेहद खुश हो। वह भी हमारे पास बैठे, हँसे-बोले। लेकिन, हालत यह है कि हम एक जगह बैठे नहीं कि माँ डर ही जाती है।"

मँझला और छोटा सिर झुकाए बड़े की बातें सुनते रहे।

"तू वाकई मेरे फैसले को मानेगा न?" बोलते-बोलते बड़ा छोटे से मुखातिब हुआ।

"जी भैया।" छोटे ने धीमे स्वर में हामी भरी।

"और तू भी?" बड़े ने मँझले से पूछा।

"हाँ भैया।" वह बोला।

"तब, सबसे पहली बात तो यह कि हमारे बीच जो कुछ भी अब से पहले हुआ, उसे भूल जाओ। माँ को जिससे दुःख पहुँचता हो, वैसा कोई काम हमें नहीं करना है।"

"जी भैया!"

"आओ!" बड़े ने दोनों भाइयों को अपने पीछे आने का इशारा किया। तेजी से चलते हुए तीनों भाई गाँव से बाहर, नहर के किनारे उदास बैठी माँ के पीछे जा खड़े हुए। बँटवारे के सवाल पर जब भी वे एकजुट होते, वह यहाँ आ रोती थी।

"बहते पानी के आगे दुःखड़ा रोने के तेरे दिन खत्म हुए माँ!" उसके बूढ़े कन्धों पर अपनी अधेड़ हथेलियाँ टिकाकर बड़ा रुँधे शब्दों को मुश्किल से बाहर ठेल पाया, "घर चल!"

माँ ने गर्दन घुमाई। तीनों बेटों को साथ खड़े देखा। नहर के पानी से उसने आँसू भरी अपनी आँखें धोईं। धोती के पल्लू से उन्हें पोंछा और तीनों बेटों को अपने अंक में भर लिया, हर बार की तरह।

मुलाकातें

हैलो!
...!
कब तक खामोश रहोगी?
शादी होने तक।

कल, मैं शाम तक यहीं पर टहलता रहा।
सच!
तुम्हारे बिना पागल-सा महसूस करता हूँ।
लेकिन...परसों तो तुमने कहा था कि तुम्हें देखते ही मैं पागल हो जाता हूँ?
महसूस करना अलग बात है, हो जाना अलग।

तुम्हें पाने के लिए मैं सब-कुछ छोड़ने को तैयार हूँ।
दहेज भी?
दहेज 'सब-कुछ' नहीं होता...इसलिए उसे छोड़ने का सवाल ही कहाँ पैदा होता है।

सुनो, टी.वी. की बजाय डैडी से तुम्हें ए.सी. माँगना चाहिए।
वही तो माँगा है।
हाथों-हाथ कार भी कह देते...तो...घूमने-फिरने में...।
कमाल है! हर चीज माँगने से ही मिलेगी? तुम्हारे डैडी अपनी तरफ से कुछ नहीं देंगे?

तुम समझती क्यों नहीं हो?
मैं क्यों समझूँ तुम्हारा आदर्शवाद?

मैंने दहेज लेने से इनकार किया है, शादी करने से नहीं।

वह शुभ काम...लगता है मुझे करना पड़ेगा। ...कल मैं नहीं आ पाऊँगी।

मैं भी।

परसों मिलोगे?

न...हाँ...दरअसल...।

शादी कहीं और तय हो गई है क्या? किससे?

कुछ देर ठहरो। वह यहीं पर आती होगी।

वैरी गुड! अभी कुछ देर बाद मेरे वुड-बी हसबैण्ड उस पेड़ के नीचे पहुँचने वाले हैं!

काफी देर कर दी।

वह भी अभी तक पेड़ के नीचे नहीं पहुँचे।

तुम्हारे साथ 'डेटिंग' बहुत अच्छी रही, एकदम 'लव-अफेयर' जैसी।

लो, वह आ गए।

कमाल है, उनके साथवाली लड़की के साथ ही मेरी शादी तय हुई है!

ये भी 'डेटिंग' खत्म करके आ रहे लगते हैं।

शायद।

गरीब का गाल

मास्टर जी ने कक्षा की देहरी पर कदम रखा।

सारे बच्चे चाबी लगे खिलौनों की तरह अपनी जगह पर खड़े हो गए।

"बैठ जाइए।" मास्टर जी ने कहा।

सब-के-सब जहाँ-के-तहाँ बैठ गए।

"कलवाला पाठ याद करके लाए?" अपनी कुर्सी पर बैठते हुए मास्टर जी ने सवाल किया।

"जी, मास्टर जी।" बच्चों ने आधे-अधूरे उत्साह से जवाब दिया।

"ठीक है..." पढ़ाई का अपना पीरियड प्रारम्भ करते हुए मास्टर जी कक्षा में सबसे आगे की पंक्ति के दाएँ किनारे पर बैठे पहले बच्चे पर दहाड़े—"खड़ा हो जा।"

कक्षा में सबसे पहले खुद पर ही यह आदेश सुनकर बच्चा भौंचक रह गया था। वह तुरन्त अपने स्थान पर खड़ा हो गया। काँपती-सी देह से वह मास्टर जी की अगली दहाड़ का इन्तजार करने लगा। उसका गला सूखने-सा लगा।

"पानीपत की तीसरी लड़ाई किस तारीख को हुई थी? बता।" मास्टर जी ने उससे पूछा।

उसने हालाँकि पिछली रात ही काफी तेज बोल-बोलकर इस पूरे पाठ को घर पर दोहराया था, लेकिन इस समय एक भी शब्द उसे याद नहीं आ रहा था। मोमबत्ती को जलाने के लिए कोई जैसे अँधेरे कमरे में माचिस की डिब्बी को टटोलता है, वैसे ही गत रात पढ़े शब्दों को वह अपने जेहन में टटोलने लगा।

"हाँ भई, तू बता।" उसे चुप देखकर उसके निकट बैठे दूसरे छात्र को खड़ा हो जाने का इशारा करते हुए मास्टर जी गुर्राए। खड़ा तो वह भी हो गया लेकिन उत्तर नहीं दे पाया। मास्टर

जी ने तीसरे को, चौथे को, पाँचवें को...खड़ा किया, लेकिन बेकार। कक्षा के सारे छात्र जब गूँगी फौज की तरह खड़े हो गए तब बाएँ कोने में सिमटे-से बैठे आखिरी छात्र से मास्टर जी व्यंग्यपूर्वक बोले, "आप भी शामिल हो जाइए बारात में..."

उनकी बात सुनकर वह खड़ा हो गया और तुरन्त बोला, "जी, चौदह जनवरी सतरह सौ चौंसठ को।"

"क्या!" इस अप्रत्याशित आवाज को सुनकर मास्टर जी कुर्सी से उछल-से पड़े। सारे-के-सारे अगड़े फेल और ये साला पीछे की बेंचवाला...!!!

"आगे आ जा।" उन्होंने उसे आदेश दिया। वह बेचारा काँप गया। हालाँकि मिट्टी के तेल की डिबिया के उजाले में उसने गत रात ही यह तारीख याद की थी, लेकिन मास्टर जी की कर्कशता ने उसके मन में शक पैदा कर दिया। लटका-लटका-सा वह आगे आकर खड़ा हो गया।

"हर एक के गाल पर एक-एक थप्पड़ लगा। चल!" उन्होंने उसे आदेश दिया।

अपने साथियों को अपने ही हाथों से दण्ड! वह बेचारा संकोच में दब गया। उसे निश्चल खड़ा देख मास्टर जी ने जब दोबारा घुड़का तो उसे आगे बढ़ना पड़ा। बड़ी मासूमियत से उसने अपने पहले साथी के गाल पर हल्की-सी चपत लगाई।

"आवाज नहीं आई, जोर से मार।" मास्टर जी चिल्लाए।

उनकी चिल्लाहट को अनसुना करते हुए उसने दूसरे साथी को भी हल्की-सी चपत लगाई और आगे बढ़ गया। तीसरे तक पहुँचा ही था कि कुर्सी पर बैठे उस अहमदशाह अब्दाली ने उसे पुकारा, "इधर आ।"

वह चुपचाप उसके समीप जा पहुँचा।

सड़ा...ऽ...क्! अब्दाली का भारी-भरकम हाथ कब हवा में लहराया और कब उस गरीब के गाल पर आ पड़ा—उसे पता ही न चला। उसकी आँखों के आगे अँधेरा छा गया। खड़ा न रह सका, गिर गया।

"दोस्ती निभा रहा है मादरचो..." मास्टर जी उस पर चिल्लाए। फिर, याद करके आनेवाले उस अकेले की ओर इशारा करके कक्षा के बाकी बालकों से बोले, "बैठ जाओ रे सब-के-सब... कल याद करके नहीं आए तो यही हाल करूँगा एक-एक का...समझे!"

मन की मथनी

वे दरअसल बचपन से ही यह खेल देख रहे थे। इस खेल के खिलाफ उनके मन में सवाल उभरते और दब जाते। माँ से कुछ पूछने की उनकी हिम्मत ही नहीं होती थी। सवाल मन में उठते ही पहला दूसरे की, दूसरा तीसरे की और तीसरा पहले की आँखों में झाँकता और खालीपन देखकर चुप रह जाना ही बेहतर समझता।

यही हालत माँ की भी थी। वह बच्चों की सवालिया आँखों को देखती और सहम-सी जाती। इस तरह माँ और बच्चे दोनों ही अपने-अपने मन के तूफानों से जूझते-झगड़ते जी रहे थे। आखिरकार वे इतने मजबूर हो गए कि एक सुबह बर्तन माँज रही माँ के मन ने बच्चों को अपने सामने खड़ा पाया।

"क्या कर रही हो माँ?" तीनों ने एक साथ पूछा।

सवाल सुनकर माँ ने जवाब नहीं दिया। उनकी ओर देखकर मुस्करा-भर दी और काम में लगी रही।

"बताओ न माँ!"

"देख रहे हो न, बर्तन माँज रही हूँ।" पतीली को जूने से रगड़ती माँ ने जवाब दिया।

"खाना तो आज बना ही नहीं था...!" बड़े ने कहा।

"न बना सही..." माथे पर गिर आई बालों की लट को राख-सने हाथ से ही सिर पर सरकाते हुए माँ ने कहा।

"जूठे बर्तन ही तो माँजकर साफ किए जाते हैं न माँ..." मँझला बोला।

"जूठे नहीं गन्दे।" माँ दो-टूक बोली।

"रात ही तो इन्हें माँजकर रखा था तुमने।" इस बार छोटा आगे आया, "सुबह खाना बना नहीं, फिर गन्दे कैसे हो गए?"

इस बीच पतीली को भीतर-बाहर हर तरफ से रगड़ चुकी थी माँ। पास रखी बाल्टी के पानी में उसने फटाफट अपने हाथ धोए और बच्चों से जा लिपटी। कुछ देर बाद उसने अपना आँसू भरा चेहरा उनकी ओर उठाया। मोटे-मोटे आँसू दो-दो कर धार की शक्ल में उसकी आँखों से ढुलक पड़े। शब्द उसके कण्ठ में अटक गए, तुरन्त कुछ बोल न सकी।

"गरीब घरों में बर्तन माँजे नहीं जाते मेरे बच्चो, खनकाए जाते हैं, पड़ोसियों को यह जताने के लिए कि घर के सब लोग खा-पी चुके, अब बर्तन मँज रहे हैं।" कुछ देर बाद खुद को संयत कर उसने बोलना शुरू किया, "हमारे घरों की मोरियों पर भी निगाह रखते हैं लोग। सुबह-शाम बर्तन तो खनकते रहें लेकिन मोरियाँ सूखी पड़ी रहें! ऐसा नहीं हो सकता न, इसलिए...।"

बच्चों को आश्वस्त कर वह पुनः बर्तनों में जा घुसी...सुबकती हुई। बच्चे हालाँकि अब भी वहीं बैठे थे और मन में उपजते अनेक सवालों से पहले की तरह ही जूझ रहे थे।

बिना नाल का घोड़ा

उसने देखा कि ऑफिस के लिए तैयार होते-होते वह चारों हाथ-पैरों पर चलने लगा है। तैयार होने के बाद वह घर से बाहर निकला। जैसे ही सड़क पर पहुँचा, घोड़े में तब्दील हो गया। अपने जैसे ही साधारण कद और काठीवाले चमकदार काले घोड़े में। माँ, पिता, पत्नी और बच्चे—सबको उसने अपनी गर्दन से लेकर पीठ तक लदा पाया। इससे पहले कि वह कुछ समझ पाता, सड़ाक् से एक हण्टर उसके पुट्ठे पर पड़ा—"देर हो चुकी है, दौड़ो...!"

वह दौड़ने लगा...ठकाठक...ठकाठक...ठकाठक...।

"तेज...और तेज...!" ऊपर लदे लोग एक साथ चिल्लाए।

वह और तेज दौड़ा—सरपट।

कुछ ही देर में उसने पाया कि वह ऑफिस के सामने पहुँच गया है। खरामा-खरामा पहले वह लिफ्ट तक पहुँचा, लिफ्ट से फ्लोर और फ्लोर से सीट तक। ठीक से वह अभी सीट पर बैठा भी नहीं था कि पहले से सवार घरवालों को पीछे धकेलकर बॉस उसकी गरदन पर आ लदा।

"यह सीट पर बैठकर आराम फरमाने का नहीं, काम से लगने-लिपटने का समय है मूरख! दौड़...।" उसके पुट्ठों पर, गर्दन पर, कनपटियों पर सण्टी फटकारता वह चीखा।

उसने तुरन्त दौड़ना शुरू कर दिया—इस फाइल से उस फाइल तक, उस फाइल से उस फाइल तक...लगातार...लगातार...और दौड़ता रहा तब तक, जब तक कि अपनी सीट पर ढह न गया पूरी तरह पस्त होकर। एकाएक उसकी मेज पर रखे फोन की घंटी घनघनाई—ट्रिंग-ट्रिंग...ट्रिंग...!

उसकी आँखें खुल गईं। हाथ बढ़ाकर उसने सिरहाने रखे अलार्म-पीस को बन्द कर दिया और सीधा बैठ गया। पैताने पर, सामने उसने माँ को बैठी पाया।

"राम-राम अम्मा!" आँखें मलते हुए माँ को उसने सुबह की नमस्ते की।

"जीते रहो!" माँ ने कहा, "तुम्हारी कुण्डली कल पण्डित जी को दिखाई थी। ग्रह-दशा सुधारने के लिए तुम्हें काले घोड़े की नाल से बनी अँगूठी अपने दाएँ हाथ की अँगुली में पहननी होगी।"

माँ की बात पर वह कुछ न बोला।

"बाजार में बहुत लोग नाल बेचते हैं।" माँ आगे बोली, "लेकिन, उनकी असलियत का कुछ भरोसा नहीं है। बैल-भैंसा किसी के भी पैर की हो सकती हैं। ...मैं यह कहने को आई थी कि दो-चार जान-पहचानवालों को बोलकर काला घोड़ा तलाश करो, ताकि असली नाल मिल सके।"

"नाल पर अब कौन पैसे खर्च करता है अम्मा!" माँ की बात पर वह कातर स्वर में बुदबुदाया, "हण्टरों और चाबुकों के बल पर अब तो मालिक लोग बिना नाल ठोंके ही घोड़ों को घिसे जा रहे हैं...।" यह कहते हुए अपने दोनों पैर चादर से निकालकर उसने माँ के आगे फैला दिए, "लो, देख लो।"

गाँव अभी भी

उस चिलचिलाती धूप में स्टेशन से बाहर आते ही रमन की निगाहें रिक्शा तलाशने लगीं।

"आजाद नगर कालोनी चलोगे?" जैसे ही रिक्शा नजर आई, उसने चालक से पूछा।

"आजाद नगर कालोनी में... किधर?" चालक ने पूछा।

"ए अट्ठानवें।" नजदीक पहुँचकर उसने बताया।

"ए अट्ठानवें..." मस्तिष्क में ए अट्ठानवें की लोकेशन देखता-सा वह आँखों को चढ़ाकर बुदबुदाया; फिर बोला, "पचास रुपए लगेंगे।"

"चलो।" यह सुनते ही रमन रिक्शा की सीट पर बैठ गया।

वह पैडल मारता हुआ चल दिया। कुछ दूर चलने के बाद बोला, "आपने देखा है न ए अट्ठानवें?"

"क्यों?"

"हम नए-नए आए हैं... भटक जाएँ तो बता दीजिएगा।" उसने कहा।

"कहाँ के हो?"

"पूरब के।"

"पूरब में किस शहर के हो?"

"शहर के नहीं, गाँव के हैं।"

"यहाँ कैसे आए?" उसके घुमावदार जवाबों को सुन रमन ने विषय को बदलते हुए पूछा।

"कई साल से यहाँ चाचा लोग चलाते हैं रिक्शा।" उसने कहा, "बेरोजगार थे, सो पिछले दिनों हम भी चले आए।"

"ऐसा करना," रमन उससे बोला, "जहाँ जरा भी गफलत महसूस करो, वहीं उतार देना। अपनी रगों में भी गाँव जिन्दा है अभी। आगे मैं खुद ढूँढ़ लूँगा।"

"कहीं भी कैसे छोड़ देंगे साब।" दायें और बायें पैडल पर बारी-बारी खड़ा हो रिक्शा को आगे बढ़ाता हुआ वह बोल उठा, "हम तो पूरे के पूरे गाँव ही हैं भीतर से बाहर तक। ए अट्ठानवें पर पहुँचाकर ही पैसा पकड़ेंगे आप से।"

और वाकई, पसीने-पसीने हो गया; लेकिन बेतरतीब नम्बरों वाली आजाद नगर कालोनी में एक अट्ठानवें का गेट दीख जाने से पहले, बन्दे ने न खुद जमीन पर पाँव रखा और न ही रमन को रखने दिया।

लगाव

माताजी के रहते दूसरा कोई भी बाबूजी के कमरे को नहीं झाड़ता-बुहारता था। उनकी किस चीज को कहाँ रखना है– वही जानती थीं। लेकिन, जब से माताजी स्वर्ग सिधारी हैं, रमा ही उनका कमरा बुहारती है।

इधर, एक बात ने रमा का ध्यान कई दिनों से अपनी ओर आकर्षित कर रखा है। एक ओर को रख दी गई अम्माजी की ढुलमुल-सी पुरानी मसनद को स्टोर से निकालकर बाबूजी ने अपने पलँग पर दीवार के सहारे रख लिया है। अपने कमरे में अब वे कुर्सी पर कम, पलँग पर मसनद से पीठ टिकाकर ज्यादा बैठे नजर आने लगे हैं।

"पीठ में दर्द हो तो आपके लिए 'मूव' मँगा दूँ बाबूजी?" रमा ने मौका पाकर एक शाम उनसे पूछा।

"अरे नहीं", वे बोले, "दर्द-उर्द कुछ नहीं है...इसे तो मैं ऐसे ही उठा लाया हूँ स्टोर से।"

"इनसे कहकर नया मसनद मँगवा दूँ बाजार से? ज्यादा आरामदायक रहेगा।" उसने पुनः पूछा।

"अरे नहीं बहू!" वे इस बार सीधा बैठते हुए बोले, "कहा न, भला-चंगा हूँ।"

उसके बाद रमा ने उनसे कुछ नहीं कहा। अलबत्ता पति को फोन करके 'मूव' की एक छोटी ट्यूब लेते आने को जरूर कह दिया। वह ले आया।

"किसके लिए चाहिए थी?" ट्यूब को पत्नी के हाथ में पकड़ाते हुए रवि ने पूछा।

"बाबूजी की कमर में दर्द है शायद।" वह बोली, "उनकी मेज पर रख आती हूँ। जरूरत समझेंगे तो लगाते रहेंगे।" इतना कहकर वह बाबूजी के कमरे की ओर बढ़ गई।

कमरे में कदम रखते ही, बाहर से पड़ते हल्के प्रकाश में उसने देखा—सिरहाने से पीठ

लगाए बाबूजी पलँग पर बैठे हैं। मसनद उनकी गोद में रखी है। उनकी आँखें मुँदी हैं और आँसुओं की अविरल धारा उनसे बह रही है।

यात्रा में लड़कियाँ

फिरोजपुर-जनता एक्सप्रेस। तीनेक साल की पोती के साथ ग्रामीण-जैसा वह बूढ़ा फिरोजपुर से ही उसमें बैठा आ रहा था।

तकरीबन पूरे खाली उस डिब्बे में कोटकपूरा से दो आधुनिकाएँ चढ़ीं। परस्पर अँग्रेजी में बतियाती। अपना कुछ सामान उन्होंने उन दोनों के साथवाली खाली जगह पर पटका और कुछ के साथ सामने वाली बेंच पर टिक गईं।

"कहाँ तक जाएँगे?" एक ने अँग्रेजी में बूढ़े से पूछा।

इस सवाल पर बूढ़ा और पोती, दोनों, पागलों-से उनकी ओर देखते बैठे रहे, जैसे कुछ समझ ही न आया हो।

"डफर हैं।" उन्हें अँग्रेजी न समझ पाता देख दूसरी ने भी अँग्रेजी में ही सहेली से कहा, "कोई खतरा नहीं, बात जारी रख।"

"औरत का खुद अपने शरीर पर ही अधिकार नहीं है! अपनी मर्जी से जा-आ तक नहीं सकती है कहीं...!" पहली तुरन्त ही अँग्रेजी में शुरू हो गई, "रूबी! शरीर को जब तक औरत अपने चरित्र से जोड़कर देखना नहीं छोड़ेगी, गुलाम ही रहेगी मर्द की। ... करती रहेगी आत्महत्या!"

"सही कहती है।" रूबी बोली, "हमारा न तन आजाद है, न मन।"

"चालाकी यह है कि इन दोनों आजादियों को मर्द ने अपनी मुट्ठी में रखा है।" रीटा बोली, "अपने शरीर का वह जब चाहे, जहाँ चाहे, जैसे चाहे इस्तेमाल करता है। इसीलिए ताकतवर भी बन बैठा है और अक्लमन्द भी।"

रेलगाड़ी धड़-धड़ करती अनेक स्टेशनों पर रुकती-चलती बढ़ रही थी। पूरब के आसमान में सुबह की लाली-सी दिखाई देने लगी थी। दूसरे डिब्बों की तरह सवारियाँ उसमें भी आतीं; लेकिन आधुनिकाओं ने सामान कुछ ऐसे फैला रखा था कि आगे बढ़ जातीं। उनका वार्तालाप बहरहाल, निर्बाध चलता रहता। एकाएक बूढ़े ने हिन्दी में उनसे पूछा, "आप दोनों कहाँ तक जाओगी बेटी?"

"हम बौम्बे जा रही हैं अंकल!" उनमें से रीटा ने हिन्दी में ही जवाब दिया; फिर पूछा, "आप?"

"लौतत जन्छन।" इस बार तपाक् से पोती बोली।

"रोहतक जंक्शन!" उसके जवाब पर चहककर रीटा ने दोहराया; फिर पूछा, "स्कूल जाती हो?"

लड़की ने सिर्फ गरदन हिलाकर जवाब दिया।

"उनसे मत उलझ..." बातचीत में व्यवधान से उत्तेजित रूबी ने अँग्रेजी में रीटा को टोका, "तू अपनी थ्योरी साफ कर।"

"देख भई," रीटा बोली, "सम्बन्ध को अगर पैसे के दबाव में, हैसियत के दबाव में,

नाते-रिश्तेदारों के बीच खानदान की नाक बचाने के दबाव में निभा रही है तो—पत्नी भी बलात्कार-पीड़ित ही है मेरी निगाह में तो।" यह कहते हुए उसने सामने बैठी बालिका को धीरे-से खींच अपनी गोद में बैठाया, चूमा और उसके सिर पर हाथ फिराने लगी।

"इतना बलात्कार क्यों झेलती हैं औरतें, पता है?" अपनी बात को जारी रखती वह आगे बोली, "इसलिए कि वे गुलाम-योनियों से उपजती हैं... डरी हुई कोखों से।"

"उपजते तो मर्द भी उन्हीं से हैं!"

"नहीं, वे उपजते हैं... औरत के खिलाफ तानाशाह रवैयों से।" रीटा उत्तेजित स्वर में बोली।

"माफ करना बेटियो!" बात के बीच में ही इस बार बूढ़ा बोला, "औरत हो या मर्द, जितना बड़ा खतरा खुद में कैद होकर रह जाना है, उससे कहीं बड़ा खतरा खुद को बाजार की जरूरतों में ढाल लेना... लेन-देन की चीज में तब्दील कर लेना है। बौम्बे जाना होता तो बीच में बिल्कुल न बोलता, चुपचाप वहीं तक आनन्द लेता आपकी बातचीत का। लेकिन, रोहतक आ चुका है इसलिए... बोलकर जाना पड़ रहा है।" और पोती का हाथ पकड़ खड़ा हो लिया।

"ओत्तेरी...!" अचम्भित लड़कियों के मुँह से एक साथ निकला।

गाड़ी प्लेटफॉर्म पर जा रुकी थी। डिब्बे से उतरकर, पोती के साथ, वह भीड़ में समा गया।

मौत का मामला

"सॉरी मिसेज चाँदनी!" छुट्टी का आवेदन सामने देख बॉस ने कहा, "काम की पेंडेंसी और स्टाफ की कमी... दोनों से तो आप वाकिफ ही हैं।"

"जी सर, लेकिन मजबूरी है। जाना ही पड़ेगा।"

"क्या मजबूरी है?" बॉस ने पूछा।

"मौत का मामला है सर!" मिसेज चाँदनी शोक-संतप्त मुद्रा में बोलीं, "वह भी ससुराल में! खुशी का मौका होता तो हस्बैंड को अकेले ही भेज देती... लेकिन, इस मौके पर मैं नहीं गई तो... बहुएँ तो हिन्दुस्तानी समाज में वैसे ही बदनाम हैं सर।"

"हम्म्!" बॉस ने अफसोस भरी साँस छोड़ी; फिर पूछा, "जाना कहाँ है?"

"कलकत्ता जाना है सर! जाने-आने के समय समेत 5 दिन तो लगेंगे ही ट्रेन से।"

"और प्लेन से?"

"वह तो हम अफोर्ड नहीं कर पाएँगे सर! बच्चों समेत चार एअर टिकिट, बाप रे!" मिसेज चाँदनी बोलीं।

"सोम-मंगल काटकर मैं तीन दिन की छुट्टी सैंक्शन कर रहा हूँ।" पसीजकर बॉस ने आवेदन पर पेन चलाते हुए कहा, "दो दिन वीकेंड के मिल जाएँगे। ओके?"

"थैंक्स अ लॉट सर! बट... सोम-मंगल भी सैंक्शन कर देते तो..." उनके गले से दबी-दबी-सी आवाज निकली।

"वह तो हम अफोर्ड नहीं कर पाएँगे मिसेज चाँदनी!" बॉस उसी के अन्दाज में बोला और काम में लग गया।

"ये दिन तो जाने-आने में ही बीत जाएँगे सर!..." ढीठ बालक की तरह डरती-डरती

बोलती हुई वह कुर्सी से उठ खड़ी हुई। मरे कदमों से बॉस के केबिन से निकली। अपनी सीट पर जाने की बजाय वॉशरूम में गई। कोमोड पर बैठकर पर्स से मोबाइल निकाला। नम्बर मिलाया और फुसफुसाई, “हलो... हलो रितेश! काम बन गया... परिवार में डैथ हो जाने का बहाना लगाना पड़ा... तुम्हारे परिवार में और कहाँ... सॉरी-सॉरी-सॉरी यार... नाम थोड़े ही लिया है किसी का... रिश्ता थोड़े ही बताया है कोई... वैसे, उधर हमारा वेल विशर अब बचा ही कौन है, जिसके बारे में बुरा मान रहे हो?... फटाफट एअर टिकिट बुक कराओ—मंगल की रात को जाने और सण्डे की रात को आने की। कहाँ की?... हद हो गई, यह भी मैं बताऊँ!...”

बाहर आई तो बराबर वाले टॉयलेट से निकलकर बॉस की निजी सहायक खड़ी मुस्करा रही थी।

उजालों का मालिक

मसूढ़ों से मूँगफली फोड़कर चबाने वाले इस आदमी के दाँत काफी अरसा पहले गिर चुके होंगे—यह बात नलिन के दिमाग में, सामने वाली सीट पर बैठे बूढ़े को देखकर आई। वह मूँगफलियाँ चबा रहा था। उसकी दाढ़ी जितनी सफेद थी, चेहरा उतना ही काला। तीन या चार स्टेशनों तक वे एक-दूसरे को यदा-कदा देखते-भर रहे, बातें नहीं कीं।

“बुरा न मानें तो कुछ अर्ज करूँ?” एक जगह गाड़ी रुकी तो वह बोला।

“आप बुजुर्ग हैं... ” नलिन ने कहा, “अर्ज क्या, हुक्म कीजिए।”

“कोई चायवाला नजर आ रहा हो तो बुला दीजिए।”

जाड़े की रात और घटाटोप अँधेरा। स्टेशन भी शायद कस्बाई था। उसने शीशा उठाकर बाहर की ओर अपने नाक, कान और आँख दौड़ाए... आवाज तो दूर, किसी हॉकर के चलने तक का अहसास नहीं हुआ।

“यह किसी स्टेशन का आउटर महसूस होता है बाबा जी!” उसने शीशा गिराते हुए कहा।

“अच्छा... ” बूढ़ा हताश स्वर में बोला, “आगे, स्टेशन पर गाड़ी रुके तो ख्याल रखना।”

“जरूर।”

गाड़ी ने सीटी दी और धीरे-धीरे चल दी। बूढ़ा कुछ देर एकटक उसे देखता रहा, फिर पूछ बैठा, “क्या करते हैं आप?”

“जी, मैं लेखक हूँ।... कहानी लेखक।”

“अफसाना निगार?”

“जी।”

“मेरा अफसाना लिखोगे?”

“लिखने लायक हुआ तो जरूर।” वह बोला, “सुनाइए।”

“सुनाना क्या मियाँ... मेरी हालत पर गौर करो और लिखो।” अपनी अनुभवी निगाहें उस पर टिकाकर वह चुनौती भरे अन्दाज में बोला।

“मैं लेखक हूँ बाबा जी, कोई ज्योतिषी नहीं, जो आपका खाका देखकर आपकी फितरत बता दूँ।” उसकी चुनौती से तिलमिलाकर नलिन ने कहा।

“ज्योतिषी इल्म के सहारे अँधेरे में कुछ टटोलती रूह का नाम है।” बूढ़ा धीमे लेकिन

दृढ़ अन्दाज में बोला, "पर, अफसाना निगार उजालों का मालिक होता है। तुम अगर वाकई वह हो, तो मैं तुम्हारे सामने हूँ।... मेरा अफसाना बयान करो।"

उसकी आवाज में हल्का कम्पन था; लेकिन देखने के अन्दाज में स्थिरता थी। नलिन उसकी चुनौती स्वीकार नहीं करता तो भी क्या फर्क पड़ने वाला था। ट्रेन से उतरकर बूढ़ा अपने घर चला जाता, वह अपने। बावजूद इसके, चुनौती से भागना उसे उचित नहीं लगा।

"कोई आदमी कितना भी दबंग, जुझारू या दबा-कुचला रहा हो, पूरी कहानी कभी नहीं होता, " उसने बूढ़े से कहा, "वह कहानी का एक कैरेक्टर या उसका एक हिस्सा-भर होता है। ... मैं एक कहानी आपको सुनाता हूँ। उसमें आप कहाँ हैं... या उसका कितना हिस्सा आप खुद हैं—यह आपको तय करना होगा।"

"ठीक है, सुनाओ।" कहकर वह आँखें मूँदकर अधलेटा हो गया।

"एक बच्चा है—मासूम।" नलिन ने सुनाना शुरू किया, "वह चाहता है कि खुलकर खिलखिलाए। सब के साथ हँसे, बोले। जहाँ चाहे जाए। जैसे चाहे रहे, बैठे, उठे। जिस चीज का मन करे, उठा लाए। जिस चीज का मन करे, किसी को दे दे, फेंक दे। लेकिन ऐसा वह कर नहीं पाता; क्योंकि उसके आस-पास की दुनिया या तो जवान है या बूढ़ी। उस दुनिया में अपने जैसा उसे कोई नजर नहीं आता। शायद इसीलिए वह उदास रहने लगा है और साँस-दर-साँस डूबता जा रहा है... डूबता जा रहा है।"

"बस-बस।" बूढ़ा बीच में ही बोल पड़ा, "तुमने वाकई मेरा अफसाना बयान किया... मैं ही वह मासूम बच्चा हूँ और मैं ही जवान और बूढ़ी आस-पास की दुनिया। मेरी उदासी की वजह कोई दूसरा नहीं, मैं खुद हूँ।" इतना कहकर वह सीधा बैठ

लेकिन सोचो

तुम्हारे अन्दर अनेक गुण हैं सिवाय एक के। और उस एक गुण का न होना ही तुम्हारे लिए सारी मुसीबतों का कारण है। मैंने कितनी बार तुम्हें समझाया है रुक्मिणी, कि तीखी और चुभने वाली बातों को मुस्कराकर, हँसकर कहना सीखो। लेकिन तुनक-मिजाजी तो तुम्हारी नाक पर रखी रहती है। सीधी-सादी बात को सीधे मुँह नहीं कह पाती हो, तिरछी बात का तो कहना ही क्या! उस बेचारे, तुम्हारे बॉस को क्या मालूम कि मिसेज रुक्मिणी सिर्फ रूप की देवी हैं। रस नाम की कोई चीज उनके भीतर नहीं बहती। जो औरत अपने पति के छूने पर बिदक जाती हो, वो उस साले को कैसे बर्दाश्त कर सकती है!

नहीं, मैं बात को मजाक में नहीं उड़ा रहा हूँ रुक्मिणी। लेकिन इस समस्या पर पार तो तुम्हें अकेले ही पाना होगा। न-न, नौकरी छोड़ बैठना कोई साहसपूर्ण कदम नहीं है। इससे उसका क्या बिगड़ेगा। उल्टे अपनी ही आमदनी खत्म हो जाएगी। ...मैंने कब कहा कि रुपयों के लिए तुम अपनी बेइज्जती बर्दाश्त करो। मैं तो सिर्फ यही तुम्हें समझाना चाहता हूँ कि ऐसे आदमी को बातों से मारना सीखो। रोने से क्या होगा! वह पसीज जाएगा क्या? कमजोर औरत पर ऐसे लोग और अधिक हावी होने की कोशिश करते हैं। तुम क्या समझती हो कि मैं उसके पास जाकर कुछ कहूँगा तो वह मान जाएगा। बाज आ जाएगा अपनी हरकतों से?

नहीं।

अच्छा, एक आसान-सा हल मैं तुम्हें सुझाता हूँ। अबकी बार जब भी वह तुम्हारे साथ छेड़छाड़ करे, तुम उसे पॉजिटिव रिस्पॉन्स देना। फिर, छुट्टी के बाद, जब वह घर जाने लगे, उसके साथ हो लेना। अरे, 'नहीं' क्या? पहले पूरी बात तो सुन लो। कोई मर्द कितना भी लुच्चा क्यों न हो, अपनी हरकतों को अपने घर-परिवार, अपने आस-पास से अवश्य छिपाए रखना चाहता है। वह तुमसे जितना भी बचने की कोशिश करे, तुम कहना कि नहीं, तुम उसके बिना नहीं रह सकतीं, उसके साथ उसके घर चलोगी। मुझे यकीन है कि उसे अच्छा सबक मिल जाएगा।

बस, फिर 'नहीं'! तुम अगर ऐसा नाटक नहीं कर सकती, तो चण्डी बनो। और अगर कुछ भी करने की हिम्मत तुममें नहीं है तो भाड़ में जाओ। लेकिन भगवान् के लिए रोना बन्द करो। और सुनो, नौकरी छोड़ने का इरादा दिमाग से निकाल दो। इस मेट्रो सिटी में किसी भी गृहस्थ की गाड़ी एक पहिए पर नहीं चल सकती। हालात से जूझना और निपटना, दोनों सीखो।

एक बात और, मैंने जो तरीका सुझाया है, वह सिर्फ एक उदाहरण है। जरूरी नहीं कि तुम उसे ही अपनाओ, या ज्यों-का-त्यों अपनाओ। मेरा मतलब है कि हालात से निपटने के तरीके भी तुम्हें खुद ही क्रिएट करने होंगे। ठीक है कि मैं तुम्हारा पति हूँ और मुझे तुम्हारी रक्षा की चिन्ता होनी चाहिए। मैं कल ही तुम्हारे साथ तुम्हारे ऑफिस चल सकता हूँ रुक्मिणी। लेकिन सोचो, किसी समय अगर मैं न रहा, बचाव के लिए किसे अपने साथ लेकर जाओगी? याद रखो—जो भी हितैषी सामने आएगा, बिन ब्याहा पति बनने की कोशिश करेगा। अपने भीतर कुछ पैदा करो। आँसू बहाने से कुछ नहीं होगा। इन्हें पोंछ डालो।

प्रेमगली अति साँकरी

शालिनी मैम के निधन पर गई थी कनु। उसके बाद आज, कल... आज, कल होता रहा—जाना नहीं हो पाया। महीनों बाद अब कदम घूमे उनके घर की ओर। क्या सोचते होंगे प्रत्यूष सर? उनके प्रति उसके आदर और सम्मान का सारा भाव शालिनी मैम के साथ ही तिरोहित हो गया! गहरे संकोच के साथ बेल का बटन पुश किया। स्वयं प्रत्यूष ने ही खोला दरवाजा। घर में कोई और था नहीं शायद। कनु को पहले जितने उत्साही नहीं लगे सर। चेहरे और चाल–दोनों पर 'अकेलापन' हावी नजर आया। डाइनिंग रूम में उसे बैठाकर वे भीतर चले गए। दसेक मिनट बाद, कॉफी भरे दो मग लेकर लौटे।

"दोनों बच्चे कॉलेज गए हैं।" उसके कुछ पूछने से पहले ही वह बोले, "बहुत देर से आलस में पड़ा था। तुम्हारे बहाने अब मैं भी पी लूँगा थोड़ी कॉफी।"

"थैंक्यू सर! कैसे हैं आप?" कनु ने औपचारिक-सा सवाल किया।

"देख ही रही हो।" अपनी और कमरे की अस्त-व्यस्त हालत की ओर इशारा करते वे बोले। फिर, इधर-उधर की बातें शुरू कर दीं।

"मैंने खुद प्रपोज करके प्रेम-विवाह किया था शालू से; जानती ही हो।" पता नहीं किस बात पर वे बोले, "विवाह के बाद उसने बड़ी निष्ठा से दाम्पत्य को निभाया..."

"वह वाकई प्रेरक महिला थीं।" कनु ने प्रशंसा-भाव से जोड़ा।

"बेशक!" वे बोले, "लेकिन, एक बात बताऊँ?"

'क्या?' पूछने के अन्दाज़ में कनु ने उनकी ओर देखा।

"पिछले दिनों फाइलें पलट रहा था उसकी।" वे धीमे स्वर में बोले, "एक फाइल ऐसी मिली, जिसमें अपने नाम आए किसी के बहुत सारे प्रेम-पत्र सँभालकर रखे हुए थे। ..."

शालिनी सरीखी, हर तरह से सलीकेदार महिला के बारे में स्वयं उनका प्रेमी रह चुके पति द्वारा दी जा रही यह जानकारी कनु के लिए अप्रत्याशित और ठेस पहुँचाने वाली थी। उसने अविश्वास के अन्दाज़ में प्रत्यूष की ओर देखा।

"किसी पूर्व-प्रेम का कभी जिक्र ही नहीं आया! न मैंने कभी पूछा न उसने बताया..." कुछ देर की चुप्पी के बाद वह अफसोस भरे अन्दाज में बुदबुदाए; फिर कनु को सुनाते हुए बोले, "लेकिन, मैंने बुरा नहीं माना है इन खतों के मिलने का। कनु, उम्रे-खास में यह अंकुर फूटता ही है सब में। लड़का-लड़की का भेद मिटाकर यही हमें मनुष्य बनाता है। सही से बोलने, बैठने, चलने, देखने का सलीका सिखाता है। मुझमें वह देर से फूटा, उसमें जल्दी फूट पड़ा होगा!"

कनु चुपचाप सुनती रही। फिर अफसोस-भरे अन्दाज में मन-ही-मन बुदबुदाती-सी बोली, "उन्होंने सँभालकर क्यों रखा उन्हें... जला क्यों नहीं डाला?"

"यही... यही तो मैं भी सोचता रहता हूँ इन दिनों।" प्रत्यूष ने जैसे सुन ली हो उसकी बुदबुदाहट, "फिर मन को समझाता हूँ—उसका पहला प्यार रहे होंगे ये। इन्होंने उसकी साँसों को महकना और होंठों को मुस्कुराना सिखाया होगा। इनके बने रहने-भर से ताजगी महसूस करती रही होगी वो..."

"प्रेमिका बनी रहने तक सर, हर लड़की महसूस करती है यह ताजगी।" कनु किंचित अनुभव-भरे अन्दाज में साहसपूर्वक बोली, "लेकिन, पत्नी के रोल में आने पर ताजगी के इन एहसासों से मुक्त हो जाना पड़ता है। मैम को आप पर अकूत विश्वास रहा होगा। न रहा होता तो वे भी जरूर ही नष्ट कर डालतीं इन सबूतों को?"

प्रत्यूष कुछ न बोल सके। नष्ट कर ही दिया होता तो अच्छा था—उदास आँखें लिये यही सोचते रहे।

काली रेत

"हाँ बबुआ, कल कुछ कह रहे थे?" अलाव की जड़ में फूँक मारते हुए मंगलू ने सवाल किया। 8-10 लोग अलाव को घेरे बैठे थे। पता नहीं चला, सवाल किससे हुआ है।

20-30 मजदूरों ने बरगद के एक घने पेड़ के नीचे अस्थाई 'टेक' बनाई हुई है। इनमें से सुबोध 3-4 दिन पहले ही यमुना किनारे, नगर निगम के एक पार्क में दिहाड़ी माली की नौकरी पर लगा है।

मंगलू अस्सी पार कर चुका है। वह यहीं रहकर दूसरे रहवासियों के छोटे-मोटे सामान की रखवाली करता है और चाय-पानी किस्म की खुली दुकान भी चलाता है।

"तुम्हीं से पूछ रहा हूँ!" अलाव सुलग चुका तो गरदन उठाकर वह सुबोध से मुखातिब हुआ।

"आज भी वही-सब मिला काका," जवाब में सुबोध एकाएक बोला, "जगह-जगह काली रेत की ढेरियाँ!"

"तो?"

"नेवलों की करतूत लगती है।" सुबोध ने कहा, "इंजीनियर से कहकर जमीन के भीतर कैप्सूल दबवाने पड़ेंगे।" कहकर वह बुदबुदाया, "रोज-रोज कहाँ तक उन्हें छितराऊँगा!"

"जिस पारक में काम पर लगे हो न बेटा, उसमें पचासों साल पहले काम करके छोड़ चुके हैं हम; चूहा और नेवला मारने की दवाई के डिरम के डिरम इन हाथों से सरका चुके हैं।"

"कमाल है!" सुबोध के मुँह से निकला।

"कमाल ये नहीं है, " मंगलू त्यौरियाँ चढ़ाकर बोला, "कमाल तो वो था, जो हो चुका।"

"क्या हो चुका?"

"राजा सगर का नाम तो सुने ही होंगे?" उसने बताना शुरू किया, "चक्करवर्ती बनने के चक्कर में अनगिनत लड़ाइयाँ लड़ीं उसने। लक्खों सिपाही दूसरी सेनाओं के मारे, तो हजारों अपने भी मरे ही होंगे?"

"जरूर।"

"उनमें से किसी एक की भी मुक्ति के लिए उसका दिल पसीजा हो, हमने तो नहीं सुना कभी। लेकिन जब अपने खुद के लाल भसम हुए, तो उनकी मुक्ति के लिए फड़फड़ा उठा पट्ठा!" इतना कहते हुए मंगलू तनिक रोषभरी आवाज में बोला, "दुक्ख क्या होता है, शोक किसे कहते हैं, बड़े लोगों को तभी पता पड़ता है, जब अपना कोई मरे!"

"हाँ, लेकिन उसका इस रेत से...?"

"सम्बन्ध है न!" मंगलू ने कहा, "अपनी औलाद की मुक्ति के लिए तो सगर ने बेटा, पोता, पड़पोता सब लगा दिये—गंगा लाओ, गंगा लाओ! गरीब सिपाहियों का क्या किया? एक के ऊपर एक, ढेर लगाया और फूँक डाले!"

आसपास बैठे लोग हैरत से उसका मुँह ताकते रह गये।

"भगीरथ गंगा को लाये।" मंगलू ने बताना जारी रखा, "अपने पूरवजों की राख तो मैया के हवाले कर, डलवा दी समन्दर में। तार दिये सब के सब!! लेकिन गरीब मजदूरों की भस्मी? उसकी तरफ ध्यान गया कभी?"

"मजदूर कहाँ से आ गये बीच में?" एक अन्य पूछ बैठा।

"सिपाही भी हमारी-तुम्हारी तरह मजदूर ही होते हैं बेटा। हमारे हाथों में कुदाल-फावड़ा है, उनके हाथों में तीर-तलवार थे।" वह उत्तेजित आवाज में बोला, "ये जितने भी हरे-भरे पारक और ऊँची-ऊँची इमारतें हैं न! सब उनकी भस्मी पर ही खड़ी हैं।"

"हाँ, लेकिन ये काली रेत, जो रोज-रोज जमीन के ऊपर आ जाती है?" सुबोध ने पूछा।

"रेत नहीं है, भस्मी है पुरखों की।" मंगलू ने कहा, "जमना मैया की रेत में समाकर एक हो गयी है।" फिर उत्तेजित अंदाज में बोला, "जिसे मुक्ति नहीं मिलेगी, वजूद दिखाने को ऊपर आयेगा कि नहीं? उसे छितराने में ताकत मत बरबाद करो। आज छितराओगे, कल सुबह फिर ...कल छितराओगे, अगली सुबह फिर...! सन् 47 में दिल्ली आया था बबुआ; तभी से देख रहा हूँ यह खेल।"

अशोक भाटिया

जन्म– 05.01.1955 (अम्बाला छावनी, पूर्व पंजाब)।

शिक्षा– पी-एच. डी. (हिन्दी)।

सम्प्रति– एसोसिएट प्रोफेसर (सेवामुक्त)। अब स्वतन्त्र लेखन।

प्रकाशित कृतियाँ–

लघुकथा-संग्रह– जंगल में आदमी, अँधेरे में आँख (तमिल व मराठी में भी), क्या क्यूँ कैसे @ लघुकथा। अशोक भाटिया की 66 लघुकथाएँ और उनकी पड़ताल। तारा मंडल (पंजाबी में अनूदित चुनिन्दा लघुकथाएँ)। कविता-संग्रह– सूखे में यात्रा। व्यंग्य-संग्रह– लोकल विद्वान। आलोचना– समकालीन हिन्दी समीक्षा, समकालीन हिन्दी कहानी, समकालीन हिन्दी लघुकथा, सूर काव्य : विविध आयाम,परिन्दे पूछते हैं, लघुकथा : आकार और प्रकार।

बाल-साहित्य की चार पुस्तकें।

अनेक सम्पादित पुस्तकें।

अन्य– भीतर का सच, रंग लघुकथाओं पर शॉर्ट फिल्में।

पुरस्कार/सम्मान– 'समुद्र का संसार' पुस्तक पर हरियाणा साहित्य अकादमी का कृति पुरस्कार। अनेक संस्थाओं द्वारा पुरस्कृत/सम्मानित।

सम्पर्क– बसेरा, 1882, सेक्टर 13, अरबन इस्टेट, करनाल-132001
ई-मेल– ashokbhatiahes@gmail.com
फोन– 0-94161-52100, 0184-2201202

"यश और धन को प्राथमिक मानकार लिखा गया साहित्य विलास और स्वार्थ की सन्तान है। दरअसल किसी भी युग में साहित्य का सबसे बड़ा लक्ष्य न्याय, समता और स्वतंत्रता-युक्त समाज की स्थापना ही होगा। ऐसी सोच व दृष्टि से प्रेरित साहित्य पाठक को मुग्ध करने की अपेक्षा सजग व संवेदनशील बनाने की कवायद करेगा, इसलिए बेहतर और समाजोपयोगी होगा।"

–अशोक भाटिया

वक्तव्य

हमारा समाज और लेखन

लिखना मेरे लिए सामाजिकता का एक अनिवार्य उपादान है और सामाजिकीकरण की प्रक्रिया भी। सन् 1972 में, जब मैं बी. ए. में पढ़ता था, कलम स्वयं चल निकली, जब अम्बाला में चाय के खोखेवाले को ट्रक द्वारा कुचले जाने का बीभत्स दृश्य देखा था। हालांकि संवेदना और आत्म-विस्तार का अभिप्राय कई बरस बाद समझ आया।

दस साल तक पक्की नौकरी पाने की भटकन ने बहुत कुछ दिखाया-सिखाया। अपने दम पर नौकरी पाने की ज़िद एम. ए. के स्वर्ण पदक के साथ हमेशा फेल होती रही। एक बार पक्की नौकरी मिली भी, तो लल्लोचप्पो न सीख पाने और साफ़गोई के कारण हटा दिया गया। निराशा, टूटन और संघर्ष के इन दिनों में कुछ वामपंथी मित्र मिले, सो भौतिक नज़रिया बनने लगा।

लिखने के शुरुआती दौर में कविता और व्यंग्य-लेखन की तरफ़ रुझान रहा। लेकिन स्थितियाँ ऐसी बनती गयीं कि लघुकथाओं में डूबना हुआ। हरिशंकर परसाई की रचनाओं, विशेषकर 'विकलांग श्रद्धा का दौर' संग्रह में शामिल 23 लघुकथाओं ने बड़ा प्रभावित-प्रेरित किया।

नए माहौल में संवेदना के स्रोतों को बचाने की ज़रूरत शायद सबसे ज्यादा है। इस काम में कलम बड़ी मदद करती है। रचनाकार की संवेदना के पीछे ऐतिहासिक परिस्थितियों की समझ से निकले यथार्थ और तज्जनित समृद्ध अनुभव की पीठिका होगी, तो रचना पाठक पर अपना अपेक्षित प्रभाव डाल सकेगी। लेखक का दृष्टिकोण इस प्रक्रिया में उतनी ही अहमियत रखता है। बर्तोल्त ब्रेख़्त के कथन– साहित्य-रूप पर बात करते हुए भी विचार की ही बात करनी चाहिए– को अपनी सोच के करीब पाता हूँ। यहाँ कॉलरिज का कथन कि गहरी भावनाएँ गहरे विचार की कोख से ही जन्मती हैं– भी विचारणीय है। ऐसे में किसी रचना के आकार की बात को प्रमुखता देना हास्यास्पद लगता है। लघुकथा पर बाहरी शर्तें थोपना मुझे कभी स्वीकार नहीं हुआ। दूसरी ओर, छोटे आकार की रचना करना ही यदि अक्षमता का प्रतीक है, तो कबीर के दोहों और दुष्यन्त की ग़ज़लों पर इसे लागू करके देखें (इसी तरह बड़े आकार की रचना करने-मात्र से कोई समर्थ लेखक नहीं बन जाता)।

साहित्य मूल रूप में स्वतंत्रता की अभिव्यक्ति है और यह अभिव्यक्ति की स्वतंत्रता पर ही टिका है। कलम की आज़ादी, रूढ़ियों-बेड़ियों को तोड़ने की आज़ादी... बहुत कुछ शामिल है इसमें। यहाँ आचार्य मम्मट की काव्य-प्रयोजन संबंधी प्रसिद्ध उक्ति याद आती है, जिसमें उद्देश्यों के क्रम से मेरी विनम्र असहमति है। वे साहित्य-रचना के उद्देश्यों में यश और अर्थ (धन) को पहले और व्यवहार ज्ञान को तीसरे स्थान पर रखते हैं– काव्यं यशसेऽर्थकृते व्यवहारविदे...। यश और धन को प्राथमिक मानकार लिखा गया साहित्य विलास और स्वार्थ की सन्तान है। दरअसल किसी भी युग में साहित्य का सबसे बड़ा लक्ष्य न्याय, समता और स्वतंत्रता-युक्त समाज की स्थापना ही होगा। ऐसी सोच व दृष्टि से प्रेरित साहित्य पाठक को

मुग्ध करने की अपेक्षा सजग व संवेदनशील बनाने की कवायद करेगा, इसलिए बेहतर और समाजोपयोगी होगा। मेरी लघुकथाएँ ऐसी सोच से प्रेरित हैं। रचना पाठक को मुग्ध या चमत्कृत जैसा कुछ करने की बजाय सजग या संवेदनशील बनाने वाली हो– यह लक्ष्य लेकर चलता हूँ। इसके लिए स्वयं को बार-बार घड़ना होता है। कितना घड़ पाया, कह नहीं सकता।

लघुकथा में नाटक और काव्य को लेकर, आवश्यकतानुसार, प्रयोगों का पक्षधर रहा हूँ। कविता गहन अर्थगर्भिता, प्रवाहमयता, शब्दों की मितव्ययिता आदि सिखाती है, तो नाटकीयता शिल्प को नए आयाम देती है। मेरी अनेक लघुकथाओं में आपको यथार्थ के दबाव से निकले प्रयोग देखने को मिलेंगे। वैसे भी, यह दौर साहित्य की विधाओं के निकट आने, एक-दूसरे में शामिल हो जाने का दौर है।

ज़िन्दगी की निरन्तर बढ़ती जद्दोजहद में रचनात्मकता के भ्रूण विनष्ट अधिक होते हैं, बचते कम हैं। ऐसे में लेखन से संतुष्ट कैसे हुआ जा सकता है!

झूठे लोग और पाखंडी चेहरे मुझे पसन्द नहीं। साहित्य के सामंतों और सत्ताधीशों से दूरी सुखद लगती है। सौ चापलूसों से एक आलोचक सौ गुना बेहतर है।

–अशोक भाटिया

बैताल की नई कहानी

राजा विक्रम फिर बैताल को बाँधकर ले चला। तभी बैताल ने कहा–"हे राजा, आज मैं तुम्हें नया किस्सा सुनाता हूँ। भारत देश के किसी शहर की एक कॉलोनी में एक कुमार बाबू रहता था। एक बार ऐसी स्थिति बनी कि तीन अलग-अलग किरायेदार उसके घर के नजदीक आ बसे।

वे तीनों उसकी नज़रों में अलग-अलग कैसे थे, सो सुन। सबसे पहले वहाँ रामानुजम आकर बसा। कॉलोनी के लोगों से उसने मधुर सम्बन्ध बना लिये, पर कुमार बाबू सोचते रहे–"यह रामानुजम अच्छे स्वभाव का है। मेहनती तो है, पर हमारे इलाके का नहीं है।"

कुछ ही दिनों बाद रामपाल भी वहीं आ बसा। वह पड़ोसियों से घुल-मिल गया। पर कुमार बाबू उससे भी दूरी रखता था। सोचता–"यह अपनी जात का नहीं, छोटी जात का लगता है। ताकतवर तो है, पर इसे उठने-बैठने का ढंग नहीं आता।"

इन दोनों के साथ तो कुमार बाबू की बातचीत फिर भी होती रहती थी, पर उसके बिल्कुल सामने वाले मकान में जहूरबख़्श के आ बसने से वह परेशान हो गया। नाक-भौं सिकोड़ते हुए सोचता–"दूसरे धरम का है। बातचीत में ठीक-ठाक है, पर जनम से भी नीच है, करम से भी।"

उसकी नफ़रत की बू तीनों किरायेदारों तक पहुँच गई थी।

हे राजा! आगे ध्यान से सुन। एक दिन कुमार बाबू के घर में आग लग गई। वह घबराया हुआ कहता रहा–"बचाओ, लुट गया।" दूसरे पड़ोसियों के साथ मिलकर इन किरायेदारों ने उसके मकान को बहुत हद तक जलने से बचा लिया। कुमार बाबू की आँखें झुक गईं।

इतनी कथा कहकर बैताल ने विक्रम से पूछा–"हे राजा! यह बताओ, कि आदमी में इन्सानियत का एहसास आग लगने के बाद ही क्यों जागता है?"

राजा इस प्रश्न का कोई उत्तर न दे सका। तब से वह बैताल को अपनी पीठ पर ढो रहा है।

तब और अब

अब मैं बारिश में बाहर नहीं निकलता। भीग जाने या ठंड लगने से डरता हूँ।

तब मैं बारिश की ताक में रहता था। बारिश की फुहार पड़ते ही निखर जाता था। मेरा पत्ता-पत्ता उत्सव मनाता था।

अब मैं धूप में जाने से बचता हूँ। पसीना आने से डरता हूँ। ए.सी. चलाकर घर में एकान्त भोगता हूँ।

तब मैं तपती दोपहरी में माँ की आँख बचाकर मैदान में खेलने निकल जाता था। वापसी पर दोस्तों संग जंगल जलेबी और गटारे तोड़कर खाया करता था।

अब मैं ई-मेल करता हूँ। मोबाइल, वाट्स एप के ज़रिए सारी दुनिया को मुट्ठी में समझता हूँ।

तब मैं चिट्ठियाँ लिखा करता था। इस तरह रिश्तेदारों और दूर बैठे दोस्तों से घर के हालात साझे किया करता था। फिर वापसी में खत का इन्तजार करता था।

अब मेहमान घर आते हैं तो उनका भार महसूस करता हूँ। आने से पहले उनके जाने

के बारे पता करता हूँ।

तब मेहमानों के आने का इन्तजार होता था। कई सम्बन्धी बहुत दिनों तक रहते थे। बतकही होती थी। मेहमान चले जाने के बाद घर मानो काटने को दौड़ता था।

सफ़र जारी है...

तीसरा चित्र

एक वृद्ध कलाकार था। एक बार वह बहुत बीमार पड़ गया। उसने अपने कलाकार पुत्र को बुलाकर कहा, 'बेटा, अब मेरा कोई भरोसा नहीं है। तुम्हें मैं जितनी कला सिखा सकता था, सिखा चुका हूँ। तुमने कई शानदार चित्र बनाए हैं। अब मैं चाहता हूँ कि तुम बच्चों पर तीन चित्र बनाकर मुझे दिखाओ।'

पिता की बीमारी से आहत बेटे को मालूम था कि यह उसकी सबसे बड़ी परीक्षा है। वह मनोयोग से तीन चित्र बनाकर ले गया। पहला चित्र बहुत अमीर और स्वस्थ बच्चे का था। बच्चा नौकर की गोद में दिखाया गया था। चित्र देखकर पिता बोले, 'वाह! अमीरी और रौब में भी बच्चे के चेहरे पर असन्तोष का भाव तुमने खूब दिखाया है। पीछे यह कार और बिना पत्तों का पेड़ बहुत कुछ कह रहे हैं।'

दूसरा चित्र मध्यवर्गीय बच्चे का था। देखकर पिता बोले–'माता-पिता का हाथ पकड़कर खड़ा यह बच्चा अपना परिचय खुद ही दे रहा है। बच्चे को सुन्दर कपड़े पहनाकर माता-पिता कितने खुश हैं...' कहकर पिता थोड़ा रुके...

"और पिताजी यह तीसरा चित्र!" बेटे ने आखिरी चित्र आगे बढ़ाया। पिता ने देखा तो देखते ही रह गए। धीमे से बोले–"तुमने इस चित्र में जान फूँक दी है, मिट्टी के ढेर पर बैठा दुबला सहज बच्चा... हवा में बिखरे बालों में से झाँकती चमकीली आँखें... जेब में मिटटी भरते उसके हाथ...। अच्छा, एक बात तो बताओ।" पिता गम्भीर हो गए।

"जी कहिये...।"

"पहले दोनों चित्र तो तुमने गीले रंगों से बनाए हैं, लेकिन इस चित्र को काली पेंसिल से क्यों बनाया है?"

"पिताजी इसकी बारी आई तो सब रंग खत्म हो चुके थे", बेटा धीमे से बोला।

सुनकर पिता और भी गम्भीर हो गए।

युग मार्ग

मौसम करवटें बदल रहा था। इन दिनों ठंडक पर तपिश ने दबिश दे रखी थी। हवा थी, पर चल नहीं रही थी। वृक्षों के पत्ते विवश होकर हलचल बन्द कर चुके थे।

यह सुबह का समय था। किराने की इस दूकान पर इस समय बड़ी चहल-पहल रहती है। ठीक इसी समय एक साधारण-सा आदमी दूकान पर आया और अपने थैले में दूध के दो पैकेट डालकर खिसकने लगा। दूकानदार ने आवाज़ लगाई–हाँ भई पैसे?"

"अभी दिए तो हैं।"

"नहीं दिए।"

पता चला कि वह पिछले दो दिन से पैसे दिए बिना इसी तरह दूध ले जा रहा है। एक ग्राहक के पूछने पर कि कितने पैसे दिए, उसने दूध का दाम गलत बताया। तभी उसका कालर पकड़ लिया गया। कुछ ग्राहक टिप्पणियाँ छोड़ने लगे, जिनका सार था कि 'ये लोग ऐसे ही होते हैं।'

हवा में तपिश बढ़ चली थी। एक ग्राहक, जो ध्यान से सब देख रहा था, उस आदमी के पास आया। उसका कालर छुड़वाकर एक तरफ ले गया। उस आदमी ने कुछ राहत महसूस की।

"बच्चों के लिए ले जा रहे थे दूध?" यह सवाल पूछने पर उस आदमी का सर झुक गया। अब वहाँ चेहरे के नाम पर सिर्फ उसकी भद्दी मूँछों की एक पंक्ति दीख रही थी, जिस पर नाक मानो पेपरवेट की तरह रखी लगती थी। उस मरियल सूखे आदमी ने अपना झुका सर बहुत छोटी-सी 'हाँ' में हिलाया और एक बहुत बड़ा निःश्वास छोड़ा। निःश्वास के साथ उसके भीतर से निकली पीड़ा की तपिश को उस ग्राहक ने भी महसूस किया। उसने उस आदमी के कन्धे पर हल्का-सा हाथ रखकर कहा—"ठीक है, आप जाओ।" फिर वह भरे मन से दूकानदार की तरफ लौटा। अभी वह साधारण आदमी दुविधा में वहीं खड़ा था।

प्रिय पाठक! कहानी अभी अधूरी है। उस ग्राहक ने दूकानदार से कहा— "उसके दूध के पैसे?" और पर्स से रुपए निकालने लगा। इस सारे घटना-क्रम से ग्राहकों के सब क्रिया-कलाप ठहर गए थे।

वह ग्राहक दूध के रुपए निकाले, उससे पहले दूकानदार ने उसके पर्स पर हाथ रख दिया, फिर उसकी तरफ नर्मी से देखकर मुस्कराने लगा। वहाँ खड़े ग्राहक कुछ अच्छा, कुछ अजीब महसूस करने लगे थे।

रुकी हुई हवा अब चल निकली थी। सामने वृक्ष पर पत्ते झूमने लगे थे। ठंडक अब तपिश को दबिश देने लगी थी ...

देश

वह औरत करीब-करीब लँगड़ाती हुई क्लीनिक पर पहुँची। डॉक्टर ने पूछा—पैरों में तकलीफ है क्या?

– तकलीफ तो भरी जवानी में ही शुरू हो गई थी, जब पैंसठ में पाकिस्तान ने भारत पर हमला किया था। इस पर अब इतना ध्यान नहीं जाता।

– फिर घुटने दर्द कर रहे हैं क्या?

– घुटनों का दर्द सत्तर की लड़ाई के बाद शुरू हुआ था। सच पूछो तो यह भी इतना परेशान करने वाला नहीं।

– तो फिर किस तकलीफ का इलाज कराने आई हो? डॉक्टर ने पैंसठ-सत्तर साल की उस अधेड़ स्त्री से जानना चाहा।

– बेटा, बात यह है कि अब आँखें देखने नहीं देतीं, कमर उठने नहीं देती। कुछ देखने को

मन नहीं करता। दिल हरदम घबराता है और सिर चकराता है। समझ में नहीं आता, क्या करूँ?

– यह सब कब से है?

– कभी-कभार तो पहले से ही है। लेकिन जब से दिल्ली में एक लड़की के साथ बस में दरिंदगी की खबरें सुनी हैं, तब से ये सब तकलीफें बहुत बढ़ गई हैं। क्या इनका कोई पक्का इलाज है?

रंग

होली का दिन है। ज्यों-ज्यों दिन चढ़ता जाता है, इस कस्बे में होली खेलने की उमंग बढ़ती जा रही है।

श्रीनिवास घर पर बैठे अखबार पढ़ रहे हैं। उसकी पत्नी आकर कहती है, "सुनो! बारह बज गए हैं, कुछ सब्जी ले आओ! कोई रंग-वंग डाल भी दे, तो फर्क नहीं पड़ेगा, पुराने कपड़े हैं..."

श्रीनिवास उठते हुए कहते हैं, "नहीं, रंग-वंग कोई नहीं डालेगा मुझ पर!"

कस्बे में श्रीनिवास का रौब-दाब है। आज वे स्कूटर की बजाय साइकिल पर बाज़ार को निकले हैं। वे देखते हैं...चारों तरफ होली का रंग अपने निखार पर है। कहीं लाल, कहीं पीला रंग लगाया जा रहा है। कहीं लोग आपस में गले मिल रहे हैं, कहीं ढोलक के साथ नाच रहे हैं। किसी को छोड़ा नहीं जा रहा।

लेकिन श्रीनिवास को देखकर किसी में उन्हें रोकने की हिम्मत नहीं होती। बड़े अफसर हैं, बुरा न मान जाएँ। और श्रीनिवास के चेहरे पर भी एक अहम् है कि देखो मुझ पर कोई रंग नहीं डाल सकता।

यही होता है। वे वैसे-के-वैसे ही घर लौट आते हैं। पत्नी सामान थामते हुए कहती है, "वाह! किसी ने रंग नहीं लगाया?"

श्रीनिवास एक खिसियानी हँसी हँसते, कमरे में आ जाते हैं। रास्ते के रंग-भरे दृश्य एक-एक कर उनकी आँखों के आगे आने लगते हैं...अचानक उन्हें लगता है कि वे कस्बे में सबसे अलग-थलग पड़ गए हैं।

वे उठते हैं और मेज पर रखे लिफाफे से गुलाल निकालकर अपने मुहँ पर लगा लेते हैं।

रिश्ते

वह आम बस थी और सरूप सिंह भी आम ड्राइवर था। सवारियों ने सोचा था, कि भीड़-भाड़ से बाहर आकर बस तेज़ हो जाएगी, पर ऐसा नहीं हुआ। सरूप सिंह के हाथ आज सख़्त ही नहीं, मुलायम भी थे। भारी ही नहीं, हल्के भी थे। उसका दिल आज पिघल रहा था। वह कभी बस को, कभी सवारियों को, कभी बाहर पेड़ों को देखने लगता, जैसे वहाँ कुछ ख़ास बात हो...! कंडक्टर इस राज़ को जानता था, लेकिन सवारियाँ बस की धीमी गति से परेशान हो उठीं...

"ड्राइवर साहब, ज़रा तेज़ चलाओ..." एक सवारी ने तीखेपन से कहा– "हमें आगे भी

जाना है...।"

सरूप सिंह ने अपनी आवाज़ में मिठास घोलते हुए कहा– "आज तक मेरी बस का ऐक्सीडेंट नहीं हुआ।"

इस पर कुछ और सवारियाँ उत्तेजित हो गईं। दो-चार ने आगे-पीछे कहा–"इसका यह मतलब तो नहीं कि बीस-तीस पे ढीचम-ढीचम चलाओ!"

कोशिश करके भी सरूप सिंह बस को तेज़ नहीं कर पा रहा था। उसने बढ़ते हुए शोर में बस रोक दी और अपना छलकता चेहरा घुमाकर कहा– "बात यह है, कि इस रूट से मेरा तीस सालों का रिश्ता है। आज मैं आखिऱी बार यह बस चला रहा हूँ। बस के मुकाम पर पहुँचते ही मैं रिटायर हो जाऊँगा, इसलिए..."

कहकर उसने एक्सीलेटर पर पैर दबा दिया...

लोक और तन्त्र

सोया हुआ तन्त्र जाग उठा। लोक के पास आकर पूछा– "क्या चाहिए?" लोक बोला– "रोज़गार। नौकरी।"

दरअसल गाँवों में चुनाव थे। तन्त्र गाँव-गाँव गया। इस गाँव भी आया। गणित का मन्त्र लगाया। गाँव में दलित ज्यादा थे। तन्त्र मुस्कराया। गाँव के मुखिया को जीत का मन्त्र बताया। पिछड़े वर्ग के मुखिया ने यन्त्र की तरह घोषणा की। दलित बारूराम की बीवी को स्कूल में लगाएँगे। मुखिया की सरपंची पक्की।

घोषणा से उस गाँव का लोक जागा। सरपंची का एक और उम्मीदवार उठ भागा। साथ में अगड़े जागे। पाठक जागे। झा जागे। ठाकुर जागे। दबे-दबे सवाल जागे। दलित औरत को नौकरी क्यों? उसका बनाया मिड-डे मील बच्चे छुएँगे भी नहीं। प्रचार हुआ। बात का संचार हुआ। दलित की बीवी को स्कूल में नहीं लगने देंगे।

फिर होना क्या था। गाँव में खाड़ा हो गया। अखाड़ा बन गया। बहसें हुईं। खींचतान हुई। झगड़े हुए। खून खौले। प्रशासन हिला। अमला आया। पुलिस आई। बयान हुए। बैठकें हुईं। अगड़ों की। पिछड़ों की। दलितों की। बवाल हुआ। गाँव में जीना मुहाल हुआ। जेबें गर्म हुईं। पुलिस कुछ नर्म हुई।

बारूराम की बीवी ने नौकरी करने से मना कर दिया। तन्त्र फौरन हरकत में आया– ऐसे कैसे! मामला देखो। प्रशासन जागा। मुखिया जागा– मसला हम निपटाएँगे। रामप्रसाद जागा– मुखिया की नहीं चलने देंगे। मामला हम देखेंगे। पुलिस आई– हम तो देखते ही रहेंगे।

तन्त्र हँस रहा है। लोक रो रहा है।

बीसवीं सदी की आखिरी शाम

यकीन मानिए, पिछले स्टॉप से बस शुरू हुई, तो आधी भी नहीं भरी थी। करीब हर दो या तीन सीटर पर एक-एक सीट तो खाली थी ही, लेकिन इस स्टॉप से भारी भीड़ चढ़ गई थी।

बस चलने पर हालाँकि सब लोग जहाँ-तहाँ एडजस्ट हो गए थे, परन्तु एक स्त्री अब भी खड़ी रह गई थी। उसे तसल्ली थी कि चलो, बस तो मिल गई। बस के बीचों-बीच सामान यों ठुँसा हुआ था कि वह वहाँ भी नहीं बैठ सकती थी।

एक सूटिड-बूटिड आदमी भी इसी स्टॉप से चढ़ा था। वह चुस्ती से बस में घुसा और उसे जैसे-तैसे एक सीट मिल गई। सवारियों के इधर-उधर बैठ चुकने पर उसने अपना सेल्यूलर फोन जेब से निकाल लिया। बस का अपना ही काफी शोर था, इसलिए वह भी ऊँचा बोल रहा था। ड्राइवर ने कुछ देर सुना, तो उसे लगा कुछ गड़बड़ है।

बस रोककर उसने पूछा, "के बात है भाई, पीछे क्या झगड़ा-सा हो रहा है?"

"कुछ नहीं फोन कर रहे हैं।" ड्राइवर की नजदीकी सीट पर बैठे हुए एक यात्री ने बताया। खुश होकर ड्राइवर बोला, "बस में फोन! भई, बड़ी तरक्की की हिन्दुस्तान ने, कोई कोना नी छोड़ा। भई बीसवीं सदी में दुनिया बहुत आग्गे पहुँच गई है...।"

ड्राइवर तरक्की की बातें किए जा रहा था। इस बीच उस आदमी ने फोन बन्द कर दिया था। बस में खड़ी उस स्त्री को किसी ने धीरे-से बता दिया था कि जिस सीट पर वह आदमी बैठा है, वह तो सिर्फ औरतों के लिए है। उस स्त्री ने आरक्षण के बारे में सुन रखा था। वैसे तो वह खड़ी ही रह जाती, पर वह अपने पैर पर लगी चोट से परेशान थी। उसने हिम्मत करके हाथ आगे बढ़ाकर उस आदमी से कहा, "यह सीट तो औरतों की है!"

यह सुनकर वह आदमी उपेक्षित भाव से बाहर देखने लगा। आस-पास किसी की हिम्मत नहीं हुई कि उसे कुछ कहे। ड्राइवर अब भी देश में हुई तरक्की का गुणगान किए जा रहा था। बस अपनी गति और शोर के साथ, मानो अँधेरी सुरंग में घुसी जा रही थी। सेल्यूलर फोनवाला वह आदमी इक्कीसवीं सदी शुरू होने का जश्न मनाने वाली मंडली के साथ शराब-कबाब-शबाब का स्वाद लेने की कल्पना में मस्त, सीट पर और फैलता जा रहा था और एक पैर पर खड़ी वह स्त्री कारखाने में रात की शिफ्ट में जाने की हिम्मत जुटा रही थी।

वह इक्कीसवीं सदी से ठीक पहले की आखिरी शाम थी।

कपों की कहानी

आज फिर ऐसा ही हुआ। वह चाय बनाने रसोई में गया, तो उसे फिर वही बात याद आ गई। उसे फिर चुभन हुई कि उसने ऐसा क्यों किया! आप भी उसकी कहानी, उसी की जुबानी सुनिए–

मेरे घर की सीवरेज-पाइप कुछ दिनों से रुकी हुई थी। आप जानते हैं कि ऐसी स्थिति में व्यक्ति घर में सहज रूप में नहीं रह पाता। यह तो आप भी मानेंगे के यदि जमादार न होते, तो हम सचमुच नरक में रह रहे होते। खैर, दो जमादार जब सीवरेज खोलने के लिए आ गए, तो मेरी साँस में साँस आई। वे दोनों पहले भी कई बार इसी काम के लिए आ चुके हैं। वे ढक्कन हटाकर, मेन होल में बाँस लगाने लगे। एक थक जाता, तो दूसरा बाँस लगाता... कितना मुश्किल काम है...! मैं कुछ देर उनके पास खड़ा रहा, फिर दुर्गन्ध के मारे भीतर चला आया और सोचने लगा कि इनके साथ सवर्णों का व्यवहार आज भी कहीं-कहीं ही समानता का होता है, नहीं तो अधिकतर अमानवीय ही होता है। इतिहास तो जातिवादी व्यवस्था का

गवाह है ही, आज भी हम सवर्ण इनके प्रति नफरत दिखाकर ही गर्व अनुभव करते हैं। यह संकीर्णता नहीं, तो और क्या है...?

मेरे मन में ऐसा बहुत कुछ उमड़ रहा था कि बाहर से आवाज़ आई, “बाऊजी, आकर देख लो।” मैं उत्साह से बाहर गया...देखा, पाइप साफ हो चुकी थी।

“बोलो, पानी या फिर चाय...?” मैंने पूछा।

“पहले साबुन से हाथ धुला दो!” वे बोले। शायद वे मेरी उदारता को जानते हैं। मैं यह सोचकर खुश होने लगा...हाथ धुलाते समय मैंने उन्हें साबुन देते हुए जान-बूझकर अपने हाथों से उनके हाथों का स्पर्श किया, ताकि उन पर मेरी उदारता का सिक्का जमने में कोई कसर न रहे। मैंने सोचा...इनको पैसे तो पूरे दूँगा ही, पर मुझे एक अवसर मिल गया, बोला, “एक बार साबुन लगाने से हाथों की बदबू नहीं जाती। रसोई की नाली रुकी थी, तो मैंने हाथों से गन्द निकाला था...उसके बाद तीन बार हाथ धोए, तब जाकर बदबू गई थी...”

“बाऊजी, हमारा तो रोज का यही काम है, थोड़ी चाय पिला दो...!”

मैं यही सुनना चाहता था...यह तो मामूली बात है...इनके प्रति अपने पूर्वजों द्वारा किए गए अन्याय के प्रायश्चित के रूप में हमें बहुत कुछ करना चाहिए, लेकिन क्या? यह मैं कभी नहीं सोच पाया...

मैं रसोई में जाकर उत्साह से चाय बनाने में जुट गया और भगोने में चाय का सामान डालकर मैंने तीन कप निकाले। एक बड़ा और दो छोटे। फिर सोचा... यह भेदभाव ठीक नहीं...इन्हें चाय की जरूरत मुझसे ज्यादा है...। मैंने तीनों एक-से कप उठाए। ऐसे और भी कई कप रखे थे, लेकिन मैंने एक कप साबुत लिया और दो ऐसे लिए जिनमें क्रैक पड़े हुए थे।

उधर चाय में उफान आया, तो मैंने फौरन आँच धीमी कर दी...।”

समय की ज़ंजीरें

यह कहानी भारत के एक छोटे-से शहर की है।

शहर ने देखा, कि उसके एक छोटे-से स्कूल में एक वक्ता भाषण दे रहा था- “हमें बराबरी का व्यवहार करना चाहिए...नया इतिहास तभी लिखा जा सकेगा... समय तभी बदलेगा...”

यह सुनकर इतिहास ने अपने पाँच हजार साल पुराने घायल पंख फड़फड़ाये। उसके पंखों पर जाति और धर्म के अनवरत प्रहारों के असंख्य जख्मों के निशान थे। वक्ता का भाषण सुनकर समय की ज़ंग लगी ज़ंजीरें कुछ समय के लिए हिलीं।

‘किसी छात्र ने कुछ पूछना या कहना हो, तो कह सकता है’–भाषण खत्म होने पर मंच-संचालक ने कहा।

अपने इतिहास के जख्मों को एक तरफ करते हुए, एक साहसी लड़की उठी। वह अपने साँवले माथे से पसीना पोंछते हुए कुछ कहने को तत्पर हुई। इतिहास ने उसे ध्यान से देखा। समय का ध्यान अपनी जंजीरों की तरफ गया। इससे पहले कि वह लड़की कुछ बोल पाती, उसे देखते ही, दो और लड़कियाँ खड़ी हो गईं। उन्हें अपने इतिहास पर गर्व था। दोनों लड़कियों ने साँवली लड़की को ऐतिहासिक उपेक्षा से देखते हुए अपनी बात पहले कहने की मुद्रा बना ली।

यह स्थिति देखकर इतिहास के घायल पंखों में फिर पीड़ा हुई। समय की ज़ंजीरें फिर कस गईं।

साँवली लड़की की आँखों में पाँच हजार वर्षों की पीड़ा साकार हो उठी। उसमें अपनी बात कहने की कसमसाहट थी। स्थिति की गम्भीरता को देखकर इतिहास उठा और बारी-बारी से उपस्थित श्रोताओं की आँखों में झाँकने के बाद स्कूल की प्रधानाध्यापिका के सामने आकर खड़ा हो गया। उसके मन में भी पीड़ा के इतिहास का एक अंश विद्यमान था।

'आप दोनों बैठ जाएँ...पहले वह छात्रा अपनी बात कहेगी जो पहले उठी थी...।' प्रधानाध्यापिका ने आदेशात्मक संकेत करते हुए कहा।

मानो दबी हुई गेंद पर से किसी ने पैर का दबाव हटा दिया हो, वह छात्रा अपनी बात कहने लगी। कहने लगी, तो कहती गई, कहती ही गई...

इतिहास ने अपनी भारी-भरकम देह के जख्मों पर थोड़ा मरहम महसूस किया।

समय की ज़ंग-भरी ज़ंजीरों में कसमसाहट हुई...

स्त्री कुछ नहीं करती!

वह सबेरे सबसे पहले उठी, भैंस को चारा देकर जंगल-पानी गई, फिर आकर पति और सास-ससुर को चाय पिलाई, फिर भैंस को दुहने के बाद नहलाया, फिर उसका गोबर उठाकर उपले पाथने ले गई, फिर आकर आटा गूँथा, सब्जी-रोटी बनाई, फिर दोनों बच्चों को उठाया-नहलाया और खिला-पिलाकर स्कूल के लिए तैयार किया, फिर दही बिलोई, फिर सास-ससुर और पति को नाश्ता कराया, फिर सबके जूठे बर्तन साफ़ किए, फिर खुद नाश्ता किया, फिर भैंस को चारा दिया, फिर घर में झाड़ू-पोंछा लगाया, फिर कपड़े धोने चली गई, फिर नहाकर दोपहर की रोटी बनाई और खिलाई, फिर खेत में गुड़ाई करने गई, वापसी में भैंस के लिए सिर पर चारा लेकर आई, आकर खाना बनाया और बच्चों व सास-ससुर को खिलाया, फिर से बर्तन साफ़ किए, फिर सबको गर्म दूध पिलाया, बच्चों को सुलाया, फिर चौपाल में ताश खेलने के बाद शराब पीकर आ धमके डगमगाते पति को सँभाला, उसकी गालियाँ सुनीं, उसे खाना खिलाकर चैन की नींद सुलाया, फिर सन्नाटे में बचा-खुचा खाया और थकान के साथ सो गई...

फिर सबेरे सबसे पहले उठी...

मोह

पिताजी अब नहीं रहे थे। बस अस्सी साल की बूढ़ी माँ है। उसे यह घर छोड़ना होगा। हफ्ते-भर से बेटा आया हुआ है। माँ को ले जाने से पहले सारा सामान ठिकाने लगाना है, लेकिन कैसे लगाए? जिस अलमारी को खोलो, वहीं पर सामान मुम्बई की लोकल गाड़ी की तरह ठुँसा पड़ा है। बेटा कुछ सालों से कहता आ रहा है कि मोटा सामान निकाल दो, लेकिन माँ का फालतू का मोह कभी इस बात को नहीं माना। ले-देकर थोड़ी सी छोटी-मोटी चीज़ें, माली और कामवाली को दे दी थीं, बस। आते ही बेटे ने सबसे पहले ट्रंकोंवाला कमरा देखा था। कमरा मानो ट्रंकों का शोरूम ही था। लोहे की बाबे आदम के जमाने की तीन पेटियाँ, फिर बड़े ट्रंक

से छोटी अटैची तक कोई पन्द्रह नग बड़े करीने से ईंटों पर सजे हुए। पेटियों में ही दस-बारह रजाइयाँ, गद्दे और इतने ही कम्बल, खेस, चादरें– माँ बता चुकी थी। बताओ किसलिए सँभाल रखा है यह सब? कितनी बार कहा है, मोह छोड़ो, पर नहीं।

एक खीझ के साथ बेटे ने कपबोर्ड के खाने देखने शुरू किए। वहाँ बदबूदार सीलन भरे खानों में बेतरतीब कपड़ों का आतंककारी साम्राज्य था। हर खाने में पोलीथीन के ढेर सारे लिफाफे, मानो किसी स्कीम के तहत मुफ्त मिल रहे थे। फालतू के मोह ने घर को कबाड़खाना बना दिया है, उसने धीमे से कहा।

वह चाय बनाने रसोई में गया, वहाँ के सामान पर नज़र पड़ते ही ठिठक गया। सामने ही सात-आठ फ्राईपैन और एक से पाँच लीटर तक हर साइज़ के कुकर पंक्तिबद्ध पड़े मुस्कुरा रहे थे। बताओ, इतनों की क्या जरूरत थी। दो जीव और सारे जहान का सामान! चार-चार मूलीकुतरे किसलिए, जब एक बार में एक का ही इस्तेमाल होना है। दर्जन-भर तो चाकू इकट्ठे कर रखे हैं, जैसे किसी का कत्ल करना हो। कोने में दर्जन-भर छोटी-बड़ी कड़छियाँ, जिराफ की तरह गर्दन निकाले खड़ी थीं। मारे क्रोध के वह चाय बनाए बिना बाहर आ गया।

माँ-बेटे में पिछले एक हफ्ते से सामान खपाने की कवायद होती रही है। बच्चों के लिए, मन्दिर में देने के लिए, जमादार, कूड़े-कबाड़ी और जल-प्रवाह के लिए हिस्से बनाए जाते रहे हैं।

आज माँ ने सबसे बड़ा ट्रंक खोलने के लिए बेटे को चाबियाँ थमाईं। ट्रंक नीचे उतारने पर माँ ने सामान देखना शुरू किया। सबसे ऊपर कोई पचासेक स्कार्फ और टोपियाँ रखी थीं। माँ ठंड बहुत मानती है, पर बेटे के सब्र का बाँध टूट गया, बोला– क्या बेकार का ढेर इकट्ठा कर रखा है। इतनी टोपियों का क्या मतलब है, इनमें से पाँच-पाँच रख लो बस।"

"ये हलके और ज्यादा ठंडे मौसम के लिए अलग-अलग हैं, ये सब साथ लेकर जाऊँगी।"

क्रुद्ध बेटा बेबस था। टोपियों के नीचे आठ-दस स्वेटर देखकर बेटे का पारा फिर चढ़ गया। स्वेटरों की एक अलमारी तो पहले ही ठूँस रखी हैं, उसने सोचा। पर माँ वहाँ कोई खास चीज़ तलाश रही थी। स्वेटरों के बीच से गत्ते का डिब्बा उसे मिल गया, जिसे उसने बेटे की तरफ बढ़ा दिया।

अब इसमें क्या है, बेटा मानो तड़प उठा।

माँ ने डिब्बा खोला और कहा कि ये तू रख। हलके रंग के नवजात शिशु जैसे मुलायम जालीदार दो स्वेटर बेटे को देते हुए माँ ने कहा, मेरे पोते-पोती का ब्याह होगा, उनके बच्चों के लिए हैं।" कहते हुए माँ के झुर्रीदार चेहरे पर रंगत आ गई।

एक क्षण में बेटे का सारा क्रोध बह गया। वह संज्ञा-शून्य-सा हो गया, फिर आँसुओं की धार बह निकली...

चौथा चित्र

(1)

माँ– देख, तेरे पिताजी ने पैसों की बावत आज फिर झगड़ा किया है।

बेटा– मैंने उन्हें कल भी कहा था कि यह गलत बात है।

(2)

पिता– देख, तेरी माँ आज फिर मुझसे गलत-सलत बोली है।

बेटा– माँ को मैंने कल भी कहा था कि यह गलत बात है।

(3)

पिता– कल विजय तुम्हारे खिलाफ कह रहा था, मैंने डाँट दिया।

बेटा– आपके खिलाफ भी बोलता था, मैंने चुप करा दिया।

(4)

माँ, पिता और बेटा, तीनों चुप बैठे, चोरी-चोरी एक-दूसरे का चेहरा देख रहे हैं।

भीतर का सच

बच्ची सो चुकी थी। विशाल खाना खाकर खाली था। उसने ब्रश किया, टी.वी. ऑन किया और बेड पर पसर गया। उधर रमा सुबह के लिए दही जमाने, सब्ज़ी बनाने, कपड़े तहाने वगैरा के बीच ताबड़तोड़ घूम रही थी। निबटकर वह बेडरूम में दाखिल हुई तो पति ने थोड़ा सरकते हुए भीतर का दरवाज़ा खोला।

'आज तो कई दिन हो गए!' विशाल ने चादर फैलाते हुए कहा।

'इस वक्त तक तो मैं थककर चूर हो जाती हूँ।' रमा ने कमर सीधी करते हुए कहा। वह सोना चाहती थी, पर सोच रही थी– 'ये नाराज़ हो गए, तो जो थोड़ा-बहुत काम करते हैं, वह भी छोड़ देंगे।'

'अब तो ऋतू ढाई साल की हो गई।' विशाल ने रमा पर चादर फैलाई।

'अभी बहुत छोटी है, थोड़ी और बड़ी हो जाए।'

'...'

'मैं तो कहती हूँ, एक बच्चा ही काफी है। हम दोनों नौकरीपेशा हैं। बच्चे पालने आजकल बड़े मुश्किल हैं।'

'जो आएगा, वह भी पल जाएगा...हमें क्या कमी है?'

सुनकर रमा सोच में डूब गई। फिर भीतर की गम्भीरता पर मुस्कान चिपकाकर बोली– 'अच्छा एक बात बताओ! अगर हमारा पहला बच्चा लड़का होता, तो भी क्या दूसरे के बारे सोचते?'

'तो क्या तू कहना चाहती है कि मैं लड़के की चाह में ही दूसरा बच्चा कह रहा हूँ?' विशाल ने तुरन्त अपने पर लगे प्रश्न-चिह्न को हटाना चाहा।

बात उलझ गई थी। थोड़ी देर सन्नाटा छाया रहा। रमा ने समझ के साथ हिम्मत जोड़ी और झटके में कह डाला– 'आदमी लाख लबादा ओढ़कर आ जाए, औरत उसका मन ताड़ ही लेती है!'

सुनकर विशाल एकबारगी हिल गया। वह सोचने लगा कि इसे आज क्या हो गया है? उसने सहजता का लबादा ओढ़कर कहा– 'तो चलो इसमें बुराई क्या है? लड़की तो है ही, लड़का भी हो जाए, तो लाइफ में दोनों तरह का एक्सपीरियंस हो जाएगा।'

'लेकिन यह तो किसी के बस का नहीं कि क्या होगा? कॉर्नरवाले देसराज ने इसी चक्कर में पाँच लड़कियाँ पैदा कर लीं। अब पछता रहे हैं।' रमा बचना चाहती थी, पर विशाल के मर्म पर चोट पड़ी थी।

'क्यों नहीं किसी के बस का?' तिलमिलाते हुए वह बोला–'कई औरतें तो लड़कियों का ठप्पा लेकर आती हैं।'

रमा ने विशाल की बात में छिपा दोहरापन पहचान लिया था। उसने थोड़ा उधर खिसकते हुए कहा– 'ऐसी बात नहीं। औरत तो मर्द का ही सूक्ष्म रूप होती है।'

विशाल रमा को बरी करने के मूड में बिल्कुल नहीं था। 'मर्द तो सप्लाई कर सकता है, ग्रहण तो औरत को करना होता है। वह क्या ग्रहण करती है, इसी पर सब कुछ है।' वह एक रौ में कह गया।

दोनों के बीच सन्नाटे की बहुत चौड़ी नदी बन गई थी। तर्कों के तीर और सन्नाटे की आवाजें मिलकर स्थिति को और भी तनावपूर्ण बना रहे थे। विशाल ने मुँह उधर कर लिया था, तो रमा सामने दीवार पर टँगे अर्धनारीश्वर के चित्र पर नजरें गड़ाए थी। रमा ने सोचा–औरत तो सिर्फ साँचा है।'

थोड़ी देर बाद वह विशाल की तरफ मुड़कर बोली– साइंस तो आपने भी पढ़ी है। औरत के पास तो सिर्फ एक्स गुण होते हैं। पुरुष के पास एक्स और वाई दोनों होते हैं...'

विशाल अभी उसका पिछला तर्क ही नहीं पचा पाया था। उसने रमा की बात काटते हुए कहा– हो सकता है, वाई गुण तूने लिये ही न हों।'

'ऐसे तो मैं भी कह सकती हूँ कि आपसे सिर्फ एक्स गुण ही आए हों।' रमा रौ में कह गई।

अब तक विशाल पूरी तरह जल-भुन चुका था। उसने मुँह फिर दूसरी तरफ घुमा लिया। रमा ने उसके हाथ पर हाथ रखते हुए बड़ों की तरह समझाया– 'यह सब संजोग होता है, इसमें कोई कुछ नहीं कर सकता, न आप न मैं...।'

विशाल का मन अभी बड़ा नहीं हो पा रहा था, हालाँकि बात उसे जँच जरूर गई थी।

आत्मालाप

'बुढ़ापे में अकेलापन भी कुदरत की दोहरी मार है। इनके पिताजी चले गए तो अब इनको बातें बनानी आ गई हैं। कभी कहते हैं– चाकू से फल मत खाओ, कभी कहते हैं– चाय सुड़ककर मत पियो। आज पीने लगी हूँ क्या?' बूढ़ी माँ बुदबुदा रही है। वह घर में अकेली है, लेकिन लगता है, जैसे किसी को सुना रही है।

गर्मियों के दिन हैं। अभी एकाध बरसात ही पड़ी है, पर बूढ़ी माँ को ठंडक महसूस होने लगी है। बुढ़ापा आने से पहले ही माँ के भारी शरीर और सारे घर के काम ने उसके घुटने घिस दिए थे। दर्द की वजह से उसने घुटनों पर मोटा कपड़ा डाल लिया है। गर्मी है, पर कुछ ठंडक और घुटनों की वजह से वह पंखा नहीं चला सकती। उसका मन सड़-हुसड़ रहा है।

'लोग आजकल दिन में दो-दो बार भी नहा लेते हैं; मैं आठ-दस दिन बाद नहाती हूँ। ठंड के डर से आजकल भी ब्रांडी लेनी पड़ती है नहाने के बाद। चाय और अँग्रेजी दवाइयों ने

पहले ही जिगर जलाकर रख दिया है।' बुदबुदाते हुए माँ ने मेज पर रखा छोटा-सा डस्टबिन उठाया और उसमें बलगम उगल दी।

'पति बिना कोई जिंदगी नहीं। मोहताजी बड़ी लानत-भरी चीज़ है। कहते हैं, गुग्गल क्यों लेती हो, बड़ी गर्म दवा है। न लेती तो अब तक अधरंग में पड़ी होती। कभी इसे लेना भूल जाऊँ, तो बायाँ तरफ सारा सुन्न हो जाता है।' कहकर बूढ़ी माँ ने दाएँ हाथ से बायाँ बाजू थोड़ा दबाया, फिर दर्द से सिसक उठी।

'अपने मन की बात किससे कहूँ? कहते हैं, अकेले में क्यों बोलती हो! तुम्हारे पास तो मेरी बात सुनने का वक्त नहीं। नौ बजे ही दोनों घर से निकल जाते हैं। तो कोई न मिले तो आदमी गोबर के ढेर को भी अपना दुःख सुना देता है।' कहकर बूढ़ी माँ ने दरवाज़े की तरफ देखा, फिर रूमाल से अपनी नाक पोंछी और गुस्से में रूमाल मेज पर पटक दी। उसकी आँखों में आँसू तैर रहे थे।

'कल कहते हैं, यह कमरा बदलना है। मुझ बुड्ढी-ठेरी से एक बार भी पूछा कि मैं इसी कमरे को क्यों चाहती हूँ! सिर्फ इसी कमरे से बाथरूम जुड़ा हुआ है। मुझे बार-बार बाथरूम जाना पड़ता है। ... और फिर जाली के दरवाजे से पीछे चौबारे वाले दिन-भर आते-जाते, बातें करते दिखते हैं। मुझे लगता है, मैं अकेली नहीं हूँ।

सपना

दोपहर को बच्चा स्कूल से लौटा, तब चिड़िया पेड़ पर आराम कर रही थी। बच्चे की माँ ने उसे दुलराया, खाना खिलाया और कहा– "बेटे, होमवर्क करो और अपने पेपरों की तैयारी करो।"

बच्चा पढ़ने बैठा। चिड़िया ने दाना चुगा, पानी में किल्लोल किए...बच्चा पढ़ता रहा। उसका ध्यान अपने खिलौनों की तरफ़ लगा हुआ था।

साँझ को चिड़िया घोंसले में लौट गई। बच्चा बिस्तर में चला गया।

सुबह जब चिड़िया आकाश में चहकने लगी, तो बच्चा पढ़ने बैठा था। स्कूल जाने से पहले उसने कहा– "माँ, जब मैं यूनिवर्सिटी पढ़ लूँगा, तो उसके बाद खूब खेलूँगा, कोई काम नहीं करूँगा।"

लगा हुआ स्कूल

नए साल में स्कूल खुल गए थे। रामगढ़ गाँव का यह सरकारी स्कूल मिडिल से हाई स्कूल बन गया था। कुछ दिन पहले वहाँ एक नया अधिकारी बिना पूर्व सूचना दिए पहुँच गया। उस समय स्कूल में एक सेवादार के अलावा कोई जिम्मेवार व्यक्ति दिखाई नहीं दे रहा था। बच्चे खुले में कूद-फाँद रहे थे। गाड़ी को देख वे अपनी-अपनी कक्षाओं में दुबक गए। कमरों में लाइट नहीं थी, गर्मी और अँधेरा था।

– "क्या बात, किधर हैं सब लोग?' युवा अधिकारी का पारा चढ़ गया। सेवादार उनके निर्देशानुसार हाजिरी का रजिस्टर ले आया। उसमें सभी अध्यापकों की हाजिरी लगी हुई थी। अधिकारी को दाल में काला ही काला नज़र आ रहा था। उसने दोषियों को देख लेने की

सख्त भाव-मुद्रा बना ली। सेवादार बड़ा अनुभवी था। ऐसे हालात से वह कई बार निपट चुका था। उसने साहब को खुद ही बता दिया कि हेडमास्साब बैंक तक गए हैं। आने ही वाले होंगे।

अध्यापकों के बारे में पूछने पर वह तफसील से बताने लगा। पहला नाम सबसे सीनियर टीचर रामफल का था।

– जी रामफड़ गाम मैं ड्राप आउट बाड़कां का पता करण गए हैं।

– और श्रीचंद?

– वो आज बाड़कां खात्तर सब्जी खरीदण ने जा रया सै। मिड डे मील बणेगा।

– "और ये कृष्ण कुमार कहाँ जा रहा है?' कड़क अधिकारी ने सेवादार से ही सारी जानकारी लेना ठीक समझा या उसकी यह मजबूरी थी–कहा नहीं जा सकता।

– जी किशन भी दूध-धी खरीदण जा रया सै।

– "सुबह-सुबह क्यों नहीं चला गया?' अधिकारी ने टाँग पर दूसरी टाँग रखते हुए पूछा।

– "जी वा बच्चयाँ की गिणती करके ले जाणी थी।' सेवादार ने स्पष्टीकरण दिया, जैसे सारी जिम्मेदारी उसी की हो।

अधिकारी ने ठोड़ी पर हाथ फेरते हुए सोचा– सारे बाहर के काम इन टीचर्स को ही दे रखे हैं। अब बाकी के टीचर तो पक्का फरलो पर होने चाहिएं।

– वो संस्कृतवाले शास्त्री कहाँ हैं?

– जी वा नए बाड़काँ खात्तर यूनिफाम का रेट पता करण शहर नै जाण लाग रे। इहाँ गाम मैं तो मिलदी कोन्या।

अधिकारी सकपका गया, पर उसे चौकीदार की बातें सच लग रही थीं। अब तक जितना उसने सुन रखा था, उसमें उसे अध्यापक ही दोषी और काम न करने वाले लगते थे। लेकिन यहाँ तो उसे माजरा कुछ और ही लग रहा था। उसे अपना इरादा पूरा होता नहीं दिख रहा था। उसने इधर-उधर देखा, धीरे-धीरे पानी के दो घूँट भरे, फिर चौकीदार से कहा– 'ये गणितवाले भूषण की भी रामकहानी सुना दे फिर।'

– साब वो हर साल स्टेशनरी अर बैग खरीदया करे है। इब्बी आ ज्यागा।

इतने में कैंटीनवाला बुज़ुर्ग चाय ले आया था। कक्षाओं में से बच्चे रह-रहकर बाहर झाँकते हुए उस अधिकारी को देख लेते, मानो वह चिड़ियाघर से भागा हुआ कोई जंतु हो। अधिकारी को बहुत मीठी चाय भी कड़वी लग रही थी। उसने दो घूँट भरकर अपना काम पूरा करने की कवायद फिर शुरू की।

– ये अनिल कुमार भी किसी काम से गया है?

– जी, गाम की मर्दमशुमारी की उसकी ड्यूटी लग री सै।

– 'जनगणना तो खत्म हो चुकी है!' अधिकारी की सवालिया निगाहें उसकी ओर उठीं।

– साब वो तो पिछले महीन्ने घर और गाए-भैंस गिणन की हुई थी। इबकै धर्म अर जात का पता करण गए हैं जी।

अब तक पी.टी. मास्टर को भी खबर मिल चुकी थी। वह आखिरी कमरे से तेजी से निकला। आकर अधिकारी को करारी नमस्ते ठोंकी और अपना परिचय दिया। वह स्कूल में तरह-तरह के काम करने से बड़ा परेशान था। अधिकारी ने चेहरे पर सख्ती और गर्दन में

अकड़ को बढ़ाते हुए उससे पूछा–

– आप कहाँ थे? ये बच्चे हुड़दंग कर रहे थे। इन्हें कौन कण्ट्रोल करेगा?

– सर, मैं नौवीं क्लास के बच्चों की आँखें और दाँत चेक कर रहा था।

– ये काम तो डॉक्टर का है!

– 'सर, यहाँ कभी कोई डॉक्टर नहीं आता। पीर-बावर्ची-खर-भिश्ती सब हमें ही बनना पड़ता है।' कहकर पी.टी. मास्टर अपनी भाषा पर मुग्ध हो गया।

तभी स्कूटर पर स्कूल के मुख्य अध्यापक अवतरित हुए। उन्होंने अधिकारी को बताया कि वे बैंक में बच्चों के खाते खुलवाने के कागज़ात जमा कराकर आए हैं। स्कूल का एकमात्र क्लर्क उस दिन छुट्टी पर था। अधिकारी और मुख्य अध्यापक–दोनों की आँखों में कुछ सवाल और विषय चमके, फिर दोनों की संक्षिप्त बातचीत के बाद उन सवालों की बत्तियाँ गुल हो गईं। पी.टी. मास्टर बच्चों को आयरन की गोलियाँ बाँटने नौवीं कक्षा की तरफ हो लिया। मुख्य अध्यापक ने अधिकारी को नाश्ते के लिए जैसे-तैसे मनाया और उसे अपने घर की तरफ लेकर चल दिया।

स्कूल फिर पहले की तरह चलने लगा, जो आज तक वैसा ही चल रहा है...

रो–मान्स

वह देश का प्रसिद्ध शहर था। उसमें आकाश को छूती इमारते थीं, सैलानियों का सैलाब था, पंक्तिबद्ध राक्षसनुमा होटल था। ऐसी एक सरकारी इमारत की चौथी मंज़िल पर एक बड़ा कमरा था। उसमें एक परिवार– माँ, बेटा राजेश व बहू और उनके दो बच्चे रहते थे। कमरे के एक कोने में रसोई थी। और बाकी तीन कोनों में तीन जोड़ियाँ प्राणी और उनका सामान।

पति-पत्नी क्लर्क थे। सुबह उठते ही अपनी चारपाइयाँ निकालकर बाहरी दीवार से लटका देते। उनके दफ्तर जाने तक घर में हाहाकार मची रहती। रात को थक-हारकर जब सोने लगते तो और भी मुश्किल खड़ी हो जाती। राजेश और उसकी पत्नी को अजनबियों की तरह सोना पड़ता। अभी मुश्किल से महीना बीता होगा, पर उन्हें लग रहा था जैसे एक साल से रोमान्स नहीं किया।

कल रात उनका मिलने का बड़ा मन किया। बिट्टू ने जब स्कूल का होम-वर्क करके बत्ती बुझाई, तो साढ़े ग्यारह से ऊपर का टाइम हो गया था। दोनों लेटे थे, पर जागे हुए थे। करवट लेते हुए कनखियों से एक-दूसरे को देखना और लाचारी में आँखें बन्द कर लेना जैसे उनकी रात्रिचर्या का अनिवार्य अंग बन गया था। दोनों ने तय कर रखा था कि जिस दिन जिसका भी रोमान्स का मन हो, वह सोने से पहले हलका काजल डालकर आए। फिर हालात देखकर निपट लेंगे। लेकिन काजल डालना भी पिछली कई बार से व्यर्थ जा रहा था।

आज जैसे दोनों ने उदासी दूर करने की ठान ली थी। आज दोनों ने ही काजल डाल रखा था। राजेश उठा और दोनों कोनों का जायजा लेते हुए पानी पीकर लौट आया। दोनों कोने सो रहे थे।

राजेश ने पत्नी को स्पर्श करने के बहाने बायाँ हाथ आगे बढ़ाया। प्रत्युत्तर पाकर वह एक

कदम और आगे बढ़ने को था कि माँ के खाँसने की आवाज़ आई। वह सहमकर पीछे हट गया। गर्म साँस छोड़ते हुए उसने करवट ली। वह बेचैन था। थोड़ी देर में उसने फिर कोशिश करने का यत्न किया पर तभी बारह बजे का घंटा बज उठा।

संयम और असंयम के बीच झूलते हुए राजेश का सिर चकरा रहा था। उसने पत्नी को संकेत कर रसोई में चलने को कहा। लेकिन रसोई में दरवाजा नहीं है और फिर हर कोई पानी पीने रसोई में ही जाता है। इसलिए थकी-माँदी पत्नी ने विवश होकर इनकार में सिर हिलाया। उसे हालाँकि राजेश पर तरस आ रहा था। राजेश का मन चिड़चिड़ा हो रहा था। उसकी देह की नसें मानो चटख रही थीं।

इस बार उसने चादर को थोड़ा दूसरी चारपाई तक फैलाकर हाथ बढ़ा दिया। पत्नी बिल्कुल नहीं हिली। राजेश ने सोचा, अब उमंग को परवान चढ़ा लेना चाहिए।

वह धीरे-से उठकर बैठा। आश्वस्त होने के लिए उसने दोनों ओर नज़र दौड़ाई। दाएँ कोने में चारपाई पर पिताजी बैठे हुए थे। राजेश सकपका गया। उसकी आँखों से मानो चिनगारियाँ निकल रही थीं। क्या करे? तभी पिताजी बोले, "बेटा, नींद उचाट हो गई थी।"

राजेश ने कनखियों से पत्नी को देखा। पत्नी की आँखें और काजल–दोनों कुछ कह रहे थे। राजेश बिना कुछ कहे रसोई में गया और दो गिलास पानी गटक गया। फिर उसने काजल की डिबिया निकाली और कूड़ेदान में जाकर जोर से दे मारी।

नमस्ते की वापसी

कालोनी की यह गली नम्बर पाँच है। बाकी गलियाँ भी इस जैसी हैं। इन घरों के सब आदमी भी एक जैसे। दुकान-दफ्तर से आए, खाया-पिया, टी.वी. देखा और सो गए, न दीन के, न दुनिया के। लेकिन पड़ोस को लेकर एक मामले में चौकन्ने। अब इस गली के कुमार को ही ले लीजिए। कल तक कुमार अपने पड़ोसी श्रीलाल को अदब से नमस्ते किया करता था। उम्र और ओहदे को सलाम किया ही जाता है। लेकिन जब से कुमार के पिता चल बसे, उसके हिसाब-किताब भी बदल गए हैं। पहले तो कुमार ने अपने घर की जर्जर रसोई को शानदार बनवाया। इसके साथ उसकी गर्दन थोड़ी तन गई और पड़ोसी श्रीलाल को रोज़ मिलने वाली नमस्ते ढीली पड़ गई। कई बार वह नमस्ते न के बराबर, मरियल-सी होती। कुमार ने आँगन में मार्बल लगा लिया। घर का मुँह माथा भी सँवार लिया। फिर क्या था, कुमार ने श्रीलाल को नमस्ते करनी बन्द कर दी। श्रीलाल को माजरा समझ में आ गया था लेकिन उसे रोज़ की एक नमस्ते कम हो जाने का बड़ा दुःख था।

श्रीलाल का अपना मकान जर्जर हालत में था। पड़ोस की कोठी के तरोताज़ा हो जाने के बाद श्रीलाल का मकान और भी खस्ता हाल दिखाई देता था। दीवारों पर से सीमेंट की गिरती हुई पपड़ियाँ मानो घर की हालत पर आँसू बहाती थीं। जब पूरा परिवार ही श्रीलाल के पीछे पड़ गया, तो मजबूर होकर उसने सारे घर को सँवार दिया। दरवाजे पर नई कार भी टिका दी। उसे अपना घर कुमार के घर से अधिक सुन्दर लगने लगा था; और कार तो बोनस के नम्बर थे। इसका कुमार पर क्या असर पड़ा है– श्रीलाल यह जानने को बेचैन था।

आखिर, कुछ दिन बाद उसे असर दिख भी गया। जब कुमार का सामना श्रीलाल से हुआ, तो कुमार ने उसे एक करारी नमस्ते ठोंक दी। ऐसा लगा जैसे सदियों से वह नमस्ते कुमार के जिगर में अटकी हो और बाहर आने का मौका तलाश रही हो। श्रीलाल ने भी उस लापता हो चुकी नमस्ते को दोनों हाथों से लपका, रूमाल से साफ किया और जेब में बड़े ध्यान से रख लिया।

नमस्ते कर कुमार हारे हुए जुआरी की तरह गर्दन झुकाकर अपने घर में घुस गया। इधर श्रीलाल की गर्दन में मानो जिराफ की आत्मा प्रविष्ट हो गई थी।

गेट सम्राट

कालोनी की उस गली में जलमल नाथ भी रहता था। उसके पास अपना ठीक-ठाक मकान था, पढ़ी-लिखी नौकरीपेशा पत्नी थी और दो बच्चे थे– सुन्दर और पढ़ने में होशियार। वह सामान्य जीवन जी रहा था। लेकिन जब से पड़ोसी का घर एक से दो मंजिल का हो गया, तब से जलमल के जीवन में हलचल मच गई थी। उसकी इतनी हैसियत नहीं थी कि मकान पर दूसरी मंजिल डाल सके। लिहाज़ा वह पड़ोसी की ऊँची अट्टालिका से दबा-दबा रहने लगा था।

दूसरी मंजिल सँवारकर पड़ोसी ने अपना गेट भी बदलवा डाला था। हल्के सुन्दर रंग का हल्का और सुन्दर गेट गलीवासियों के बीच आकर्षण का केन्द्र हो गया था। वे उसके घर के आगे से आते-जाते गेट-चर्चा में मशगूल हो जाते। जलमल के घर का गेट पड़ोसी के गेट के बिल्कुल साथ लगता था। वह रोज़ दफ्तर जाते हुए दोनों गेटों को देखता। अपना काला गेट उसे गंदे भालू-सा लगता; पड़ोसी का गेट शेरनुमा लगता। पड़ोसी के गेट को देखकर उसकी आँखें चौंधिया जातीं, मानो सूर्य से साक्षात्कार हो गया हो। अपना गेट उसे अँधेरे की प्रतिमा लगता। तिस पर पड़ोसी के गेट पर लगे बरछे देखते ही मानो उसके दिल के आर-पार हो जाते थे। खाना खाते वक्त भी वह गेट उसका स्वाद खराब कर देता था। टी.वी. के अच्छे-भले प्रोग्राम भी उसकी गेट-पीड़ा का निदान नहीं कर पाते थे।

'कुछ करना पड़ेगा इलाज। हमें क्या बोड़ू समझ रखा है?'–उसने सोचा। कुछ दिन गेट-चिन्तन किया। घर में गेट-समस्या पर मन्त्रणा की। आखिरकार पीड़ा-हरण की योजना बनी। 'ऑपरेशन गेट' की कार्रवाई शुरू हुई। पड़ोसी के गेट से डेढ़ गुना ऊँचा गेट बनवाया गया। उस पर आसमान से बातें करते बड़े-बड़े भाले मोतियों की तरह जड़े गए। इतना ऊँचा गेट पूरी गली में किसी का नहीं था। गेट पर तीन-चार रंगों के पेंट कराए गए। बॉर्डर, पत्तियाँ, फूल, बरछे–चारों के अलग-अलग रंग।

गेट जब एकदम तैयार हो गया, तो जलमल ने अपने परिवार को गेटेश्वर महाराज के दर्शनों के लिए आवाज़ दी। थोड़ी देर में पूरा परिवार सड़क के बीचों-बीच खड़े होकर गेट-सौन्दर्य पर मुग्ध हुआ जा रहा था। वे पड़ोसी के गेट को भी कनखियों से देखकर उसकी तुच्छ हस्ती पर टिप्पणी कर रहे थे, जिसका सार था– 'छुटभैया कहीं का।' जलमल की चाल में आज असाधारण चुस्ती आ गई थी। वह गेट-उत्सव मनाने के लिए मिठाई ले आया। मिठाई खाते वक्त सबने मिलकर इस असाधारण गेटोपलब्धि का ऊँची आवाज़ में बखान किया और

गेट देवता की महिमा गाई।

जलमल अपनी नजरों में गेट-युद्ध का निर्विवाद विजेता बन चुका था। पर उसे इतने से तसल्ली नहीं हुई। अभी रड़क बाकी थी। वह चाहता था कि पड़ोसी उसकी तरफ देखे और वह आँखों से ही उससे पूछे– 'कहो कैसी रही?' एक बार पड़ोसी को देख वह ऐसा कहने की मुद्रा में आया, लेकिन उसे पड़ोसी ने उसे ऐसा मौका नहीं दिया। फिर कुछ सोचकर उसने अपना स्कूटर निकाला। गेट के नट-बोल्ट उतारकर उसके दोनों पल्ले स्कूटर पर फिट किए। फिर दोनों पल्लों को अपनी पीठ से सटाया। गेट के रंग अपने चेहरे पर चिपकाए। गेट के भाले अपने दिमाग में ठोंके। फिर स्कूटर स्टार्ट कर विजयश्री के लिए निकल पड़ा...

श्राद्ध

वह लौटी तो निराश थी। कल उसे अपने पति का श्राद्ध करना है। पाँच पंडितों को भी न्यौत आई है, पर अब तक एक पैसा भी पल्ले नहीं है। किसी ने उसे एडवांस भी नहीं दिया। वह चटाई पर लेटे-लेटे इस धर्म-संकट से निकलने की जुगत में थी...

इतने में दयावती आ गई।

उसने उठते हुए पूछा, "कुछ जुगाड़ बना या नहीं?"

"बड़ी मुश्किल से कपूर औरों ने तीस रुपए एडवांस दिए, जैसे बहुत बड़ा अहसान कर रहे हों।"

दयावती ने माँ को पैसे दिए, तो माँ के मुँह से घड़े जैसा ठंडा श्वास निकला। अगले ही पल बोली, "ये मुझे क्यों दे रही है, जाके रामजी वाले को कह, पाँच आदमियों को खीर-पूरी खिलानी है, सामान दे देवे। कम पड़ें तो कहियो, फिर दे देवेंगे, भागे नहीं जा रहे।"

दयावती के मन में सवाल था—अपनी दो वक्त की रोटी का तो जुगाड़ नहीं, और खीर-पूरी खिलाएँ! दुविधा में पड़ी वह जाने लगी, तो कोने में लेटे हुए भाई की तरफ उसका ध्यान चला गया। चादर हटाकर उसका गाल छुआ। वह तप रहा था।

"हाय राम! इसे तो अभी तक बहुत तेज़ बुखार है। तवे जैसा तप रहा है। कुछ दवाई नहीं लेके दी?"

"खैराती हस्पताल से पर्ची बनवाई थी। पैसे ही न थे तो दवा कहाँ से लाती? तू जा, मैं पानी की पट्टी कर दूँगी।"

"दो दिन पानी की पट्टी करने से ठीक न हुआ, तो अब कहाँ से हो जाएगा?" सोचते-सोचते दयावती के मन में दोतरफा हवाएँ टकराने लगीं। वह दोनों की ताकत का जायजा लेने लगी।

माँ की बात ने उसे झिंझोड़ा, "अब जा भी जल्दी, देखती क्या है? फिर तैयारी में भी टैम लगेगा।"

दयावती ने माँ से पूछा, "श्राद्ध करना क्या बहुत ज़रूरी होता है?"

"तेरा दिमाग घूम गया है क्या? सारे मुहल्लेवाले लीतर नी मारेंगे? और तेरा बाप भी कह गया था कि श्राद्ध ज़रूर करना। उसकी आखिरी इच्छा भी पूरी न करें?"

"वो सब बाद में देख लेंगे। अभी तो इसको दवा की जरूरत है। कम-से-कम जिंदा को

तो पहले बचा लेवें।" कहकर दयावती ने माँ की आँखों में झाँका। वहाँ एक संकट आ खड़ा हुआ था।

"तू देख ले फिर, उसकी आत्मा भटकती रहेगी, मुझे कोसती रहेगी...।"

दयावती ने भाई की चादर हटाते हुए माँ से पूछा, "ये बता, इसमें आत्मा नहीं है क्या? अगर इसे कुछ हो गया तो?" कहते हुए दयावती ने आले में रखी दवा की पर्ची खोजी और मजबूत क़दमों से बाहर निकल गई...

कुंडली

'आज फैसले का दिन है। लेकिन समझ नहीं आता, कैसे क्या किया जाए!' करमचंद सोचता जा रहा है।

दरअसल उसकी बेटी के लिए एक रिश्ता आया है। सब चीज़ें ठीक लग रही हैं। उम्र, कद-काठी, देखने में भी अच्छा है। पढ़ाई और सैलरी के बारे उनके पड़ोसी चावला जी से भी सारी रिपोर्ट ठीक-ठाक मिली है।

चाय पीते हुए दोनों सोच रहे हैं–कैसे क्या करें? पहला रिश्ता है, वो भी बेटी का।

रीना ने कहा– 'शुकर है, सब कुछ ओ.के. हो गया है। मेरा विचार है कि अब देर न करें। बस एक बार आप पं. रामप्रसाद से मिल आओ। गुण तो मिला लिये थे, अब बारीकी से जाँच लें। तभी अगला कदम उठाएँ।'

करमचंद ने कहा– 'लड़के वालों ने कुंडली मिलाकर ओ.के. कर दिया– बहुत है। तुम जानती हो, अपना इन चीज़ों में विश्वास नहीं है।'

–'देखो, पहला रिश्ता है। उम्र-भर का साथ होता है। मन में कोई वहम नहीं रहना चाहिए।' रीना ने बिस्कुट की प्लेट आगे बढ़ाते हुए कहा था। यही बात बेटी भी दोनों से कह चुकी थी।

करमचंद सोच में पड़ गया था। सरदार कौन-सी कुंडली मिलाते हैं? वो क्या तरक्की नहीं कर रहे? सब गुण और कुंडलियाँ धरी रह जाती हैं। वह रीना से बोला– तुम्हें मालूम है न! हमारे पिछाली वाले सब गुण वगैरा मिलाकर ही बहू लाए थे। फिर भी तलाक हो गया। बताओ, क्या मतलब है कुंडली मिलाने का?'

रीना ने भी फौरन कहा था– 'उन्होंने ऐरे-गैरे को कुंडली दिखाई होगी। रामप्रसाद तो जाना-माना ज्योतिषी है।' वह चाय का आखरी घूँट पीकर बोली थी– 'बस आप अभी चले जाओ। आधे घंटे का ही रस्ता है ...

आज फैसले का दिन है। करमचंद सोचता जा रहा है...उसके लिए यह सबसे मुश्किल काम है। आज तक वह समाज में इसे पाखंड कहकर इसकी खिलाफत करता रहा है...कोई जान-पहचान का मिल गया तो क्या कहेगा?...क्या-क्या पापड़ बेलने पड़ते हैं!...रिश्ता तो अच्छा है, लेकिन वह कुंडली...

वह ज्योतिषी के यहाँ पहुँचा तो भीड़ न पाकर हैरान भी हुआ और खुश भी। नमस्ते करके उसने अनमने भाव से दोनों बच्चों की कुंडली के कागज़ उनके सामने रख दिए और

हाथ बाँधकर बैठ गया।

पं. रामप्रसाद ने कागज़ उलटे-पलटे, फिर उँगलियों पर गिनती करने लगे। तभी भीतर से उनकी बेटी पानी लेकर आई। उसे सफेद कपड़ों में देख करमचंद को ताज्जुब हुआ।

– 'पंडत जी यह क्या? बिटिया की तो पिछले साल ही शादी हुई थी!'

रामप्रसाद पीड़ा से दहल गए–'आप देख ही रहे हैं। विधि का विधान कौन टाल सकता है?'

करमचंद सोच में पड़ गया। क्या कहे, क्या करे? सहसा वह उठकर बोला–'पंडित जी, बच्चों की कुंडली लौटा दीजिए।'

कागज़ लेकर वह तीर की तरह उनके घर से बाहर निकल आया।

पहचान

– आप कौन हैं?

– आदमी।

– मेरा मतलब, किस धर्म से हैं?

– इन्सानी धर्म।

– नहीं, मतलब हिन्दू, मुसलमान, ईसाई वगैरा।

– 'हिन्दू धर्म से!' कहकर वह मुस्कुराया।

– हिन्दुओं में कौन हैं?

– हिन्दुओं में हिन्दू ही तो होंगे।

– मेरा मतलब, ब्राह्मण, क्षत्रिय, वैश्य वगैरा?

– ओह! क्षत्रिय हूँ।

– क्षत्रियों में कौन हैं?

– क्या मतलब?

– यानी खत्री या अरोड़ा?

– 'खत्री' कहकर वह हँसा।

– खत्रियों में कौन हैं?

– क्या मतलब, खत्रियों में खत्री ही तो होगा।

– नहीं, ऐसा नहीं है।

– तो खत्री क्या खत्री नहीं होता?

– मेरा मतलब खत्री में जाति। जैसे– मलहोत्रा, सल्होत्रा, गिरोत्रा वगैरा, तनेजा, बवेजा, सुनेजा वगैरा...

– 'हम मल्होत्रा हैं।' वह अब गम्भीर हो गया था।

– सनातनी हो या आर्य समाजी?

– मैं कोई-सा नहीं।

– किस देवी-देवता को मानते हो?

– किसी को नहीं।
– पीछे से कहाँ से आए?
– क्या मतलब?
– मतलब, पीछे से पाकिस्तान से आए या यहीं के हो?
– पता नहीं।
– जिला कौन-सा था?
– पता नहीं।
– गाँव कौन-सा था?
– पता नहीं।
– सूर्यवंशी हो या चन्द्रवंशी?
– पता नहीं।
– राजपूत हो या नहीं?
– पता नहीं।
– शाकाहारी हो या मांसाहारी?
– जब शाक-सब्जी खाता हूँ तो शाकाहारी हूँ। जब मांस-मछली खाता हूँ तो मांसाहारी हूँ।
(प्रश्नकर्ता थोड़ी देर चुप हुआ)
– तुम्हारा गोत्र क्या है?
– वो क्या होता है?
– तुम्हें अपना गोत्र ही नहीं पता! कैसे आदमी हो तुम?
– (खीझकर...) जीता-जागता आदमी तुम्हारे सामने खड़ा हूँ कि नहीं? फिर इन बेकार सवालों का क्या मतलब?

राम-राज्य

इतिहास का एक अध्यापक अपने मौलिक अन्दाज़ से पढ़ाने के लिए चर्चित था। और वह दिन तो उस प्रदेश की राजनीति में खास महत्त्व रखता था। आज कुछ खास सुनने को मिलेगा– यह अनुमान कर दूसरी कक्षाओं से भी विद्यार्थी आ गए थे। कमरा खचाखच भरा था।

अध्यापक ने कहना शुरू किया– 'मैं आपको दो कहानियाँ जोड़कर सुनाता हूँ। आप खुद निर्णय कर लेना कि इतिहास कहाँ था और आज कहाँ पहुँच गया है।' कक्षा में चुप्पी छा गई।

थोड़ा रुककर अध्यापक बोला– 'बालि और सुग्रीव का नाम आपने सुना होगा। भाई थे दोनों। बालि बड़ा था। किष्किंधा का राजा था। तब जंगल अधिक होते थे, वहाँ राक्षस घूमा करते थे। मायावी राक्षस से बालि का सामना हो गया। दोनों द्वन्द्व युद्ध के लिए एक गुफा में चले गए। बालि ने कहा कि मेरे बाहर आने तक मेरी प्रतीक्षा करना।' विद्यार्थी ध्यान से सुन रहे थे।

'अब आप वर्तमान की घटना पर आइए। आप जानते हैं, गम्भीर आरोप लगने पर इस राज्य के मुख्यमन्त्री ने अपनी सत्ता छोड़ दी थी। उसने अपने विश्वासपात्र विधायक को मुख्यमन्त्री बनाते हुए कहा था कि मेरे आने तक आप राज-पाट चलाओ।' विद्यार्थियों की

रुचि बढ़ती जा रही थी।

'देखा जाए तो दोनों को अपनी-अपनी तरह से प्रतीक्षा करनी चाहिए थी। लेकिन सुग्रीव ने की, न ही विश्वासपात्र ने। सुग्रीव ने जब गुफा में से खून बाहर आता देखा, तो सोचा कि बालि मारा गया है। फिर क्या था! जाकर उसकी सत्ता हथिया ली। इसे हथियाना ही कहा जाएगा।'

– 'सर, बाली का एक पुत्र अंगद भी तो था।' एक विद्यार्थी ने कहा।

– 'ठीक कहा आपने। सुग्रीव यदि ईमानदार होता तो गुफा से किसी के बाहर आने की प्रतीक्षा करता। और यदि बालि मारा भी गया होता, तो जब मायावी राक्षस बाहर आता, तो उससे अपने भाई की हत्या का बदला अवश्य लेता। इतना ही नहीं, बालि के बाद भी सत्ता का अधिकारी तो उसका पुत्र अंगद था।"

– 'लालची हो गया था सुग्रीव।' आगे बैठा एक लड़का बुदबुदाया।

– 'यही बात थी। अब फिर से वर्तमान घटना पर आइए। पूर्व मुख्यमन्त्री जब आरोपमुक्त हो गया तो उसने अपने विश्वासपात्र को सत्ता लौटाने को कहा। किन्तु उसने इनकार कर दिया।'

– 'दोनों ही लालची थे।' एक और लड़के ने कहा।

– 'बिल्कुल ठीक। लेकिन दोनों के हालात में फर्क है।' अध्यापक ने कहा।

विद्यार्थी और भी ध्यानमग्न हो गए– क्या फ़र्क है?

एक तीसरा लड़का बोला– "सर, राजनीति तो दोनों जगह खेली गई।"

– 'हाँ, अब और ध्यान से सुनना। तब वहाँ बालि ने लौटकर सुग्रीव को हटा दिया, क्योंकि राज तो बालि का ही था। वर्तमान में यहाँ लोकतन्त्र है। यहाँ भी पूर्व मुख्यमन्त्री ने विश्वासमत के सहारे फिर से सत्ता प्राप्त कर ली। आप बताएँ कि आप सब क्या सोचते हैं?'

कहकर अध्यापक ने सवालिया निगाहों से विद्यार्थियों की तरफ़ देखा। वातावरण गम्भीर हो उठा।

एक लड़के ने खड़े होकर कहा– 'सर, दोनों जगह न्याय हो गया।'

'बहुत अच्छे!' कहते हुए अध्यापक ने अपेक्षा से दूसरे छात्रों की तरफ़ देखा।

एक तेज़–तर्रार लड़के ने कहा–'ऐसा है कि न्याय तो हो गया। पर सुग्रीव के गले यह बात नहीं उतरी। उसने साजिश रचकर राम के हाथों बालि को मरवा दिया और किष्किंधा की कुर्सी फिर हथिया ली। सर, क्या यह ठीक था? मुझे तो नहीं लगता।'

एक और ने समर्थन किया– 'सत्ता के लिए एक भाई दूसरे भाई की हत्या करवा दे, तो उसे राम–राज्य कैसे कह सकते हैं? इससे तो हमारा लोकतन्त्र कहीं बेहतर है।'

कक्षा में फुसफुसाहट होने लगी थी...

सामने

दुलारूराम मजदूरी के लिए सदर चौक पर बैठा करता था। वहाँ रोजाना डेढ़-दो सौ में से मजूरी पाँच-सात को ही मिलती थी। पिछले दस-पन्द्रह सालों से मजदूरों के चार-पाँच और अड्डे बन गए हैं, जहाँ मजदूरों में वैसी ही मारा-मारी रहती है।

दुलारू इन दिनों सेक्टर-14 के चौक पर जाने लगा था। कई दिन से वह खाली हाथ लौट

रहा था। आज भी सुबह आठ बजे से राहगीरों को ताकते हुए ग्यारह बज चले थे। मजदूरी को तलाशती उसकी आँखों में मजबूरी पानी बनकर उभर आई थी।

बारह बजे तक मजदूरों की भीड़ छँट गई थी। उम्मीद के खिलाफ स्कूटर पर एक आदमी आया और जल्दी ही दो मजदूरों को पीछे बिठाकर ले गया। पता चला कि वह दोनों को रेट तोड़कर ले गया है। दुलारू ने सोचा—आधी मजूरी पर तो वह भी तैयार हो जाता। उसने थकी नज़रों से जमीन की तरफ देखा, फिर फटी जूतियों से जमीन कुरेदने की असफल कोशिश करने लगा। तेज चढ़ आई धूप में उसकी मिचमिचाती आँखें अब नाउम्मीद हो चुकी थीं।

वह उठा, फिर कुछ कदम चलकर वहीं बैठ गया। जब एक बजे का हूटर बजा, उसने साथ बँधी रोटियों की तरफ देखा। वह उठने को हुआ, फिर सोचा कि थोड़ा रुककर घर जाना ठीक रहेगा। घरवाली को उम्मीद रहेगी कि मुझे आज काम मिल गया है। शाम को जाने का यह फायदा भी होगा कि मुनिया यह रोटी शाम को खा सकेगी और रात-भर चैन से सो जाएगी। तय करके वह उठा और पास के जूस कार्नर के बाहर लगे हैण्डपम्प से पानी पीने लगा...।

यह वह समय था, जब देश के सैकड़ों छोटे-बड़े शहरों में अन्नपूर्णा, आहार, शक्ति भोग आटे की थैलियाँ बेतहाशा बिक रही थीं।

मुक्ति

वह जवान हो चुकी थी। उसकी आँखों और चेहरे से छलकता तेज चारों दिशाओं को प्रदीप्त कर रहा था। कल तक वह नज़रें झुकाकर ही घर से बाहर निकला करती थी। अब वह मुक्त होकर विचरना चाहती थी। घर की स्थिति ऐसी थी कि उसकी शादी का अभी दूर तक कोई ब्यौंत नहीं था।

इधर उसके भीतर इच्छाएँ सिर उठाने लगी थीं, जिन्हें उसने अब तक दबा रखा था। अब उसे तलाश थी कि कोई उसके जीवन में आए। उसकी देह किसी की लहरों के संग बह जाना चाहती थी। वह अपने ही हाथ से निकलती जा रही थी। सामाजिक व्यवस्था ऐसी थी कि पुरुष अपना-अपना समुद्र लिये भागे जा रहे थे। स्त्रियाँ अपने में सिमटी चली जा रही थीं। अपनी-अपनी परिधि में कैद भोगती कसमसाहटें लिये...न कोई सम्पर्क, न सम्बन्ध...

आखिर एक दिन एक पुरुष उसके निकट आया। उसे देख स्त्री खिल उठी। उसके घुटे-छुपे सपने एकबारगी जग गए। स्त्री के हाव-भावों से स्वीकृति मिलते ही पुरुष ने उसका हाथ थाम लिया। स्त्री के भीतर तरल आग का झरना बहने लगा। इच्छाएँ उन दोनों के सिर पर भूत की तरह सवार हो गईं। अचानक दोनों किसी अदृश्य शक्ति के वशीभूत हो दृढ़ आलिंगन में आबद्ध हो गए। पुरुष की चपलता ने अपने हाथों और होंठों से स्त्री की सारी देह को रोमांच की तरंगों से झंकृत कर दिया। स्त्री की आँखें उन्माद से भर गईं और कई कारणों से बन्द हो गईं। प्रकृति ने उन दोनों में चरम सीमा तक आतुरता भर दी।

स्त्री का मानो सदियों की प्रतीक्षा का समय समाप्त हुआ। काम के आवेग ने उनका भीतरी वार्तालाप शुरू करा दिया था। खिला हुआ चाँद धरती पर आ गया था और हिला हुआ समुद्र मेघ बनकर उस पर छा गया था। दोनों कामेच्छा के वशीभूत हो स्वयं को भूल गए थे। इस प्राकृतिक

प्रक्रिया में दोनों एकाकार हो गए। स्त्री की रुकी हुई नदी तमाम गतिरोध तोड़कर उद्दाम वेग के साथ बह निकली। ढोई हुई जाने कितनी रूढ़ियों के बाँध इतनी देर में ही धराशायी हो गए। बची रह गई अबाध आह्लाद की मूसलाधार वर्षा, जो थमने का नाम नहीं ले रही थी।

जब ज्वार उतरा तो स्त्री पुरसुकून और आलोक से परिपूर्ण हो गई थी। लेकिन...!

उससे पहले

रात का वक्त था। पूरे गाँव में सन्नाटा पसरा हुआ था। रामसिंह और उसकी बीवी जाग रहे थे। आकाश में तारे अंगारों की तरह जल रहे थे।

–इस बार फसल ठीक-ठाक हो गयी है। रामजी भला करें।' रामसिंह ने कहा। उसकी बीवी कुछ न बोली।

–कई बार सोचता हूँ। हम दिन-रात जमीन पर इतनी मेहनत करते हैं। क्या कभी अपने दरवज्जे पर पुराना ही सही, एक ट्रेक्टर खड़ा करने लायक हो पाएँगे!'

–ये तो तारे तोड़ के लाने वाली बात हो गई। पहले घर की मरम्मत ही करवा लें। दीवारें कब से तड़की पड़ी हैं।' बीवी ने कहा। उसने फ्रिज ओर टी.वी. की अपनी चाहत का कई साल पहले ही क़त्ल कर दिया था। उसकी बात सुनकर किसान चुप लगा गया।

–इस बार फ़सल ठीक-ठाक बिक जाए तो रज्जो की जैसे-कैसे शादी कर दें। सयानी हो गयी है।' कहते-कहते उसकी खांसी छिड़ गयी।

–तेरी खांसी नहीं रुक रही। डरता हूँ, कहीं दमा या टी.बी न हो। फसल उतरने पर पहले इसका इलाज कराते हैं।' किसान बोला।

–खांसी से मैं मरी नहीं जाती। सबसे पहले तो मानु के दाखले के पैसे भरने हैं। स्कूल से दो दफ़े संदेसा आ लिया। वो कई बार किताबें भी मांग चुका है।' सुनकर किसान चुप रह गया। लिया हुआ क़र्ज़ उसके भीतर खलबली मचा रहा था।

–तुझे क्या लगता है? इस बार फसल ठीक-ठाक दे जाएगी?' उसने डरकर पूछा। बीवी ने कुछ कहना ठीक न समझा।

–मैंने सारा हिसाब लगाया है। गेहूं का ठीक रेट मिल गया, तो कुछ कपड़े-लत्ते का ब्योंत भी हो जायेगा।

–और अगर ठीक रेट न मिला तो?' बीवी की चिंता बोली।

–रामजी भला करेंगे। बस फसल ठीक-ठाक उतरकर मंडी में पहुँच जाए।' किसान मानो गहरे में डूबकर बोला।

दोनों के बीच एक चुप्पी पसर गयी, सांय-सांय करती हुई। तभी बाहर से कुछ हिलजुल की आवाजें आयीं। किसान लपककर बाहर आया। देखा, नीलगायों का झुण्ड उसके खेत में घुसा हुआ था।

सुकेश साहनी

जन्म– 5.9.1956, लखनऊ

शिक्षा– एम. एस-सी. (जियोलॉजी), डी. आई. आई. टी. (एप्लाइड हाइड्रोलॉजी)।

प्रकाशित कृतियाँ–

लघुकथा-संग्रह– डरे हुए लोग, ठंडी रजाई (पंजाबी, गुजराती, मराठी, उर्दू, अँग्रेजी में भी), साइबरमैन। सुकेश साहनी की 66 लघुकथाएँ और उनकी पड़ताल।

कहानी-संग्रह– मैग्मा और अन्य कहानियाँ। 'रोशनी' कहानी पर दूरदर्शन के लिए टेलीफिल्म।

ठंडी रजाई, दादा जी, कुत्ते से सावधान लघुकथाओं पर शॉर्ट फिल्म।

सम्पादन व अनुवाद की अनेक पुस्तकें।

हिन्दी लघुकथा की पहली वेबसाइट www.laghukatha.com (मासिक) का सन् 2000 से सम्पादन (रामेश्वर काम्बोज 'हिमांशु' के साथ)

सम्मान– विभिन्न संस्थाओं द्वारा सम्मानित।

सम्प्रति– निदेशक, भूगर्भ जल विभाग, उ. प्र. (सेवानिवृत्त), अब स्वतन्त्र लेखन।

सम्पर्क– 185, उत्सव पार्ट 2, महानगर, बरेली– 243006

ई-मेल– sahnisukesh@gmail.com

फोन– 96342-58583, 0581-2583199

"मेरा लघुकथा लेखन कभी भी तुरत-फुरत नहीं हुआ। मेरा मानना है कि साहित्य की दूसरी विधाओं की तरह लघुकथा का जन्म लम्बी सृजन-प्रक्रिया के बाद ही सम्भव है। मेरी अधिकतर लघुकथाएँ इस सृजन-प्रक्रिया से गुज़री हैं। मेरे पात्र कभी मेरे हाथों की कठपुतली नहीं रहे। मैंने लघुकथा-लेखन में कथ्य विकास हेतु वास्तविक जीवन में सम्बन्धित पात्रों की तलाश की, जिसके लिए बहुत धैर्यपूर्वक प्रतीक्षा करनी पड़ती है। मेरी किसी भी लघुकथा के सृजन के बारे में पूछा जाए, तो मेरे पास सुनाने को एक रोचक कहानी होगी।"

–सुकेश साहनी

वक्तव्य

माँ को मैं अपना पहला कथागुरु मानता हूँ। होश सँभालते ही उनसे सुनी कहानियाँ एक अलग रोमांचकारी दुनिया में ले जाती थीं, जिनके बारे में सोचते हुए अनेक प्रश्न मस्तिष्क में उठ खड़े होते थे, जिनके जवाब माँ बहुत ही रोचक अन्दाज में देती थी। कुछ बड़ा हुआ, तो देश के बँटवारे को लेकर हुई मार-काट का आँखों देखा हाल उनसे सुनने को मिला। माँ से मामा को जिन्दा आग में झोंक दिया जाना, दंगाइयों से जान बचाकर, दीवार फाँदते हुए दादाजी का मारा जाना, माँ और दूसरे परिजनों की रक्षा करते हुए नाना का मानसिक सन्तुलन खो देना जैसी घटनाओं के बारे में सुनकर मेरे बालमन पर बहुत गहरा प्रभाव पड़ा था। अब सोचता हूँ कि माँ किस्से सुनाने में कितनी दक्ष थीं। विभाजन की त्रासदी के बारे में मुझे बताते हुए, वह कितनी सजग थी, किसी सम्प्रदाय के प्रति मेरे मन में उन्होंने नफ़रत नहीं पैदा होने दी; बल्कि भाईचारे की कई मिसालें उनके किस्सों में शामिल थीं। भीष्म साहनी द्वारा लिखित 'तमस' पढ़ने का अवसर काफी बाद में मिला। पढ़कर लगा—यह सब तो मेरा आँखों देखा है, पहले से ही जानता हूँ इनके बारे में। यह सब माँ की किस्सागोई का कमाल था। माँ से सुनी गई कहानियों के कारण ही मेरे भीतर लेखन का बीजारोपण हुआ। तीसरी क्लास में पढ़ता था, तब मुंशी प्रेमचंद की कहानी 'दो बैलों की कथा' पढ़ी और पढ़कर रोना भी बहुत आया। मुझे लगता है कि मुंशी प्रेमचंद मेरे दूसरे कथागुरु हैं। माँ ने जो बीजारोपण मुझमें किया था, उसे खाद-पानी देकर नन्हें पौधे के रूप में विकसित करने का काम किया कथा-सम्राट प्रेमचंद की कहानियों ने।

बहुत कम लोगों को पता होगा कि मेरे लेखन की शुरुआत तेरह वर्ष की आयु में उपन्यास–लेखन से हुई। मुझे पॉकेट बुक्स के दो दिग्गज उपन्यासकारों सर्वश्री ओमप्रकाश शर्मा एवं वेदप्रकाश काम्बोज का सत्संग एवं मार्गदर्शन मिला। उस दौर में मैंने आठ उपन्यास लिखे, जिनमें से दो ज्ञानाश्रय प्रकाशन से प्रकाशित भी हुए। बाल-कथाओं और कहानियों की शुरुआत 'धर्मयुग' और 'मुक्ता' से हुई।

मुझे अच्छी तरह याद है अमीनाबाद लखनऊ के झंडेवालान पार्क के सामने होटल में ओमप्रकाश शर्मा, वेदप्रकाश काम्बोज और साधना प्रतापी ठहरे हुए थे। पन्द्रह वर्ष की आयु में मेरी उनसे कई मुलाकातें हो चुकी थीं। जब मैं वहाँ पहुँचा, तो जानकर हैरानी हुई कि उनके बीच शरत्चंद्र और प्रेमचंद के रचना-कर्म को लेकर विमर्श चल रहा था। मुझे याद है कि मैं भी विमर्श में प्रतिभागी बना था। इसी वार्तालाप के मध्य वेदप्रकाश काम्बोज जी ने मुझसे मुखातिब होकर कहा था कि मुझे लघुकथाएँ भी लिखनी चाहिएँ। तब मैं 'लघुकथा' के बारे में कुछ नहीं जानता था, विश्व साहित्य की छोटे आकार की रचनाएँ जरूर पढ़ चुका था। इस तरह पहले पहल 'लघुकथा' शब्द से परिचय कराया वेदप्रकाश काम्बोज ने।

उपन्यास-लेखन के कारण जब शिक्षा में व्यवधान पड़ने लगा, तो लेखन स्थगित करना पड़ा। आई. आई. टी. मुम्बई में शिक्षा ग्रहण करते हुए मैं खोज-खोजकर लघुकथाएँ पढ़ने लगा

था। सारिका और दूसरी पत्रिकाओं में प्रकाशित हो रही अधिकतर लघुकथाएँ मुझे प्रभावित नहीं करती थीं। मुझे लगता था, मेरे भीतर बहुत से ऐसे कथ्य हैं, जिनकी सशक्त अभिव्यक्ति लघुकथा में हो सकती है। तब मेरी दो लघुकथाएँ संस्थान की पत्रिका 'अक्ष' में प्रकाशित हुई थीं; जिसके संस्थापक डॉ. हरिवंश राय बच्चन थे।

शिक्षा पूर्ण होते ही मेरी पहली नियुक्ति भूगर्भ जल विभाग आगरा में हुई। यहाँ नया नगर में रावी जी से भी मिलना-जुलना शुरू हुआ। उनका संग्रह 'मेरे कथागुरु का कहना है' भी पढ़ने का अवसर मिला। हरिनारायण जी (सम्पादक कथादेश) से प्रथम परिचय यहीं हुआ। विभांशु दिव्याल, जगदीश कश्यप, सतीशराज पुष्करणा, गम्भीर सिंह पालनी से प्रथम परिचय भी यहीं हुआ। तब सारिका और दूसरी कई पत्रिकाओं में ऐसी लघुकथाएँ बहुतायत में दिखाई देती थीं, जो बिजली की कौंध की तरह खुद लेखक तक आती हैं या जीवन यात्रा में अकस्मात् उन्हें पा लेता है, लेकिन यह भी सच है कि इस तरह की लघुकथाएँ अल्पजीवी होती हैं और अपना प्रभाव नहीं छोड़ पातीं।

मेरा लघुकथा लेखन कभी भी तुरत-फुरत नहीं हुआ। मेरा मानना है कि साहित्य की दूसरी विधाओं की तरह लघुकथा का जन्म लम्बी सृजन-प्रक्रिया के बाद ही सम्भव है। मेरी अधिकतर लघुकथाएँ इस सृजन-प्रक्रिया से गुज़री हैं। मेरे पात्र कभी मेरे हाथों की कठपुतली नहीं रहे। मैंने लघुकथा-लेखन में कथ्य विकास हेतु वास्तविक जीवन में सम्बन्धित पात्रों की तलाश की, जिसके लिए बहुत धैर्यपूर्वक प्रतीक्षा करनी पड़ती है। मेरी किसी भी लघुकथा के सृजन के बारे में पूछा जाए, तो मेरे पास सुनाने को एक रोचक कहानी होगी। यहाँ विशेष रूप से 'तोता', 'दाहिना हाथ' और 'रास्तों से दोस्ती' और 'मास्टर' जैसी लघुकथाओं को याद करना चाहूँगा, जिन्हें लिखने में काफी वक्त लगा।

कथा की विषयवस्तु, लेखकीय दृष्टि और उससे सम्बन्धित विचार मिलकर मुकम्मल रचना का रूप लेते हैं। लघुकथा जितनी लघु होती है, उतनी ही अधिक वह दूरान्वयी और अर्थगर्भी होती है। उसके लेखन में उतनी ही गहरी अनुभूति और चुस्त शिल्प की जरूरत होती है। लेखनकला और रचना-कौशल में तोलस्तोय ने कहा है—आपको कुशल होना चाहिए। आप उतना ही संक्षिप्त हो सकते हैं, जितना एक कवि एक सॉनेट (चौदह पंक्तियों की कविता) में; परन्तु उसकी संक्षिप्तता 'सामग्री की सान्द्रता' का, जो अति आवश्यक है उसे चुन लेने का परिणाम होना चाहिए। केमिस्ट्री की भाषा में इस सामग्री की सान्द्रता का बहुत महत्त्व है। मैं अपनी लघुकथाओं में इस बिन्दु विशेष बल देता हूँ।

1987 में आगरा से बरेली आना हुआ। इसे महज़ इत्तफाक ही कहा जाएगा कि प्रसिद्ध कवि वीरेन डंगवाल बरेली में हमारे पड़ोसी थे। उन दिनों वे अमर उजाला के साहित्यिक पृष्ठ का सम्पादन भी कर रहे थे। आगरा पोस्टिंग के दौरान मेरी कई लघुकथाएँ उनके द्वारा प्रकाशित की गई थीं, पर इस बारे में जानकारी मुझे बरेली आने पर ही हुई। डंगवाल जी जहाँ एक ओर मेरी लघुकथाओं के प्रशंसक थे, वहीं मेरे लेखन को लघुकथा तक सीमित देखकर चिढ़ते भी थे, मुझे कहानियाँ भी लिखने के लिए प्रोत्साहित करते रहते थे। मैंने कई कहानियाँ भी लिखीं, जिन्हें श्रीलाल शुक्ल, राजेन्द्र यादव, डॉ. प्रभाकर श्रोत्रिय, रमेश बतरा, वीरेन डंगवाल, मंजुल भगत, डॉ. कोनराड मईजिंग आदि द्वारा सराहा भी गया। ये कहानियाँ 'मैग्मा

तथा अन्य कहानियाँ' के रूप में संकलित हैं। श्रीलाल शुक्ल जी ने तो यहाँ तक लिखा कि मुझे लघु कहानी का ठप्पा लगाकर परिसीमित किया जा रहा है, जबकि वास्तविकता यही थी कि मैं लघुकथा लेखन को ही वरीयता देता था। लघुकथा के कथ्य को विस्तार देकर कहानी बनाने का लोभ कभी नहीं किया।

लघुकथा लेखन की दृष्टि से 1987 से 2000 की अवधि को स्वर्णकाल कह सकता हूँ। रामेश्वर काम्बोज 'हिमांशु' जी के लेखन से पहले से ही परिचित था, पर उनसे मुलाकात बरेली आने पर ही हुई। भाई जगदीश कश्यप और सतीशराज पुष्करणा जी का बरेली आना-जाना होता रहा। लघुकथा-लेखन की दृष्टि से यह काल बहुत उपलब्धियों से भरा रहा। लघुकथा के शास्त्रीय पक्ष को लेकर हमारे बीच और एक दूसरे की रचनाओं पर बेबाक टिप्पणियाँ होतीं। गाँधी पार्क में जगदीश कश्यप, सतीशराज पुष्करणा, रमेश गौतम और काम्बोज जी के साथ अनेक योजनाओं को अन्तिम रूप दिया गया, कई महत्त्वपूर्ण लघुकथा-संग्रहों के सम्पादन की योजना बनी। रामेश्वर काम्बोज 'हिमांशु' जी के साथ लघुकथा डॉट कॉम को शुरू करने की बुनियाद यहीं पड़ी।

मेरी लघुकथाओं को पाठकों का भरपूर प्यार मिला है। बहुत ही विनम्रता से कहना चाहूँगा कि मेरे पाठकों की संख्या कई चर्चित कहानीकारों से भी अधिक है। मेरी पुस्तकों का विभिन्न भाषाओं में अनुवाद, अनेक लघुकथाओं पर शॉर्ट फिल्म्स का भी इसमें महत्त्वपूर्ण योगदान है।

अपने लघुकथा-लेखन से संतुष्ट नहीं हूँ। साहित्य-सृजन, यात्रा-ही-यात्रा है, तलाश-ही-तलाश है। साहित्यकार की कोई मंज़िल नहीं होती, मेरी भी नहीं है। मेरा मानना है कि जो यह मान लेते हैं कि उन्होंने मंजिल पा ली है, उनका लेखन चुक गया होता है या उनके लेखन में ईमानदारी नहीं रह जाती। पाठकों से यही अनुरोध है कि मुझे शुभकामनाएँ दें, ताकि मेरी साहित्य-यात्रा निरन्तर जारी रहे और मंजिल कभी न आए।

–सुकेश साहनी

ईश्वर

पेट में जैसे कोई आरी चला रहा हैं... दर्द से बिलबिला रहा हूँ।...। पत्नी के ठंडे, काँपते हाथ सिर को सहला रहे हैं। उसकी आँखों से टपकते आँसुओं की गरमाहट अपने गालों पर महसूस करता हूँ। उसने दो दिन का निर्जल उपवास रखा है। माँग रही है कैंसरग्रस्त पति का जीवन ईश्वर से। ...ईश्वर? ...आँखों पर जोर डालकर देखता हूँ, धुंध के उस पार वह कहीं दिखाई नहीं देता...।

घर में जागरण है। फिल्मी गीतों की तर्ज पर भजनों का धूम-धड़ाका है। हाल पूछने वालों ने बेहाल कर रखा है। थोड़ी-थोड़ी देर बाद कोई-न-कोई आकर तसल्ली दे रहा है। "सब ठीक हो जाएगा, ईश्वर का नाम लो।"...ईश्वर?...फिल्मी धुनों पर आँखों के आगे थिरकते हीरो-हीराइनों के बीच वह कहीं दिखाई नहीं देता...

नीम बेहोशी के पार से घंटियों की हल्की आवाज सुनाई देती है। ऊपरी बलाओं से मुझे मुक्ति दिलाने के कोई सिद्ध पुरुष आया हुआ है...। नशे की झील में डूबते हुए पत्नी की प्रार्थना को जैसे पूरे शरीर से सुन रहा हूँ। "इनकी रक्षा करो, ईश्वर!" ... ईश्वर?...मत्रोच्चारण एवं झाड़-फूँक से उठते हुए धुएँ के बीच वह कहीं दिखाई नहीं देता...

श्मशान से मेरी अस्थियाँ चुनकर नदी में विसर्जित की जा चुकी हैं। पत्नी की आँखों के आँसू सूख गए हैं। मेरी मृत्यु से रिक्त हुए पर पर वह नौकरी कर रही है। घर में साड़ी के पल्लू को कमर में खोंसे, वह काम में जुटी रहती है। मेरे बूढ़े माँ-बाप के लिए बेटा और बच्चों के लिए बाप भी बनी हुई है। पूजा-पाठ (ईश्वर) के लिए अब उसे समय ही नहीं मिलता। ...ईश्वर?...वह उसकी आँखों से झाँक रहा है।

डरे हुए लोग

जीप खेतों के बीच रास्ते से गुजर रही थी। बाईं तरफ के खेतों के बीच ट्यूबबैल के पास दो किसान बैठे थे। विजय ने ड्राइवर से जीप रोकने के लिए कहा। वह अपने क्षेत्रीय सहायक के साथ उनकी ओर चल दिया। वे दोनों, जो शायद पिता-पुत्र थे, विचित्र सन्देह-भरी नजरों से उन्हें ही देख रहे थे।

"यह ट्यूबबैल तुम्हारा ही है? इसे जरा चलाओ तो..." विजय ने उनके समीप पहुँचकर कहा।

प्रत्युत्तर में चुप्पी छायी रही। वे टुकुर-टुकुर घूरते रहे। विजय ने उनकी ओर देखते हुए अपनी बात दोहराई।

"तुमारो टूबैल ते मतलब?" अबकी बूढ़ा किसान बोला।

"देखो भाई, सरकार इस खारे पानीवाले इलाके का सर्वेक्षण करवा रही है। हम लोग इस इलाके के कुओं से पानी के नमूने एकत्र कर रहे हैं। इन्हें प्रयोगशाला में टेस्ट करके यह देखा जाएगा कि यहाँ के पानी में ऐसे कौन-कौन से तत्त्व हैं, जो फसल के लिए हानिकारक

हैं। सरकार की यह स्कीम तुम्हें इसी ट्यूबबैल के पानी से अधिक-से-अधिक फसल उपजाने में मदद करेगी। अब मुझे तुमसे कुछ जानकारी चाहिए, जिसे नोट करा दो।" विजय बहुत धीरे-धीरे प्रत्येक शब्द पर जोर देता हुआ उन्हें समझा रहा था।

विजय के बात खत्म करते ही युवक बूढ़े किसान की ओर झुककर धीरे-से बोला, "चाचा, इन्ने कछु मति बतय्यौ, टेकस लगाइ दिंगे।"

"देखो, अगर तुम हमारी मदद नहीं करोगे तो..." विजय ने उन्हें समझाना चाहा।

"मेई समझ में कुछ नाय आवतु। सरकार हमार मतलब ते नाय अपनेई मतलबे डोलत्ये।" बूढ़ा किसान बिना विजय से आँख मिलाए बोला।

"इसमें तुम्हारा फायदा है..." उसने पुनः कहना चाहा।

"हमें फायदा नाय चइये, हम एसेई ठीक है। हम तो वैसेई भौत परेशान है।" बूढ़े किसान का झुँझालहट भरा स्वर सुनकर विजय भारी कदमों से जीप की तरफ लौट पड़ा।

गोश्त की गंध

दरवाजा उसके बारह वर्षीय साले ने खोला और सहसा उसे अपने सामने देखकर वह ऐसे सिकुड़ गया जैसे उसके शरीर से एक मात्र नेकर भी खींच लिया गया हो। दरवाजे की ओट लेकर उसने अपने जीजा के भीतर आने के लिए रास्ता छोड़ दिया। वह अपने साले के इस उम्र में भी पिचके गालों और अस्थिपिंजर-से शरीर को हैरानी से देखता रह गया।

भीतर जाते हुए उसकी नजर बदरंग दरवाजों और जगह-जगह से झड़ते प्लास्टर पर पड़ी और वह सोच में पड़ गया। अगले कमरे में पुराने जर्जर सोफे पर बैठे हुए उसे विचित्र अनुभूति हुई। उसे लगा बगल के कमरे के बीचोंबीच उसके सास-ससुर और पत्नी उसके अचानक आने से आतंकित होकर काँपते हुए कुछ फुसफुसा रहे हैं।

रसोई से स्टोव के जलने की आवाज आ रही थी। एकाएक ताजे गोश्त और खून की मिली-जुली गंध उसके नथुनों में भर गई। वह उसे अपने मन का वहम समझता रहा पर जब सास ने खाना परोसा तो वह सन्न रह गया। सब्जी की प्लेटों में खून के बीच आदमी के गोश्त के बिल्कुल ताजा टुकड़े तैर रहे थे। बस, उसी क्षण उसकी समझ में सब कुछ आ गया। ससुर महोदय पूरी आस्तीन की कमीज पहनकर बैठे हुए थे, ताकि वह उनके हाथ से उतारे गए गोश्त रहित भाग को न देख सके। अपनी तरफ से उन्होंने शुरू से ही काफी होशियारी बरती थी। उन्होंने अपने गालों के भीतरी भाग से गोश्त उतरवाया था, पर ऐसा करने से गालों में पड़ गए गड्ढों को नहीं छिपा सके थे। सास भी बड़ी चालाकी से एक फटा-सस्ता दुपट्टा ओढ़े बैठी थी ताकि कहाँ-कहाँ से गोश्त उतारा गया है, और समझ न सके। साला दीवार के सहारे सिर झुकाए उदास खड़ा था और अपनी ऊँची-ऊँची नेकर से झाँकती गोश्त रहित जाँघों को छिपाने का असफल प्रयास कर रहा था। उसकी पत्नी सब्जी की प्लेट में चम्मच चलाते हुए कुछ सोच रही थी।

"राकेश जी, लीजिए...लीजिए न!" अपने ससुर महोदय की आवाज उसके कानों में पड़ी।

"मैं आदमी का गोश्त नहीं खाता!" प्लेट को परे धकेलते हुए उसने कहा। अपनी चोरी

पकड़े जाने से उनके चेहरे सफेद पड़ गए थे।

"क्या हुआ आपको?...सब्जी तो शाही पनीर की है!"...पत्नी ने विस्फारित नेत्रों से उसकी ओर देखते हुए कहा।

"बेटा, नाराज मत होओ...हम तुम्हारी खातिर में ज्यादा कुछ कर नहीं..." सास ने कहना चाहा।

"देखिए, मैं बिल्कुल नाराज नहीं हूँ।" उसने मुस्कराकर कहा, "मुझे दिल से अपना बेटा समझिए और अपना मांस परोसना बन्द कीजिए। जो खुद खाते हैं, वही खिलाइए। मैं खुशी-खुशी खा लूँगा।"

वे सब असमंजस की स्थिति में उसके सामने खड़े थे। तभी उसकी नजर अपने साले पर पड़ी। वह बहुत मीठी नजरों से सीधे उसकी ओर देख रहा था। सास-ससुर इस कदर अचंभित थे जैसे एकाएक किसी शेर ने उन्हें अपनी गिरफ्त से आजाद कर दिया हो। पत्नी की आँखों से आँसू बह रहे थे। यह सब देखकर उसने सोचा...काश ये गोश्त की गंध उसे बहुत पहले ही महसूस हो गई होती!

त्रिभुज के कोण

मिक्की बहुत उदास थी। उसकी आँखों के आगे से टॉफियों से भरे पारदर्शक जार घूम रहे थे...उसने मम्मी से एक टॉफी ही तो माँगी थी...टॉफी देना तो दूर मम्मी ने एक तमाचा उसके गाल पर जड़ दिया था। मिक्की की डबडबाई आँखों से आँसू छलक पड़े। बालकनी से नीचे व्यस्त सड़क पर आते-जाते लोगों को हसरत भरी नजरों से देखते हुए उसने सोचा-कितने खुश हैं ये लोग! काश, वह भी इन 'बड़े लोगों' की तरह स्वतन्त्र होता!...तब वह ढेर सारी टॉफियाँ खाता...

श्यामलाल का दिमाग भन्नाया हुआ था। उसने दरवाजे पर अपने जूते की जोरदार ठोकर मारी। भिड़ा हुआ दरवाजा 'भड़ाक' की आवाज के साथ खुल गया। भीतर पहुँचकर उसने अपना बैग एक कोने में उछाल दिया और पलँग पर ढेर हो गया। उसके दिमाग की नसें तिड़तिड़ा रही थीं– सुबह से शाम तक इन भ्रष्ट-चरित्रहीन अफसरों के आगे दुम हिलाते रहो, उनके इशारे पर कुर्सी पर उठक-बैठक लगाते रहो, फाइलों में कलम घिसते-घिसते मर जाओ...फिर भी, इन सालों के नखरे नहीं उठाए जाते। ओफ...ये रोज-रोज की डाँट! काश, वह अफसर होता!

रसोई में सीमा बेहद डरी हुई थी। उसने धड़कते दिल से खौलते पानी में चाय की पत्ती डाली और सोचने लगी– आज भी 'मूड ऑफ' लगता है। दफ्तर का गुस्सा भी घर में पत्नी पर ही तो निकलता है। घर में एक चुटकी आटा तक नहीं है...कैसे कहूँ? कहीं चाय का कप ही उठाकर फेंक दिया तो? क्या करे? यह भी कोई जिंदगी है!...दिन-रात खटते रहो, रोटियाँ थापते रहो और सबसे डरते रहो-सास से, ससुर से, पति से, देवर से और यहाँ तक कि नन्हें मिक्की से भी। काश, उसने पुरुष के रूप में जन्म लिया होता!

मिक्की की समझ में नहीं आया कि मम्मी रसोई में खड़ी रो क्यों रही है। क्या उसके

टॉफी माँगने से? वह अब कभी टॉफी नहीं माँगेगा।

"मम्मी, अच्छे बच्चे टॉफी नहीं खाते, है न?...मुझे रोटी दे दो..." सीमा ने झुककर मिक्की को गले से लगा लिया। इस नन्हीं जान को कैसे बताए कि घर में आटा नहीं है।

"मिक्की बेटा!" तभी श्यामलाल की आवाज से सीमा और मिक्की दोनों चौंक पड़े-"मैं आटा लेने बाजार जा रहा हूँ।...चलोगे?"

"हाँ पापा! पर...मैं टॉफी नहीं खाऊँगा।"

"हम तो अपने बेटे को टॉफी जरूर लेके देंगे।"

"टॉफी!...ले देंगे?!" मिक्की खिलखिलाकर हँस पड़ा। श्यामलाल और सीमा की नजरें मिलीं और वे दोनों भी हँस पड़े।

आइसबर्ग

डिब्बे में चुप्पी छाई हुई थी। सभी यात्री बदहवास-सी हालत में सिकुड़े बैठे थे, जबकि पूरे कम्पार्टमेण्ट में कुल मिलाकर दस आदमी थे। अचानक उसका चेहरा पीला पड़ गया। कहीं ये लोग उसे सिख तो नहीं समझ रहे। उसने कड़े को जल्दी से स्वेटर की आस्तीन के अन्दर छिपा लिया।

तभी उसे लगा सामने बैठे दो युवकों ने उसे कड़ा छिपाते देख लिया है। उसका दिल बड़ी तेजी से धड़कने लगा और गला मारे डर के खुश्क हो गया। वह किसी तरह अपने बीवी-बच्चे के पास पहुँच जाना चाहता था। वह थोड़ा-सा सतर्क हुआ, फिर शून्य में ताकता हुआ बोला, "हरे राम...हरे राम!...हरे कृष्ण...हरे!...इन सिखड़ों का तो दिमाग ही फिर गया है। ...मैं आज की भयंकर घटना नहीं भूल सकता। जिस दोस्त के घर ठहरा हुआ था, उसके सामने एक सिख रहता है। दंगा शुरू होते ही वह अपनी बन्दूक और कारतूसों की पेटी लेकर छत पर चढ़ गया। हम लोगों को तो छिपना पड़ गया था। बाद में पता चला कि उसने 'हमारे' दर्जन-भर लोगों को बन्दूक का निशाना बना दिया। लानत है हम पर! हम लोगों के यहाँ वक्त पर टूटी लाठी तक नहीं मिलेगी।"

यह सुनकर सामने बैठे युवकों के चेहरे तमतमाने लगे थे। उसने राहत की साँस ली और अपने फर्जी बयान पर खुद ही मुग्ध हो गया।

"चलो भाई! उठो, इटावा आ गया।" यह कहते हुए वे सभी उठने का उपक्रम करने लगे। वह डिब्बे में अकेला रह गया। भय ने उसे फिर घेर लिया। अभी वह अपना कम्पार्टमेण्ट बदलने के बारे में सोच ही रहा था कि गाड़ी फिर चल दी। तभी उसने देखा पाँच आदमी तेजी से भीतर चढ़ आए हैं। उनमें से तीन के सिर पर अफरा-तफरी में बाँधी गई पगड़ियाँ थीं जबकि दो के केश जुट्टे में बँधे थे।

ओए...जल्दी कर! बुआ (दरवाजा) लॉक कर देईं!! उनमें से कोई बोला और फिर वे सब जल्दी-जल्दी कुछ खुली खिड़कियों के शटर भी गिराने लगे। वे यह यकीन कर कि सब खिड़की-दरवाजे अच्छी तरह बन्द हो गए हैं, चुपचाप बैठ गए। उसे लगा कि वे सब अपनी लाल सुर्ख आँखों से उसे घूरने लगे हैं।

"वाहे गुरू!...तेरा ही आसरा है।" एकाएक ठंडी साँस छोड़ते हुए वह बोला और फिर कलाई खुजलाते हुए कड़े को बाहर निकाल लिया। फिर वह जल्दी से बोला, "तुस्सी कित्थे जा रए हो?"

उसके इस प्रश्न का उन सिखों ने कोई उत्तर नहीं दिया। उनके इस मौन से उसमें थोड़ी-सी हिम्मत जगी और वह फिर मन-ही-मन फर्जी घटना गढ़ते हुए बोला, "इना दा बेड़ा गरक होवे। अज स्टेशन दे बाहर "इना" त्वाडे वरगे दो सिखाँ ते पेट्रोल पाके अग लगा दित्ती।"

इस पर डिब्बे के भीतर का सन्नाटा और गहरा गया। तभी उनमें से एक सिख युवक तनकर बैठ गया और दाँत पीसकर बोला, "ओना दी...भैन दी...

"ओए...चोप्प कर!" एक प्रौढ़ सिख ने उसे धमकाया, "होर गूँ (और गंदगी) नई घोल!!"

जवाब में युवक शून्य में ताकता हुआ कुछ बुदबुदाया और फिर दोनों में तकरार होने लगी। उन लड़ते सिखों के बीच वह खुद को सुरक्षित महसूस करने लगा। एकाएक उसे लगा कि वह बेहद थक गया है, कर्फ्यू के बीच दोस्त के घर बिताए गए दो दिन उसकी आँखों में तैर गए-लुटती दुकानें...भागते-चीखते लोग...जलते मकान ...टनटनाती दमकलें। उसने अपना शरीर ढीला छोड़ दिया। अगले ही क्षण वह सीट से सिर टिकाए अपने बेटे की नन्हीं शरारतों को याद कर मुस्करा रहा था।

कुआँ खोदने वाला

झोपड़ी हैरान थी, उसे अपनी आँखों पर विश्वास ही नहीं हो रहा था–महल खुद चलकर उसके दरवाजे पर आया था, उसके आगे मदद के लिए गिड़गिड़ा रहा था, "मेरा कुआँ सूख गया है, सभी जल भण्डार खत्म हो गए हैं...चलकर मेरे कुएँ की खुदाई कर दो ताकि जरूरत-भर का पानी उसमें आ जाए...तभी मेरे प्राणों की रक्षा हो सकेगी। ...मैं तुम्हारा यह अहसान जिंदगी-भर नहीं भूलुँगा।"

झोपड़ी का दिल पसीज गया, वैसे भी उसे तो रोज कुआँ खोदकर पानी पीने की आदत थी।

उसने महल के कुएँ को गहरा करने के लिए दिन-रात एक कर दिया, अन्ततः उसकी मेहनत रंग लाई, कुएँ में जलस्रोत फूट पड़ा।

यह देखकर महल की आँखों में चमक आ गई। इस बार उसने कुएँ पर शक्तिशाली पम्प लगवा दिया। देखते-ही-देखते वहाँ फव्वारे चलने लगे, बावड़ियाँ पानी से लबालब भर गईं। महल झोपड़ी को भूलकर 'स्वीमिंग पूल' में पानी से अठखेलियाँ करने लगा।

मतलब पूरा होते ही महल के आँख फेर लेने से झोपड़ी के दिल पर ठेस लगी थी। वह उदास मन से लौट आई।

प्यास लगने पर झोपड़ी ने अपने कुएँ में देखा तो देखती रह गई– कुआँ सूख गया था। महल के कुएँ पर लगे पम्प ने उसके पानी को खींच लिया था। झोपड़ी मन मसोसकर रह गई।

वह बहुत थकी हुई थी, पर उसने हिम्मत नहीं हारी, तत्काल अपने कुएँ की खुदाई में जुट गई। लेकिन इस बार जल स्तर (चुआन) इतना नीचे चला गया था कि कई दिनों की कड़ी मेहनत के बावजूद वह उस तक नहीं पहुँच सकी।

निर्जलीकरण की वजह से झोपड़ी मूर्छित होकर गिर पड़ी।

नहीं, झोपड़ी को कुछ नहीं हुआ था। ऐन वक्त पर महल ने उसे बचा लिया था। झोपड़ी को आज भी महल के यहाँ पानी के एवज में मजदूरी करते देखा जा सकता है।

पैण्डुलम

बेटे का सहमा चेहरा, पत्नी की तनी हुई भृकुटि और माँ की स्वेटर बुनती तेज अँगुलियाँ ...घर में घुसते ही उसे तनाव भरे वातावरण को सूँघने में देर न लगी। वह कुर्सी पर ढेर हो गया। दफ्तर में ट्रेसिंग टेबल पर लगातार खड़े-खड़े नक्शे तैयार करने की वजह से उसकी कमर और टाँगें बुरी तरह दुख रही थीं।

पत्नी ने चाय का प्याला लाकर उसके सामने रखा और फिर एकाएक राजू को उसकी किसी नन्हीं शरारत पर जोर से तमाचा जड़ दिया। चाय के पहले घूँट से ही उसका मुँह कसैला हो गया। राजू सिसक रहा था। उसके तन-बदन में आग लग गई। गुस्सा माँ पर और पीट दिया इस नन्हीं जान को...। उसकी इच्छा हुई चाय का कप जमीन पर दे मारे और सरोज को खूब फटकारे, पर अपने पिछले अनुभवों के बारे में सोचकर उसने खुद को नियन्त्रित किया और चाय का कप उठाकर बरामदे में आ गया।

सरोज को कितना समझाया है उसने, “माँ के जीवन के दिन ही कितने बचे हैं...तुम ही एडजस्ट कर लो। बाबूजी की मृत्यु के बाद माँ बेहद अकेली और असुरक्षित महसूस करती है...चिड़चिड़ी भी हो गई है, अगर कुछ कह दे तो तुम बर्दाश्त कर लिया करो।”

“इस घर में कोई काम ढंग से होता है।” माँ की चिड़चिड़ाती आवाज उसके कानों में पड़ी।

घड़ी की सूई के आगे दौड़ती हुई सरोज पर कोड़े बरसाना कहाँ की अक्लमन्दी है। पूरे घर को सरोज ने कितनी अच्छी तरह से सँभाला हुआ है। एक बार दबी जुबान से यह बात उसने माँ को समझानी चाही थी तो माँ ने रो-रोकर बुरा हाल कर लिया था। उसे बहुत तकलीफ हुई थी। जब से होश सँभाला, माँ को कष्ट झेलते ही देखा है। बाबूजी की लम्बी बीमारी के कारण कैसी-कैसी परेशानियों का सामना करना पड़ा है माँ को। बाबूजी की मृत्यु के बाद दूसरों के कपड़े सिल-सिलकर पढ़ाया है उसे। तब वह अक्सर सोचा करता था कि नौकरी लगने के बाद माँ को कोई कष्ट नहीं होने देगा...दुनिया का हर सुख लाकर माँ के कदमों में डाल देगा।

बरामदे में पड़ोस के खेलते बच्चों के शोर से उसका ध्यान भंग हुआ। ‘यामू ने दीपू से चिल्लाकर कहा, “स्टैचू!” दीपू जिस मुद्रा में था उसी में मूर्तिवत् खड़ा हो गया।

वह फुर्ती से कमरे में लौटा, सबकी नजर बचाकर दवाइयों वाले डिब्बे से नींद की एक टेबलेट निकाली, बची हुई चाय के साथ उसे निगल गया और फिर ऊँची आवाज में बोला, “आज ऑफिस में बहुत काम था, थक गया हूँ। भूख बिल्कुल नहीं लग रही...अगर आँख लग जाए तो खाने के लिए मुझे न उठाया जाए।”

वह थका-थका-सा बिस्तर पर लेट गया और फिर असहाय-सा दीवार घड़ी के पेण्डुलम की ओर देखने लगा, जो नपी-तुली जगह में टिक-टिक की आवाज के साथ इधर-उधर झूल रहा था।

बैल

"इसके दिमाग में गोबर भरा है गोबर!" विमला ने मिक्की की किताब को मेज पर पटका और पति को सुनाते हुए पिनपनाई, "मुझसे और अधिक सिर नहीं खपाया जाता इसके साथ। मिसेज आनन्द का बंटी भी पाँच साल का ही है, उस दिन किटी पार्टी में उन्होंने सबके सामने उससे कुछ क्वेश्चन पूछे...वह ऐसे फटाफट अँग्रेजी बोला कि हम सब देखती रह गईं। एक अपने बच्चे हैं..."

"मिक्की इधर आओ।"

वह किसी अपराधी की भाँति अपने पिता के पास आ खड़ा हुआ।

"हाउ इज फूड गुड फॉर अस? जवाब दो, बोलो!"

"इट मेक्स अस स्ट्रांग, एक्टिव एँड हैल्प्स अस टू...टू...टूऊ ऊ..."

"क्या टू टू लगा रखी है! एक बार में क्यों नहीं बोलता?" उसने आँखें निकालीं, "एँड हैल्प्स अस टू ग्रो।"

"इट मेक्स अस अस्ट्रांग ...!" वह रुआँसा हो गया।

"असट्रांग!! यह क्या होता है, बोलो...'स्ट्रांग'...स्ट्रांग'...तुम्हारा ध्यान किधर रहता है...हंय?" उसने मिक्की के कान उमेठ दिए।

"इट मेक्स स्ट्रांग..." उसकी आँखों से आँसू छलक पड़े।

"यू-एस...'अस' कहाँ गया। खा गए!" तड़ाक् से एक थप्पड़ उसके गालों पर जड़ता हुआ वह दहाड़ा, "मैं आज तुम्हें छोड़ूँगा नहीं..."

"फूड स्ट्रांग अस..."

"क्या?" वह मिक्की को बालों से झिंझोड़ते हुए चीखा।

"पापा! प्लीज, मारो नहीं...अभी बताता हूँ।...स्ट्रांग ...फूड...अस...इट...हाउ...इज..." वह फूट-फूटकर रोने लगा।

मृत्युबोध

तेज बुखार के कारण बेहोशी की-सी हालत में बूढ़ी सुमित्र को लगा जैसे कमरे की एक-एक आवाज को सिर्फ अपने कान से नहीं पूरी देह से सुन रही है–

"बड़े भइया की अकल पर तो पत्थर पड़ गए हैं!" छुटके की चिड़चिड़ाती आवाज, "आखिर इतनी जल्दी हमें तार देने की क्या जरूरत थी? फिर हमने यहाँ आकर भी क्या कर लिया!"

"माल रोडवाली सड़क का वर्क आर्डर मुझे ही करना था। अब वो काम शर्मा साले ने घसीट लिया होगा। बैठे-बिठाए लाखों का नुकसान हो गया!" मँझले का स्वर।

"मैं तो इनसे पहले ही कह रही थी–दूसरा टेलीग्राम आ जाने दो, इस उम्र में प्राण इतनी आसानी से थोड़े ही निकलते हैं। पर अपने आगे ये किसी की सुनते थोड़े ही हैं। अब चार दिन से यहाँ बैठकर मक्खियाँ मार रहे हैं।" मँझली बहू की तुनकती आवाज।

"तुम लोग तो चार दिन में ही परेशान हो गए और हमें देखो। जिनके साथ ये रोज का रोना लगा हुआ है..." बड़ी बहू का परेशान स्वर।

उन्हें लगा जैसे किसी ने उन्हें गहरे पानी में डुबो दिया है। डुबकी के कारण कमरे की आवाजें भी बहुत दूर से आती मालूम दे रही हैं। जीवन के विभिन्न अच्छे-बुरे पल उनकी आँखों के सामने से गुजरने लगते हैं– कुछ बिजली की-सी तेजी से फड़फड़ाते हुए कुछ सिनेस्लाइड की तरह रुक-रुक कर... बचपन के दिन, अपनी शादी, बच्चों का जन्म, उनकी पढ़ाई, शादियाँ, बँटवारा, पति की मृत्यु, अकेलापन, और अब ...। क्या बुढ़ापे में बीमारी का एक ही मतलब होता है? अब जरा-सा बुखार होता है तो ये लोग चौकन्ने हो जाते हैं। तेज बुखार में सोचते हुए उनकी साँस उखड़ जाती है और उनके मुँह से चीखती साँस की आवाजें निकलने लगती हैं...

बूढ़ी सुमित्र का मन वापस कमरे में लौट आता है। कमरे में हड़कम्प मचा हुआ है–

"गईं!...गईं!!" एक स्वर।

"डॉक्टर को बुलाइए... जल्दी!"

"अब डॉक्टर क्या करेगा आकर! बड़े भइया को खबर करो..." छुटके का झुँझलाहट भरा स्वर।

"अरे पहले जमीन पर तो लिटाओ!" मँझली बहू का उत्तेजित स्वर।

"अरी, पूजावाले आले से गंगा जल तो लाना।" बड़ी बहू का आदेश।

अपनी सोच पर काबू पाते ही उनकी साँस सामान्य हो जाती है और वे धीरे-धीरे आँखें खोल देती हैं। उन्हें आँखें खोलते देख कमरे में सन्नाटा छा जाता है। उसकी नजर अपने चारों ओर मूर्तिवत खड़ी बहुओं पर फिसलने लगती है। जिन बच्चों को जन्म दिया, पाला-पोसा ...उनके मन की बात समझने में उन्हें तनिक भी देर नहीं लगती है। उनकी तबियत के एकाएक फिर सुधर जाने की वजह से बेटों की घोर निराशा और बहुओं की खीझ उनसे और अधिक नहीं देखी जाती और वे फिर आँखें बन्द कर लेती हैं। दोनों आँखों की कोरों से आँसू ढुलककर झुर्रियों की गलियों में बहने लगते हैं।

ठंडी रजाई

"कौन था?" उसने अंगीठी की ओर हाथ फैलाकर तापते हुए पूछा।

"वही, सामने वालों के यहाँ से," पत्नी ने कुढ़कर सुशीला की नकल उतारी, "बहन, रजाई दे दो, इनके दोस्त आए हैं।" फिर रजाई ओढ़ते हुए बड़बड़ाई, "इन्हें रोज-रोज रजाई माँगते शर्म नहीं आती। मैंने तो साफ मना कर दिया– आज हमारे यहाँ भी कोई आने वाला है।"

"ठीक किया।" वह भी रजाई में दुबकते हुए बोला, "इन लोगों का यही इलाज है।"

"बहुत ठंड है!" वह बड़बड़ाया।

"मेरे अपने हाथ-पैर सुन्न हुए जा रहे हैं।" पत्नी ने अपनी चारपाई को दहकती अंगीठी के और नजदीक घसीटते हुए कहा।

"रजाई तो जैसे बिल्कुल बर्फ हो रही है, नींद आए भी तो कैसे!" वह करवट बदलते हुए बोला।

"नींद का तो पता ही नहीं है!" पत्नी ने कहा, "इस ठंड में मरी रजाई भी बेअसर-सी हो गई है।"

जब काफी देर तक नींद नहीं आई तो वे दोनों उठकर बैठ गए और अंगीठी पर हाथ तापने लगे।

"एक बात कहूँ, बुरा तो नहीं मानोगी?" पति ने कहा।

"कैसी बात करते हो?"

"आज जबदस्त ठंड है, सामने वालों के यहाँ मेहमान भी आए हैं। ऐसे में रजाई के बगैर काफी परेशानी हो रही होगी।"

"हाँ तो?" उसने आशा-भरी नजरों से पति की ओर देखा।

"मैं सोच रहा था– मेरा मतलब यह था कि– हमारे यहाँ एक रजाई फालतू ही तो पड़ी है।"

"तुमने तो मेरे मन की बात कह दी, एक दिन के इस्तेमाल से रजाई घिस थोड़े ही जाएगी," वह उछलकर खड़ी हो गई, "मैं अभी सुशीला को रजाई दे आती हूँ।"

वह सुशीला को रजाई देकर लौटी तो उसने हैरानी से देखा, वह उसी ठंडी रजाई में घोड़े बेचकर सो रहा था। वह भी जम्हाइयाँ लेती हुई अपने बिस्तर में घुस गई। उसे सुखद आश्चर्य हुआ, रजाई काफी गर्म थी।

धुएँ की दीवार

अमीचन्द शीशे के सामने खड़ा होकर पगड़ी बाँधने लगा। बँटवारे के बाद वह पहली बार बेलेवालाँ जा रहा था। उसके मन में आज कोई उत्साह नहीं था। पहले हर महीने वह बेलेवालाँ के हाट से सबके लिए जरूरी सामान लाता था, दुलीचन्द और उसके बच्चों के लिए भी। उसने खिड़की के बाहर उदास निगाह डाली। अपने मकान को दो हिस्सों में बाँटती दीवार उसके दिल को चीरती चली गई। बँटवारे वाले दिन से उसके और छोटे भाई दुलीचन्द के बीच बातचीत बिल्कुल बन्द थी।

बाहर दुलीचन्द श्यामा गाय को दुहने की तैयारी कर रहा था। बँटवारे में गाय उसके हिस्से में आई थी।

तभी अमीचन्द की नजर अपनी बेटी पर पड़ी। वह हाथ में बड़ा गिलास लिये चुपके से अपने चाचा की ओर बढ़ रही थी। वह चिल्लाकर बेटी को रोकना चाहता था, पर आवाज गले में फँसकर रह गई। उसका दिल जोर-जोर से धड़कने लगा।

दुलीचन्द ने मुस्कराकर अपनी भतीजी की तरफ देखा। जवाब में वह भी धीरे-से हँसी। दुलीचन्द ने उसके हाथ से गिलास ले लिया और झटपट उसे दूध से भर दिया।

अमीचन्द एकटक इस दृश्य को देख रहा था। ठीक उसी समय दुलीचन्द की पत्नी घर से निकली। उसे पूरा विश्वास था कि बहू उसकी बेटी के हाथ से दूध भरा गिलास छीनकर पटक देगी। न जाने क्या-क्या बकेगी। बँटवारे के समय उसने बहुत झगड़ा किया था।

अमीचन्द यह देखकर हैरान रह गया था कि बहू के चेहरे पर हल्की मुस्कान उभरी और कहीं पति दुलीचन्द उसे देख न ले, इस डर से तुरन्त भीतर चली गई।

उसकी बेटी ने एक साँस में ही दूध का गिलास खाली कर दिया और वापस घर की ओर दौड़ पड़ी।

अमीचन्द की आँखें भर आईं। उसे बेहद खुशी हुई, उसको लगा—घर के बीच की दीवार गायब हो गई है।

अमीचन्द उत्साह से भरा हुआ घर से बाहर आया और अड़ोस-पड़ोस को सुनाता हुआ ऊँची आवाज में बोला, "ओए दुली, मैं बेलेवालाँ जा रहा हूँ। तुम्हें जाने की जरूरत नहीं। मैं तुम सबके लिए सामान लेता आऊँगा।"

बिरादरी

"बाबू!" मैं कार से उतरा ही था कि अपने बचपन का सम्बोधन सुनकर चौंक पड़ा। किसी पुराने परिचित से सामना होने की आशंका मात्र से मेरे कान गर्म हो उठे और मैं उस पुकार को अनसुनी कर जल्दी-जल्दी पार्किंग से आगे चल दिया।

"अबे ओ बाबू!" अब किसी ने जोर से पुकारा।

मुझे पीछे मुड़कर देखना ही पड़ा। वह लम्बे-लम्बे डग-डग भरता हुआ मेरी ओर ही आ रहा था। दायीं आँख के नीचे बड़े-से मस्से के कारण मुझे अपने बचपन के दोस्त सीताराम को पहचानने में देर नहीं लगी। वह जिस अन्दाज में मेरी ओर बढ़ रहा था, उससे जाहिर था कि वह नजदीक आकर मुझे बाँहों में भर लेगा।

मुझे लगा, वह भरे साउथ एक्सटेंशन मेरी इज्जत धोकर रख देगा...बेवकूफ नहीं जानता कि मैं अब वो पुराना फटीचर बाबू नहीं बल्कि अनेक फैक्ट्रियों का मालिक बी.के. हूँ। मैंने जान-बूझकर अपने हाथ अपने पैंट की जेबों में डाल लिये।

मेरे ठंडे व्यवहार के कारण वह मेरे नजदीक आकर ठिठक गया था। मैंने बड़ी मुश्किल से उसकी ओर आँख उठाकर देखा। उसका दाहिना हाथ मेरी ओर बढ़ा हुआ था।

"सीताराम, कैसे हो?" मैंने उसके बढ़े हुए हाथ को नजरअन्दाज करते हुए इस तरह पूछा मानो वह मेरी किसी फैक्ट्री का वर्कर हो।

"अबे तू दिल्ली में है और मुझे खबर ही नहीं?" मेरे ठंडे व्यवहार के बावजूद वह उत्तेजित स्वर में बोला।

"अभी तो मैं ज़रा जल्दी में हूँ।" उसकी बेतकल्लुफी से मैं पसीने-पसीने हो रहा था। मैंने घबराकर चारों ओर देखा। शुक्र है किसी का ध्यान इस ओर नहीं था। मैंने उससे पिंड छुड़ाने की नीयत से कहा, "कभी ऑफिस में मिलो तो बातें होंगी।"

"इतने सालों बाद मिले हो, ऐसे थोड़े ही जाने दूँगा।" वह बोला, "आओ, तुम्हें अपने शो-रूम दिखाऊँ...'फैब्रिका', 'फैशन इन' इस बन्दे के ही तो हैं।"

मैं बुरी तरह चौंक पड़ा, सोचा...'सीताराम साउथ एक्सटेंशन के दो शानदार शो-रूम्स का मालिक! इट हेज सम मीनिंग!'

"अबे मोटू, तू तो बहुत बड़ा आदमी बन गया है।" मैंने बड़े प्यार से उसकी तोंद को मुकियाते हुए कहा। अगले ही क्षण हम एक-दूसरे की कमर में हाथ डाले, धीरे-धीरे फैब्रिका'

की ओर जा रहे थे।

स्कूल

"तुम्हें बताया न, गाड़ी छह घंटे लेट है," स्टेशन मास्टर ने झुँझलाते हुए कहा, "छह घंटे से पहले तो आ नहीं जाएगी...कल से नाक में दम कर रखा है तुमने!"

"बाबूजी, गुस्सा न हो," वह ग्रामीण औरत हाथ जोड़कर बोली, "मैं बहुत परेशान हूँ, मेरे बेटे को घर से गए तीन दिन हो गए हैं...उसे कल ही आ जाना था! पहली दफा घर से अकेला बाहर निकला है..."

"पर तुमने बच्चे को अकेला भेजा ही क्यों?" औरत की गिड़गिड़ाहट से पसीजते हुए उसने पूछ लिया।

"मति मारी गई थी," वह रुआँसी हो गई, "...बच्चे के पिता नहीं हैं, मैं दरियाँ बुनकर घर का खर्चा चलाती हूँ। पिछले कुछ दिनों से जिद कर रहा था कि कुछ काम करेगा। टोकरी-भर चने लेकर घर से निकला है..."

"घबराओ मत...आ जाएगा!" उसने तसल्ली दी।

"बाबूजी, वह बहुत भोला है। उसे रात में अकेले नींद भी नहीं आती...मेरे पास ही सोता है। हे भगवान!...दो रातें उसने कैसे काटी होंगी? इतनी ठंड में उसके पास ऊनी कपड़े भी नहीं है..." वह सिसकने लगी।

स्टेशन मास्टर फिर अपने काम में लग गया था। वह बेचैनी से प्लेटफार्म पर घूमने लगी। इस गाँव के छोटे-से स्टेशन पर चारों ओर अन्धकार छाया हुआ था। उसने मन-ही-मन तय कर लिया था कि भविष्य में वह अपने बेटे को कभी खुद से दूर नहीं होने देगी।

आखिर पैसेंजर ट्रेन शोर मचाती हुई उस सुनसान स्टेशन पर आ खड़ी हुई। वह साँस रोके, आँखें फाड़े डिब्बों की ओर ताक रही थी।

एक आकृति दौड़ती हुई उसके नजदीक आई। नजदीक से उसने देखा–तनी हुई गर्दन... बड़ी-बड़ी आत्मविश्वास से भरी आँखें...कसे हुए जबड़े...होंठों पर बारीक मुस्कान...

"माँ, तुम्हें इतनी रात गए यहाँ नहीं आना चाहिए था!" अपने बेटे की गम्भीर, चिन्ता भरी आवाज उसके कानों में पड़ी।

वह हैरान रह गई। उसे अपनी आँखों पर विश्वास ही नहीं हो रहा था–इन तीन दिनों में इतना बड़ा कैसे हो गया?

प्रतिमाएँ

उनका काफिला जैसे ही बाढ़ग्रस्त क्षेत्र के नजदीक पहुँचा, भीड़ ने उनको घेर लिया। उन नंग-धड़ंग अस्थिपंजर से लोगों के चेहरे गुस्से से तमतमा रहे थे। भीड़ का नेतृत्व कर रहा युवक मुट्ठियाँ हवा में लहराते हुए चीख रहा था, "मुख्यमन्त्री...मुर्दाबाद! रोटी, कपड़ा दे न सके जो, वो सरकार निकम्मी है! प्रधानमन्त्री!...हाय! हाय!" मुख्यमन्त्री ने जलती हुई नजरों

से वहाँ के जिलाधिकारी को देखा। आनन-फानन में प्रधानमन्त्री के बाढ़ग्रस्त क्षेत्र के हवाई निरीक्षण के लिए हेलीकॉप्टर का प्रबन्ध कर दिया गया। वहाँ की स्थिति सँभालने के लिए मुख्यमन्त्री वहीं रुक गए।

हवाई निरीक्षण से लौटने पर प्रधानमंत्री दंग रह गए। अब वहाँ असीम शान्ति छाई हुई थी। भीड़ का नेतृत्व कर रहे युवक की विशाल प्रतिमा चौराहे के बीचोंबीच लगा दी गई थी। प्रतिमा की आँखें बन्द थीं, होंठ भिंचे हुए थे और कान असामान्य रूप से छोटे थे। अपनी मूर्ति के नीचे वह लगभग उसी मुद्रा में खड़ा हुआ था। नंग-धड़ंग लोगों की भीड़ उस प्रतिमा के पीछे एक कतार के रूप में इस तरह खड़ी हुई थीं मानो अपनी बारी की प्रतीक्षा में हो। उनके रुग्ण चेहरों पर अभी भी असमंजस के भाव थे।

प्रधानमंत्री सोच में पड़ गए थे। जब से उन्होंने इस प्रदेश की धरती पर कदम रखा था, जगह-जगह स्थानीय नेताओं की आदमकद प्रतिमाएँ देखकर हैरान थे। सभी प्रतिमाओं की स्थापना एवं अनावरण मुख्यमन्त्री के कर कमलों से किए जाने की बात मोटे-मोटे अक्षरों में शिलालेखों पर खुदी हुई थी। तब वे लाख माथापच्ची के बावजूद इन प्रतिमाओं का रहस्य नहीं समझ पाए थे, पर अब इस घटना के बाद प्रतिमाओं को स्थापित करने के पीछे का मकसद एकदम स्पष्ट हो गया था। राजधानी लौटते हुए प्रधानमन्त्री बहुत चिन्तित दिखाई दे रहे थे।

दो घंटे बाद ही मुख्यमन्त्री को देश की राजधानी से सूचित किया गया-"आपको जानकर हर्ष होगा कि पार्टी ने देश के सबसे महत्त्वपूर्ण एवं विशाल प्रदेश की राजधानी में आपकी भव्य, विशालकाय प्रतिमा स्थापित करने का निर्णय लिया है। प्रतिमा का अनावरण पार्टी-अध्यक्ष एवं देश के प्रधानमन्त्री के कर-कमलों से किया जाएगा। बधाई!"

अथ उलूक कथा

शिकार की ताक में घंटों एक टाँग पर खड़े रहने के बावजूद जब उसके हाथ कुछ नहीं लगा, तो वह किसी दूसरे सरोवर की तलाश में निकल पड़ा।

रास्ते में हर कहीं खुशहाली थी। सब अपने-अपने काम में इस कदर मग्न थे कि किसी ने सिर उठाकर उसकी ओर देखा तक नहीं। यह देखकर वह गहरी चिन्ता में डूब गया।

एक पेड़ के नीचे से गुजरते हुए उसे दो उल्लू झगड़ते हुए दिखाई दिए।

"इस इमारत का मालिक मैं हूँ!" पहला उल्लू।

"क्या बकते हो?" दूसरा उल्लू, "इसे तो हमारे पूर्वजों ने बनवाया था।"

"तुम्हारे पूर्वज कितने बड़े लुटेरे थे, यह सभी जानते हैं।" पहले ने तीर छोड़ा।

"जबान सँभालकर बात करो, नहीं तो..." दूसरा गुर्राया।

दोनों झगड़ने लगे।

उसने दोनों को शान्त कराया और फिर बड़ी गम्भीरता से क्षेत्र का निरीक्षण करने लगा। दूर-दूर तक किसी इमारत का नामोनिशान तक न था। वैसे भी, वह यह सोचकर दंग था कि उल्लू दिन में कब से देखने लगे।

वह उल्लुओं को समझाते हुए बोला, "आप दोनों की तीव्र दृष्टि एवं कुशाग्र बुद्धि काबिले

तारीफ है। अपनी-अपनी जगह आप दोनों ही सही हैं। इमारत किसकी है, इसका फैसला आम सहमति से जल्दी ही हम कर देंगे।" कहकर उसने दोनों को पहचान के लिए अलग-अलग रंग की टोपियाँ पहना दी।

उल्लू बिरादरी में यह खबर आग की तरह फैल गई। दिन-भर उसके पास उल्लुओं का जमघट लगा रहने लगा। अब वह बाकायदा कुर्सी पर बैठकर उनको टोपियाँ पहनाने लगा।

अगली बार वह जब क्षेत्रीय भ्रमण पर निकला, तो हर शाख पर टोपीवाले उल्लू बैठे थे और उस अदृश्य इमारत को लेकर आपस में झगड़ रहे थे।

आधी दुनिया

...साड़ी पहनकर दिखाओ, लूज फिटिंग के सूट में फिगर्स का पता ही नहीं चलता...चलकर दिखाओ...लम्बाई? ऐसे नहीं–बिना सैंडिल के चाहिए...मेकअप तो नहीं किया है न?...पार्क में चलो, चेहरे का रंग खुले में ही पता चलता है...बड़ी बहन की शादी में क्या दिया था?...क्या-क्या पका लेती हो?...घर सम्हालना आता है? आज के समय में नौकर-मेहरी रखना 'सेफ' नहीं है।

...'जयमाल' के समय सूट पहनना, लहँगा-चोली नहीं चलेगा...डार्लिंग, ये देहाती औरतोंवाला अन्दाज़ छोड़ दो...आज की रात हम जो कहेंगे, करना होगा...हमसे कुछ मत छिपाना...शादी से पहले किसी से प्यार किया था?...कितना नमक झोंक दिया है सब्जी में!...स्वीट हार्ट! इधर आओ, हमारे करीब...दिन-भर की थकान हम अभी दूर किए देते हैं!...चूमने का ये अँग्रेजी अन्दाज कहाँ से सीखा? तुम तो छिपी रुस्तम निकली!...कैसा खाना बनाया है? देखते ही भूख मर गई।

...खिड़की पर मत खड़ी हुआ करो...बेमतलब खी-खी मत किया करो!...तुम्हारे घरवालों में जरा भी अक्ल नहीं है, इस कूड़े-कबाड़ की जगह कार ही दे देते। ...अक्ल से बिल्कुल पैदल हो! प्यार करने के तरीके इन विदेशी मेमों से सीखो। ...कितनी बार कहा है बेवक्त घर का रोना मत रोया करो, सारा मजा किरकिरा हो जाता है। ...मुझसे पहले तुम कैसे सो सकती हो? ...दोस्त आएँ तो उन्हें चाय-पानी के लिए पूछा करो। ...दोस्तों के सामने मुँह उठाए क्यों चली आती हो? उनसे ज्यादा हँस-हँसकर बात मत किया करो।

...बहुत फालतू खर्च करने लगी हो!!...तुम्हारे खानदान में किसी ने बेटा जना है जो तुम जनोगी! मैं तो फँस गया!!...दिन-रात मायकेवालों का जाप मत किया करो। ...किसे चाय-पानी के लिए पूछना है किसे नहीं, ये सब भी सिखाना पड़ेगा तुम्हें?...तुम्हारी बहन की शादी में बहुत माल खर्च कर रहे हैं, हमें तो बहुत सस्ते में ही निबटा दिया था बुढ़ऊ ने।

...आए दिन पर्स उठाकर कहाँ चल देती हो? घर का नाम मत डुबो देना!...बेटियों को चौपट करोगी तुम! भगवान के लिए उन्हें अपने जैसा मत बनाना। ...रोजाना माँ को देखने मत चल दिया करो। बुढ़िया के प्राण इतनी आसानी से नहीं निकलने वाले, अब 'खबर' आने पर ही जाना। ...दिन-रात घुटनों को लेकर 'हाय-हाय' करना छोड़ दो। घर में घुसते ही मूड खराब हो जाता है।

...कितनी ठंडी होती जा रही हो दिन-ब-दिन !...मोहल्ले की इन दो टके की औरतों से बात मत किया करो...अब ये रोना धोना बन्द करो ! माँ के मरने पर नहीं पहुँच सकी तो कौन-सा पहाड़ टूट पड़ा। ...ये चोंचले मुझे मत दिखाओ !...ज्यादा अगर-मगर मत करो... शक्की बुढ़िया की तरह 'बिहेव' मत करो... दिमाग का इलाज कराओ...सिर मत खाओ...ज्यादा चीं-चपड़ मत करो ! मुझसे ऊँची आवाज में बात मत करना...तुम्हारी ये मजाल !...मुझे आँखें दिखाती हो ! निकलो...अभी निकलो 'मेरे' घर से।

उतार

(कुआँ खोदने वाले मिस्त्री की डायरी से)

10 मई, 1966

कुएँ की सफाई होनी थी। मुझे लगा अगर कुआँ दो फीट और गहरा कर दिया जाए तो ज्यादा पानी देगा। प्रधान जी को मेरा मशविरा पसन्द आया। खुदाई शुरू करते ही गाँव के बहुत से लड़के मेरे साथ जुट गए। दो दिन का काम हमने एक दिन में ही पूरा कर लिया। कुआँ पानी से लबालब हो गया। गाँव की औरतों ने खुशी मनाई, बताशे बाँटे-पूरे गाँव में।

कुएँ की कुल गहराई : 30 फीट, चुआन (भूजल स्तर) : 14 फीट

25 मई, 1976

आज पंडितों वाला कूप तैयार हो गया। यह दसवाँ कुआँ है इस गाँव में। मिठाई बाँटी गई-केवल पंडितों में। जब से इन वोटवालों का आना-जाना शुरू हुआ है, गाँव का माहौल बिगड़ता जा रहा है। पहले दो कुओं से पूरा गाँव पानी लेता था, अब हर जाति का अलग कुआँ है।

कूप की कुल गहराई : 60 फीट, चुआन : 28 फीट

30 जून, 1986

आज हरनाम सिंह के घर पर गाँव का पहला हैडपम्प लग गया। शहर से मिस्त्री आया था। ठाकुर के कहने पर उसने बेमन से मुझे अपने साथ काम पर लगा लिया था। मेरे पास औजार होते तो मैं यह काम उससे कम पैसों में कर सकता था। कुल दो रुपए मजदूरी मिली। हालात ऐसे रहे तो रोटियों के भी लाले पड़ सकते हैं।

हैंडपम्प की कुल गहराई : 90 फीट, चुआन : 45 फीट

17 जुलाई, 1996

मन बहुत उदास है। मेरे द्वारा तैयार किए गए सभी कुओं का इस्तेमाल बन्द हो गया है, उनमें कूड़ा-करकट भरा हुआ है। उनकी सफाई में किसी की दिलचस्पी नहीं रही। इस बारे में कुछ भी कहो तो सभी मजाक उड़ाते हैं। बच्चे मुझे 'सूखा कुआँ' कहकर चिढ़ाने लगे हैं। घर-घर में हैंडपम्प लग रहे हैं। ठेकेदार के पास कई बोरिंग सेट हैं, मनमाने पैसे वसूल रहा है गाँववालों से। मुझे जमीन के नीचे चप्पे-चप्पे की जानकारी है, ठेकेदार इस बात का पूरा फायदा उठाता है, पर मजदूरी आधी देता है। पाठशाला वाली बोरिंग का काम पूरा हो गया।

बोरिंग की कुल गहराई : 120 फीट, चुआन : 75 फीट

25 जुलाई, 2006

तीन ठेकेदारों के सात बोरिंग सेट धरती का सीना छेदे डाल रहे हैं। पुराने लोग एक-एक कर खत्म होते जा रहे हैं। घर-खेतों का बँटवारा हो गया है। जहाँ चार भाइयों के खेतों पर एक बोरिंग से बखूबी काम चलता था, वहीं बँटवारे के बाद हरेक खेत में एक बोर वैल जरूरी हो गया है। हरेक पानी को अपनी मुट्ठी में करना चाहता है। इस बूढ़े शरीर से अब मजदूरी नहीं होती। काश! मैं एक बोरिंग सेट खरीद पाता। दो रोटियों के लिए इन बदमिजाज लड़कों के आगे रोज ही जलील होना पड़ता है।

नेता जी के फार्म हाउस पर चल रहे बोरिंग के काम ने थका डाला है। काम शुरू हुए आज नौवाँ दिन है, पर बोरिंग कामयाब होती नहीं दिख रही।

कुल बोरिंग : 160 फीट, चुआन : जाने कहाँ बिला गई है!!

जागरूक

लड़की अपनी धुन में मस्त चली जा रही थी। रात के सन्नाटे में उस आधुनिका के सैंडिलों से उठती खट्-खट् की आवाज काफी दूर तक सुनाई दे रही थी। जैसे ही वह उस पॉश कालोनी के बीचोंबीच बने पार्क के नजदीक पहुँची, वहाँ पहले से छिपे बैठे दो बदमाश उससे छेड़छाड़ करने लगे।

लड़की ने कान्वेंटी अन्दाज में "शट अप! यू...बास्टर्ड!!" वगैरह-वगैरह कहकर अपना बचाव करना चाहा, पर जब वे अश्लील हरकतें करते हुए उसके कपड़े नोचने लगे तो वह "बचाओ...बचाओ..." कहकर चिल्लाने लगी। उसकी चीख-पुकार पार्क के चारों ओर कतार से बनी कोठियों से टकराकर लौट आई। कोई बाहर नहीं निकला।

वे लड़की को पार्क में झुरमुट की ओर खींच रहे थे। उनके चंगुल से मुक्त होने के लिए वह बुरी तरह छटपटा रही थी।

तभी वहाँ से गुजर रहे एक लावारिस कुत्ते की नजर उन पर पड़ी। वह जोर-जोर से भौंकने लगा। जब उसके भौंकने का बदमाशों पर कोई असर नहीं हुआ तो वह बौखलाकर इधर-उधर दौड़ने लगा। कभी घटनास्थल की ओर आता तो कभी किसी कोठी के गेट के पास जाकर भौंकने लगता मानो वहाँ रहने वालों को इस घटना के बारे में सूचित करना चाहता हो। उसके इस प्रयास पर लोहे के बड़े-बड़े गेटों के उस पार तैनात विदेशी नस्ल के पालतू कुत्ते उसे हिकारत से देखने लगे।

संघर्षरत लड़की के कपड़े तार-तार हो गए थे, हाथ-पैर शिथिल पड़ते जा रहे थे। बदमाशों को अपने मकसद में कामयाबी मिलती नजर आ रही थी।

यह देखकर गली का कुत्ता मुँह उठाकर जोर-जोर से रोने लगा। कुत्ते के रोने की आवाज इस बार कोठियों से टकराकर वापस नहीं लौटी, क्योंकि वहाँ रहने वालों को अच्छी तरह मालूम था कि कुत्ते के रोने से घर में अशुभ होता है। देखते-ही-देखते तमाम कोठियों में चहल-पहल दिखाई देने लगी। छतों पर-बालकनियों पर बहुत से लोग दिखाई देने लगे।

उनके आदेश पर बहुत से वाचमैन लाठियाँ-डंडे लेकर कोठियों से बाहर निकले और उस कुत्ते पर पिल पड़े।

नंगा आदमी

आँख खुलते ही मैंने घर के सभी खिड़की-दरवाजे खोल दिए। वर्षों से बन्द पड़े कमरे में हर कहीं चाँदनी छिटक गई। सात समुंदर का फैसला तय कर मुझ तक पहुँची हवा ने जैसे ही मुझे छुआ, मेरे शरीर में झुरझुरी-सी दौड़ गई। मैंने दो-तीन बार गहरी साँस ली, फिर न जाने किस शक्ति से पराभूत मैंने एक-एक कर अपने सभी कपड़े उतार डाले। इनमें वे सभी पोशाकें थीं जिन्हें मैं आज तक भिन्न-भिन्न 'अवसरों' पर पहनता रहा था।

मैं घर से बाहर सड़क पर आ गया। आसमान में चाँद चाँदी-सा चमक रहा था। सड़क पर खूब हलचल थी।

सबसे पहले मुझे बहुत-सी औरतें आती दिखाई दीं। हरेक की गोद में एक नन्हां सूरज था। उन नन्हें सूर्यों को अपनी जैसी हालत में देखकर मुझे खुशी हुई। उनमें से किसी ने मुझ पर ध्यान नहीं दिया। जब वे मेरे पास से गुजरीं तो मैं उनके वात्सल्य की ऊष्मा में नहा गया।

सामने से लड़के-लड़कियों का झुंड चला आ रहा था। वे अपने सपनों की बातें करते हुए मेरे पास से निकल गए। कई सालों बाद मैं जाग्रत अवस्था में सपने देखने लगा।

कारखाने से लौट रहे कामगारों की आँखों में दिन-भर की मेहनत से कमाई गई तृप्ति भरी थकान थी। उन्होंने भी मेरी ओर ध्यान नहीं दिया। जब वे मेरे पास से गुजरे तो मैं पसीने से नहा गया।

आगे सड़क का सन्नाटा था। दोनों ओर के मकानों के खिड़की-दरवाजे ही नहीं रोशनदान भी मजबूती से बन्द थे। बड़े-बड़े लोहे के गेटों के उस पार विदेशी नस्ल के खतरनाक कुत्ते थे, जो मुझे देखते ही जोर-जोर से भौंकने लगे। देखते-ही-देखते काँच की दीवारों के पीछे तरह-तरह की पोशाकों में लिपटे लोग नमूदार हो गए। मुझे इस हालत में देखकर उनके चेहरे पर हवाइयाँ उड़ने लगीं। वे सब सपने अपने घरों में दुबक गए।

घर लौटने पर वर्षों बाद मीठी नींद सोया।

सुबह खिड़की से झाँककर देखा। बाहर वही लोग जमा थे, जो रात मुझे देखकर छिप गए थे। इस समय उन सभी ने सफेद कपड़े पहन रखे थे।

मेरे बाहर आते ही उनमें से एक आगे बढ़कर आदेश भरे अन्दाज में बोला, "तुम ऐसा नहीं कर सकते– लो, इन्हें पहन लो।"

मैंने देखा, उसके पास वही कपड़े थे जिन्हें मैंने बीती रात उतार फेंका था।

कसौटी

खुशी के मारे उसके पाँव जमीन पर नहीं पड़ रहे थे। साइबर कैफे से बाहर आते ही उसने घर का नम्बर मिलाया।

"पापा!..." उससे बोला नहीं गया।

"हमारी बेटी ने किला फतेह कर लिया! है न?"

"हाँ, पापा!" वह चहकी, "मैंने मुख्य परीक्षा पास कर ली है। मेरिट में दूसरे नम्बर पर हूँ!"

"शाबाश! मुझे पता था... हमारी बेटी है ही लाखों में एक!"

"पापा, पन्द्रह मिनट के ब्रेक के बाद एक माइनर पर्सनॉलिटी टेस्ट और होना है। उसके फौरन बाद हमें अपाइंटमेंट लेटर दे दिए जाएँगे। मम्मी को फोन देना..."

"इस टेस्ट में भी हमारी बेटी अव्वल रहेगी। तुम्हारी मम्मी सब्जी लेने गई है। आते ही बात कराता हूँ। आल द बेस्ट, बेटा!"

उसकी आँखें भर आईं। पापा की छोटी-सी नौकरी थी, लेकिन उन्होंने बैंक से कर्जा लेकर अपनी दोनों बेटियों को उच्च शिक्षा दिलवाई थी। मम्मी-पापा की आँखों में तैरते सपनों को हकीकत में बदलने का अवसर आ गया था। बहुराष्ट्रीय कम्पनी में एग्ज़ीक्यूटिव ऑफिसर के लिए उसने आवेदन किया था। आज ऑनलाइन परीक्षा उसने मेरिट में पोजीशन के साथ पास कर ली थी।

दूसरे टेस्ट का समय हो रहा था। उसने कैफे में प्रवेश किया। कम्प्यूटर में रजिस्ट्रेशन नम्बर फीड करते ही जो पेज खुला, उसमें सबसे ऊपर नीले रंग में लिखा था–"वेलकम-मिस सुनन्दा!" नीचे प्रश्न दिए हुए थे, जिनके आगे अंकित 'यस' अथवा 'नो' को उसे 'टिक' करना था...

विवाहित हैं? इससे पहले कहीं नौकरी की है? बॉस के साथ एक सप्ताह से अधिक घर से बाहर रही हैं? बॉस के मित्रों को 'ड्रिंक' सर्व किया है? एक से अधिक मेल फ्रेंडस के साथ डेटिंग पर गई हैं? किसी सीनियर फ्रेंड के साथ अपना बेडरूम शेअर किया है? पब्लिक प्लेस में अपने फ्रेंड को 'किस' किया है? नेट सर्फिंग करती हैं? पोर्न साइटस् देखती हैं? चैटिंग करती हैं? एडल्ट हॉट रूम्स् में जाती हैं? साइबर फ्रेंडस के साथ अपनी सीक्रेट फाइल्स शेअर करती हैं? चैटिंग के दौरान किसी फ्रेंड के कहने पर खुद को वेब कैमरे के सामने एक्सपोज़ किया है?...

सवालों के जवाब देते हुए उसके कान गर्म हो गए और चेहरा तमतमाने लगा। कैसे ऊटपटाँग और वाहियात सवाल पूछ रहे हैं? अगले ही क्षण उसने खुद को समझाया-बहुराष्ट्रीय कम्पनी है, विश्व के सभी देशों की सभ्यता एवं संस्कृति को ध्यान में रखकर क्वेश्चन फ्रेम किए गए होंगे।

सभी प्रश्नों के जवाब 'टिक' कर उसने पेज को रिजल्ट के लिए 'सबमिट' कर दिया। कुछ ही क्षणों बाद स्क्रीन पर रिजल्ट देखकर उसके पैरों के नीचे से जमीन निकल गई। सारी खुशी काफूर हो गई। ऐसा कैसे हो सकता है? पिछले पेज पर जाकर उसने सभी जवाब चेक किए, फिर 'सबमिट' किया। स्क्रीन पर लाल रंग में चमक रहे बड़े-बड़े शब्द उसे मुँह चिढ़ा रहे थे– 'सॉरी सुनन्दा! यू हैव नॉट क्वालिफाइड। यू आर नाइंटी फाइव परसेंट प्युअर (pure)। वी रिक्वाअर एटलीस्ट फोर्टी परसेंट नॉटी (naughty)।'

चादर

दूसरे नगरों की तरह हमारे यहाँ भी खास तरह की चादरें लोगों में मुफ्त बाँटी जा रही थीं, जिन्हें ओढ़कर टोलियाँ पवित्र नगर को कूच कर रही थीं। इस तरह की चादर ओढ़ने-ओढ़ाने

से मुझे सख्त चिढ़ थी, पर मुफ्त चादर को मैंने यह सोचकर रख लिया था कि इसका कपड़ा कभी किसी काम आएगा। उस दिन काम से लौटने पर मैंने देखा सुबह धोकर डाली चादर अभी सूखी नहीं थी। काम चलाने के लिए मैंने वही मुफ्त में मिली चादर ओढ़ ली थी। लेटते ही गहरी नींद ने मुझे दबोच लिया था।

आँख खुली तो मैंने खुद को पवित्र नगर में पाया। यहाँ इतनी भीड़ थी कि आदमी-पर-आदमी चढ़ा जा रहा था। हरेक ने मेरी जैसी चादर ओढ़ रखी थी। उनके चेहरे तमतमा रहे थे। हवा में अपनी पताकाएँ फहराते जुलूस की शक्ल में वे तेजी से एक ओर बढ़े जा रहे थे। थोड़ी-थोड़ी देर बाद 'पवित्र पर्वत' के सम्मिलित उद्घोष से वातावरण गूँज उठता था। विचित्र-सा नशा मुझ पर छाया हुआ था। न जाने किस शक्ति के पराभूत मैं भी उस यात्रा में शामिल था।

इस तरह चलते हुए कई दिन बीत गए पर हम कहीं नहीं पहुँचे। दरअसल हम वहाँ स्थित पवित्र पर्वत के चक्कर ही काट रहे थे।

"हम कहाँ जा रहे हैं?" आखिर मैंने अपने आगे चल रहे व्यक्ति से पूछ लिया। "वह पवित्र पर्वत ही हमारी मंजिल है।" उसने पर्वत की चोटी की ओर संकेत करते हुए कहा।

"हम वहाँ कब पहुँचेगे?"

"क्या बिना पवित्र चढ़ाई चढ़े उस ऊँचाई पर पहुँचना सम्भव होगा?" मैंने शंका जाहिर की।

इस पर वह एकबारगी सकपका गया, फिर मूँछें ऐंठते हुए सन्देह भरी नजरों से मुझे घूरने लगा।

तभी मेरी नजर उसकी चादर पर पड़ी। उस पर खून के दाग थे। मेरे शरीर में झुरझुरी-सी दौड़ गई। मैंने दूसरी चादरों पर गौर किया तो सन्न रह गया, कुछ खून से लाल हो गई थीं और कुछ तो खून से तरबतर थीं। सभी लोग हट्टे-कट्टे थे, किसी को चोट-चपेट भी नहीं लगी थी और न ही वहाँ कोई खून-खराबा हुआ था, फिर उनकी चादरों पर ये खून...? देखने की बात ये थी कि जिसकी चादर जितनी ज्यादा खून से सनी हुई थी, वो इसके प्रति उतना ही बेपरवाह हो मूँछें ऐंठ रहा था। यह देखकर मुझे झटका-सा लगा और मैं पवित्र नगर से निकल पड़ा।

लौटते हुए मैंने देखा, पूरा देश दंगों की चपेट में था, लोगों को जिन्दा जलाया जा रहा था, हर कहीं खून-खराबा था। मैंने पहली बार अपनी चादर को ध्यान से देखा, उस पर भी खून के छींटे साफ दिखाई देने लगे थे। मैं सब कुछ समझ गया। मैंने इसी क्षण उस खूनी चादर को अपने जिस्म से उतार फेंका।

शिनाख्त

साम्प्रदायिक दंगों के बाद शहर के हालात तेजी से सामान्य हो रहे थे, पर उस दिन सुबह गोल चौराहे पर किसी युवती की नग्न सिर कटी लाश मिलने की खबर से शहर में फिर सनसनी फैल गई थी।

साइरन बजाती पुलिस की गाड़ियाँ मौके पर पहुँच गई थीं। खोजी कुत्ते घटनास्थल को सूँघते फिर रहे थे। वहाँ युवती का नग्न शरीर पड़ा था, सिर गायब था। पास ही पूर्व विश्व सुन्दरी का मुखौटा पड़ा था। अटकलों का बाजार गर्म था-

"मुझे तो कोई जानी-मानी हस्ती लगती है। शिनाख्त न हो सके इसीलिए सिर गायब कर दिया गया है।"

"विश्व सुन्दरी का मुखौटा पहनाकर लड़की से बलात्कार किया गया है। हो न हो यह 'उन्हीं' सिरफिरों का काम है।"

जितने मुँह उतनी बातें।

पुलिसवालों ने भीड़ को खदेड़ दिया था, पूछताछ शुरू हो गई थी। प्रमुख समस्या लाश की शिनाख्त को लेकर थी। सिर न होने की वजह से यह काम काफी मुश्किल हो गया था। युवती के जिस्म पर का कोई स्थायी पहचान चिह्न शिनाख्त में मददगार हो सकता था।

"कुछ पता चला?" इस्पेक्टर ने महिला हेड कांस्टेबिल से पूछा।

"नहीं सर, बहुत मुश्किल से मोहल्ले की एक औरत को शिनाख्त के लिए बुलाया जा सका। लाश पर पड़े नीले और दूसरे चोट के निशानों को देखते ही वह रोने लगी। हमें लगा वह बाडी को पहचान गई है। उसने माना कि लाश उसकी बेटी की है, पर बाद में पता चला उसकी बेटी को मरे दो साल हो गए हैं।"

"नॉनसेंस!" इस्पेक्टर ने झल्लाकर कहा, "किस पगली को पकड़ लाए थे!"

जिला प्रशासन के हाथ-पैर फूले हुए थे। युवती की लाश मिलने के बाद से अफ़वाहों का बाजार गर्म था। दोनों सम्प्रदायों में तनाव बढ़ता जा रहा था। लाश की शिनाख्त न हो पाने से थानेदार हत्या की इस गुत्थी को सुलझाने में खुद को असमर्थ पा रहा था। उसका दिमाग भन्नाया हुआ था। तभी उसकी नजर टी.वी. स्क्रीन पर दौड़ती ब्रेकिंग न्यूज पर पड़ी—मुख्यमन्त्री ने साम्प्रदायिक दंगों में मारे गए लोगों को पाँच-पाँच लाख रुपया मुआवजा देने की घोषणा की थी।

थाने के बाहर हो रहे शोर-शराबे से थानेदार का ध्यान भंग हुआ।

"सर! ताज्जुब है..." हड़बड़ाए से हेड कांस्टेबिल ने भीतर आकर थानेदार को बताया, "उस सिर कटी युवती की लाश पर अपना दावा करने वाले बहुत से लोग बाहर खड़े हैं, सर!"

कोलाज़

एक सर्वे के मुताबिक गर्भपात के लिए नर्सिंग होम लाई जाने वाली कुँआरी माँओं की औसत आयु उन्नीस से घटकर हुई चौदह (अमेरिका की 'बार्बी' गुड़िया की तर्ज पर जापान में बनने वाली गुड़िया 'रीका चान हुई गर्भवती, बच्चों के बीच दिनोंदिन हो रही लोकप्रिय) लगातार तीसरी बच्ची पैदा होने पर एक व्यक्ति ने अपनी तीनों बेटियों की गोली मारकर कर दी हत्या... पत्नी के बेटा पैदा न कर पाने से खिन्न था पति (टैक्नालॉजी हैज नाउ बीन एबल टू इन श्योर दैट द गर्ल चाइल्ड विल नाट इवन बी कंसीव्ड) दो जून रोटी के लिए खेतों में जुताई के लिए हल को बैलों की जगह खींच रही महिलाएँ और लड़कियाँ। सोनीकोल ने गरीबी और भुखमरी के कारण बेच दिया अपने इकलौते एक वर्षीय कलेजे के टुकड़े को (हंग्री क्या? डायल हंग्री हैल्पलाइन! आधे घण्टे में होम डिलिवरी) देवास जिले के सुदूर बसे गाँव के दरबार सिंह के अनुसार गाँव में आज तक किसी ने नहीं देखा कोई स्कूल और न ही कोई मास्टर (घर बैठे शिक्षा पाएँ, जस्ट लॉग आन टू टीचर्स डॉट काम) दूसरों का मैला ढोने पर मजबूर दलित

महिलाएँ गाँव से दूर गंदे तालाब का पानी पीने पर मजबूर। गलती से जब कभी उनका घड़ा दूसरे घड़े से छू जाता है, दूसरी महिलाएँ फोड़ देती हैं उनका घड़ा (याहू!! वाटर वर्ल्ड में रहूँगा मैं ...दिन-दिन-भर घूमूँगा...मस्ती में झूमूँगा...घर नहीं जाऊँगा मैं) मुम्बई की लोकल ट्रेन में दिन-दहाड़े बालिका से हुआ गैंग रेप (चैट विद रियल 'टीन' लीजा हू सेट्स द हार्ट ऑन फायर। अवर डॉल्स नेवर से 'नो') बिहार के मरबल जिले के तीरा गाँव में सविता देवी की सिर्फ इसलिए हत्या कर दी गई क्योंकि वह काली थी (दो हफ्तों में मनचाहा गोरापन पाएँ, मिल्की व्हाइट अपनाएँ) विज्ञापनों में महिलाओं को उपभोग की वस्तु के रूप में दिखाने से महिला सांसद नाराज। सर्वदलीय बैठकर बुलाकर सख्त कानून बनाने की अपील (पश्चिमी अफ्रीका में आयोजित क्वीन कोन्सेट्स के मानकों के अनुसार नारी का शरीर गिटार जैसा होना चाहिए। आदर्श क्वीन की देह का आकर्षण उसके भरे-पूरे नितम्ब हैं। नारी चले तो इन नितम्बों का हिलना अपने-आप में आकर्षक होना चाहिए) स्टैण्डर्ड एण्ड पुअर्स ने भारत की रेटिंग घटाई। दूसरी बड़ी ग्लोबल रेटिंग एजेंसी 'मूडीज' ने भी एस एण्ड पी की हाँ में हाँ मिलाई। साम्राज्यवादियों की ये दोनों वित्तीय संस्थाएँ विश्व पूँजीवाद और खासकर साम्राज्यवाद की आवश्यकताओं और भविष्य के मद्देनजर काम करती हैं। इनकी नजर भारत के विशाल बाजार और समृद्ध प्राकृतिक सम्पदा पर है। घटती रेटिंग के दबाव के चलते भारत का शासक वर्ग अपने ही देश के मजदूरों के सस्ते श्रम को निचोड़ने में कोई कसर नहीं छोड़ना चाहता (इण्डिया एक चमकता हुआ ब्राण्ड है। अगले दशक में शामिल होगा दुनिया की तीन बड़ी ताकतों में। पिछले तीन वर्षों में सरकार की उपलब्धियों की विस्तृत जानकारी के लिए जस्ट लॉग आन टू शाइनिंग इण्डिया डॉट कॉम)

मेढकों के बीच

वर्षों पहले मैंने अपने बेटे को एक कहानी सुनाई थी, जो कुछ इस तरह थी :

एक बार की बात है, रात के अँधेरे में एक गाय फिसलकर नाले में जा गिरी।

सुबह उसके इर्द-गिर्द बहुत से मेढक जमा हो गए।

"आखिर गाय नाले में गिरी कैसे?" उनमें से एक मेढक टरटराया, "हमें इस पर गहराई से विचार करना चाहिए।"

"मुझे तो दाल में कुछ काला लगता है!" दूसरे ने कहा।

"कुछ भी कहो..." तीसरा मेढक बोला, "अगर पुण्य कमाना है तो इसे बाहर निकालना होगा।"

"मरने दो!" चौथा टर्राया, "हमारी नाक के नीचे रोज ही सैकड़ों गाएँ-बछड़े काटे जाते हैं, तब हम क्या कर लेते हैं?"

"हमने तो चूड़ियाँ पहन रखी हैं," पाँचवें मेढक की टर्र-टर्र।

"भाइयो!" उन सबको शान्त करते हुए एक बुजुर्ग मेढक ने कहा, "अगर ये गाय न होकर कुत्ता-बिल्ली होता तो क्या हमें इसे मर जाने देना था?"

एकबारगी वहाँ चुप्पी छा गई। वे सब उस बुजुर्ग मेंढक को शक भरी नजरों से घूरने

लगे। अगले ही क्षण वे सबके सब उस पर टूट पड़े। उन्होंने उसे लहूलुहान कर नाले में धकेल दिया। इस घटना से मेढकों में भगदड़ मच गई। वे सब सुरक्षित स्थलों में दुबक गए। घटनास्थल पर सन्नाटा छा गया।

"फिर क्या हुआ?" मुझे चुप देखकर बच्चे ने पूछा था।

"फिर?...वहाँ एक आदमी आया, उसने रस्सी की मदद से गाय को नाले से बाहर निकाल दिया। अपनी जमात से बाहर वाले का ऐसा करना मेढकों के गले नहीं उतरा। उनको इसमें भी कोई साजिश दिखाई देने लगी। यह बात कानोंकान पूरी मेढक बिरादरी में फैल गई। वे समवेत स्वर में जोर-जोर से टर्राने लगे।"

कहकर मैं चुप हो गया था।

"अब मेढक क्यों टर्रा रहे थे, पापा?"

"अब वे इस बहस में उलझे हुए थे कि गाय को बाहर निकालने वाला हिन्दू था कि मुसलमान।"

"फिर..."

"फिर क्या? उनका टरटराना आज भी जारी है।"

बच्चा सोच में पड़ गया था। थोड़ी देर बाद उसने पूछा था, "पापा, आपको तो पता ही होगा कि आदमी कौन था?"

"बेटा, मुझे इतना ही पता है कि वह एक अच्छा आदमी था," मैंने उसकी भोली आँखों में झाँकते हुए कहा था, "वह हिन्दू था या मुसलमान, यह जानने की कोशिश मैंने नहीं की, क्योंकि तुम्हारे दादा जी ने मुझे बचपन में ही सावधान कर दिया था कि जिस दिन मैं इस चक्कर में पड़ूँगा उसी दिन आदमी से मेढक में बदल जाऊँगा।"

इसके बाद मेरे बेटे ने मुझसे इस बारे में कोई सवाल नहीं किया था और मुझसे चिपककर सो गया था।

मुझे नहीं मालूम कि यह कहानी मेरे बच्चे के मतलब की थी या नहीं, उसकी समझ में आई थी या नहीं, पर इतना जरूर है कि उस दिन के बाद वह मेढकों से जरा दूर ही रहता है।

मास्टर

रेलवे स्टेशन से थोड़ा पहले ही मेरे जूते के पंजे वाले भाग की सिलाई खुल गई और मैं बिल्कुल असहाय हो गया। पत्नी के एक रिश्तेदार रूहेलखण्ड विश्वविद्यालय में परीक्षक के तौर पर आ रहे थे। उन्हीं को घर ले जाने के लिए मेरा स्टेशन आना हुआ था। आधे घण्टे बाद उनकी ट्रेन बरेली पहुँचने वाली थी।

मैंने किसी मोची की तलाश में नजरें दौड़ाईं।

पिण्डी होटल के पास ही वह बैठा दिखाई दे गया। मैं लपककर उसके नजदीक पहुँचा और फटा जूता उसके आगे कर दिया। मुझे अनदेखा कर वह अपना सामान जमाने में लगा रहा। मैंने गौर किया कि उसने बालों में कोई खुशबूदार तेल लगा रखा था, आँखों में सुरमा साफ दिखाई दे रहा था। बड़ी-बड़ी मूँछों के सिरे किसी बर्छी की तरह नुकीले थे। कुल मिलाकर

वह अपने हुलिए से दबंग किस्म का आदमी लग रहा था।

अपना काम निबटाकर उसने मेरे उधड़े जूते पर निगाह डाली।

"तीस रुपए लगेंगे!" उसने बेरुखी से कहा।

"क्या!" सुनकर मैं तनाव में आ गया। मेरी जेब में कुल साठ रुपए थे। मैं जूते की मरम्मत में दस रुपए से अधिक खर्च करने की स्थिति में नहीं था। रिश्तेदार को घर तक ले जाने के लिए मुझे पचास रुपए तो चाहिए-ही-चाहिए थे।

"भाई, तीस रुपए तो बहुत ज्यादा है, दस ले लो।" मैंने उसे मनाने की कोशिश की।

"तीस से एक पैसा कम नहीं होगा। उसने मुझे घूरकर देखा तो मेरी पीठ में झुरझुरी-सी दौड़ गई।

मुझे उस पर गुस्सा आया। जब से इनकी पार्टी की सरकार क्या बनी है, इनके दिमाग सातवें आसमान पर पहुँच गए हैं। गुण्डा! मवाली!!...मेरी मजबूरी का फायदा उठाकर जेब काटने पर तुला है।

पिछले आठ सालों से ये जूते मेरा साथ दे रहे थे। दो बार सोल बदलवा चुका था। किसी न किसी प्राथमिकता के चलते नए जूते खरीदना टलता रहा था। अब तो मुझे इनसे बहुत लगाव हो गया था। यह लगाव एकतरफा नहीं, बदले में वो भी मेरे पैरों को बहुत आराम देते थे।

ट्रेन के बरेली पहुँचने का टाइम करीब आता जा रहा था। कोई और विकल्प मेरे पास था नहीं। मन मसोसकर मैंने उसे जूता सिलने को कह दिया था।

मेरे हामी भरते ही उसके अभ्यस्त हाथों ने जूते को थाम लिया, उलट-पलटकर जाँचा, परखा। सिलाई के लिए जूते में हाथ डालते ही वह चौंका, पहली बार उसने गहरी नजरों से मेरी ओर देखा। सुरमा लगी आँखों में विचित्र-से भाव तैर गए थे। देखते-ही-देखते उसके निपुण हाथों ने जूते को सिलकर पहले जैसा कर दिया था।

जूता पहनते हुए मैंने तीस रुपए उसकी ओर बढ़ा दिए।

"सिर्फ दस रुपए!" कहकर उसन बीस रुपए मुझे लौटा दिए। मैं हैरान था, जो आदमी एक रुपया छोड़ने को तैयार नहीं था, वो पूरे बीस रुपए लौटा रहा था।

"बाबूजी!" अपनी पनीली आँखों से मेरी आँखों में झाँकते हुए उसने कहा, "चालीस साल हो गए यह काम करते हुए। जूते, चप्पल हाथ में आते ही हमसे बतियाने लगते हैं। सिलाई करते हुए आपके जूते से हमारी खूब बातें हुईं। हम बहुत कुछ जान गए हैं। विश्वास करें, हमने अपना पूरा मेहतनामा आपसे ले लिया है।"

कमल चोपड़ा

जन्म– सितम्बर 1955, पंजाब

शिक्षा– चिकित्सा स्नातक

कृतियाँ– अभिप्राय, फंगस, अन्यथा, अकथ, अनर्थ (लघुकथा-संग्रह)। मराठी में 'संवेदना', कन्नड़ में 'इष्टो दूर' तथा पंजाबी में 'सिर्फ इन्सान' नाम से लघुकथा-संग्रह। कमल चोपड़ा की 66 लघुकथाएँ और उनकी पड़ताल। भट्ठी में पौधा (कहानी-संग्रह)।

एक बाल उपन्यास भी। लघुकथा में कुछ संकलनों का सम्पादन।

सन् 2008 से 'संरचना' (लघुकथा वार्षिकी) का सम्पादन।

सम्प्रति– चिकित्सा व्यवसाय और स्वतन्त्र लेखन।

सम्पर्क– 1600/114 त्रिनगर, दिल्ली– 110035

ई मेल– imkamalchopra@gmail.com

फोन– 99999-45679, 011-27381899

"मानव-मात्र की बेहतरी के लिए समय के समक्ष खड़ी समस्याओं के मूल स्रोतों को उत्पन्न करने वाले कारणों को तलाशने और परिवर्तन की सहायक शक्ति के रूप में लघुकथा का उपयोग अधिक कारगर सिद्ध हो सकता है। कोई भी स्थिति या प्रसंग मेरे लिए तभी कथावस्तु योग्य बनता है, यदि उसमें बृहत्तर सामाजिक आयाम जुड़ते दिखाई दे रहे हों, कथावस्तु आंतरिक और बाह्य संभावनाओं को समेटने और बृहतर मानवीय संवेदना को जगाने में सक्षम हो। उच्च मानवीय मूल्यों को बचाये-बचाये रखने के लिए प्रेरित करने वाली रचना ही श्रेष्ठ और साहित्यिक हो सकती है।"

–कमल चोपड़ा

वक्तव्य

मेरी अनुभूतियाँ

अपने समय में चल रहीं अमानवीय हरकतों, भीतरघातों, चालों और षडयंत्रों को देखकर किसी भी संवेदनशील व्यक्ति का व्यथित और चिन्तित हो उठना स्वाभाविक है। और अगर वह व्यक्ति विचारशील भी है तो अपनी उस व्यथा, चिन्ता और आक्रोश को वह किसी-न-किसी प्रकार से अभिव्यक्त भी करेगा।

मेरी चिन्ता, व्यथा और आक्रोश शब्दों के माध्यम से संवेदना के स्तर पर रचना के रूप में कागज पर उतरी। वो स्थितियाँ और अनुभूतियाँ ही मेरी प्रेरणा बनीं।

लेखन मेरे लिए जरूरी है क्योंकि लेखन मेरी जरूरत है। लेखन मेरा मकसद है, मेरा जुनून है, मेरा संघर्ष है, मेरी प्रतिबद्धता है, मेरी लड़ाई है, मेरी तलाश है, मेरा अभिमान है, मेरा प्रयास है, मेरी उम्मीद है, मेरी चेतनता है, मेरा वजूद है, मेरा संकल्प है।

कहानी और लघुकथा मुझे सामान्य रूप से प्रिय हैं। लघुकथा में मेरी आरम्भ से रुचि रही है, क्योंकि लघुकथा सर्वाधिक संभावनापूर्ण समर्थ और चुनौतीपूर्ण कथा-प्रकार है, क्योंकि लघुकथा घनीभूत अनुभूतियों और गहन विचारों की प्रखर अभिव्यक्ति है, क्योंकि लघुकथा न्यूनतम शब्दों में अधिकतम व्यंजना की सामर्थ्य रखती है।

भयानक रुग्णता उत्पन्न करने के लिए जिम्मेवार अत्यन्त सूक्ष्म कीटाणुओं को मारने के लिए टेबलेट ही काफी होती है, न कि उन पर तोप का गोला दागा जाए। अगर गोला दागा गया तो न रोग बचेगा, न रोगी। लेकिन रोगी को तो हर हाल में बचाना होता है। पाठक को शब्दों के जंगलों में क्यों भटकाया जाए। वैसे भी सधे, घने और कसे हुए शब्द हमेशा असरदार और कारगर होते हैं। वैसे भी शल्य चिकित्सा उसी अंग-प्रत्यंग की की जाती है जिस अंग-प्रत्यंग में रोग स्थित हो, न कि पूरे शरीर की।

अमानवीय और क्रूर होते जा रहे समय और संवेदनहीन होते जा रहे समाज में मानव की गरिमा, अस्मिता और मूल्यों को बचाये-बनाये रखने की मूल चिन्ता लेखक की निजी चिन्ता होती है।

विषम परिस्थितियों के बावजूद इंसान अपनी इन्सानियत को सुरक्षित रख सकता है, अपना विरोध दर्ज करवा सकता है। इसके लिए लेखन सबसे अधिक कारगर माध्यम है।

जीवन के तीव्र द्वन्द्व, दंश, गहन गंभीर अर्थ, तीक्ष्ण-सूक्ष्म अंश, युग-सत्यों या गूढ़ प्रश्नों की हैसियत को लघुकथा के माध्यम से रेखांकित किया जा सकता है।

भीष्ण रुग्णता और उसके व्यक्ति पर पड़ने वाले प्रभाव का विभिन्न कोणों और पार्श्वों से निदानात्मक दृष्टि से रूपायन लघुकथा में किया जा सकता है।

लघुकथा में सूक्ष्मता की खोज से गद्य साहित्य में सूक्ष्म अभिव्यंजना और सूक्ष्म-सत्यों के उद्घाटन हुए हैं। लघुकथा अपने सूक्ष्म विस्तार में ही जीवन की व्यापक विराटता को प्रस्तुत करती है।

मानव-मात्र की बेहतरी के लिए समय के समक्ष खड़ी समस्याओं के मूल स्रोतों को उत्पन्न करने वाले कारणों को तलाशने और परिवर्तन की सहायक शक्ति के रूप में लघुकथा का उपयोग अधिक कारगर सिद्ध हो सकता है। कोई भी स्थिति या प्रसंग मेरे लिए तभी कथावस्तु योग्य बनता है, यदि उसमें बृहतर सामाजिक आयाम जुड़ते दिखाई दे रहे हों, कथावस्तु आंतरिक और बाह्य संभावनाओं को समेटने और बृहत्तर मानवीय संवेदना को जगाने में सक्षम हो। उच्च मानवीय मूल्यों को बचाये-बचाये रखने के लिए प्रेरित करने वाली रचना ही श्रेष्ठ और साहित्यिक हो सकती है।

कोई प्रश्न, स्थिति, अनुभूति या समस्या का उलझाव जब अस्तित्व में आने के लिए छटपटाने लगता है, तो रचना में प्रवृत्त होता हूँ।

वैसे भी रचनाकार के प्रतिरोध का माध्यम, ज़ाहिर है, उसकी रचना ही हो सकती है।

मानवीय सम्बन्धों, सरोकारों और मूल्यों की पुनर्प्रतिष्ठा के लिए साहित्य मौजूदा दौर के खतरों से संवेदनात्मक और वैचारिक धरातल पर अपना प्रतिवाद दर्ज करा सकता है। मेरी मूल चिन्ता है मनुष्य व उसके शोषण के खिलाफ अपनी आवाज बुलन्द करना और अपना विरोध दर्ज कराना।

–कमल चोपड़ा

छोनू

रोजी-रोटी की चिन्ता को लिये हुए गुरमुख सिंह घर से निकला ही था कि दंगाई दरिन्दों ने उसे घेर लिया। लाठियों की तड़ातड़ मार में वह खून, मांस और हड्डियों का ढेर बनता जा रहा था। हैवानियत और दरिन्दगी के ठहाके जोर पकड़ रहे थे।

"हा-हा-हा, मर गया साला। हा-हा-हा, नहीं अभी हिल रहा है, शायद अभी मरा नहीं है..."

"शायद मर गया!"

अचानक उस सरदार का छोटा-सा लड़का कहीं से दौड़ता हुआ आया, "कों माल ले ओ मेले डेदी तो?"

हैवानियत और दरिन्दगी हँसने लगी, "मारो इस साले को भी... ये भी साला सिक्ख का बीज है..."

"मैं छिक्ख-छुक्ख नई अूँ... मैं बीज-ऊज नई अूँ... मैं तो छोनू अूँ..."

है कोई

आज मिली तनख्वाह के पैसों से क्या-क्या लेना है और किस-किस का हिसाब चुकता करना है, इस जोड़-भाग में वह अपनी बस्ती के मोड़ से मुड़ा ही था कि एक चाकू उसकी गर्दन पर जा टिका, "खबरदार... ज्यादा होशियार बनने की कोशिश मत कर... चुपचाप पैसे निकालकर मेरे हवाले कर दे वरना...!"

उसके होशहवास उड़ गए। अचानक वहाँ से गुजरते हुए एक बस्ती वाले ने उसे देखा तो वह दूर ही से चिल्लाया, "देखो रे! देखो... लूट लिया रे...।" लुटेरे के हाथ से डर से चाकू छूटकर नीचे जा पड़ा।

"पकड़ो-पकड़ो... बचाओ-बचाओ...!" शोर सुनकर काफी लोग इकट्ठे हो गए। लुटेरा चाहकर भी भाग नहीं सका। गालियाँ थप्पड़, लात, घूँसे, ठुड्डे– लोगों ने उसकी जमकर धुनाई की।

"खून-पसीने की कमाई थी। कैसे लुट जाती? लेकिन देखो तो जमाने को दिनदहाड़े! भेदी था साला। जरा-सी चूक से उसका चक्कू चल जाता तो... पूरे महीने की कमाई छीन ले जाता तो...?"

भगवान का शुक्र मनाता वह अपनी झोंपड़ी पर पहुँचा ही था कि नारायण सेठ आ धमके। सेठजी से उसने एक बार चार सौ रुपए दस रुपए प्रति सैकड़ा पर उधार लिये थे। पैंतालीस-पचास रुपए महीना कर-करके वह तीन-चार साल से देता आ रहा था पर... सेठ जी की बही में रकम अब भी उतनी की उतनी ही दर्ज थी। उसे यह हिसाब-किताब कतई समझ नहीं आ रहा था।

सेठ जी को आया देखकर वह एकाएक घबरा गया।

"वो... सेठ जी बात ऐसी है कि..."

"बस-बस, ज्यादा चालाक बनने की कोशिश मत कर... चुपचाप पैसे निकालकर मेरे हाथ पे रख... वर्ना..."

कुछ बस्ती वाले भी आ जुड़े थे लेकिन अब बचाने वाला कोई नहीं था। लेकिन एकाएक न जाने किस उम्मीद से उसने पुकारा, "है कोई?... कोई तो मुझे बचाओ...!"

कल्पना

रास्ते विश्व वन आध्यात्मिक सम्मेलन में कपिराज बोल रहे थे– "महात्माओ, मेरा तो मानना है कि इस विश्व को चलाने वाला एक बहुत बड़ा बन्दर है जो ऊपर आसमान में रहा करता है। वह दयालु है। दुष्टों को दण्ड देता है। पुण्यात्माओं को स्वर्ग में स्थापित करता है। हमें उसकी पूजा करनी चाहिए।"

तभी भालू महोदय बोले– "नहीं महानुभावों, मेरा तो विचार है कि विश्व को चलाने और बनाने वाला अपार शक्तिवाला भालू है। भगवान भालू कहते हैं... सभी जीवों पर दया करनी चाहिए। किसी को कष्ट मत दो। सच्चे और पवित्र बनाओ।"

उसके बाद हाथी महाशय उठे– "विद्वानो, मेरी कल्पना के अनुसार तो समूचे जगत का मालिक असीम ताकतवाला बहुत बड़ा हाथी है। भगवान हाथी का संदेश सत्य और अहिंसा है।"

अब शेर जी उठे– "हे पुण्यात्माओं, मेरे विचार से तो समूची सृष्टि का नियन्ता बहुत बड़ा एक शेर है। हमें साफ, सच्चे और पवित्र मन से उसकी इबादत करनी चाहिए।"

इसी तरह अन्य जीवों ने अपने-अपने इष्ट भगवान के बारे में अपनी-अपनी कल्पनाएँ व विचार एक-दूसरे के सामने रखे।

तभी एक कुत्ते के ज़ोर-ज़ोर से रोने की आवाज़ आई। उसे पकड़कर लाया गया– "हे भद्र, तुम रोते क्यों हो? तुम्हें क्या कष्ट है और यह क्या तुम्हारी सारी चमड़ी जली हुई है...? निर्भय होकर कहो..."

"हे पूजनीय महात्माओं, मुझे गौर से देखिए। मैं कल ही शहर से लौटा हूँ। मैं जिस मालिक के पास रहता हूँ उस बेकसूर की दूसरे धर्म के लोगों ने हत्या कर दी। उसका घर जला डाला। उसी साम्प्रदायिकता की आग में मैं भी बुरी तरह झुलसकर लौटा हूँ। रो इसलिए रहा हूँ कि अब जंगल में भी ये ऊल-जलूल कल्पनाएँ की जाने लगी हैं। मुझे डर है कि कहीं यहाँ भी...?

एकाएक शमशेर सिंह दहाड़े– "खामोश मूर्ख प्राणी! भूलकर भी ये बात जुबान पर मत लाना। सबको कल्पनाएँ करने, विचार व्यक्त करने की स्वतन्त्रता है। हमारा ये जंगल धर्म निरपेक्ष है।"

कुत्ते ने भर्राए स्वर में कहा– "महाराज, मेरी जान बख्शी जाए पर मैं जानना चाहूँगा कि किसी भी धर्म निरपेक्ष राष्ट्र में दंगे कैसे होते हैं? वैसे तो जितने दिमाग उतनी कल्पनाएँ, लेकिन विचार, संदेश और नीतियाँ सब की एक ही हैं। जान लीजिए कि आदमी से अधिक मूर्ख जीव और कोई नहीं है। सभी एक जैसे रक्त, मांस, मेद, अस्थि-मज्जा से बने हुए हैं फिर भी वे आपस में लड़ते हैं। जनता को तो अपनी रोजी-रोटी से ही फुर्सत नहीं मिलती, उन्हें तो

भड़काया जाता है और दंगा थोप दिया जाता है। ज्ञात हो कि हर प्राणी को अपने बुद्धि-विवेक से काम लेना चाहिए, अगुओं के पीछे आँख मूँदकर नहीं लगना चाहिए। जान लीजिए कि अगर जंगल में साम्प्रदायिकता की आग फैली तो समझ लीजिएगा कि राजनीति ने धर्म को अपनी रखैल बना लिया है।"

बताया गया रास्ता

सब का कोई-न-कोई उसे लेने आ पहुँचा था। स्कूल के बन्द मेन गेट के सीखचों के पार खड़ी स्तुति की नन्हीं-सी आँखों में डर और खौफ की किरचें चुभी हुई थीं। उसे लेने कौन आएगा? मम्मी हस्पताल में दाखिल है, पापा उधर ही गए हुए होंगे! रजापुर जहाँ कि आज अचानक दंगा भड़क उठा था। शैफू रिक्शेवाले का घर उसी इलाके में था। कैसे आ पायेगा? सुबह तो वह उसे ठीक वक्त पर स्कूल छोड़ गया था, अब लेने आ पायेगा या नहीं? वह स्वयं ठीक ठाक भी है या...? स्तुति का चेहरा रुआँसा और पीला जर्द हो आया था। वह अब रो देगी कि तब...।

निधि के पापा भी अपनी बेटी को लेने चले आए थे। उनकी नजर स्तुति पर पड़ी तो बोले– स्तुति बेटा तू भी हमारे साथ चल। रास्ते में तुझे भी तेरे घर छोड़ दूँगा।" स्तुति जड़वत खड़ी रही। पिछली गली में रहने वाले गुप्ता अंकल भी आए हुए थे अपनी बेटी को लेने। उन्होंने भी उसे अपने साथ चलने के लिए कहा पर स्तुति की नजरें सामने फैली सड़क पर बिछी हुई थीं। उसके पापा ने स्कूल के नजदीक रहने वाले अपने एक मित्र को फोन करके कहा कि वह स्तुति को स्कूल से अपने घर ले आए। शाम को वे स्वयं आकर उसे उनके घर से ले जाएँगे। वे भी स्तुति को लेने चले आए थे। लेकिन वह चुपचाप गुमसुम और निःसत्त्व-सी खड़ी थी। एकाएक उसे सामने से शैफू रिक्शेवाला आता हुआ दिखाई दिया। घनी बदली से भरी नन्हीं आँखों में बिजली की कौंध के साथ बूँदें छलक आईं। शहर में फैली दहशत और तनाव के बावजूद वह स्तुति को लेने आया है। सवालों से भरी सब की नजरें रिक्शेवाले पर टिकी हुई थीं। स्कूल के चौकीदार ने स्तुति को परे ले जाकर कहा– बेटा माहौल बहुत खराब है। मुसलमान लोग दंगे कर रहे हैं। ये रिक्शेवाला भी मुसलमान हैं। तुम किसी के भी साथ चली जाओ पर इस मुसलमान रिक्शेवाले के साथ मत जाओ।

खिलखिलाती हुई स्तुति बोली– ये मुसलमान थोड़ा ही न हैं! ये तो मेरे शैफू चाचा हैं। सुना नहीं अभी मुझे बेटी कहकर बुला रहे थे...।

उसे लेने आए जान-पहचान वालों की ओर उसने बारी-बारी से देखा फिर एकाएक उछलकर शैफू के रिक्शे पर चढ़कर बैठ गई।

वह जल्दी-से-जल्दी स्तुति को घर पहुँचा देना चाहता था। वह तेज-तेज पैडल मार रहा था। सड़कें धीरे-धीरे वीरान हो रही थीं। दूर से आती-जाती पुलिसवालों के चीखने की आवाजें माहौल को तपिश और दहशत से भर रही थीं। एकाएक गाँधी तिराहे पर आकर रुक गया वह। दायीं ओर हिन्दू मुहल्ला पड़ता था और बायीं ओर मुस्लिम मुहल्ला। किसी तरफ मोड़े वह अपने रिक्शे को? दायीं ओर का रास्ता पकड़ता है तो रास्ते में हिन्दुओं के हत्थे चढ़ गया तो स्तुति तो हिन्दू होने के कारण बच जाएगी पर वह नहीं बच पायेगा...! बायीं ओर का रास्ता

पकड़ता है और मुसलमानों ने घेर लिया तो मुसलमान होने के कारण वह तो बच जाएगा पर स्तुति...? उसने नन्हीं के मासूम चेहरे पर नजर डाली– खुदा न करे इस नन्हें फरिश्ते को कुछ हो। इतनी जान-पहचान वालों को नकारकर मुझ पर भरोसा किया। अगर इसे कुछ हो गया तो मेरे साथ मेरा मजहब भी बदनाम हो सकता है। वैसे भी मुझे मजहब के दिखाये रास्ते पर चलना है।

और उसने अपने रिक्शे को दायीं ओर मोड़ दिया।

निशानी

सात-आठ दिन ऊपर हो गए थे। वह माँ बनने वाली है, जब वह यह खबर अपने पति को देगी तो वह भी खुशी से झूम उठेगा। लेकिन यह 'गुड-न्यूज' वह अपने पति को दे तो कैसे? वह तो हस्पताल के आई.सी.यू. में बेहोश और बेसुध पड़ा है। पाँच महीने हो गए थे उनकी शादी को। तब से उसका पति बीमार-वीमार ही चल रहा था। कभी उल्टियाँ, कभी पेट दर्द। कभी हस्पताल, कभी घर। उसे समझ नहीं आ रहा था उसके पति को आखिर ऐसी कौन-सी बीमारी है? पूछने पर घरवाले कहते– पेट में कुछ गड़बड़ है। बाकी तो डॉक्टरों की बातें डॉक्टर ही जाने। कुछ बताते तो हैं नहीं। घर-भर के चेहरे रवि की बीमारी की चिन्ता से लटके हुए थे। वह उन्हें खुशी की यह खबर देगी तो सबके चेहरे कैसे खिल उठेंगे?

यह आस उम्मीद दी है ईश्वर ने तो आगे भी भली ही करेगा। रवि की बीमारी ठीक हो जाएगी तो खुशी चौगुनी हो जाएगी। पति ना सही सास को तो यह खुशखबरी दे ही देनी चाहिए। हर महीने ही तो अम्मा जी पूछ रही हैं– बहू कोई खुशखबरी? कोई आस-उम्मीद? वह शरमाकर रह जाती पर इस बार उसे कम-से-कम अम्मा जी को तो बता ही देना चाहिए। यही सोचकर वह अम्मा जी के कमरे की ओर चल दी।

अम्मा जी अपने कमरे में कानपुर से आई अपनी बहन से बातें कर रही थीं। वहीं ठिठक गई वह। मौसी जी कह रही थीं– रवि की बीमारी का सुना तो मैं पता करने चली आई। हिम्मत रख बहन बाकी तो ऊपरवाले को जो मंजूर! भगवान न करे रवि के साथ कुछ ऊँच-नीच हो जाए...! बहन मैं तो कहूँ सयाना वो जो सारी बात पहले से सोच के रखे। तू ऐसा कर बहाने से बहू से गाँठ-गहने सब लेकर अपने कब्जे में कर ले वर्ना बाद में बात क्या से क्या बन जाए।

– वो सब तो मैंने रवि की शादी के दस-बारह दिन बाद ही बहू से सब कुछ लेकर अपने लॉकर में रखवा दिया था।

– डॉक्टर बताते क्या हैं? आखिर रवि को ऐसी क्या बीमारी हो गई है?

रूँधे से स्वर में अम्मा जी ने कहा– अब तो बस दो-तीन दिन का मेहमान बता रहे हैं। कह रहे हैं– कोई फायदा नहीं। इसे घर ले जाओ। डॉक्टरों ने तो छह महीने पहले कह दिया था– इसके पेट में कैन्सर है। छह महीने से ज्यादा नहीं जी पायेगा। मैंने ही बात छुपाकर जल्दी से गरीब घर की लड़की देखकर रवि की शादी करवा दी। बड़ा बेटा और बहू तो मना करते रहे पर मैं नहीं मानी। सोचा था रवि को चला ही जाना है। जाते-जाते इसकी बीवी के बच्चा रह जाएगा तो रवि के बाद उसकी निशानी रह जाएगी। पर अभी तक तो बहू के कुछ रुका

नहीं। अब तो रवि आजकल पर है। लगता है उसकी निशानी भी नहीं मिल पायेगी। ऊपर से ये मनहूस विधवा बहू गले पड़ जाएगी।

तड़फकर रह गई वह। उसके दिलोदिमाग पर कई विस्फोट एक साथ हुए। अपनी इच्छापूर्ति के लिए किसी अजगर की तरह मेरी जिन्दगी को समूचा ही निगल गई यह धोखेबाज बुढ़िया? निशानी तो इसे नहीं ही देनी। उसने पैर मारकर दरवाजा भड़ाक से खोल दिया। सामने बहू को खड़ा देख बुढ़िया थर-थर काँपने लगी।

कैद बा-मशक्कत

प्रहार से बचने के लिए पीछे हटी थी, मुक्का उसे न लगकर दीवार में जा लगा था। दर्द से बिलबिलाता और गुस्से में फनफनाता हुआ पति लगभग पागल-सा हो आया था। पत्नी का अपना बचाव करना भी गुनाह हो गया था।

अच्छी-भली जुबान थी उसके पास, पर वह बोल नहीं सकती थी। सही-सलामत हाथ-पाँव थे उसके पास पर वह चला नहीं सकती थी। आँखें थीं उसके पास पर वह सपने नहीं देख सकती थी। उसके पास भी एक दिल था पर वह कुछ चाह नहीं सकती थी। उसकी भी कुछ इच्छाएँ थीं पर उन्हें उसे मारना होता क्योंकि वह एक पत्नी थी।

चप्पल उठाकर आपे से बाहर होकर गाली बकता हुआ वह उसे पीटने लगा था– साली मादर... हफ्ते में एक छुट्टी मिलती है। वह भी साली इस औरत की बेहूदगी की भेंट चढ़ जाती है। साली बहन की... कहा था मैं उठूँ तो पराँठे पकौड़े, हलवा और काफी तैयार मिलनी चाहिए पर ये साली बहन की...अभी ये तैयारी ही कर रही है। अभी तो फर्शों की सफाई और बर्तनों की सफाई के लिए नौकरानी लगाकर दे रखी है... हाय मेरा हाथ तुड़वा दिया। जान-बूझकर तू पीछे हटी ताकि मेरा हाथ टूट जाए। साली तेरी तो मैं माँ की...अब बच, कहाँ तक बचेगी?

अपनी सफाई में वह कहना चाहती थी कि आज छुट्टी का दिन है। उठने में उसे थोड़ा देर हो गई है। आपकी तो हफ्ते में एक छुट्टी है पर मेरी...? छुट्टीवाले दिन मेरा काम उल्टा बढ़ जाता है। आपकी फरमाइशें और बच्चों की जिदें और माँगें। और नौकरानी चार दिन से छुट्टी पर है। मशीनी रोबोट भी थक जाते होंगे? फिर मैं तो...? पर वह चुप थी।

मार के दर्द को भूलकर वह काम में जुट गई थी। वह जल्दी-जल्दी हाथ चला रही थी। बच्चे उठ गए तो फिर उनकी माँगें और फरमाइशें शुरू हो जाएँगी। कितना काम बाकी है अभी। कपड़े धोने हैं। जूते पालिश करने हैं। डस्टिंग करनी है। अलमारी साफ करनी है। कपड़े तो शाम को ही प्रेस हो पाएँगे।

कुछ देर टी.वी. देखने और भरपेट नाश्ता करने के बाद पति फिर से लेटता हुआ बोला– मैं सो रहा हूँ। छुट्टी का दिन है– देखना मुझे कोई डिस्टर्ब न करे। और हाँ आज लंच में चिकन बना लेना। बंटी उठे तो बाजार भेजकर उससे चिकन मँगवा लेना...। बच्चों को सँभालना। मुझे कोई डिस्टर्ब न करे। सुन लिया न?

फोन के बजते ही उसने लपककर रिसीवर उठाया। फोन उसके मायके से था। उसकी छोटी बहन का रिश्ता पक्का होने वाला था। वे उसे बुला रहे थे। पति ने लपककर रिसीवर

उसके हाथ से झटक लिया– हाँ जी नमस्कार जी, सब ठीक-ठाक है। नहीं जी, हम लोग नहीं आ पाएँगे... नहीं-नहीं ये अकेली भी नहीं आ पाएगी। दरअसल हो सकता है आज मेरा कोई दोस्त आए। वो भी जरूरी है पर... नहीं-नहीं जी... हाँ ठीक है...ठीक है... अच्छा!!

– मायके नहीं जाने दे रहे तो आज हस्पताल चली जाऊँ? मामा जी का हालचाल पूछने?

– कोई जरूरत नहीं है। अपना काम करो।

– कल मेरा व्रत है। कल माथा टेकने मन्दिर तो मैं जरूर जाऊँगी...

– कहा न, कहीं नहीं जाना। घर बैठो अपना काम देखो...

कलपती और घुटती हुई चुपचाप काम में जुट गई थी वह– कैदखाने से कहीं जा भी नहीं सकती। बस काम करते रहो। पता नहीं किस जुर्म की सजा है यह। कैद बा-मशक्कत। नौकरों से बदतर कोई जरखरीद भी नहीं। बाकायदा दहेज का सामान और अच्छी-खासी रकम के साथ आई है।

उसकी नस-नस में दर्द हो रहा था। दुःख-दर्द और लाचारगी आँसू बनकर उसकी आँखों से बह निकले थे।

नौकरानी को आया देखकर चौंक उठी थी वह–लछमी तू? आज छुट्टी के दिन? चार दिन नहीं आई क्या हुआ?

– कोई गुजर गया था। रिश्ते में था तो दूर का पर जाना पड़ा।

– बाथरूम जाने के लिए उठे थे पति महोदय। लछमी की बात कानों में पड़ी तो भड़क उठे– सब बहानेबाजी है इन लोगों की। मादर... इन्हें तो बस पैसा देते रहो। हराम का होता है साला पैसा। ये रोज-रोज की डरामेबाजी नहीं चलेगी। मादर... काम करना है तो सीधी तरह करो वर्ना...

– ओ मालिक ये चिकचिक मुझे भी पसन्द नहीं। मैं तेरी बीवी नहीं हूँ जो इस तरह गाली-गलौज से बात करेगा? मुफ्त में नहीं देते हो पैसा! घर की बहू नहीं जो थप्पड़-लात खा के भी पड़ी रहूँगी! वह भी दो रोटी के लिए! मुझे नहीं करना काम। ये पड़ी तेरी नौकरी...!

वैल्यू

गोबर इकट्ठा करती माँ की नजर अजय पर पड़ी तो बोली– स्कूल तै आ गया? आज तै टैम का बेराई ना पाट्या? सारा काम पड्या है? चारा काटना है। आटा गूँथना है? मैं ऐकली सूं न? तारी चाची की तै काम करन वाली हालत ना है! तेरा बापू तै शहर गया होया है अर चाचा खेत पै ट्यूबवैल धौरे पड्या होगा... तने बेरा है आपणीं भूरी भैंस ने कटड़ा दिया है?

खुशी से उछल पड़ा– कट्ड़ा? चाचे ने बता के आऊँ सूं!

माँ उसे रोकती पुकारती रह गई लेकिन वह खेत की ओर भाग खड़ा हुआ। रास्ते में दो-एक जनों ने उसे रोककर टोका– रै तूफान की ढाल कड़े भाज्या जा सै?

किसी की परवाह किए बिना अजय ने खेत पर पहुँचकर ही साँस लिया। चाचा पेड़ की छाँह में चारपाई पर गहरी नींद में सो रहा था।

– चाचा... चाचा...

हड़बड़ाकर उठा चाचा– रै के चाला पाट ग्या?

– चाचा– अपणी भूरी भैंस ने कटड़ा दिया सै।

– कटड़ा?... अच्छा ठीक सै...

– चाचा कटड़ा होया है कटड़ा होया कटड़ा...

– कोय बात ना?

हैरान था वह– चाचा तन्नै खुशी ना होई। उस दिन हफ्ता पहले जद चाची के छोरा होया तब तै तन्ने मेरे तांई खुश होके बीस का नोट दिया था। लड्डू खा लिये। अर आज...?

– बावले, इन्न में कटड नई कटड़ी आच्छी होवे है। कटड़ी बड़ी होके दूध देवेगी– अर कटड़ा साला के करेगा??? झोटा बुग्गी भी चलने बन्द हो गए आज कल ते। अर कटड़ी तो भैंस बनके घास-तिनके खा के दूध जैसा अमृत देवे है। उनका तो गोबर भी काम आवे है। बाजार में ईब झोट्टों की कोई वैल्यू ही ना है...।

– पर चाचा। इन्सानां में छोरियों की वैल्यू क्यों ना है। छोरियाँ तै बड़ी होके सारा काम करें हैं। घर का खेतां का... डांगरां का... अर मर्द तै इधर-उधर हाँडते फिरे हैं? फेर छोरों की वैल्यू घणी क्यों सै? माणसां में तो यो बात जमै गलत और उल्टी ही हो रही सै।

विश

मिंकी के हाथ से बस्ता खींचकर माँ ने उसे झाड़ू पकड़ा दिया– बिटिया, आज भी तू स्कूल मत जा। तेरे बापू की तबीयत खराब हो गई है। घर का काम कौन करेगा? पढ़कर भी क्या होगा? तेरा भाई पढ़ रहा है न घर में एक जना पढ़ ले वही बहुत है।

घर को झाड़ने-बुहारने लगी मिंकी तो धूल उड़ने लगी तो माँ चिल्लाई– "क्या कर रही हो? तुझसे एक भी काम ठीक से नहीं होता?... मरती भी नहीं नामुराद!

घिस-घिस के वह बर्तन माँजने लगी तो बर्तनों की खटक-पटक सुनकर बापू झुँझलाए– क्या तोड़-फोड़ मचा रखी है नामुराद मरती भी नहीं!

मिंकी मुस्कुराई। यों ही झुँझलाते हैं।

घर-भर में उड़ती-चहकती रहती है। आँगन की चिरैया।

माँ की आवाज आई बिटिया, एक गिलास पानी ला दे। वह पानी लेकर आई। पानी का गिलास पकड़ते समय गिलास से पानी छलक गया। गिरा दिया ना पानी नामुराद... मरती क्यों नहीं?

मिंकी मुस्कुराई– मर जाऊँगी तो रोएँगे! एक बार मैं जब बीमार हो गई थी तो माँ ने मुझे छाती से लगाया और काढ़ा बनाकर पिलाया था। तब ठीक हुई... वर्ना मर जाने देती।

माँ थोड़ा ठीक हुई तो कपड़े धोने बैठ गई। कपड़े धोने के बाद मिंकी से कहा– कपड़े मैंने धो दिये हैं तू इसे निचोड़कर सूखने को डाल दे।

अपने नन्हें हाथों से कपड़े निचोड़ने लगी। कपड़े निचोड़ते-निचोड़ते उसकी कलाइयाँ दुखने लगीं। अधनिचुड़े कपड़े उसने सूखने डाल दिये। कपड़ों से पानी टपकता देखकर माँ झुँझलाई– हाथ टूटे हुए हैं तेरे? एक भी काम ठीक से नहीं होता तुझसे– मरती क्यों नहीं?

रूलाई फूट पड़ी मिंकी की। कपड़ों से टपक रहे पानी की तरह उसके आँखों से भी पानी टपकने लगा।– मैं क्यों मरूँ...? मर जाऊँगी तो आप ही रोओगे। एक तो आज मेरा बर्थडे है और आप ...? सुबह से मैंने कुछ खाया भी नहीं।

आज बीस अगस्त है मैं तो भूल ही गई थी आज तेरा बर्थडे है। कुछ देर चुप रहने के बाद माँ ने कहा– अच्छा मुँह-हाथ धो ले कुछ देर बाद मन्दिर चलेंगे।

खुश हो गई मिंकी। मम्मी कम-से कम नरमाई से तो बोल रही है। मन्दिर से लौटे तो मम्मी ने पूछा क्या माँगा तूने भगवान जी से?

– कुछ नहीं। मैंने कहा भगवान् जी, मुझे कुछ नहीं चाहिए कुछ भी नहीं चाहिए। जो बनना होगा अपनी मेहनत से बन जाऊँगी। स्कूल में मैडम कहती है कड़ी मेहनत से कुछ भी बन सकते हैं।

– अरे ऐसे कहते हैं भगवान जी से? कुछ तो माँग लेती!

– बाद में मैंने माँगा था मेरे मम्मी-पापा कभी बीमार न हों, कभी गुस्से ना हों हमेशा हँसते रहें।

ख़ौफ़

सुनने वाला खौफ, अफसोस और आक्रोश से भर जाता। कुत्ते-भेड़िये हो गए हैं लोग। घोर कलजुग। अनर्थ। कुछ ही देर में बात मुहल्ले-भर में फैल गई थी। पुलिस के कार्रवाई करने से पहले मीडिया वाले भी आ पहुँचे थे। भीड़ मुरारी मास्टर के घर के बाहर जमा थी।

एक छोटी बच्ची के साथ कुकर्म करते हुए पकड़ा गया था मास्टर। 'थू-थू' कर रहे थे लोग।

बाजार से सामान वगैरह लेने के लिए निकली थी वह। उसने भी यह खबर सुनी तो काँपकर रह गई। रोज सुनने में आती थीं ऐसी खबरें। अब उसके अपने इस मुहल्ले में भी होने लगीं? तेज-तेज कदमों से घर लौट पड़ी वह। वक्त कितना बुरा आ गया है। छुटपुट कामों के लिए उसे भी घर से निकलना पड़ता है। उसकी भी एक छोटी-सी बच्ची है। आठेक साल की जो कि पीछे घर में अकेली होती है। अब तो जहाँ भी जाएगी साथ लेकर जाएगी। फिर भी कितनी रखवाली करेगी वह? बच्ची को भी तो समझाना-बुझाना पड़ेगा।

घर पहुँचकर उसने बच्ची को अपने पास बिठाया। लेकिन उसे समझ नहीं आ रहा था कि वह उसे कैसे और क्या कहे?

कुछ कहना चाहती है मम्मी। पर कह नहीं पा रही। अपनी छोटी-छोटी गोल आँखों से उसने मम्मी की ओर देखा। मम्मी इधर-उधर देख रही थी। हर वक्त ही तो कुछ-न-कुछ कहती रहती है मम्मी– बाहर मत जाओ। खेलो मत! ऐसे मत बैठ! वह उठने को हुई तो मम्मी ने उसकी बाँह पकड़कर फिर बिठा दिया– देख बेटे, तू बच्ची है। आजकल जमाना बहुत खराब आ गया है। लड़कियों को बहुत सँभलकर रहना पड़ता है। नन्हीं नासमझ बच्चियों को तो और भी ज्यादा! जमाना मतलब आजकल के आदमी लोग! सबसे बचकर रहना कहीं अकेले नहीं जाना। समझ गई न?

छोटी-छोटी गोल आँखें मिचका दी बच्ची ने जैसे कुछ समझ में आया कुछ नहीं। मम्मी के दिलोदिमाग पर नन्हीं बच्चियों की चीख-पुकार चीलों की तरह मँडरा रही थीं।

– बेटे, किसी के घर अकेले नहीं जाना। लड़के हों या अधेड़-बूढ़े सबसे दूर रहना! किसी का कुछ पता नहीं? कब कहाँ किसका दिमाग घूम जाए? चाहे कोई लड़का हो जिसे तुम भैया-भैया कहती हो! कुछ पता नहीं कब तुझ पर टूट पड़े? और तो और अधेड़-बूढ़े 'बेटी-बेटी' कहते-कहते छोटी बच्ची को अकेला देखकर कब टूट पड़े और नोंच खाएँ? इन सबसे बचकर रहना।

छोटी-छोटी गोल आँखों में खौफ की जड़ों का जाल उतर आया था। सहमी-सी आवाज में पूछा उसने– मम्मी, 'बेटी-बेटी' तो मुझे बहुत से अंकल कहते हैं! ये 'बेटी-बेटी' कहने वाले इतने खतरनाक होते हैं?

पापा शाम को लौटे। आते ही पुकारा-बिटिया-बिटिया...वो...कहाँ है हमारी बेटी...?

बच्ची लोहे की अलमारी के पीछे छिपी हुई थी। चेहरा पीला जर्द। डर से थर-थर काँपती हुई!!

सपने

हड़बड़ाकर उठ बैठा बबलू। डरा-सहमा-सा अँधेरे में बैठा थर-थर काँपने लगा। पास सोई माँ की नींद खुली तो घबराकर पूछा– अभी तक सोया नहीं? डरी-सी आवाज में कहा बबलू ने– सो जाऊँगा तो सपने आएँगे!

रूह काँप गई माँ की। बहुत खतरनाक होता है सपने देखने से भी डरने लगना। उसने बच्चे को पुचकारा– क्या हुआ है तुझे? तेरे बाबूजी तो कहा करते थे इन्सान को हमेशा सपने देखते रहना चाहिए। सोते वक्त भी। खुली आँखों से भी!

एक दुर्घटना में पिछले दिनों उसके बाबूजी की मृत्यु हो गई थी और माँ की टाँगें कट गई थीं। मजबूरी में एक फैक्टरी में काम करना पड़ रहा था।

माँ ने गले लगाकर उसे सहलाया पुचकारा– बता तो सही बात क्या है?

सिसकते हुए कहा उसने– कल से मैं काम पर नहीं जाऊँगा।

– क्यों?

– माँ, वो ठेकेदार मुझे रोज लोहे की चद्दरों वाले शैड के ऊपर चढ़ा देता है। नीचे से पुर्जों से भरे हुए बोरी के कट्टे पकड़ाता है। जिन्हें खींचकर मुझे शैड के दूसरी तरफ रखने होते हैं। जब मैं उन्हें खींचकर शैड के दूसरी तरफ ले जाता हूँ न? तो मुझे बहुत डर लगता है।

– क्यों?

– शैड के ठीक नीचे ना तेजाब के टैंक हैं। मुझे डर लगता है मैं तेजाब में न गिर जाऊँ। ठेकेदार किसी बड़े को तो उस पर चढ़ाता नहीं। मुझे हल्का बच्चा समझ कर ऊपर चढ़ा देता है।

मालिक अपने ऑफिस में बैठा प्लेशन पर गेम्स खेलता रहता है। लेबर इंस्पेक्टर आता है– बच्चों को तुमने हैजार्डस कामों में लगा रखा है? मालिक उसकी जेब में कुछ नोट डाल देता है। इंस्पेक्टर चुपचाप चला जाता है। मुझे रोज डरावने सपने आते हैं। मैं तेजाब के टैंक में गिर पड़ा हूँ। मेरी आँखों में तेजाब के छींटे पड़ गए हैं। एक-एक करके सारे बच्चे तेजाब

के टैंक में गिर रहे हैं।

रूह काँप गई माँ की– इतने भयानक सपने? ये इतना डर गया है तो? कहीं किसी दिन ये सचमुच ही न...? मैं खुद भी तो किसी काम की नहीं रही वर्ना मैं इसे हरगिज काम पर न भेजती। आँसू बह निकले माँ के। दोनों एक-दूसरे को चुप कराने का प्रयास करने लगे।

एकदम माँ ने उसे दिलासा दिया– अब तू फिक्र न कर। आज वकील साहब का सहायक आया था। कह रहा था अब हमें जल्दी ही दुर्घटना का मुआवजा मिल जाएगा। फिर तुझे काम करने की जरूरत नहीं पड़ेगी। तुझे फिर से स्कूल में दाखिल करा देंगे।

बबलू की आँखों में सपने चमकने लगे। माँ उसे थपथपाकर सुलाने लगी।

सुबह उठा तो बबलू बेहद खुश था। माँ मैंने बहुत अच्छा सपना देखा। पढ़-लिखकर मैं लेबर इंस्पेक्टर बन गया हूँ। मैंने ठेकेदार और मालिक को पकड़कर जेल में डाल दिया है और सब बच्चों के साथ मिलकर मैं फैक्टरी के ऑफिस में बैठकर प्लेशन पर गेम्स खेल रहा हूँ। अच्छे-अच्छे सपने भी देख सकते हैं, मुझे आज पता चला।

इच्छा

वे समझते तो थे, पर बहू को कहें तो किस मुँह से? बहू क्या कहेगी– बूढ़े हो गए पर दिल नहीं भरा, शारीर ढल गया पर जुबान अभी भी लाल है। चाहकर भी वे नहीं कह पा रहे थे कि आज मेरी तबीयत गाजर का हलवा खाने को मचल रही है, बना दो थोड़ा-सा। अपने मन को मारने और समझाने की बहुत कोशिश की पर गाजर के हलवे का ख्याल था कि मन से निकलता ही ना था।

छोटी-छोटी इच्छाओं को लेकर ही तो आदमी कितने बड़े-बड़े अपराध कर बैठता है। जब तक इन्सान जिन्दा रहता है, इच्छाएँ तो जन्मती ही रहती हैं। बातों-बातों में वह कई बार गाजर के हलवे की बात छेड़ चुके थे, लेकिन...

आज उन्हें अपने असहाय और मोहताज हो जाने का एहसास और भी बेचैन किए दे रहा था– लानत है मेरे ऐसे जिंद्रा रहने पर जो एक मामूली-सी ख्वाहिश पूरी न हो सके। आज अशोक की माँ जिन्दा होती तो मेरे कुछ कहने से पहले ही वो बना लाती पर अब किससे कहूँ और कह भी दूँ तो क्या पता आगे से उल्टी-सीधी बातें सुननी पड़ जाएँ।

परसों शाम जब वे सब्जी लेने जा रहे थे तो उन्होंने बहू से पूछा था, "बहू, कहो तो गाजरें लेता आऊँ, मुन्ने के लिए गाजर का हलवा बना देना, सेहत के लिए अच्छा होता है।"

"नहीं बाबूजी, कौन इतनी मेहनत करे!"

मन मसोसकर रह गए थे, सोचा था घर में हलवा बनेगा तो उन्हें भी मिल जाएगा।

आज दोपहर बाद अपने पोते पप्पू को पार्क में घुमाने ले गए तो उन्होंने पप्पू को जरिया बनाने के मकसद से कहा, "पप्पू-पप्पू, तू घर जाकर ना अपनी मम्मी से कहियो कि गाजर का हलवा बनाओ, तूने कभी गाजर का हलवा खाया है?"

"हाँ आं... मैंने तो कल रात को ही खाया था। पापा ना, हलवाई की दुकान से इतना सारा लेकर आए थे, मैंने, पापा ने और मम्मी ने खाया।"

तड़पकर रह गए वे। इतनी लापरवाही, इतनी बेकद्री। मैंने इनके लिए क्या कुछ नहीं किया और इन्हें मेरा ज़रा भी ख्याल नहीं। मैंने भी अपने हाथ में चार पैसे रखे होते तो...। मैं तो इनका मोहताज होकर रह गया हूँ। एक समय वो था जब घर में हलवा बनता था तो मैं अपने हिस्से का भी अशोक को खिला देता था और आज इन्होंने मेरा हिस्सा ही खत्म कर दिया।

अपनी बेचारगी और लाचारगी उन्हें और भी सालने लगी थी। ज्यों-ज्यों वे अपनी दयनीयता के बारे में सोच रहे थे, हलवा खाने की इच्छा मरती जा रही थी।

वे वापिस घर पहुँचे तो बहू ने उन्हें सब्जी लाने के लिए पैसे और थैला पकड़ाते हुए कहा, "बाबूजी, आज दो किलो गाजरें लेते आना, हलवा बना लेंगे!" अब तक शायद वह बाबूजी की इच्छा को समझ चुकी थी, लेकिन बहू हैरानी से उनका मुँह देखती रह गई। छोटे बच्चों की तरह इठलाते हुए उन्होंने कहा, "बूढ़ा हो गया हूँ मैं, मुझे हलवा पचेगा नहीं। मैं तो नहीं खाऊँगा।"

इतनी दूर

खबर फोन पर मिली थी जिसे सुनकर वह एकाएक उदास हो गई थी। घबराकर पति ने पूछा था– खैर तो है? भर्राये स्वर में उसने कहा– भैया कंपनी की तरफ से यू.के. जा रहे हैं। एक ही तो भाई है मेरा, वो भी विदेश जा रहा है। इतनी दूर!

ठहठहाकर हँस पड़ा– अरे यह तो खुशी की बात है। यहाँ रखा ही क्या है? विदेश की बात ही कुछ और है। वैसे भी अब तो ग्लोबलाईजेशन हो चुका है! अब क्या देश क्या विदेश, कहीं कोई फर्क नहीं! दूरियाँ घट रही हैं। बटन दबाओ और जिससे मन चाहे बात कर लो। एक ही शहर में रहते हुए भी रोज-रोज कहाँ मिलना हो पाता है? साल-भर बाद कभी किसी शादी-ब्याह में मिल लिये तो मिल लिये। आम तौर पर फोन पर बात होती है। फोन के लिए अब कहीं कुछ क्या दूर। फोन पर बात करके मिले बराबर हो जाता है। मुझे देखो मेरा एक भाई कनाडा में है और बहन यू.एस.ए. और जब से पुराना मकान बेचकर यहाँ दो फ्लोर लिये हैं बापू ग्राउंड फ्लोर पर रहते हैं और हम थर्ड फ्लोर पर, फिर भी बापू को कई-कई दिन बाद मिलना हो पाता है। मोबाइल एस.एम.एस. और नेट ने सब कुछ पास-पास कर दिया है। सारी दुनिया एक गाँव बन चुकी है इसलिए तुम्हारी उदासी का कोई मतलब नहीं। बस एक क्लिक और दूरियाँ खत्म... हा हा...

तभी कालबैल बजी। लपककर उसने छज्जे से नीचे झाँका। बाबूजी वाले पोर्शन के बाहर तीन-चार लोगों के साथ बाबूजी की कामवाली बाई खड़ी थी। लपककर वह नीचे आया।

दरवाजा अन्दर से बन्द था। बाबूजी खोल ही नहीं रहे थे। पड़ोसी ने आगे बढ़कर कहा– मुझे तो यू.एस.ए. से आपकी सिस्टर का फोन आया था। बाबूजी ने ही दिया होगा उन्हें मेरा नम्बर। सिस्टर कह रही थी वे दो दिन से बाबूजी को फोन मिला रही हैं। नो-रिप्लाई जा रहा है। बाबूजी उठा ही नहीं रहे। उन्हें चिन्ता हो रही थी। सिस्टर ने ही बताया कि इसी बिल्डिंग में आप थर्ड फ्लोर पर रहते हैं। ये आपके फादर हैं मुझे तो पता ही नहीं था! ऐसा कभी जिक्र ही नहीं हुआ न? मैं खटखटा ही रहा था कि ये कामवाली भी आ गई...।

कामवाली के चेहरे पर भी चिन्ता थी– मैं अब्बी आई तो ये दरवाजा खटखटा रहे थे पर

बाबूजी दरवाजा ही नहीं खोल रहे। परसों काम के सुबह ग्यारह बजे जब मैं यहाँ से गई तब तक तो बाबूजी ठीक-ठाक थे। कल होली को मेरी छुट्टी थी। कल मैं नहीं आई।

शर्म आ रही थी उसे। इतना पास रहते हुए भी उसने कई दिन से बाबू जी की कोई सुध नहीं ली थी। अपनी ही दुनिया में मस्त था। फोन तक नहीं किया! और बाबू जी इधर...। दरवाजा तोड़ा गया। सामने ईजी चेयर पर बाबू जी बेजान पड़े थे। गर्दन एक तरफ को लुढ़की पड़ी थी। उनकी खुली हुई आँखें दरवाजे की ओर ताक रही थीं जैसे किसी का इन्तजार कर रही हों।

मेरा खून

बस इतना ही पूछा था रमेश से मेरी दवाई लाए कि नहीं–बहुत घबराहट हो रही है। चार दिन से दवाई खत्म है। खाली पेट जो दवाई खानी होती है, वह खाई नहीं है न? शायद इसीलिए! बस रमेश भड़क गया था। आपको तो हर वक्त अपनी चिन्ता रहती है। खाने का कुछ परहेज करते नहीं बस दवाइयाँ खाने की हर वक्त पड़ी रहती है। इधर हम कितनी टेन्शनों से गुजर रहे हैं? उससे आपको क्या लेना। दस दिनों की आपकी दवाई पूरे तीन सौ रुपयों की पड़ती है। महीने की हो गई नौ सौ की। और भी खर्चे हैं घर के पर आपको क्या?

तड़फकर रह गए बाबूजी– दवाई के बिना मेरी तबीयत बिगड़ गई तो? पर इसे क्या? महीने की हजार-नौ सौ की ही तो आती है मेरी दवाई। पूरे आठ हजार रुपए पेंशन मिलती है मुझे, खुद ये लेकर आता है बैंक से। मेरा ए.टी.एम. कार्ड इसकी जेब में रहता है?

बिना कुछ जवाब दिये रमेश बाहर निकल गया था। बाबू जी तड़फकर रह गए थे। ऐसा ही दिन देखने के लिए लोग बेटे माँगते हैं? एक बेटा हो जाए बस्स! पी.एफ. के पैसों से इसे दुकान बनाकर दी थी वह बेच खाई। मेरे ही घर में रह रहा है। पेंशन के आठ हजार रुपयों से घर का खर्च चल रहा है और मैं ही बोझ? मेरी दवाई का खर्च तक तकलीफ दे रहा है। निकम्मे नालायक को?

काम-धन्धा नहीं है तो कहीं नौकरी कर ले? पर काम तो करना नहीं चाहता? एक मैं हूँ जो इस उम्र में भी कुछ-न-कुछ तो करता ही रहता हूँ और कुछ नहीं तो घर के छोटे मोटे काम तो करता रहता हूँ। क्या-क्या सोचा था... बेटा बड़ा होगा... पढ़-लिखकर कलेक्टर बनेगा... हमारी सेवा करेगा... पर... अब न करे सेवा... पर मेरा हक तो ना छीने? मेरे ए.टी.एम. कार्ड पर भी कब्जा कर रखा है। पेंशन के पैसे लाकर अपनी जेब के हवाले करता है और इस बूढ़े बीमार की दवाई तक ला के नहीं देता? क्या-क्या नहीं किया इसके लिए। अच्छी-से-अच्छी खुराक ... अच्छी-से-अच्छी ट्यूशन और क्या-क्या? इससे अच्छी तो बेटी रही। जिसे मैंने पराया धन और बोझ और न जाने क्या-क्या समझा? वही माँ-बाप की थोड़ी-बहुत मदद से आज एस.डी.एम. की पोस्ट पर है। एक ही माँ-बाप की सन्तान एक खून होके इतना फर्क? शायद मेरी ही सोच एकदम उल्टा थी।

एकाएक वे उठे और अटैची निकालकर उसमें अपना सामान पैक करने लगे। तब तक रमेश भी इधर-उधर घूम-घाम कर वापिस आ चुका था।

बाबूजी ने रमेश से कहा– बेटा मेरा ए.टी.एम. कार्ड तो देना।

– ए.टी.एम. कार्ड? ये एकाएक कार्ड की क्या जरूरत पड़ गई? और ये अटैची तैयार करके कहाँ की तैयारी कर रहे हैं आप?

– कुछ नहीं बस यूँ ही!... सोच रहा हूँ कुछ दिन चल के बेटी के यहाँ रह कर आता हूँ।... कई दिन से कह रही है बाबूजी हमारे घर आकर रहिये। इतनी बड़ी अफसर है। घर में नौकर-चाकर सिक्यूरिटी गार्ड सब कुछ हैं पर कह रही थी बाबूजी आपकी छत्रछाया में हिम्मत दुगुनी हो जाती है। मुझे हाथ नहीं फैलाना पड़े इसलिए अपना ए.टी.एम. कार्ड साथ लेकर जा रहा हूँ!

बेटा-बहू को काटो तो खून नहीं– इधर हमारा कैसे चलेगा? आपकी पेंशन से ही तो... आपकी दवाई ला देता हूँ।...

– अब रहने दो ज्योति की कोठी के नजदीक ही हस्पताल है।

– लेकिन बेटी के घर रहेंगे?

– हाँ, वह भी तुम्हारी ही तरह मेरा ही तो खून है

एक उसका होना

काशीराम की शवयात्रा में शरीक होने का मौका ठाकुर साहब ने खुद ही तैयार किया था। खबर उन्हें कल शाम ही क्लीनर शामू दे गया था। लक्ष्मण गाड़ी लेकर आगे चला गया था। 'लक्ष्मण है ही होशियार आदमी! कितनी होशियारी और खूबसूरती से काम किया है कि .... खैर इनाम तो देना ही पड़ेगा।'

काशीराम का बाप ठाकुर साहब के बाप के खेतों पर काम करता था। बुरे वक्त पर तीन हजार रुपये लेकर चाल किल्ले जमीन गिरवी रखी थी। काशी का बाप जिन्दगी भर काम करता रहा, उससे ब्याज तो पूरा होता रहा पर रकम जहाँ की तहाँ।

काशीराम बड़ा हुआ तो उसने ठाकुर साहब के खेतों पर काम करने से इन्कार कर दिया और शहर में किसी दर्जी के पास काम करने लगा। ठाकुर साहब परेशान थे कि साली जमीन तो इतनी ज्यादा हो गई है ऊपर से लेबर मिलती नहीं। मिलती है तो परेशान करती है। सारे गाँव के लड़के साइकिलों पर शहर जाकर फैक्ट्रियों में काम करना ज्यादा पसन्द करने लगे हैं। ऊपर से ठाकुर साहिब ने सुना कि काशीराम बड़ी तेजी से पैसे कमा रहा है और जल्दी ही ठाकुर साहिब से हिसाब चुकता कर अपनी जमीन छुड़वा लेगा। "नहीं...नहीं ऐसे कैसे जाने दूंगा...? चाल एकड़ आज लाख रुपए की है। तीन हजार में तेईस-चौबीस हजार ब्याज मिलाकर भी बनेगा क्या?" इसी बात को लेकर कल सुबह बड़े परेशान थे ठाकुर साहब। लक्ष्मण ने बात सुनी तो बोला, "ठाकुर साहब, अपना ट्रक किस दिन काम आयेगा....? वह साला काशीराम रोजाना रात देर से साइकिल पर घर लौटता है। सुनसान सड़क पर अंधेरे में साइकिल समेत ट्रक के नीचे दे दूँगा साले को.... और महीने में ही साले की घरवाली आपके बरतन मांच रही होगी और उसके चौदह और तेरह साल के लड़के आपके खोतों पर काम कर रहे होंगे और न पैसे जुड़ पायेंगे और न ही जमीन छोड़नी पड़ेगी, एक ही झटके में दोनों कारज सिद्ध....

"यही मौका है काशीराम के अन्तिक संस्कार में पहुँचकर अपने मेहरबान और खैरख्वाह

होने का सबूत दिये जाने का।"

ठाकुर साहब वहाँ पहुँचे तो काशीराम के लड़कों ने मुँह बिचका दिया। वहाँ उपस्थित छोटे-छोटे लोगों ने ठाकुर साहब को कोई महत्व नहीं दिया। अपने-आप पर काबू रख वे काशीराम की घरवाली के पास पहुँचे और धीरज बँधाते हुए बोले, "हिममत रखो, मेरे होते हुए तुम्हें किस बात की चिन्ता है?"

काशीराम की घरवाली एकाएक रोते-रोते चुप हो गई और बोली, "ठाकुर साहब! एक आपके होने की तो चिन्ता है....!"

खुदकुशी

रात-भर तेज आँधी के साथ बरसात और ओले उन दोनों के दिलोदिमाग पर हथगोलों की तरह गिर रहे थे। रह-रहकर सतवंत सिंह खेत पर जाने के लिए उठ खड़ा होता। उसकी पत्नी कुलवीर कौर उसकी बाँह पकड़कर रोक लेती– कुदरत के आगे इन्सान की क्या औकात?

कुछ दिनों से रह-रहकर चल रही तेज आँधी, ओले और बरसात ने इलाके-भर की फसलों को बरबाद कर दिया था। गाँव-भर की औरतों की तरह कुलवीर कौर भी अपने पति सतवंत सिंह को लेकर बहुत चिन्तित थी कि वह कुछ कर न बैठे। रोजाना ही तो खबरें आ रही थीं कि किसान आत्महत्या कर रहे हैं– कर्जों में डूबा किसान करे भी तो क्या? बीज, खाद, पानी और कीटाणु नाशक हर चीज़ में तो पैसा खर्च होता है। अब फिर से कर्ज लो हाड़ तोड़ मेहनत करो। खुद भूखे रहकर दूसरों का पेट अन्न से भरो। तंगहाली और बदहाली खुद झेलो। सेठ, दलाल, सरकार और अब तो जैसे कुदरत भी किसान को खुदकुशी करने के लिए मजबूर कर रहे हैं।

कुलवीर कौर का दिल दहलने लगा। सुबह उठते ही सतवंत सिंह खेत की ओर चला गया। एकाएक कुलवीर कौर को ख्याल आया कीटनाशक एलडरेक्स थर्टी घर में पड़ी है। बहुत तेज जहर है। एक एकड़ के कीड़े मारने के लिए आधा लीटर ही काफी है। इतनी मात्र इन्सान पी ले तो उसे भगवान भी नहीं बचा सकता।– कहीं यह दवाई सतवंत के हाथ न लग जाए!!

एकाएक कुलवीर कौर उठी। उसने कीटाणु नाशक दवाई का डिब्बा एक खाली लोहे के ट्रंक में डाला। ट्रंक को ताला लगाया, परछत्ती पर चढ़कर वहाँ पड़े सामान के पीछे छिपा दिया ताकि उसके पति सतवंत के हाथ न लग सके। परछत्ती से उतरते वक्त उसका पैर फिसल गया। वह नीचे जा गिरी और टाँग की हड्डी टूट गई। कुछ क्षण के लिए उसकी आँखों के सामने अँधेरा छा गया। वह अपने आपको कोसने लगी। मैं तो अपने घरवाले को बचाने चली थी, एक और परेशानी खड़ी कर दी। कोढ़ में खाज! बैंक के रिकवरी वाले कर्जा वापिस माँगने के लिए पहले ही से चक्कर काट रहे हैं।

सतवंत खेत से लौटा तो पत्नी को यों पड़ा देखकर घबरा उठा। वह दौड़कर गाँव के डॉक्टर को बुला लाया। उसने कहा– टाँग की हड्डी टूट गई है। शहर ले जाओ। पलस्तर लगवाना होगा। तीन-चार हजार का खर्चा है।

तड़फकर रह गया सतवंत– सिर पर पहले से कर्ज है, हे भगवान अब कौन-सी परीक्षा

ले रहे हो? बरसात ने पहले ही कमर तोड़ रखी है। पल्ले फूटी कौड़ी नहीं, ऊपर से ये खर्चा...? अब किससे माँगूँ?

न चाहते हुए भी वह अपने तीन-चार जान-पहचान वालों के पास जाकर उधार माँगा। सबने अपनी-अपनी असमर्थता जता दी। एकाएक उसे लाला रामपत की याद आई। वह उनके पास जा पहुँचा और अपनी परेशानी बताकर कुछ पैसे उधार माँगे। छूटते ही लाला जी ने कहा– "देख भाई बात ये है कि अब हमने किसानों को कर्ज देना बन्द कर दिया है। रोज ही तो खबरें आ रही हैं किसान आत्महत्या कर रहे हैं! पता नहीं कौन कब आत्महत्या कर ले? कल तूने भी खुदकुशी कर ली तो तेरे बाद किसको पकड़ेंगे? किसकी माँ को माँसी कहेंगे? मेरे पैसे तो गए न चिता में!

थके कदमों से वह लौट पड़ा। उसकी आँखों के सामने लाला, दलालों और सरकार के चेहरे घूम रहे थे। एकाएक वह मुड़ा और बोला– किसान को मजबूर करके मारोगे तो खुद भी मरोगे! सोच के देखो तुम खुद भी खुदकुशी कर रहे हो।

मंडी में रामदीन

गाड़ी में तरबूज भरे हुए थे। माल देखकर शामलाल दलाल छलाँग मारकर गाड़ी से नीचे उतरा। रामदीन से बोला– देख भाई, मंडी में इतनी मन्दी है कि क्या कहें?

हैरान था रामदीन। ट्रक, टेम्पो, रेहड़ी, रिक्शा, भीड़-भड़क्का मंडी में खड़े होने की तो जगह नहीं है, ये मन्दी है? तो तेजी कैसी होती है?

– तरबूज को तो कोई पूछ भी नहीं रहा। खैर... माल तुम्हारा है तुम बोलो। इनके कितने माँगते हो?

– आप ही ठीक-ठीक लगा लो... छह-सात हजार मिल जाएँ बस्स... शहर में तो तरबूज दस रुपए किलो बिक रहा है। मेरा ये एक-एक फल पचास से नब्बे रुपए तक बिकेगा।

शामलाल हँसने लगा जैसे अनोखी बात सुन ली हो– नहीं बिकेंगे... डेढ़-दो हजार की बात करो तो...? दो सौ रुपया कमीशन के मैं लूँगा।

कुएँ और खाई के बीच लटक गया था रामदीन। इतनी कम कीमत तो उसे गाँव में ही मिल रही थी। आजादपुर मंडी में इसी माल के आठ-नौ हजार तो आराम से मिल जाएँगे यह सोचकर आया था रामदीन।

यहाँ मेटाडोर से लाने के दो हजार रुपया तो किराया लग गया। सौ-सवा सौ चाय-पानी का। माल के अठारह सौ मिल रहे हैं वो तो मैटाडोरवाला ले लेगा। उस पर लेकर आया था माल। उसकी खून-पसीने से उगाई खरबूजे की फसल की कीमत कहाँ गई?

उधर मैटाडोरवाला उसकी जान खा रहा था– जल्दी बताओ गाड़ी कहाँ खाली करूँ? मुझे और भी काम हैं। चार घंटे से गाड़ी सड़क पर खड़ी है। ऊपर से पुलिस वाले गाड़ी हटाने के लिए डंडे फटकार रहे हैं। कितना टाईम और लगाओगे?

हाथ-पाँव जोड़कर उसने किसी तरह थोड़ी और देर तक रुकने के लिए मनाया। उसे चाय-पानी के पैसे भी दिये और फिर से दलालों, आढ़तियों और मंडी के थोक फल व्यापारियों

के आगे इधर-उधर गिड़गिड़ाने लगा। पर बात नहीं बन रही थी। वह वापिस गाड़ी के पास आकर खड़ा हो गया। गाड़ीवाला शायद कहीं रोटी खाने गया हुआ था। तभी एक पुलिसवाले ने आकर डंडा फटकारना शुरू कर दिया– कागज दिखाओ। लाइसेंस दिखाओ...चालान होगा... एक हजार रुपया निकालो...।

रोता गिड़गिड़ाता देख वर्दीवाले ने उससे एक सौ रुपया ले उसकी जान छोड़ दी।

आसमान में बादल गरज रहे थे। बरसात शुरू हो गई थी। रामदीन की रूह काँप रही थी। एक दलाल वहाँ से निकलते हुए रामदीन को कह गया, बरसात में कौन खायेगा तरबूज? अब तो तुम्हारा माल बिकना नामुमकिन है।

बरसात तेज होती जा रही थी। बरसात को रुकता हुआ न पाकर रामदीन हारकर शामलाल के पास गया। उसने शामलाल के पाँव पकड़ लिये। किसी तरह उसे अठारह सौ का माल बेचा और सारे पैसे ले जाकर गाड़ी वाले को दे दिये। रामदीन की आँखों में आँसू देखकर गाड़ीवाले ने उसके कन्धे पर हाथ रखकर कहा– मेरे बापू ने भी ऐसे ही हारकर आत्महत्या कर ली थी। बाद में मैंने जमीन बेचकर ये गाड़ी बना ली। पर तू हिम्मत ना हारना। सब दिन ऐसे नहीं रहेंगे। किसान के बिना लोग खाएँगे क्या? जिएँगे कैसे? किसानों के भी दिन आएँगे।

गाँव वापस जाने के लिए रामदीन के पास भाड़ा नहीं बचा था। वापिस जाए तो जाए कैसे? वह सड़क पर खाली हाथ खड़ा था। तभी फल-सब्जी व्यापार मंडल का एक आदमी रसीद बुक लेकर आ गया। तुमने माल बेचा है? इक्यावन रुपए की पर्ची कटवाओ। खीझ उठा रामदीन। एक पैसा नहीं बचा है मेरे पास। अब क्या अपने कपड़े उताकर दूँ? मैंने माल बेचा कहाँ है...? मेरा माल तो यहाँ लूट लिया गया है।

कत्ल में शामिल

वह अपनी बात कह चुका था। थाना-प्रमुख ने आँखें चौड़ी करके बूढ़े को ऊपर से नीचे तक देखा। चेहरे पर झुर्रियाँ, पकी हुई दाढ़ी और काँपती हुई देह। थाना-प्रमुख को वह बूढ़ा पागल, सनकी और सिरफिरा लगा था। बूढ़े ने फिर से कहना शुरू किया, "जानता हूँ थाना-प्रमुख से बात कर रहा हूँ। धक्का मारकर बाहर निकालेंगे तो बाहर धरना दे दूँगा। अड़सठ-सत्तर साल का बीमार बूढ़ा हूँ। लात-डंडा न सह पाऊँगा... यहीं थाने में ढेर हो जाऊँगा। पर मेरी रिपोर्ट तो आपको लिखनी ही पड़ेगी। मेरे काँपते शरीर, झुर्रियों और सूखी हड्डियों पर मत जाइए। इस हालत में आज भी मैं मजदूरी करके चार पैसे कमाकर लौटा हूँ... सुबह मैं अपनी झुग्गी पर गया था। अपने इकलौते सहारे अपने बीमार बेटे को तड़फता हुआ छोड़कर मजदूरी करने गया था। वापिस लौटा तो मेरा बेटा मर चुका था। वह मरा नहीं, उसका कतल हुआ है और कत्ल किया है आपने! हाँ, हजूर आपने!!! आपको मानना पड़ेगा। मैं पागल नहीं हूँ। मेरे बेटे नन्दू को आप जानते नहीं हैं... पर उसका कत्ल आपने ही किया है। नन्दू क्या? आप तो छोटू, दीपू, कल्लू, रामू, अज्जू, जीतू को भी नहीं जानते हैं पर उनका कत्ल भी आपने ही किया है। न मैं बक रहा हूँ, न मैं पागल हूँ। इनके कत्ल के लिए आपको पैसा मिलता रहा है। हफ्ता, बल्कि हिस्सा। हाँ, वो मुत्तू है न? बच्च-बच्चा जानता है कि वो स्मैक बेचता है... नहीं जानते तो सिर्फ आप। इसी

अनजान बने रहने और आँखें बन्द रखने का पैसा मिलता है आपको। हाँ, मेरे इकलौते सहारे नन्दू को स्मैक पीने की लत लग गई थी। शुरू-शुरू में मुत्तू के बन्दों ने उसे मुफ्त में पिलाई, फिर वह शौक-शौक में पीता रहा, फिर ये उसकी मजबूरी बन गई। पहले वह सारा दिन काम करता, शाम को मुत्तू से पुड़िया ले आता और पीकर पड़ा रहता। सौ बार मैंने नन्दू को नशामुक्ति केन्द्र में दाखिल करवाया था। वहाँ से वह ठीक भी होकर आ गया था। पर यहाँ के माहौल ने फिर से खींच लिया उसे.... और अब तो महीने से वह काम पर भी नहीं जा पा रहा था। डॉक्टरों ने जवाब दे दिया था। नशा टूटते ही वह तड़पने लगता। उसका अंग-अंग दर्द करने लगता। दर्द से वह तड़फता। उसे लगता वह किसी चट्टान के नीचे दबा पड़ा है। उसके प्राण अब निकले कि तब। उसका वो रोना-तड़पना मुझसे देखा नहीं जाता था और मैं खुद मजदूरी पर जाता। चार पैसे कमाकर लाता। मुत्तू से पुड़िया खरीदता और उसे पिलाता। बाप हो के अपने बेटे को खुद स्मैक पिलाता। क्या करता, मुझसे उसकी हालत नहीं देखी जाती थी। आज भी मैं हड्डी-तोड़ मजदूरी करके लौटा और वापिस आया तो....? ठीक है, मुत्तू ने कत्ल किया पर आप भी शामिल थे न मौत के उसके व्यापार में...। पसीना पोंछ लीजिये हजूर... गुस्सा मत कीजिए! मुत्तू को पकड़कर बन्द करने के बजाय आप उसकी मदद करते रहे। आप भी कातिल हैं। गुज़ारिश है कि आप मेरी रिपोर्ट लिख लें।"

थाना-प्रमुख के बुलाने पर एक खाकी वर्दी आकर उनके बिलकुल पास खड़ी हो गई। थाना-प्रमुख कुछ देर खाकी वर्दी के कान में फुसफुसाता रहा। फुसफुसाहट के बाजूद बूढ़ा सब समझ रहा था। अपनी रूलाई पर वह काबू न रख सका। रोते-रोते बोला, "आप कुछ भी कर सकते हैं... मुझ पर ही उल्टा-सीधा केस बनाकर उल्टा मुझे ही बन्द कर सकते हैं। मेरे पास स्मैक की बरामदगी भी दिखाकर मुझ पर केस बना सकते हैं। स्मैक की एक पुड़िया अब भी मेरी जेब में है जो आज शाम अपने इकलौते बेटे के लिए लेकर आया था। मुत्तू से पैसे लेकर सुबह होने से पहले आप मेरे बेटे का दाह-संस्कार कराकर मामला रफ-दफा करने की कोशिश कर सकते हैं, पर लेकिन अब यह सब आप इतनी आसानी से नहीं कर पाएँगे। मेरे बेटे की मृत देह के पास बहुत-से झुग्गीवाले जमा हैं। वो आपको मनमर्जी नहीं करने देंगे। मैं तो खुद अपने खिलाफ भी रिपोर्ट लिखें। मैं कसूरवार हूँ। कत्ल में शामिल! मैंने पहले ही आपके खिलाफ कुछ क्यों नहीं किया? शाखाओं में उलझा रहा, जड़ क्यों नहीं काटी?"

शहर में अफसोस

आफिस पहुँचकर जैसे ही वह अपनी सीट पर बैठा, फोन की घंटी बज उठी। फोन द्वारा उसे सूचित किया गया कि आपके पिताजी जो कि अपने काम पर जाने के लिए आप से कुछ ही देर पहले घर से निकले थे, को मुखर्जी रोड पर एक कारवाला कुचलकर भाग गया है। दुर्घटनास्थल पर ही उनकी मृत्यु हो गई है। उनकी जेब से मिले पते के अनुसार पुलिस ने पहले घर आकर सूचना दी है और अब आपको...

अचानक मिली इस दुःखद सूचना को झेल पाने की शक्ति जुटाने की कोशिश के बीच ही उसे याद आया कि अभी थोड़ी देर पहले वह खुद इसी मुखर्जी रोड से ही तो गुजरकर आ

रहा था। रास्ते में एक एक्सीडेंट होने के कारण बहुत भीड़ जमा थी। पूछने पर पता चला कि एक आदमी को एक कारवाला कुचलकर भाग गया है। उसने सोचा, होगा कोई? रोज होती रहती हैं ऐसी दुर्घटनाएँ। मुझे क्या लेना-देना? मुझे तो आफिस में देर हो रही थी और वह लाश को देखे बिना ऑफिस की ओर बढ़ गया। यहाँ आकर पता चला कि वे तो उसी के पिता...

अफसोस हो रहा था उसे कि सड़क पर उसके पिता का शव पड़ा था और वह इतनी पास से होकर निकल आया। मरते हुए आदमी को देखकर लोग आगे बढ़ जाते हैं किसे फुर्सत है जानने की कि मरने वाला कौन था?

वह वापिस दुर्घटना स्थल पर पहुँचा तो वहाँ कुछ भी नहीं था। ना कोई वाहन न भीड़। सब साफ हो चुका था। ट्रैफिक तेज गति से जारी था। पूछने पर पता चला पुलिस आई थी। शव को ले गई है। वह थाने पहुँचा तो पता चला शव को पोस्टमार्टम हाउस भेज दिया गया है।

पोस्टमार्टम हाउस के बाहर शव को लेने वालों की भीड़ लगी थी। आज वहाँ नौ एक्सीडेंट, चार जले हुए, दो खुदकुशी और तीन गोली का शिकार हुए लोगों के शव आए हुए थे।

जिस-जिस को भी उस के पिता के गुजर जाने की खबर मिल रही थी वह उसे फोन करके पूछ रहा था– निकालने का क्या वक्त तय किया?

वह कहता– अभी शव नहीं मिला है। पोस्टमार्टम के बाद शव मिलेगा तभी वक्त तय करेंगे।

फोन पर फोन आ रहे थे, शवयात्रा कब निकलेगी? 'मशान पर किस वक्त पहुँचोगे?

डॉक्टर के आने के बाद पोस्टमार्टम शुरू हुआ। चार बज गए थे। इन्तजार करते-करते वह तंग आ गया था। अन्दर से बाहर आए एक आदमी से उसने पूछा– कितनी देर लगेगी? हंसराज नाम के आदमी का पोस्टमार्टम होना है।

– देर का तो मैं क्या कहूँ साफ बात, पाँच सौ रुपए निकालो अभी करवाये देते हैं। वर्ना बॉडी कल मिलेगी। दो चादरें और ये सामान भी लाकर दो!

जेब से पाँच सौ का नोट निकालकर उसे दिया और सामान की लिस्ट लेकर आस-पास कोई दुकान ढूँढ़ने लगा।

पाँच बजे शव मिला। शव लेकर घर पहुँचा तो वहाँ जमा लोग बेचैन हो रहे थे– जल्दी करो! शमशान भूमि पहुँचते-पहुँचते साढ़े छह बज गए थे। अँधेरा हो गया था लाइटें जलने लगी थीं। जल्दी-जल्दी शव को अग्नि के हवाले कर वह 'मशान भूमि' के गेट पर खड़ा हो गया। लोग उससे मिलकर विदा होने लगे।

जो मिलता यही कहता– आज तो बहुत परेशान हुए। निकालने का वक्त तय नहीं था हमें आपके घर के कई चक्कर लगाने पड़ गए। सारा दिन खराब हो गया।

घर पहुँचा तो घर पर कोई भी नहीं रुका था। रिश्तेदार, जान-पहचान वाले सब जा चुके थे। उसके दोनों छोटे बच्चे दादा जी को याद कर रो रहे थे। उसकी आँखें गीली होने लगी थीं।

प्लान

बच्चा सिर से पाँव तक एकदम ऊनी कपड़ों में पैक था। कुछ ही देर में श्रेया से अच्छी तरह घुल-मिल गया था। उसकी मम्मी किसी जरूरी काम से कहीं गई हुई थी। वह कुछ देर के लिए

उसे श्रेया के पास छोड़ गई थी। मन-ही-मन खीझ उठी श्रेया। मेरी अपनी तबीयत ठीक नहीं है। टेन्शन, डिप्रेशन, सिरदर्द, घबराहट, बेचैनी, चक्कर और जाने क्या-क्या। कितनी तो बीमारी लगी हुई हैं। साल-भर से आठ-नौ गोली रोज खानी पड़ती है। तीन-चार दिन से तो आफिस भी नहीं जा पा रही हूँ। ऊपर से यह बच्चा? पड़ोस के नाते रखना तो पड़ेगा... बच्चा फ्लैट में इधर से उधर दौड़ता-भागता फिर रहा था जैसे फ्लैट के हर कोने का निरीक्षण कर रहा हो।

जब पहली बार वह प्रेगनेंट हुई थी तब वह राहुल के साथ लिव-इन में रहती थी। राहुल अड़ गया– अभी हम बच्चा अफोर्ड नहीं कर सकते। अभी अबोर्शन करवा लो। पहले हम लोग सेट हो लें। अभी कैरीयर पर ध्यान दो। दो साल बाद शादी करेंगे। बच्चे-वच्चे की तब देखी जाएगी। शादी के बाद भी ऐसे मौके आए थे जब वह उम्मीद से हुई थी। लेकिन राहुल नहीं माना था। बच्चा प्लान करने का अभी हमारे पास वक्त नहीं है। अभी बच्चा हुआ तो जी.एम. की पोस्ट, बड़ी कोठी और लम्बी-सी कार सभी प्लान धरे रह जाएँगे। श्रेया को भी लगा था राहुल सही कह रहा है। उसने भी अपनी पढ़ाई बच्चे पालने के लिए नहीं की है। उसे कुछ कर दिखाना है।

एम टी पी करवाने की जरूरत नहीं पड़ी थी। गोलियों से काम चल गया था।

एकाएक श्रेया को पड़ोसिन के बच्चे का ख्याल आया। साथ वाले कमरे से बच्चे की आवाज आ रही थी। श्रेया उसे देखने के लिए चली तो बच्चा पर्दे के पीछे से निकला और उसकी साड़ी पकड़ते हुए उसे डराते हुए बोला– हऊ! श्रेया खिलखिला पड़ी। शरारती मुझे डराता है? खिलखिलाते हुए वह फिर दूसरे पर्दे के पीछे जा छिपा। श्रेया उसे ढूँढ़ने लगी तो वह पीछे से फिर से डराते हुए खिलखिलाने लगा– हाऊ...ऊ...ऊ!

बच्चे ने खेल ही बना लिया। वह भी बच्चे के साथ बच्चा बनकर खेलने लगी। बच्चा कभी आगे-आगे दौड़ता... श्रेया पीछे...कभी वह श्रेया की कोई चीज उठाकर भाग जाता तो कभी बेड पर कलाबाजियाँ खाने लगता। श्रेया भी जैसे बच्चे के साथ बच्चा बन गई थी। शाम हो गई थी। बच्चे की माँ आ पहुँची थी। सॉरी जरा देर हो गई। इसने ज्यादा तंग तो नहीं किया? बहुत शरारती है... थैंक्यू सो मच...! एकाएक श्रेया को याद आया। आज उसने कोई भी दवाई नहीं खाई है। उसे सिर दर्द, बेचैनी, घबराहट, स्ट्रेस, टेन्शन, डिप्रेशन कुछ भी महसूस नहीं हो रहा था। उसके हाथ-पाँव भी नहीं काँप रहे थे। उसका मूड भी अच्छा है।

राहुल आफिस से लौटा तो बोला– अब हमें ये सर्विस-वर्विस छोड़कर अपनी कंपनी खोलने के प्लान पर काम शुरू कर देना चाहिए। श्रेया एकाएक उठी और अलमारी से गर्भनिरोधक गोलियाँ निकालकर डस्टबिन में फेंकते हुए बोली– अब बच्चे के सिवाय कोई प्लान नहीं।

मलबे के ऊपर

मकान के मलबे को देखकर अन्दर-ही-अन्दर जैसे वह तड़फड़ा रही थी। इस घर में उसकी डोली को आए अभी दो दिन ही हुए थे कि एकाएक बेघर कर दिया गया था। मकान-गिराऊ दस्ता, बुलडोजर और सब्बल लेकर वापिस जा चुका था। अपने टूटते हुए घरों को देखकर

बेकाबू हो जाने वाले लोगों को पुलिस अपनी गाड़ी में भरकर ले जा चुकी थी, सुबह तक बसी-बसायी कॉलोनी में चारों तरफ मलबे के ढेर-ही-ढेर नजर आ रहे थे।

उनका घर तो जैसे बसते ही उजड़ गया था। वह एकदम गुमसुम-सी खड़ी थी। उसकी आँखें गीली थीं। अपने दहेज और बरी के सन्दूकों का मलबे के ढेर में से निकालते-निकालते वह फूट-फूटकर रोने लगी। मकान गिराऊ दस्तेवालों को कोसती और श्रापती हुई उसकी सास की नजर उस पर पड़ी तो उसे सुनाते हुए वह और जोर से चीखने लगी– हाय रे! तूने इस घर में पैर क्या रखा... हमें उजाड़कर ही रख दिया। हाय रे! ऐसी मनहूस चुड़ैल हमारे ही भाग्य में लिखी थी।

तड़फकर रह गई वह। ये तो पूरी कालोनी के साथ हुआ है। लड़ना ही है तो उससे लड़ो, इसमें मेरा क्या कसूर है? वह कुछ नहीं बोली बस घुटकर रह गई।

कालोनी के टूटने से ससुरालवाले ही नहीं उसके मायकेवाले भी बेघर हो गए थे। उसके माँ-बाप भी उसी कालोनी में ही रहते थे। सास की काफी मिन्नतों और समाजतों के बाद उसे अपने माँ-बाप का हाल-चाल पूछने की इजाजत मिली।

अपने मायकेवाले मकान को मलबे के ढेर में बदला देखकर उसकी रूह तड़फड़ाने लगी थी, अपने सामान को सँभालती हुई उसकी माँ की नजर उस पड़ी तो सब कुछ वहीं छोड़ वह अपनी बेटी को गले लगकर बेतरह रोने लगी।

"ये क्या जुल्म हो गया माँ?"

"हाय री! तू हमारे घर से क्या गई हम तो घर से बेघर हो गए। तू जब तक इस घर में रही, हम भी तेरे भाग से फलते-फूलते रहे। तू क्या गई, हमारे घर से तो लक्ष्मी ही रूठ गई...।

लिव इन

अरुण उसे रास्ते में अचानक मिल गया था। पहले वह एक आफिस में उसके साथ ही काम करता था। इधर-उधर की बातों के बाद उसने पूछा– आजकल कहाँ रह रहे हो? रोहन ने टालना चाहा पर उसके बार-बार पूछने पर उसे बताना पड़ा कि आजकल वह दो कमरोंवाले एक फ्लैट में रितिका नाम की लड़की के साथ डेढ़ साल से लिव-इन में रह रहा है। वह भी एक दूसरे आफिस में काम करती है। दोनों का टाईम मजे से पास हो रहा है।

अरुण हैरान था– उसे पता है कि तुम पहले से शादीशुदा हो और एक बच्चे के पिता भी। लापरवाही से हँसा था रोहन– पता चल जाएगा तो क्या धरती पलट जाएगी? क्या होगा? वह अपने घर मैं अपने। जैसे यात्रा में कोई साथी मिल गया हँसी-खुशी वक्त निकाला फिर वह अपने रास्ते हम अपने रास्ते। ऐसे होता ही है। रास्ते में भूख लगी सामने होटल दिखा। वहाँ रुककर खाना खाया फिर आगे चल दिये। यही आज की सोच है। यही आज की जरूरत भी।

– लेकिन साथ रहते-रहते स्नेह प्यार-लगाव कुछ तो होता है? इन्सान जानवर भी पालता है तो उससे भी लगाव हो जाता है। अगर किसी में भावनाएँ-संवेदनाएँ नहीं हैं तो वह अपने-आपको इन्सान कैसे कह सकता है? हमारे भी आफिस की एक लड़की एक बॉयफ्रेंड के साथ दो साल से लिव-इन-रिलेशन में थी। एक दिन उसे पता चला जिस बन्दे के साथ

वह रह रही है वह शादीशुदा है और उसके दो बच्चे भी हैं। बस क्या था ... उसने सुसाइड कर लिया। लड़की का ब्वॉयफ्रेंड जो दो-दो जगह का मजा ले रहा था अब 'लिव-इन जेल' है।

घर लौटते हुए वह सोचने को विवश था। अरुण ठीक ही कह रहा है। रितिका कहीं ऐसा कदम ना उठा ले। वैसे भी औरतें ज्यादा भावुक होती हैं। मुझे कुछ फैसला तो लेना ही पड़ेगा। पहली पत्नी या रितिका! रितिका के लिए मेरा दिल धड़कता है। लेकिन मैं अपनी बीबी-बच्चों को नहीं छोड़ सकता।

डिनर के बाद रोहन ने सहमते-सकुचाते हुए पूरी बात रितिका को कह दी। रितिका ने बात को एकदम सहजता से लिया था। फिर क्या हुआ? मुझे दो-तीन महीने पहले ही पता चल गया था कि तुम पहले से शादी-शुदा हो। बहुत दिल दुखा था। मैंने सुसाइड करने की सोची थी, पर पहले की नारी की तरह टूट जाना बेकार की बेवकूफी लगा। मैंने अपने-आपको सँभाला और अब मेरा अफेयर किसी और लड़के से चल रहा है। एक कंपनी में वह बहुत बड़े पैकेज पर काम कर रहा है। एक लम्बी-सी गाड़ी और बहुत बड़े अपार्टमेंट का मालिक है। तुमसे बेटर ही है। मैं भी तुम्हें बताना ही चाहती थी। मैं कल यहाँ से जा रही हूँ।

एकाएक रोहण का दिल अफसोस, ग्लानि, कचोट और दुःख से भर गया था कि आँखों में आँसू आने को हो गए। भर्राई आवाज में रीतिका से कहा– अपना ध्यान रखना। तुम बहुत भोली हो। वह लड़का तुम्हें धोखा न दे जाए।

बच्चे की तरह पिटे हुए उसके चेहरे को रितिका चुपचाप देखने लगी। रोहण को लगा वह कहेगी– और खुद तुमने जो धोखा दिया और शुभचिन्तक बन रहे हो?

लेकिन रितिका ने ऐसा कुछ नहीं कहा। कुछ क्षण चुप रहने के बाद बोली– मुझे लगा तुम मेरा अफेयर दूसरे लड़के से चल रहा है इसे लेकर तुम भड़क उठोगे। लेकिन तुम...?

बहुत बड़ी लड़ाई

बच्चा अपनी दुनिया में खुश और खोया हुआ था। सीढ़ियों के नीचे बैठा कपड़े की रंग-बिरंगी लीरों से बनी गुड़िया से खेल रहा था। कोठी की सफाई करती हुई उसकी माँ उसे खेलता देखकर निहाल हुई जा रही थी।

उनकी खुशी पर पत्थर गिराती हुई मालकिन आकर चिल्लाने लगी, दुलारी कितनी बार कहा है तुझे? अपने बच्चे को काम पर अपने साथ मत लाया कर। तेरा बच्चा जिस गुड़िया से खेल रहा है न उस पर मेरे बेटे टीनू की नजर पड़ गई है। जिद कर रहा है ये, गुड़िया लूँगा। धेले की गुड़िया सही, उस पर मन आ गया तो आ गया... देख तो इसने कैसी रोनी सी सूरत बना ली है...!

एकदम चुप थी दुलारी। नजर पड़ गई है तो हम क्या करें? जो चीज इन्हें अच्छी लगे इन्हें मिल जाए, जरूरी है? मालकिन आग बबूला होने लगी, दुलारी सुनती नहीं? तेरा बच्चा तो मजे से खेल रहा है और टीनू इसे देख-देखकर परेशान हो रही है। ऐसा कर ये गुड़िया इस बच्चे से लेकर टीनू को दे दे...

किलसकर रह गई दुलारी। दोनों बच्चों की उम्र लगभग बराबर सी थी। तीन साढ़े तीन

के बीच। न चाहते हुए भी दुलारी ने अपने बच्चे से गुड़िया टीनू को दे देने के लिए कहा। गुड़िया पर पकड़ मजबूत कर... उसे छाती से चिपकाते हुए बच्चे ने कहा, मैं नई...मैं को दूँ? गुलिया मेली है।

उसने अपने बच्चे को बहलाने की बहुत कोशिश की पर नहीं माना। उसने उसे डाँटा और गुड़िया उससे छीनकर टीनू को देनी चाही पर बच्चा बुरी तरह चीखने-चिल्लाने लगा। गुड़िया वापिस अपने बच्चे के हाथ में देनी पड़ी उसे।

मालकिन ने अन्दर से मँहगे खिलौने टीनू को दिए, ये गुड़िया तो गंदी-सी है। दफा कर इसे ये सुंदर-सुंदर खिलौने ले ले छोड़ इसे। देख तो कितने बढ़िया खिलौने हैं?

टीनू टस से मस नहीं हुआ, यही गुड़िया लूँगा।

मालकिन ने वे महँगे खिलौने नौकरानी के बच्चे को देकर उससे वो गुड़िया लेनी चाही पर उस बच्चे ने भी वे महँगे खिलौने ठुकरा दिए।

टीनू फर्श पर लेटकर पैर पटकने लगा। उसे रोता देखकर मालकिन बल खाकर रह गई। 'दुलारी ये ले पचास का नोट और गुड़िया अपने बच्चे से छीनकर दे।'

कुछ समझ नहीं आ रहा था दुलारी को। उसने फर्श पर पड़े पचास के नोट की ओर देखा और समझाने लगी अपने बच्चे को, देख बेटे, अपने भैया को ये गुड़िया दे दे! मैं तेरे को और बना दूँगी। पर बच्चा नहीं माना। टीनू के लिए भैया संबोधन सुनकर मौके की नजाकत को देखते हुए ताव खा कर रह गई मालकिन। दुलारी ने टीनू को समझाया, मैं कल आपके लिए इससे भी बढ़िया बनाकर ला दूँगी।

टीनू लगातार रोए जा रहा था। मालकिन खीझ गई, तुझे जरा सी शर्म या लिहाज है या नहीं? मैं तुझे कह रही हूँ, अपने बच्चे से गुड़िया छीनकर दे दे। तुझे और पैसा चाहिए तो ले ले। सुना कि नहीं?

जवाब में दुलारी को ज्यों का त्यों देखकर मालकिन भड़क गई, तू इसी वक्त अपने बच्चे को लेकर कोठी से बाहर हो जा!

उसे रास्ते में अपने बच्चे पर गर्व हो आया था कि वह उन लोगों के लालच या धौंस में नहीं आया। अपनी गुड़िया के लिए अड़ा रहा। हमेशा तो हम लोग मन मारकर रह जाते हैं। इनको भी तो पता चले मन मारकर रह जाना कितना कष्टप्रद होता है?

छिपे हुए

एक-दूसरे पर दोषारोपण से बढ़ती हुई बात हाथापाई तक आ पहुँची थी। एक फैक्टरी के वर्करों का कहना था कि उनकी फैक्टरी की नाली का पानी आकर हमारी फैक्टरी के आगे खड़ा हो जाता है। हमारी माल की बोरियाँ बाहर पड़ी रहती हैं। पानी लगने से हमारा माल खराब हो जाता है। बगलवाली फैक्टरी के वर्करों का कहना था कि उनकी तरफ की नाली टूटी हुई है और जगह नीची है। पानी खड़ा हो जाता है तो हम क्या करें? और वो पानी तुम्हारी ही फैक्टरी के पिछले परनाले से आकर हमारी फैक्टरी की बाउण्ड्री में गिरता है। उससे हमारे माल को भी नुकसान पहुँचता है। हम क्या करें?

गाली-गलौज और हाथापाई से बात और आगे बढ़ी तो वर्कर अपनी-अपनी फैक्टरी से लोहे के सब्भल और छड़ें उठाकर एक-दूसरे को माने दौड़े।

एक बूढ़े वर्कर ने लगती हुई चोटों की परवाह न करके बीच में पड़कर लगभग चीखते हुए उन्हें रोका—“तुम आपस में क्यों लड़ते-मरते हो? अपने-अपने मालिकों को बुलाओ! लड़ना ही है तो वो आपस में लड़ें-मरें। जो फैसला करना हो करें।”

कहते-कहते बूढ़ा गश खाकर गिर पड़ा। उसे पहचानवाले एक साथी ने कहा, “जब से इस बेचारे के बीवी-बच्चे दंगे में मार दिए गए हैं तब से यह बेचारा कुछ विक्षिप्त-सा हो गया है।”

थोड़ा-सा होश आते ही बूढ़ा फिर बोला, “मालिकों को कहो कि वे प्रगट हों। वे कोई ईश्वर-अल्लाह तो हैं नहीं कि उनके लिए हमारे बच्चे आपस में लड़-लड़कर मर जाएँ और वो छिपे ही रहें?”

माधव नागदा

जन्म– 20.12.1951 लालमादड़ी, नाथद्वारा (राजस्थान)

शिक्षा– एम. एस-सी. (रसायन विज्ञान), बी. एड.

लेखन-विधाएँ– कहानी, लघुकथा, कविता, डायरी। हिन्दी, राजस्थानी दोनों भाषाओं में लेखन।

प्रकाशित कृतियाँ– उसका दर्द, शापमुक्ति (मराठी में भी), अकाल और खुशबू (मराठी में भी), परिणति तथा अन्य कहानियाँ (कहानी-संग्रह)। आग (मराठी, अँग्रेजी व सिन्धी में भी), अपना-अपना आकाश (लघुकथा-संग्रह)। मैं शब्दों का कुम्भकार (कविता-संग्रह)। फिर कभी बतलाएँगे (डायरी)। राजस्थानी में 'उजास' कहानी-संग्रह तथा 'सोनेरी पांखां वाली तितलियाँ' डायरी प्रकाशित।

कहानियाँ कई भाषाओं में अनूदित। कहानी 'धोळो भाटो लीलो रूँख' दस भारतीय भाषाओं में प्रकाशित।

सम्प्रति– विज्ञान प्राध्यापक से सेवा-मुक्त। अब स्वतन्त्र लेखन एवं सामाजिक कार्य।

सम्पर्क– गाँव व पोस्ट–लालमादड़ी, वाया नाथद्वारा, जिला राजसमन्द–313301 (राजस्थान)।

ई मेल– madhav123nagda@gmail.com

मोबाइल– 0-98295-88494

"मेरी यह दृढ़ मान्यता है कि लघुकथा विधा के द्वारा समकालीन सामाजिक यथार्थ और इसकी विरूपताओं, विसंगतियों, विशेषताओं तथा आम आदमी के संघर्ष, सपने तथा जुझारूपन को विश्वसनीय और प्रभावशाली ढंग से अभिव्यक्त किया जा सकता है। आज देश जिन विषम परिस्थितियों से गुज़र रहा है उसे देखते हुए ऐसी साहित्यिक विधा की जरूरत है जो एक साथ लोकप्रिय हो और मनुष्य की चेतना को भी प्रभावित करती हो। लघुकथा वही विधा है।"

–माधव नागदा

वक्तव्य

लघुकथा में अभिव्यक्ति की असीम सम्भावनाएँ हैं

अपनी साहित्यिक यात्रा का जायजा लेने के लिए मुझे ज़िंदगी के सफ़र पर नज़र डालनी पड़ेगी क्योंकि कोई भी रचना जीवन से अलग-थलग नहीं हो सकती।

ग्रामीण परिवेश, काफी हद तक सामंती। पिताजी सिर्फ चालीस वर्ष की आयु में किसी अज्ञात बीमारी के कारण चल बसे थे। उस वक्त मेरी उम्र थी ग्यारह वर्ष। पिताजी ने माँ को जो अन्तिम शब्द कहे थे, वे थे, 'छोरे की पढ़ाई मत छुड़ाना।' ये पाँच शब्द अनहद नाद की तरह माँ के कानों में गूँजते रहे। विपरीत परिस्थितियों में भी उसने मुझे पढ़ाया। यदि गाँव के दूसरे लड़कों की तरह मेरी पढ़ाई बीच में ही छूट जाती तो मैं वह नहीं होता जो आज हूँ। साहित्य किस चिड़िया का नाम है, मुझे कभी भी ज्ञात नहीं हो पाता।

वैसे साहित्य मेरा विषय कभी नहीं रहा। मैं विज्ञान का विद्यार्थी था। प्रयोग अच्छे लगते थे। परखनलियों से, ब्यूरेट-पीपेट से मेरा नाता था। हिन्दी अनिवार्य विषय के रूप में पढ़ाई जाती थी। अध्यापक थे श्री भगवतीप्रसाद देवपुरा जो बाद में साहित्य-मण्डल नाथद्वारा के प्रधानमन्त्री बने और अनूठे आयोजनों के कारण सम्पूर्ण हिन्दी जगत में प्रतिष्ठित हुए। पढ़ाने का उनका ढंग भी अनूठा था। जब वे पढ़ाते तो उच्च कक्षाओं के छात्र भी हमारी कक्षा में आकर बैठ जाते। धीरे-धीरे हिन्दी साहित्य में मेरी रुचि बढ़ने लगी। खाली समय में मैं पुस्तकालय चला जाता जहाँ करीने से रखी हुई ढेर सारी पत्रिकाएँ मेरा इन्तज़ार कर रही होतीं। फिर पुस्तकालय से पुस्तकें लेकर पढ़ने लगा। वृन्दावन लाल वर्मा, प्रेमचंद, यशपाल, अमृतलाल नागर, जैनेन्द्र, चतुरसेन शास्त्री, उपेन्द्रनाथ अश्क, रांगेय राघव आदि साहित्यकारों के उपन्यास, कहानियों ने मेरे सम्मुख एक नई दुनिया के द्वार खोल दिए। जीवन से धड़कती हुई दुनिया। मैं आश्चर्यचकित रह जाता। ये लेखक भी क्या शै हैं। पात्रों के अन्तस में उतर जाते हैं। उनके भीतर छिपे दुःख-दर्द, संघर्ष, सपने, आकांक्षाएँ, प्रेम, घृणा, क्रोध, कठोरता, कोमलता का ऐसा सजीव चित्र उकेरते हैं कि लगता है जैसे सब कुछ सामने घटित हो रहा है।

मैं जब ग्यारहवीं कक्षा में पहुँचा तब हमारे गाँव के प्राइमरी स्कूल में ब्रजेश चन्द्र नाम के अध्यापक जी आए। उनका मेरे प्रति मित्रवत व्यवहार था। एक सुबह मैंने उन्हें मनोयोगपूर्वक कुछ लिखते देखा। मैं पूछ बैठा, "आप इतना एकाग्रचित्त होकर क्या लिख रहे हैं?"

"कहानी, लो सुनो।"

"लेकिन कहानियाँ तो बड़े-बड़े साहित्यकार लिखते हैं।"

वे हँसे, एक निर्मल हँसी, "साधारण लोग भी कहानियाँ लिख सकते हैं। लिखते-लिखते ही वे एक दिन बड़े साहित्यकार बनते हैं।"

उनकी बात दिल में घर कर गई। मैंने भी एक कहानी लिखी और डरते-डरते कठोर अनुशासन के लिए विख्यात भगवतीप्रसाद जी देवपुरा के पास पहुँचा। उन्होंने न केवल कहानी को धैर्यपूर्वक पढ़ा बल्कि उस वर्ष की विद्यालय पत्रिका में छाप भी दिया। मुझे विश्वास हो

गया कि मैं भी कहानियाँ लिख सकता हूँ।

कहानियाँ लिखने का सपना बी.एस-सी. और एम.एस-सी. के बोझ तले कराहता रहा। बाद में शादी की और बी.एड. भी। फुरसत पाकर 1976 में पहली कहानी लिखी, 'शवयात्रा' जो दिल्ली के एक साप्ताहिक में प्रकाशित हुई। यह कहानी मेरे कटु अनुभवों की तल्ख़ अभिव्यक्ति थी जिसमें तत्कालीन युवाओं की मनःस्थिति का भी प्रतिबिम्बन था। तब से 1980 तक केवल कहानियाँ ही चलती रहीं।

कहानियाँ लिखते-लिखते मैंने कई बार महसूस किया कि कलम ठिठक-सी जाती है। जो बात मैं कहना चाहता हूँ वह ठीक-ठीक कहानी में अभिव्यक्त नहीं हो पा रही है। कविता की शरण में गया लेकिन बात जमी नहीं। मेरी पहली पसन्द कथा थी, लेकिन कविता में कथा तत्त्व के ठीक से निर्वहन की कोइ गुंजाइश नहीं थी। इसी समय एक और विधा तेजी से उभर रही थी, वह थी लघुकथा। सच कहूँ तो अभी तक यह विधा मेरी नज़रों में चढ़ी नहीं थी। मैं पत्र-पत्रिकाओं में कहानियाँ तो पढ़ता किन्तु लघुकथा को प्रायः दरकिनार कर देता। जब मैं अभिव्यक्ति की समस्या से दो-चार होने लगा तो मैंने लघुकथाओं का अध्ययन आरम्भ कर दिया। उस समय रचनारत (1978-80) कई लघुकथाकार मित्रों को पढ़ते हुए मेरी आँखें खुशी से चमक उठीं। मुझे वह विधा मिल गई जिसकी मुझे तलाश थी। इस प्रकार मेरे लिए लघुकथा अभिव्यक्ति की छटपटाहट का सुपरिणाम थी। मेरी प्रथम लघुकथा 'कितना प्यार' थी और प्रथम प्रकाशित लघुकथा थी 'हड़ताल'। 'हड़ताल' उदयपुर से प्रकाशित होने वाले दैनिक 'जय राजस्थान' में प्रकाशित हुई। 'कितना प्यार' प्रकाशित हुई अम्बाला से निकलने वाली 'तारिका' में। 'तारिका' उस समय नवोदितों की पहली पसन्द थी जिसे डॉ. महाराज कृष्ण जैन सम्पादित किया करते थे। 'कितना प्यार' को पाठकों का खूब प्यार मिला। नतीजा यह हुआ कि लघुकथा में मेरी रुचि बराबर बढ़ती गई। 1986 में मैंने एक लघुकथा संकलन का सम्पादन किया जिसमें उस समय के चर्चित 62 लघुकथाकारों की 80 लघुकथाएँ ली गई थीं। इस संकलन का खासा स्वागत हुआ। दरअसल यह समय लघुकथा के लिए एक कठिन दौर था। एक विधा के रूप में स्वयं को साबित व स्थापित करने का दौर। कई रचनाकार लघुकथा को प्रतिष्ठा दिलाने के लिए कटिबद्ध थे। अच्छी-से-अच्छी लघुकथाएँ लिखने की होड़ थी। छपास की भूख नहीं थी बल्कि एक मिशनरी भाव था, एक आन्दोलन की सुगबुगाहट थी। उस समय मित्रों ने सशक्त लघुकथाएँ सामने लाने के लिए कई अच्छे संकलन/पत्रिकाओं के विशेषांक सम्पादित किए जो बाद में काफी चर्चित हुए। मुझे भी सम्मिलित किया गया। इनमें से कतिपय हैं; आयुध, अपरोक्ष (कमल चोपड़ा), दिशा, प्रत्यक्ष (सतीशराज पुष्करणा), अस्तित्व (श्यामसुन्दर दीप्ति), क्षितिज (सतीश राठी), स्वरों का आक्रोश (हरनाम शर्मा), कितनी आवाजें (विकेश निझावन, हीरालाल नगर) आदि। 'पहचान' के दस वर्ष पश्चात् अर्थात 1996 में सूर्य प्रकाशन मन्दिर, बीकानेर से मेरा एकल लघुकथा संग्रह 'आग' प्रकाशित हुआ जिसके अब तक तीन संस्करण निकल चुके हैं तथा तीन भाषाओं में अनूदित होकर छप चुका है। ये भाषाएँ हैं मराठी, अँग्रेजी तथा सिंधी।

लघुकथा लेखन की मेरी गति मंथर ही रही है। मैंने संख्या की अपेक्षा गुणात्मकता का विशेष ध्यान रखा है। शायद यही कारण है कि मेरा दूसरा संग्रह 'अपना-अपना आकाश'

प्रथम संग्रह के अठारह वर्ष पश्चात् 2014 में प्रकाशित हुआ। लघुकथा के प्रति मेरा कभी कोई रूमानी भाव नहीं रहा। मेरा मानना है कि रचनाकार को किसी विधा विशेष के प्रति आत्ममुग्धता से बचना चाहिए। उद्देश्य विधा नहीं बल्कि सार्थक अभिव्यक्ति है। विधा तो अभिव्यक्ति का माध्यम-भर है। मसलन आपके मन में उभरा कथ्य सार्थक अभिव्यक्ति के लिए कविता की माँग कर रहा है और आप उसे लघुकथा में ठूँसना चाहते हैं तो अन्ततः लघुकथा विधा का ही अहित हो रहा है। यह बात सच है कि लेखक की पहचान विधा विशेष से ही होती है, जैसे ज्ञानरंजन कहानी से, हरिवंशराय बच्चन कविता से, हरिशंकर परसाई व्यंग्य से तो रावी लघुकथा से जाने जाते हैं। परन्तु हमें अन्य विधाओं से परहेज नहीं करना चाहिए। यदि हम उनमें सृजन न कर सकें कोई बात नहीं, परन्तु सभी विधाओं की अच्छी और चर्चित रचनाओं को पढ़ते रहना चाहिए। यह हमें हर प्रकार से समृद्ध करेगा। फलस्वरूप हम अपनी पसन्दीदा विधा (यहाँ लघुकथा) में कुछ बेहतर दे पाएँगे।

आज लघुकथा सर्वाधिक लोकप्रिय विधा है। पत्र-पत्रिकाओं में पाठक सर्वप्रथम लघुकथा पढ़ना पसन्द करते हैं। लेखक अपने विचार, भाव, दृष्टि, दर्शन, सरोकार को लघुकथाओं द्वारा अधिक-से-अधिक पाठकों तक पहुँचा सकता है। हम आखिर लिखते किसके लिए हैं, पाठकों के लिए ही तो न। मुझे यह कहने में कोई संकोच नहीं है कि लघुकथा के पाठकों से मुझे अकूत प्यार मिला है। मैं लघुकथा लिखते समय स्वयं को सहज अनुभव करता हूँ। आज जिस प्रकार लघुकथा अलग-अलग कोण से यथार्थ को सम्प्रेषित कर पा रही है यह इसकी अपनी शिल्पगत विशेषता है जो मुझे सदैव आकर्षित करती रही है। कविता की तरह लघुकथा में भी सम्प्रेषण की अकूत सम्भावनाएँ हैं। कविता पाठक के दिल में उतरती है तो लघुकथा उसकी बुद्धि को आलोड़ित करती है। अर्थात एक अच्छी लघुकथा में मानव व्यक्तित्व की संरचना को बदलने की सम्भावना निहित होती है।

लेखन एक ज़िम्मेदारी भरा सामाजिक कार्य है, महज़ मन बहलाव या यशप्राप्ति का साधन नहीं। मुझे यहाँ केदारनाथ सिंह की बात याद आती है, "मेरे लिए लिखना उसी तरह एक जिम्मेवारी से भरा हुआ काम है, जैसे एक मिस्त्री के लिए एक ढीले नट की चूल कसना या एक गड़रिये के लिए अपनी खोई हुई भेड़ की तलाश करना। हम तीनों इसी तरह अपनी नागरिकता का शुल्क अदा करते हैं। ...आज रचनाकार के लिए इस तथ्य को भुला देना खतरनाक हो सकता है कि जो शब्द वह इस्तेमाल कर रहा है, वह एक लम्बी परम्परा से छनकर उस तक पहुँचा है। लिखते समय यह चेतना मुझे बल देती है कि मेरा शब्द मुझसे पहले असंख्य मुखों से असंख्य बार उच्चरित हो चुका है।"

लघुकथा में शब्द की यह गरिमा और महिमा अपने उत्स पर है। मैंने अपनी लघुकथाओं में सदैव शब्दों की मितव्ययिता का ध्यान रखा है, अनावश्यक ब्यौरों से बचता रहा हूँ। बात को प्रभावशाली ढंग से कहने के लिए कथ्य की माँग के अनुरूप व्यंग्य को हथियार के रूप में प्रयुक्त किया किन्तु इस बात का ध्यान रखा कि लघुकथा व्यंग्य की धार पर चलते हुए चुटकुले की ओर न लुढ़क जाय। करुणा, सहानुभूति और ऐसी ही अन्य मानवीय संवेदनाओं की अभिव्यक्ति में मैंने सावधानी बरती कि गलदश्रु भावुकता से बचूँ। इसी तरह कथनी और करनी में अन्तर बताने वाली लघुकथाओं में मैंने यथार्थ को खंडित नहीं होने दिया। मेरी यह दृढ़ मान्यता है

कि लघुकथा विधा के द्वारा समकालीन सामाजिक यथार्थ और इसकी विरूपताओं, विसंगतियों, विशेषताओं तथा आम आदमी के संघर्ष, सपने तथा जुझारूपन को विश्वसनीय और प्रभावशाली ढंग से अभिव्यक्त किया जा सकता है। आज देश जिन विषम परिस्थितियों से गुज़र रहा है उसे देखते हुए ऐसी साहित्यिक विधा की जरूरत है जो एक साथ लोकप्रिय हो और मनुष्य की चेतना को भी प्रभावित करती हो। लघुकथा वही विधा है।

मुझे पूर्ण विश्वास है कि डॉ. अशोक भाटिया द्वारा परिकल्पित लघुकथा केन्द्रित इस आयोजना का सुधी पाठकगण जरूर स्वागत करेंगे। मुझे इसमें सम्मिलित किया गया इस हेतु डॉ. भाटिया का आभार।

—माधव नागदा

आग

थी तो वह मामूली चिनगारी ही। चिनगारी फेंकने वाला भी दूर का नहीं, पास के ही मोहल्ले का था। पर लोगों का पारा सातवें आसमान पर चढ़ गया। एक विधर्मी की यह मजाल कि वह हमारे मोहल्ले में आकर चिनगारी छोड़ जाए!

चिनगारी आग बनने लगी।

बजाय इस आग को बुझाने के, लोगों की भीड़ हथियारों से लेस होकर चिनगारी फेंकने वाले की तलाश में पड़ोसी मोहल्ले की ओर बढ़ी।

हवा पाकर आग फैलने लगी।

इस बात से बेखबर कि एक मोहल्ले की आग पूरे शहर को ख़ाक कर सकती है, आगे एक जवाबी मोर्चा तैयार था।

चिनगारी भड़काने वाला गायब था। उसे तलाशने और उसे बचाने वाले आपस में भिड़े हुए थे।

आग को खुली छूट थी अपना खेल खेलने की। उसकी लपटों ने किसी को नहीं बख्शा।

कुछ दिनों बाद जब आग अपने-आप बुझी तो दोनों ओर के लोगों को एक बात पर बड़ा आश्चर्य हुआ। आग का असर दोनों गुटों के लोगों पर एक जैसा था। वही; चमड़ी का झुलसना, फफोले उग आना, जगह-जगह मांस लटक जाना। लोग पूछने लगे कि जब आग का असर तमाम जिस्मों पर एक जैसा होता है तो फर्क कहाँ है? हमने आग बुझाने की बजाय हवा क्यों दी? क्यों दी?

कुणसी जात बताऊँ

"ओहहो। तावड़ा कित्ता तीखा है। डील का सारा सत्त चूस लिया।" वृद्ध ने कहा और आकर नीम की छाँव तले बैठ गया। उसने फेंटा उतारकर माथे पर हवा लगने दी। कन्धे पर टँगे अँगोछे से चेहरे का पसीना पोंछा। फेंटा फिर से सिर पर लपेटा और पनहारिन की ओर देखा।

नीम के नीचे एक चबूतरा था। चबूतरे पर प्याऊ थी। यह प्याऊ प्रतिवर्ष वैशाख-जेठ में ओमजी अपने बापू की याद में बैठाते थे। लोग कहते हैं कि जीते जी बाप को पानी नहीं पिलाया और अब लोगों की प्यास बुझाने का नाटक कर रहा है। खैर, लोग तो कहेंगे लोगों का क्या। फिलहाल वृद्ध का हलक सूख रहा था। उसका जी चाहा कि पूरा मटका पी ले गटागट। लेकिन पानी माँगने की बजाय उसने पूछा, "कौन जात है बाई?"

युवती पनहारिन ने पहले मटके और फिर पास रखे चंद सिक्कों की ओर देखा, अन्त में माथे पर सलवटें डालकर बोली, "पैसे और पानी की कोई जात नहीं होती बा।"

"पानी की नहीं तेरी पूछूँ हूँ।"

"कुणसी जात बतऊँ बा। ये निपूती तो दिन-भर में छतीस ई जात जी लेती है।" पनहारिन ने दीर्घ साँस ली।"

"पहेलियाँ मत बुझा। साफ-साफ बता।" डोकरा चिढ़ा।

"तो सुनो।" पनहारिन के चेहरे पर एकाएक कठोरता पसर गई। "सुबै उठकर सारा घर बुहारती हूँ। संडास साफ करती हूँ। सो हो गई मेहतर। ठीक है। अब 'लम्बर' लेती हूँ ढांडा-ढोर का। बाँटा-पानी, चारा-रजगा। दूध दुहना। छाणे थेपना। तो समझो ग्वालन। फिर जेट की जेट गाबे धोती हूँ, पिरेस करती हूँ। सो हो गई धोबिन। अब करती हूँ कपड़ों को रफू, काज-बटन, तुरपई, फाउल। तो जात मेरी दर्जी। घर का पंडेरा भरने के बाद यहाँ लोगों को पानी पिलाने बैठती हूँ, बन गई कुम्हार। शाम को फिर रोटी-पाणी, बरतन-पोंछा। जब देर रात बिस्तर पर जाती हूँ तो आँखें मन-मन भर भारी हो जाती हैं। जी करता है निरांत से सो जाऊँ कि धणी आता है, धकड़ियाँ खाता। मना करती हूँ तो ताना मारता है, 'कमा कर लाता हूँ, जो चाहूँ वो करना पड़ेगा।' मन मारकर पेट की खातिर बिस्तर की भाँत बिछना पड़ता है। तो रात को हो जाती हूँ पतुरिया...और...।"

"बस, बस बेटा। अब और नहीं। तू तो ठंडा पानी पिला दे।"

पानी पीते हुए वृद्ध को अपनी बेटी याद आ जाती है।

उलझन में शताब्दियाँ

बेटी फर्स्ट में पहुँच गई है। बहुत बातूनी है। कॉन्वेंट में पढ़ती है। मैं सरकारी स्कूल में शिक्षक हूँ। पत्नी के आग्रह के सम्मुख झुकते हुए बेटी को प्राइवेट स्कूल में प्रवेश दिलाना पड़ा था।

"पापा, आज आपकी स्कूल में क्या हुआ?" उसने होमवर्क की कॉपी से सर उठाकर देखा। पत्नी हेडमिस्ट्रेस की तरह पास में खड़ी थी।

"नाइंथ में पढ़ने वाली लड़कियों को मुफ्त साइकिलें बाँटी गईं।" मैंने तनिक गर्व से कहा, यह जताने के लिए कि सरकारी स्कूलों में लड़कियों का कितना ध्यान रखा जाता है।

"क्यों पापा?"

"दूर से आना पड़ता है। परेशानी होती है। आए दिन लेट पहुँचती हैं। पढ़ाई का नुकसान होता है, इसलिए।"

"तो क्या लड़कों को परेशानी नहीं होती? उन्हें साइकिलें क्यों नहीं दी पापा?"

बेटी प्रायः ऐसे ही प्रश्न पूछती है जिनसे मैं उलझन में पड़ जाता हूँ। कई बार तो हारकर टरका देता हूँ, जाओ इसका जवाब मम्मी देगी।

"पापा, दीनू भैया के यहाँ क्या फंक्शन है?" मेरे चेहरे पर परेशानी भाँपकर उसने एक और मौका दिया।

"दीनू भैया जनेऊ ले रहे हैं।" मैं झट से बोला। एकदम आसान जवाब।

"पापा, मैं भी जनेऊ लूँगी।" वह मचली। हेडमिस्ट्रेस हँसने लगी।

"नहीं बेटी, लड़कियाँ जनेऊ नहीं लेतीं।" कहते ही मैं असहज हो उठा।

"लड़कियाँ जनेऊ क्यों नहीं लेती पापा?"

जिसका डर था, बेटी ने वही पूछ लिया। मुझे लगा कि इस प्रश्न के नीचे दबकर शताब्दियाँ कराह उठी हैं।

क्या समझे?

मन्दिर समिति के बैंक खाते में पर्याप्त पैसा इकट्ठा हो गया था। पदाधिकारियों ने तय किया कि भगवान के नाम कुछ जमीन खरीद ली जाय। स्थायी महत्त्व की सम्पत्ति हो जाएगी। रामलाल भील देने को तैयार था। बोला, 'ठाकुर जी के लिए है, दो पैसे कम दे देना।' लोगों ने उसकी प्रशंसा की और सौदा पक्का कर लिया।

पंजीयन के लिए तहसील पहुँचे तो पता चला कि भगवान तो नाबालिग है। कोई संरक्षक बने तो उसके नाम रजिस्ट्री हो सकती है। लोग उलझन में पड़ गए। भगवान तो सारी दुनिया का संरक्षक है। संरक्षक का संरक्षक कौन बने। 'चलो मैं बन जाता हूँ।' देवीलाल ने कहा। लोगों में खुसर-फुसर हुई। चलता-पुर्जा है। कल अकेला ही ताप जाएगा तो क्या होगा। दो नाम और जोड़ो।

अब पहुँचे संबधित अधिकारी के पास। अधिकारी ने सारे कागजात पढ़े, खाते की नकल देखी, नक्शा ट्रेस जाँचा। तत्पश्चात स्टाम्प-पत्र एक ओर सरकाकर बोला, "यह रजिस्ट्री नहीं हो सकती। क्या समझे?"

"क्यों-क्यों हजूर?" सभी ने आश्चर्य से पूछा।

"भील की रजिस्ट्री भगवान के नाम नहीं हो सकती। भील एस.टी. वर्ग का है जबकि भगवान कानूनन सवर्ण है। एस.टी. की जमीन सवर्ण नहीं खरीद सकता। क्या समझे?"

लोग एक-दूसरे का मुँह ताकने लगे। क्या कहें, क्या न कहें। अन्ततः पंडित मुरली ने मुँह खोला, "हजूर, भगवान सवर्ण कैसे हो सकता है? उसने तो भीलनी के झूठे बेर खाये थे।"

"बेर खाने से कुछ नहीं होता। यों तो तमाम सवर्ण भीलनी के बेर खा-खाकर आरक्षण माँगने लग जाएँगे। जब तक कानून में भगवान की जाति बदल नहीं जाती, वह सवर्ण ही रहेगा। क्या समझे?"

सबके चेहरे उतर गए। उनके चेहरे देखकर अधिकारी पहले तो मुस्कराया, फिर बोला, "अच्छा, एक बात बताओ। देखो झूठ मत बोलना, तुम्हें ठाकुर जी की सौगंध है। क्या रामलाल भील तुम्हारे भगवान के मन्दिर में जा सकता है?"

"नहीं।" मुरली पंडित ने तुरन्त जवाब दिया। सभी ने उस पर आँखें तरेरीं।

"बस इसीलिए भगवान सवर्ण है और रामलाल दलित। क्या समझे?" अधिकारी ने बारी-बारी से सबकी ओर देखा और मुरली पंडित पर आँखें टिका दीं।

वह चली क्यों गई?

वह जब भी आता, पत्नी के लिए ढेर सारे उपहार लाता। चमचमाते कपड़े, कीमती गहने और मनोरंजन के लिए अत्याधुनिक साधन। जाते वक्त पत्नी पर नोटों की बरसात कर जाता ताकि उसके पुनः आने तक वह इनसे खेलती रहे। उसके जाने और आने में अन्तराल भी बहुत होता था। तीन से छः महीने तक का। कभी-कभी तो एक वर्ष भी।

इस बार भी वह बहुत-सारी चीज़ें लेकर आया। कुछ देर तक तो उसकी पत्नी फटी-फटी

आँखों से उन्हें घूरती रही। फिर एकाएक उदास हो गई।

"इन सबका क्या करूँ? तुम यहीं रहो, मेरा मन नहीं लगता।"

"अरे, इतना बड़ा बँगला, वीडियो प्लेयर, टी.वी., कार सब कुछ तो है तुम्हारे पास, फिर भी कहती हो कि मन नहीं लगता!"

"जी घबराता है ...।"

"तो शहर के अच्छे-से-अच्छे डॉक्टर को दिखाओ। महँगे-से-महँगा इलाज करवाओ।"

"वो पड़ोस की झोंपड़ी का गरीबदास है न, उसकी आँखें...।"

"अच्छा, अच्छा! उसकी यह हिम्मत? मैं चाहूँ तो सौ का एक नोट फेंककर उसकी आँखें निकलवा सकता हूँ। उसके जैसे सौ गरीबदास मुम्बई में मेरे नौकर हैं और ऐसे दो सौ और खरीद सकता हूँ। उसकी ताकत नहीं कि तुम्हारी तरफ आँख उठाकर भी देखे। मैं जा रहा हूँ। आऊँगा तब तुम्हारे लिए ढेर सारा पैसा लाऊँगा।"

"मगर तुम मत जाओ। मुझे पैसा नहीं चाहिए।"

"पास में पैसा हो तो सब अच्छा लगता है।" वह चला गया परदेस। और अधिक पैसा कमाने।

अगली बार जब वह चार मास बाद लौटा तो उसकी माँ ने माथा पीटते हुए कहा, "तेरी औरत उस गरीबड़े गरीबदास के साथ भाग गई।"

पति ने सारा घर छान मारा। सब चीजें यथावत थीं। बेशकीमती गहने, चमचमाते कपड़े, टी.वी., कैमरा, वीडियो प्लेयर, नोटों के बण्डल; सब सही-सलामत। सिर्फ पत्नी ही नहीं थी। उसे समझ में नहीं आया कि इतना आराम होते हुए भी वह चली क्यों गई?

शहर में रामलीला

आज सीता वनवास था।

'सीता' तो तैयार थी परन्तु 'राम' बीमार पड़ गए थे। प्रश्न यह था कि ऐन समय राम का रोल किसे दिया जाय? इधर पब्लिक बेसब्री से इन्तजार कर रही थी।

"सर, क्यों न नीलेश को राम का रोल दे दें। उत्साही लड़का है। कर लेगा।" प्रॉम्पटर ने सुझाया।

"अरे यार, तुमने भी किस सिरफिरे का नाम ले लिया। कब क्या हरकत कर बैठे, कुछ ठिकाना भी है उसका?"

इतने में नीलेश भी आ गया। बोला, "सर, आप मुझ पर विश्वास क्यों नहीं करते? हर बार बन्दर बना देते हैं। एक बार राम का रोल भी देकर देखिये न। दर्शक वाह-वाह कर उठेंगे।"

पंडाल में शोर बढ़ गया था। डायरेक्टर के माथे पर चिन्ता की रेखाएँ उभर आईं, "खा राम की कसम, कोई ऊटपटाँग हरकत नहीं करेगा।"

नीलेश ने राम की कसम खायी और तैयार होकर तुरन्त मंच पर पहुँच गया।

रथ तैयार। लक्ष्मण तैयार। लक्ष्मण बहाना बनाकर गर्भवती सीता को रथ पर बैठाते हैं। दर्शकों की आँखें नम। राम बेचैन।

“ठहरो लक्ष्मण। उतरो रथ से। मैं जाता हूँ सीता के साथ।” राम गरजे और लक्ष्मण को धकियाकर स्वयं रथारूढ़ हो गए।

डायरेक्टर हतप्रभ! प्रॉम्पटर भौंचक्क! दर्शकों में सन्नाटा।

“मैं ऐसे सिंहासन को लात मारता हूँ जो सीता के अपमान के बदले प्राप्त होता है। सीते, मैं इतना विवेकहीन नहीं हूँ कि एक धोबी के अनर्गल प्रलाप के कारण तुम्हें त्याग दूँ। तुम मेरी अर्द्धांगिनी हो। यदि अयोध्या को तुम स्वीकार नहीं तो अयोध्या भी मुझे स्वीकार नहीं। इसी क्षण मैं अयोध्या को अन्तिम प्रणाम कहता हूँ। चलो सुमंत।”

पर्दा, पर्दा। डायरेक्टर चिल्लाया। मैं पहले ही कहता था कि यह लड़का जरूर जूते पड़वायेगा।

उधर चमत्कार हो गया। तमाम दर्शक तालियाँ बजाते हुए अपनी-अपनी जगह पर खड़े हो गए। इतने में एक महीन किन्तु दृढ़ स्वर उभरा, ‘आज के राम की जय’ और पूरा पंडाल जयकारे से गूँज उठा।

पहेली

मैं क्या करता, निमिषा इतनी नजदीक जो सोई हुई थी।

बाहर गर्जन-तर्जन, बरसात और तेज हवाएँ। मेरे भीतर भी वही कुछ। लेकिन वह थी कि बोले जा रही थी। दुनिया-भर की बातें। घर बीती, पर बीती। निश्छल ऐसी कि मानो पास सोया प्राणी मर्द न होकर उसकी अपनी सहेली हो। उसके शब्द मेरे जिस्म पर रेंग रहे थे, उसकी साँसों की खुशबू मेरे मन पर थपकी दे रही थी। वह क्या कह रही थी मुझे पता नहीं। मैं तो बस हाँ-हूँ कर रहा था और उसे निरखे जा रहा था। लग रहा था जैसे मैं अपना आपा खोने वाला हूँ।

एकाएक मैंने उसे समेट लिया और चूम बैठा।

“उँह, ना, ना। छोड़ो। यह क्या कर रहे हो?” वह छूटकर पलँग के दूसरे किनारे सो गई। मेरी ओर पीठ किए। खामोश। निःशब्द। जैसे उफनती नदी को किसी ने मन्त्रबिद्ध कर दिया हो। एकदम जड़ीभूत। फिर धीरे-धीरे हिचकियाँ सुनायी दी। हल्की रुलायी। अस्फुट शब्द, ‘क्या तुमने मुझे इसीलिए रोका था? ...विश्वास...दुनिया के सारे मर्द...मुझे गलत क्यों समझा ...?’

मेरे दिल पर नश्तर चलने लगे। मैं यह क्या कर बैठा। मेरा कितना सम्मान करती थी यह युवती। कितना विश्वास। और मैं ...। मैं पछतावे में न जाने कितनी देर तक करवटें बदलता रहा। मेरी हर करवट पर वह चौंक पड़ती। मैं उठा और चादर बिछाकर नीचे फर्श पर सो गया।

सुबह जब मेरी नींद खुली तो वह जाने को तैयार बैठी थी।

“बस का टाइम हो रहा है।” वह बोली, उदास आवाज़ में।

मैं हड़बड़ाकर उठा, मुँह धोया, कपड़े बदले। फिर पास जाकर उसकी आँखों में झाँका।

“निम्मी, मुझे माफ़ कर दो। दरअसल मैं अपने-आप पर काबू नहीं रख सका।” मेरी आवाज़ में कम्पन था।

और यह क्या! डाँटने-डपटने या कोई शिकवा-शिकायत करने की बजाय वह तो मुझसे लिपट गई और मेरे होंठ चूम लिये।

मैं कुछ समझ ही नहीं पाया। कुछ देर तक सम्मोहित-सा खड़ा रहा। होश आया तब तक निम्मी जा चुकी थी।

शिखर

मगध और रोमा एक-दूसरे को खूब पसन्द करते थे। मगध अक्सर रोमा के यहाँ पहुँच जाता। फिर तो वक्त का पता ही नहीं चलता। घंटों बातें करते रहते। रोमा थी ही ऐसी। मगध मुग्ध था। उसे रोमा की एक-एक हरकत में कई-कई मोहक अदाओं के दर्शन होते। वह अपना आपा खोने लगता। उसका जी करता की सारे शिष्टाचार को भुलाकर वह रोमा को बाँहों में भर ले, होंठों को चूम ले और अगर रोमा की स्वीकृति हो तो इससे भी आगे बढ़ चले।

परन्तु इतनी घनिष्ठता के बावजूद रोमा और मगध के बीच झिझक की पतली झिल्ली बरकरार थी। मगध को विश्वास था कि यदि साहसपूर्वक इस झिल्ली को तोड़ दिया जाय तो रोमा को हासिल किया जा सकता है; रोमा जैसी अनिन्द्य सुन्दरी को।

उस दिन जब दोनों के मध्य बहुत ही आत्मीय क्षण तैर रहे थे, मगध ने अपना अभीप्सित प्राप्त करने की चेष्टा की। थरथराते होंठों से बोला, " रोमा, अगर मैं तुमसे कोई चीज माँगूँ तो दोगी? बुरा तो नहीं मानोगी?"

"ओह मगध! यह भी कोई पूछने की बात है? तुम्हारे लिए मैं प्राण तक उत्सर्ग करने को तैयार हूँ।" रोमा ने संजीदगी से जवाब दिया।

मगध को ऐसे जवाब की तनिक भी आशा नहीं थी। वह देखता रह गया। उसे लगा कि रोमा बहुत ऊँचाइयों पर खड़ी है।

"बोलो क्या माँगते हो?" रोमा की गहरी आवाज़ आई।

मगध कुछ नहीं बोला। उसने हौले से रोमा का हाथ थाम लिया। उसे लगा कि वह ऊँचा उड़ता जा रहा है। शिखर की ओर। शरीर को पार करता हुआ प्राणों की ओर। वह भूल गया कि उसे क्या माँगना था।

माँ बनाम माँ

आज उसका मन बहुत भारी था जैसे कोई बेशकीमती चीज खो गई हो।

इन दिनों मीना ने माँ को घर से निकालने की मुहिम चला रखी थी। रात-भर खाँसती रहती है खाँहू-खाँहू। और दिन में म्हारे माथो दुखे, म्हारे डील दुखे, म्हारे यो दुखे, म्हारे वो दुखे। मुझे देख-देख टेंके करती रहती है, नाटकबाज। ऑफिस से थके-पचे घर आओ तो घर पर भी दो पल का सुकून नहीं। अगर कल की तारीख में डोकरी को वृद्धाश्रम में नहीं डाला तो मैं बंटी को लेकर मायके चली जाऊँगी। इस बात को पत्थर की लकीर समझना।

मीना को देखकर अक्सर उसे लगता कि स्त्री के भीतर एक पुरुष दबा हुआ है जो गाहे-बगाहे अपना सिर उठा लेता है। वह स्वयं अपने भीतर छिपी नारी से लगातार हारता रहा है।

"बेटा, तू अब मुझे वृद्धाश्रम में भर्ती करा ही दे। मन-ही-मन घुटता रहता है।" माँ ने ही पहल की।

"पर माँ...।"

"तू मेरी फिकर मत कर। मन को समझा लूँगी। वहाँ कम-से-कम खाँसने की आजादी तो होगी।" उसे यह जानकर हैरानी हुई कि माँ आजकल रातों को मुँह में कपड़ा ठूँसने लगी है। वह सिहर उठा। दूसरे दिन वही हुआ जो मीना चाहती थी।

अब मीना बहुत खुश है। चहकती रहती है मानो सिर से टनों वजन उतर गया हो। गले लगी है, बहुत दिनों बाद। रमेश को लगता है कि उसकी बाँहों में कैक्टस उग आए हैं। वह हौले से उसके हाथ छिटक देता है।

दो दिन बाद ही मीना कहती है, "रमेश, एक खुशखबर सुनाती हूँ।"

"सुनाओ।" वह बोला, बुझा-बुझा-सा।

"माँ आने वाली है।"

"क्या?" वह खुशी से उछल पड़ा।

"हाँ, आज ही माँ का फोन आया था। कह रही थी, इन दिनों तबीयत बहुत खराब रहती है। जँवाई राजा को भेज दो। अच्छे-से डॉक्टर को दिखा देंगे। कुछ दिन तेरे पास भी रह लूँगी।"

वह गुमसुम हो गया। उसे अपनी माँ याद आ गई। ओल्डहोम की दीवार पर टँगी उदास तस्वीर-सी।

"कहाँ खो गए? जा रहे हो ना?"

"हाँ, हाँ।" वह मानो नींद से जागा।

दूसरे दिन वह बैरंग वापस आया।

"क्या हुआ माँ नहीं आई?"

"आई थी। मैंने उन्हें भर्ती करा दिया है।"

"अच्छा? कौन-से अस्पताल में?"

"अस्पताल में नहीं, वृद्धाश्रम में।"

"क्या कह रहे हो?" वह चिल्लायी, "तुमने मेरी माँ को वृद्धाश्रम में डाल दिया?"

"ठीक कह रहा हूँ। बहुत खाँस रही थी। तुम्हें रात-भर नींद नहीं आती।"

ऋण-मुक्ति

"बेटा, यहाँ ठंड बहुत लग रही है। जरा हाथ पकड़कर धूप में तो ले चल।" बूढ़े का बदन धक-धक धूज रहा था।

बेटे ने घूरकर देखा। फिर गुर्राया, "ठंड लग रही है डोकरे को! अरे, हमने जितना पानी नहीं पिया है उतना तो तुम घी खा चुके हो। फिर भी बहानेबाजी। दो कदम चलकर दालान में नहीं जा सकते? कामचोर कहीं के।"

"भूख लगी है बेटा, कुछ खाने को ला दे। बहू को कह दे दूध दलिया ही बना दे।"

"जबान बहुत चटोरी हो गई है बुढ़ऊ की। सवेरा ही नहीं हुआ और खाने की रट। भुक्खड़ कहीं का। न मरे न माचा छोड़े। अमरफल खा रखा है।" बेटे की आवाज तेज हो गई।

"बेटा, जरा बाथरूम में ले चल। पेशाब ज़ोर से लग रही है।"

"डोरा बाँध ले। नाटकबाज। ये कर, वो कर। मैं क्या तुम्हारे बाप का नौकर हूँ?"

पड़ोस के शर्मा जी बाप-बेटे का संवाद सुन रहे थे। उनसे रहा नहीं गया, बोल पड़े, "सत्यनारायण बेटा, अपने पिता से इस तरह बात नहीं करते हैं। उनकी उम्र का लिहाज करो। यही तो समय है जब तुम उनकी सेवा कर सकते हो, उनका ऋण उतार सकते हो।" गुस्से के बावजूद शर्मा जी ने स्वयं पर भरसक काबू रखा।

"अंकल, मैं ऋण ही उतार रहा हूँ। इनकी सेवा बिल्कुल उसी तरह कर रहा हूँ जिस तरह ये मेरे दादाजी की किया करते थे। जो भी बातें अभी मैंने कही हैं वे सब इन्हीं से सीखी हुई हैं। अपनी तरफ से तो मैंने एक शब्द भी नहीं जोड़ा।'

असर

"चाकू घुसा दूँगा।" तीन साल के पिंटू ने सब्जी काटने का चाकू उठाया और मेहमानों की तरफ आँखें तरेरकर बोला। हालाँकि उसके चेहरे पर बालसुलभ भोलापन था। सभी मेहमान बच्चे की इस 'कातिलाना' अदा पर मुस्करा दिए। शर्मा जी बोले, "बच्चा बड़ा होनहार है। पूत के पग पालने में दिख रहे हैं।"

पिंटू के पापा शर्मा जी के व्यंग्य को भाँप गए। बचाव पक्ष में बोले, "इस टी.वी. ने सबको भ्रष्ट कर दिया है। बच्चों का मन तो फूल की तरह कोमल होता है, और इनके सामने परोसे जाते हैं सेक्स, हिंसा। बच्चे जैसा देखेंगे वैसे ही तो बनेंगे।"

पापा का भाषण शायद लम्बा चलता, मगर एक और धमाका हुआ। पिंटू की मम्मी ने पुचकारते हुए कहा, "पिंटू बेटा, यह गंदी आदत है। चाकू मुझे दे दे। ला, तो।"

पिंटू ने माँ को भी कहा 'चाकू घुसा दूँगा', साथ ही एक भद्दी-सी गाली अपने डायलॉग में और जोड़ दी। माँ को बेटे की गाली चाकू के वार से भी अधिक मर्मान्तक लगी। बच्चा तीन साल का, गाली तीस साल जितनी भारी-भरकम।

"और यह गाली? क्या यह भी टी.वी. से?" शर्मा जी ने फिर छेड़ा।

"नहीं, यह अपने बाप से।" पिंटू की मम्मी ने अपने पति की ओर कोपदृष्टि डाली। पति महोदय को भी क्रोध आ गया। बोले, मेहमानों के सामने तो अपनी जीभ ठिकाने रखा कर।" और लगे हाथों एक वज़नदार गाली इन्होंने भी जड़ दी।

सृजन

वह पौधों को देख रही है। मायूस निगाहों से। पत्ते मुरझा गए हैं। फूल नदारद। वह कुदाल नीचे रख देती है। क्यारी के किनारे बैठ न जाने क्या सोचने लगती है। शायद पौधों के बारे में। उसकी ललाट पर पसीने की बूँदें मोतियों की लड़ ज्यों चमक रही हैं।

सहसा मुझे देखकर कहती है, "कोई दवा ला दो ना। देखो बेचारे किस तरह सूखते जा रहे हैं।" उसने बैंगन, टमाटर, भिण्डी और मटर के पौधों की ओर इशारा किया।

मैं शाम को बीज भण्डार से दो तरह की दवाएँ लाकर देता हूँ। एक पिलाने की, दूसरी

छिड़कने की।

"अस्सी रुपयों की हैं। इतनी तो सब्जियाँ भी नहीं लगेंगी। फिर तुम्हारा श्रम। दिन-भर इन्हीं में लगी रहती हो। क्यों स्वयं को थकाती हो?" मैं सहानुभूति से कहता हूँ।

वह मिनट-भर मौन रहती है। फिर बोलती है; ऐसी गम्भीरता से जैसे बहुत बड़ी दार्शनिक हो, "तुम इतनी सारी किताबें मँगाते हो, पढ़ते हो। बहुत कुछ लिखते हो, छपने के लिए भेजते हो। जितनी तुम मेहनत करते हो उतना पारिश्रमिक कहाँ मिल पाता है? फिर भी तुम अपने काम में डटे हुए हो। भला क्यों?"

उसके प्रतिप्रश्न में ही उत्तर छिपा हुआ था। कितने शानदार ढंग से उसने अपनी बात कह दी। मैं आवेग में उसे सीने से लगा लेता हूँ। उसका चेहरा प्रफुल्लित हो जाता है और क्यारी के पौधे ताजादम हो उठते हैं।

धरती के बेटे

अकाल का सबसे ज्यादा प्रभाव किसानों पर पड़ा। बल्कि किसानों से भी अधिक उनके जानवरों पर।

रामप्रसाद की स्थिति फिर भी बेहतर थी। हर गर्मी हाड़तोड़ मेहनत करके उसने अपना कुआँ काफी गहरा कर लिया था। फलस्वरूप आज उसकी दो बीघा जमीन पर हरे-भरे गन्ने लहलहा रहे थे।

हमेशा की तरह आज भी वह मुर्गा बोलते ही उठा और खेत का चक्कर काटने निकल गया। लेकिन खेत पर जाते ही रामप्रसाद के पैरों तले की जमीन खिसक गई। कोई रातोंरात फसल काटकर गायब कर गया था।

रामप्रसाद दहाड़ मारकर रो पड़ा। उसके माथे का फेंटा दूर जा गिरा, हाथ की लाठी छूट गई और वह पागलों की तरह खेत में इधर-से-उधर दौड़ने लगा। एकाएक उसकी नज़र आठ-दस गन्नों के एक झुरमुट पर पड़ी। वह और भी बौखला गया, "हरामजादों, इतनी-सी बानगी क्यों छोड़कर गए? इन्हें भी काटकर ले जाते। इनकी क्या मैं टीकी लगाऊँ?"

वह एक-एक गन्ने को उखाड़कर दूर फेंकने लगा, "ले जाओ भुखमरो, इनको भी ले जाओ। मैं तो और भी कमा लूँगा।"

अचानक कपड़े की एक पोटली देखकर उसके हाथ रुक गए। खोलकर देखा तो नोटों के बण्डल। साथ में एक पर्ची भी। वह गाँव की तरफ लपका और मास्टर जी को जगाया।

"मास्टर जी, मास्टर जी यो कागद भणो तो।"

मास्टर जी ने कागज ले लिया और पढ़ने लगे, "हमारे मवेशी भूख से मर रहे हैं। हमें यह बर्दाश्त नहीं होता कि परिवार-ज्यों पाले ढोर यों तड़प-तड़पकर हमारे सामने ही अपनी जान दे दें। कहीं घास का तिनका तक नहीं मिलता। मजबूर हो आपका खेत लूटना पड़ा। ये तीन हजार रुपये छोड़ जाते हैं। घटेंगे तो सुकाल होने पर और पहुँचा देंगे। माफ़ करना।"

सुनते-सुनते रामप्रसाद की आँखें छलछला आईं, "मास्टर जी, वे चोर नहीं थे। वे साँची किसान थे, धरती के बेटे।"

कर्मयोगी

गणमान्य, नौकरीपेशा, रिटायर्ड, पंच, सरपंच सब आ गए। केवल योग शिक्षक का आना शेष था।

पेमा काका कन्धे पर हल लादे जा रहा था। उसके दूसरे हाथ में बैलों की रास थी। इतने सारे लोगों को स्कूल के यहाँ इकट्ठा देख उसके पैर ठिठके, न चाहते हुए भी पूछ बैठा, "आज सुबै-सुबै कोई खेल है कै?"

"अरे भोगा, आज योगा है योगा। इत्तोई नी जाणे। सारी दुनिया करे है। तू भी आ जा।" एक वार्ड पंच ने लगभग डाँटते हुए कहा।

"आऊँ होकम।"

"होकम-वोकम नहीं। सरपंच साब भी आए हैं। बुलावे है।"

"बस, यो गयो और यो आयो। आप चालू करो।" काका को कुछ समझ में नहीं आया। वह खेतों की तरफ जाने को आतुर बैलों को लेकर चल पड़ा।

योग आधे घंटे का था किन्तु दो घंटे लग गए। प्रशिक्षक ने एक-एक आसन की व्याख्या की। भस्त्रिका, कपालभाति, अनुलोम-विलोम, भ्रामरी की बारीकियाँ समझाईं। फायदे गिनाये। खुद करके दिखाया। तत्पश्चात योगार्थियों से करवाया। योगोपरांत सरपंच साहब की तरफ से चाय-नाश्ता, विकास की चर्चा, अच्छे दिनों की बातें। फिर विसर्जन।

पेमा काका का खेत रास्ते में था। लोगों ने देखा कि काका दीन-दुनिया से बेखबर, हल हाँकने में मगन है। पीछे-पीछे उसकी पत्नी मक्का का एक-एक दाना यों छोड़ती जा रही है जैसे बेशकीमती मोती हो। लगभग आधे खेत की बुवाई हो चुकी है।

योगगुरु रुका। सभी रुक गए। योगी ने हाथ जोड़े। लोग समझे नहीं। इधर तो पश्चिम है। सूर्य उधर है, पूरब की तरफ। कहीं गुरु को दिशाभ्रम तो नहीं हो गया? शहर का आदमी है, पहली बार गाँव आया लगता है। या फिर काका जैसे अनाड़ी को योग कराने की मंशा है?

योगगुरु लोगों का असमंजस ताड़ गया। हल चलाते काका की ओर देखते हुए दोनों जुड़े हाथ माथे के लगाए, फिर सिर जरा झुकाया और उच्च स्वर में बोला, "एक योगी का कर्मयोगी को प्रणाम।"

निर्णय

दिसम्बर का मध्य था। बेमौसम की बरसात। वह रजाई से निकल स्थिति का जायजा लेता है। फिर ठिठुरता हुआ वापस रजाई में दुबक जाता है।

"घड़ी साढ़े आठ बजा रही है। ऑफिस नहीं जाना है क्या?" सुधा रजाई खींचने लगती है।

"बहुत ठंड है डार्लिंग। ऊपर से बरसात। दफ्तर जाने की हिम्मत नहीं हो रही है।"

"तो...?"

"सी.एल. ले लेंगे और तुम्हारे हाथ के गरमागरम पकोड़े उड़ाएँगे।" वह पत्नी के गाल थपथपा देता है।

"परन्तु घर में न धनिया है, न हरी मिर्च, न प्याज, न आलू। पकोड़े जायकेदार नहीं बनेंगे। ऐसे बिगड़े मौसम में मालिन भी आने वाली नहीं है।" सुधा बाहर दालान में देखती है। फिलहाल बरसात रुकी हुई है मगर बूँदाबाँदी जारी है।

'लेई लो कांदा, रींगणा, धणो, मर्चा।' बाहर से चिरपरिचित आवाज़ आती है।

"वो आ गई। ये लोग भी पत्थर के बने होते हैं। चलो आपका काम तो बन गया।" सुधा उसकी ओर प्यार से देखती है। वह उठकर दातुन करने लगता है। मालिन आदतानुसार घर में प्रवेश कर चुकी होती है। उसके कपड़े बदन से चिपक गए हैं, वह धूज रही है।

"बेनजी, कांई सब्जी लेवो?"

सुधा भाव-ताव करती है। जरूरत के मुताबिक़ तुलवाती है और कहती है, "मैं तो समझी थी कि तू ऐसी ठंड में आने वाली नहीं है।"

"क्या करें बेनजी? नहीं आती तो खाती कांई? सरकारी नौकरी तो है कोनी के महीनो होतां ही तनखा आ जावे।" उसका जवाब सिर पर ओले की तरह टकराता है। वह डलिया उठाकर चल देती है, 'लेई लो रींगणा, धणो, कांदा, टमाटर।' मालिन की आवाज़ उसे किसी मन्दिर से आते कीर्तन की तरह मुग्ध कर देती है।

"क्या सोच रहे हो?" सुधा टोकती है।

"यही कि ऑफिस जा रहा हूँ। मेरा लंचबॉक्स तैयार कर दो।"

सृष्टि का सर्वश्रेष्ठ प्राणी

मुझे आजकल दो दृश्य बहुत बेचैन किए दे रहे हैं।

पहला दृश्य मैंने ज्ञानेन्द्रपति के साथ देखा था। सुनसान-सा क्षेत्र। खेतों को चीरती हुई रेल पटरी। पटरी पर एक ऊँट छौना अठखेलियाँ करता हुआ। कभी बैठता, कभी लेटता, कभी खड़ा होकर आस-पास चर रहे अपने बुजुर्ग साथियों की ओर टुकुर-टुकुर ताकता, कभी छलाँगे भरता। इतने में ट्रेन आती है। ड्राइवर को दूर से भूरा-सा धब्बा दिखाई पड़ता है। पान-फली चबा रहे ऊँटों को खतरे का आभास हो जाता है। वे गर्दन उचकाकर देखते हैं। दौड़कर छौने को घेर लेते हैं। इंजन सीटी बजाता हुआ समीप आता है तो उसे ढाही मारते हैं। किन्तु कोई नहीं बच पाता। न तो वे आठ ऊँट-ऊँटनी और न ही वह मासूम छौना।

दूसरा दृश्य यहाँ से कुछ आगे। महानगर बनने के अभियान पर निकले एक शहर की सड़क पर। यहाँ भी वे आठ होते हैं, खूँखार चेहरेवाले। दूसरी तरफ होता है एक नौजवान। नौजवान के चेहरे की मासूमियत उसी छौने जैसी। आठों उसे घेर लेते हैं। उनके चारों ओर एक घेरा और बनता है; तमाशबीनों का। घेरे के भीतर से करुण क्रंदन उभरता है। आठों रेल इंजन में तब्दील हो जाते हैं। इंजन को ढाही मारने कोई आगे नहीं बढ़ता। नौजवान दम तोड़ देता है।

मेरे मन में एक सवाल उठता है। इस सृष्टि का सर्वश्रेष्ठ प्राणी कौन है? ऊँट या आदमी?

कॉर्पोरेट

रमेश और महेश यों तो एक छोटे-से कस्बे के निवासी थे। परन्तु अपनी प्रतिभा के बूते पर देश के अच्छे मैनेजमेंट संस्थान में प्रवेश पाकर आज इस मुकाम पर पहुँचे थे कि एक प्रतिष्ठित बहुराष्ट्रीय कम्पनी ने उन्हें प्रबन्धक के पद पर बुलावा भेज दिया। आज इंटरव्यू था।

आँखों में झिलमिलाते सपने; बँगला, कार, हवाई सफर, फाइव स्टार होटलें, नौकर-चाकर, आधुनिक सुख-सुविधाएँ। अनगिनत सितारे मन के आकाश पर टाँके युवा प्रत्याशी धड़कते दिल से बारी-बारी अन्दर जाते और हल्की झेंप भरी मुस्कान के साथ बाहर आते।

रमेश की बारी महेश से पहले आई। वह जब इंटरव्यू देकर लौटा तो उसके चेहरे पर आत्मसंतोष था।

"कैसा हुआ?" महेश ने पूछा।

"ठीक ही।"

"क्या पूछा?"

"माँ के बारे में पूछा। अगर वहाँ गाँव में तुम्हारी माँ सीरियस हो जाय और यहाँ कम्पनी में तुम्हारी अर्जेंसी हो तो तुम क्या करोगे?"

"अच्छा! तो तुमने क्या कहा?"

"कहना क्या। यही कि माँ का दर्जा सर्वोपरि है। माँ ने बहुत कष्ट सहकर मुझे पढ़ाया-लिखाया है। मैं दुनिया के सारे सुखों की तुलना में माँ को तरजीह देता हूँ।"

"फिर?"

"वे लोग बहुत प्रसन्न हुए। बहुत शाबाशी दी। कहा, बेटा हो तो ऐसा।"

सबसे अन्त में महेश का नम्बर आया।

"तुम्हें क्या पूछा?" रमेश ने महेश के आते ही सवाल दागा।

"पिताजी के बारे में। वैसा ही कुछ।"

"तो तुमने क्या जवाब दिया?"

"मैंने कहा कि नियुक्ति पाने के बाद मेरी सारी निष्ठाओं का केन्द्र कम्पनी होगी। पिताजी तो अभी भी बीमार हैं और बिस्तर पर लेटे हैं। एक तरह से डेथ बेड पर। फिर भी मैं इंटरव्यू देने आया हूँ क्योंकि आपकी कम्पनी पर मुझे भरोसा है।"

"और?"

"आगे उन्होंने पूछा कि भगवान न करे ऐसा हो कि पिताजी चल बसें और इधर तुम्हारे बिना कम्पनी को घाटा उठाने की नौबत आ पड़े तो तुम क्या करोगे?"

"अच्छा! ऐसा बेहूदा सवाल? तो तुमने क्या कहा?"

"मैंने कहा कि गाँव में पिता की अर्थी को कंधा देने वाले और भी मिल जाएँगे। भरा-पूरा परिवार है। मैं वही करूँगा जो कम्पनी के हित में होगा। पिताजी मेरा भूत हैं जबकि कम्पनी मेरा भविष्य।"

"फिर?"

"फिर उन्होंने मुझे अपाइंटमेंट लेटर पकड़ा दिया। यह देख।"

रमेश एकबारगी ठगा-सा देखता रह गया। कुछ पल पश्चात् हिम्मतपूर्वक स्वयं को जुटाकर बोला, "लेकिन यार, तेरे पिताजी तो एकदम स्वस्थ हैं।"

"मैं कब इनकार करता हूँ।" महेश ने स्वीकारोक्ति में सिर हिलाया।

अपना-अपना आकाश

कमरे में गोष्ठी चल रही थी। विषय था बच्चे। बच्चों का भविष्य सुखमय कैसे हो? कैसे उनके कन्धों से किताबों का बेशुमार बोझ कम किया जाय? वगैरह-वगैरह। शहर के कुछ विचारवान लोगों ने इसका आयोजन किया था। कमरा काफ़ी बड़ा था, सो एक तरफ बच्चों ने अड्डा जमा लिया था। तरह-तरह के खेल। खेल-खेल में झगड़ा। झगड़े की परिणति दोस्ती में। फिर से नये-नये खेल। हुड़दंग। खिलखिलाहटें। शोर। वक्ताओं के विचार-सूत्र उलझने लगे।

"बच्चो, जाओ भागो। ऊपर जाकर खेलो।"

गृहस्वामी ने एक-एक बच्चे को थामकर कमरे से बाहर कर दिया। ऊपर की मंजिल पर उनकी मम्मियाँ गोष्ठी समापन के इन्तज़ार में गप्पें लड़ा रही थीं।

गोष्ठी परवान पर थी कि बच्चे वापस आ धमके। थोड़ी देर तो प्रबुद्धजन बच्चों को बर्दाश्त करते रहे, किन्तु जब उनकी धमा-चौकड़ी हद से ज्यादा बढ़ गई तो गृहस्वामी एक बार पुनः उनसे मुखातिब हुए, "बच्चों, हल्ला मत करो। देखते नहीं, हम तुम्हारे ही भले की बात सोच रहे हैं; तुम सब की खुशहाली की बातें। अच्छे बच्चों की तरह चुपचाप ऊपर चले जाओ। शाबाश।"

"नीचे आते हैं तो कहते हैं ऊपर जाओ। ऊपर जाते हैं तो कहते हैं कि नीचे जाओ" पिंकी ने खड़े होकर इस तरह कहा जैसे कविता सुना रही हो। उसकी बात सुनकर सारे बच्चे खिलखिलाकर हँस पड़े मानो किसी बगीचे में सैकड़ों कलियाँ एक साथ चटख गई हों, और फिर खेलने में मशगूल हो गए। गृहस्वामी ने लाचारी से अपने मेहमानों की ओर देखा।

"धबीको सालों को। लातों के देव बातों से नहीं मानेंगे।" गोष्ठी के अध्यक्ष भीमशंकर जी ने व्यवस्था दी।

अभिभावकगण उठे और अपनी-अपनी सन्तान को पहचानकर कान उमेठते हुए बाहर कर दिया। साथ ही दरवाजा बन्द कर, अन्दर से सिटकनी भी लगा दी। खैर अब तो गोष्ठी को निर्बाध सम्पन्न होना ही था, सो हुई। महिला-मंडल भी ऊबकर नीचे आ गया। लेकिन बच्चे? उनका पता नहीं चल रहा था। महिलाओं ने कहा कि हमने तो उन्हें आपके पास भेजा था। प्रबुद्धजनों का कहना था कि हमने उन्हें ऊपर भेजा था। थोड़ी नोंक-झोंक, आरोप-प्रत्यारोप कि सारे दिन गप्पें लड़ाते रहते हैं, बच्चे भी सँभालने में नहीं आते। इसके बाद सभी निकल पड़े बच्चों को ढूँढ़ने। बेचैन निगाहें। धड़कते दिल। कहाँ गायब हो गए सब? कहीं कोई अपहरण करके तो नहीं ले गया? जमाना कितना खराब चल रहा है।

अचानक शर्मा जी चिल्लाए, "वे रहे उधर।"

सभी उधर दौड़े।

"बच्चों यहाँ क्या कर रहे हो? इस खण्डहर में?" वर्मा जी ने पूछा।

"अंकल, हम घर-घर खेल रहे हैं। ये देखो, ये बड़ा-सा घर मैंने बनाया है। ये घर बंटी

का है और ये पिंकी का और ये..." बबली एक-एक कर घरों के बारे में बताने लगी। बच्चों ने ईंट, पत्थर, लकड़ियों के टुकड़े, टूटे काँच, फूल, पत्तियाँ और कागज जमाकर बहुत खूबसूरत नन्हें-नन्हें से घर बनाए थे। सबके चेहरे खिले-खिले। सृजन सुख से दैदीप्यमान।

"ये हमारे घर हैं। यहाँ हम खूब खेलेंगे। हमें यहाँ से कोई नहीं निकाल सकता" बबली बोली। बबली की बात पर तमाम बच्चे तालियाँ पीट-पीटकर नाचने लगे।

गाय नहीं काउ

बैंगलोर गए एक सप्ताह भी नहीं हुआ कि सुधा का फोन आया, मैं कल ही वापस आ रही हूँ। कोई सवाल मत पूछना। आकर बताऊँगी।

सोमेश चक्कर में पड़ गए। इतने ही दिनों में क्या हो गया? कह रही थी पोते की बहुत याद आ रही है। कितने साल हो गए उसे देखे। खूब खेलाऊँगी। लोरियाँ गाऊँगी। कहानियाँ सुनाऊँगी। महीना-दो महीना वहीं रहूँगी। बेटा-बहू को छुट्टी नहीं मिलती है तो क्या, मैं ही चली जाती हूँ। तुम सँभालते रहो यहाँ अपना बिजनेस-विजनेस।

बेटा किसी बहुराष्ट्रीय कम्पनी में सी.इ.ओ. है। बहू भी ऊँचे ओहदे पर है। कोई कमी नहीं। बँगला, गाड़ी, नौकर-चाकर। सर्वसुविधा सम्पन्न जीवन। सुधा यह देखकर हैरान थी कि सभी अँग्रेजी में बात करते हैं। बेटा-बहू अपने कमरे में अकेले होते हैं तब भी। हाँ, जब कभी फुरसत निकालकर माँ के पास बैठते हैं तो हिन्दी में बतिया लेते हैं। धीमे सुर में। इधर-उधर चौकस निगाहों से देखते हुए। या फिर किवाड़ उड़काकर। ऐसे वक्त पोता आस-पास नहीं होता है।

वैसे भी पोता अपनी दादी के पास बहुत कम खेल पाता है। समय चुराकर आता है तो भी उधर से ममा आवाज देने लगती है, 'कम आन हेरी।' फिर भी वह दादी के संग-साथ से मैंगो को आम, ओरेंज को संतरा और एलिफेंट को हाथी कहना सीख गया है।

उस दिन हेरी ने बहू के सामने 'काउ' को 'गाय' कह दिया। खूब डाँट पड़ी। मार भी। ऑफिस जाते-जाते बहू ने आया को फटकारा, 'ध्यान रखा करो हेरी का। गँवारों की भाषा सीखने लगा है। जल्दी ही तैयार करके सीधे स्कूल ले जाओ।'

सुधा भौंचक्क-सी देखती रह गई। बहू के जाते ही उसने पोते को गले लगा लिया। 'आओ मेरे लाल, मेरे पूत। मेरा राजकुमार, राजा बेटा। मेरे कारण मार खानी पड़ी फूल से राजकुँवर को।'

पोते ने दादी के गलबैंया डाली और सुबकते हुए बोला, 'दादी, यू टाक टू मी ओनली इन इंगलिश।' उसकी बड़ी-बड़ी आँखों से टप-टप आँसू गिर रहे थे। दादी की आँखों से भी।

सुधा से सारा वाकया सुनकर सोमेश बाबू चश्मे पर जम आई भाप साफ करने लगे, कहीं डूबे हुए से।

मेरी बारी

जब आमन्त्रित वक्ता वैश्वीकरण तथा खुली अर्थव्यवस्था के फायदे गिना चुके और छात्रगण

इस बात पर पुलकित होते हुए कक्षाओं में रवाना हो गए कि हमारे पास एक अरब डालर का विदेशी मुद्रा भंडार है तभी एक लड़का सहमता-सकुचाता विस्मयबोधक चिह्न की भाँति विद्यालय के मुख्यद्वार में प्रविष्ट हुआ। उसे इस तरह दबे पाँव विद्यार्थियों की भीड़ में शामिल होने की कोशिश करते देख कुन्दन जी ने धर दबोचा।

"अच्छा, अच्छा! लेट, वो भी विदाऊट यूनिफॉर्म और ऊपर से चोरी-चोरी। चल इधर आ।"

दो-चार पड़नी तो थी ही।

"ऐसा काबर-तीतरा* शर्ट क्यों पहनकर आया?"

लड़का चुप। इस चुप्पी को 'तड़ाक्' की आवाज ने तोड़ा।

"जा वापस! स्कूल का शर्ट पहनकर आ।"

"कल पहनूँगा सर! आज नहीं पहन सकता।"

'सामने बोलता है। क्यों नहीं पहन सकता बता?' कहकर कुन्दन जी ने एक बार फिर लड़के का खैरमक्दम फरमाया।

"आज मेरा भाई पहनकर गया है। पास की मिडल स्कूल में पढ़ता है।"

"तो क्या तुम दोनों के बीच एक ही...।" कुन्दन जी के गले में मानो कोई फाँस अटक गई।

"जी, सर! हम दोनों भाई बारी-बारी से मार खाते हैं। आज मेरी बारी है।" लड़के के चेहरे पर बीजगणित का कोई मुश्किल-सा सवाल चस्पा हो गया। वह नजरें झुकाकर धरती पर पैर के अँगूठे से लकीरें माँड़ने लगा।

* बदरंग

माजना*

यहाँ भी रामबाबू से पहले उनकी ख्याति पहुँच गई।

"साहब बड़ा खड़ूस एकाउंटेंट है। फर्जीवाड़े से सख्त नफरत है उसे।" पी.ए. ने आशंका प्रकट की।

"अच्छी तरह से जानता हूँ। मैंने भी कच्ची गोटियाँ नहीं खेली हैं। साम, दाम, दण्ड, भेद सब आता है मुझे। ऐसी पटखनी दूँगा कि नानी याद आ जाएगी।" साहब ने जैसे अपने-आपसे कहा।

सारे फर्जी बिल अटक गए। नियम विरुद्ध निविदाएँ खारिज हो गईं। उन बिलों का भुगतान भी रुक गया जो प्रथम दृष्टया सही लग रहे थे परन्तु माल स्टाक रजिस्टर में नहीं चढ़ा था। अगर चढ़ भी गया तो माल नदारद। साहब ने पहले तो प्रेम से समझाया। रामबाबू शीघ्र ही ताड़ गए कि साहब का प्रेम भी बिलों की तरह फर्जी है। दिल की बातों के साथ बिल की बातों का भला क्या मेल! फिर साहब ने प्रलोभन दिया कि फिफ्टी-फिफ्टी। लाखों के वारे-न्यारे हो जाएँगे और किसी को कानों-कान खबर नहीं लगेगी। इससे भी बात बनते न देख साहब ने धमकाया कि मन्त्री जी से कहकर दूर गड्ढे में ट्रांसफर करवा दूँगा। जिंदगी-भर सड़ते रहोगे।"

"पहले से ही दूर हूँ। और ट्रांसफर की धमकियों से डरने वाला नहीं हूँ। बहुत हो चुके हैं। दस साल की नौकरी में बीस। समझे जनाब।"

– "जा, जा। बहुत देखे हैं तेरे जैसे समझाने वाले। बड़े-बड़े मन्त्री बहती गंगा में नहा रहे

हैं और तू ईमानदार की पूँछड़ी बना फिर रहा है। इसी माजने से भुगत रहा है। ढंग का झोंपड़ा तक नहीं बना पाया। आज यहाँ तो कल वहाँ। सोने के कड़े पहना देगी सरकार। किसी दिन लपेटे में आ गया तो सस्पेंड हो जाएगा सस्पेंड।"

सुना है ईमानदार आदमी बहुत डरपोक होता है। परन्तु रामबाबू चैम्बर से निकलते-निकलते वापस पलटे। दोनों हाथ टेबल पर टिकाये। फिर साहब की आँखों में आँखें डालकर बोले, "मेरे जैसे लोग क्यों भुगत रहे हैं, बताऊँ? क्योंकि ऊपर से नीचे तक तुम्हारे माजने के लोग भरे पड़े हैं। समझे?"

*प्रकृति, स्वभाव

जली हुई रस्सी

इस बार सरपंच पद के लिए बहुत गहमागहमी थी। सामान्य सीट जो ठहरी। लाटरी सिस्टम के कारण पन्द्रह साल बाद नम्बर लगता है। यदि यह मौका भी हाथ से निकल गया तो गई वापस पन्द्रह-बीस साल की। सामान्य वर्ग के लोग इस बात से भी आहत थे कि उनकी सीट आने पर अन्य वर्गों के लोग भी चुनाव लड़ सकते हैं जिससे उनके अवसर और भी कम हो जाते हैं। खैर...। भानुप्रताप सिंह भी ताल ठोंककर मैदान में कूद पड़े। उनके दादा पुराने जमींदार थे। बाद में जमीदारियाँ तो खालसे हो गईं परन्तु रौब-दाब खालसे नहीं हुआ। उन्हें पूरा विश्वास था कि लोग अभी भी हमें मानते हैं। पुराने रसूखात के चलते ज्यादातर लोग ठप्पा हमारे निशान पर ही लगाएँगे। जीत निश्चित समझो।

भानुप्रताप सिंह ने अपने समर्थकों के साथ प्रचार आरम्भ कर दिया। वे लोगों के पास कुछ इस तरह जाते जैसे वोट नहीं माँग रहे हों बल्कि एहसान जता रहे हों। उन्होंने 'ठकुरानियों' को भी घर-घर भेजा। इससे अच्छा प्रभाव पड़ेगा। औरतें औरतों को ज्यादा अच्छी तरह से समझा सकती हैं। औरतें समझ गईं तो समझो आदमी भी मुट्ठी में। फिर ठकुरानियों को घर आया देख 'बैकवर्ड क्लास' वैसे ही पसीज जाएगी। परन्तु ठकुरानियों ने भी उसी हवेली का पानी पीया हुआ था। ठाकुरों से भी एक कदम आगे निकलीं। वे औरतों को धमकाने के लहजे में कहतीं, 'अगर वोट हमें नहीं दिया तो तुम्हारे घाघरे के नाड़े काट देंगी और हमारे खेतों में पैर रखा तो पैर तोड़ डालेंगी।'

एक रात भानुप्रताप सिंह प्रचार करते हुए एस.सी. बस्ती में पहुँचे। आठ-दस लोग बैठे हुए थे। ठाकुर साहब को आया देख सब उठ खड़े हुए। पाँयलागूँ-पाँयलागूँ करने लगे। भानुप्रताप गदगद। बोले, "देखो भाई, अपना तो बहुत पुराना व्यवहार है। चोली-दामन का साथ। तुम्हारे बाप-दादाओं ने हमारा खूब नमक खाया है।"

"मार भी घणी खायी है होकम।" एक बूढ़ा खड़खड खँखारते हुए बोला। उसकी आवाज में दर्द था और इतिहास भी, "नीमड़े (नीम) के बाँधकर सड़के (बेंत) मारते थे सड़ाक्, सड़ाक्।"

भानुप्रताप ने आग्नेय नेत्रों से बूढ़े की ओर देखा। फिर गाड़ी में बैठते हुए भन्नाये, 'चलो रे! वापस घर चलो!'

उन्होंने आगे की बस्तियों में जाने का कार्यक्रम रद्द कर दिया।

एक कालजयी कथा

शरद ऋतु थी। पौष माह। कड़ाके की सर्दी। राजा की इच्छा हुई कि शेर के शिकार पर निकला जाय। सो निकले। पूरा लवाजमा साथ। दरबारी, मन्त्री, एहलकार, हजूरिए, मशालची, हाँकिए, ढोलची सब-के-सब। साँय-साँय करती रात, भाँय-भाँय करता जंगल, सरन-सरन करता पवन। राजा खास होदी के गोखड़े में जा विराजे। मशालची वगैरह शेर को घेर इधर ही लाएँगे। इसी गोखड़े से गोली चलेगी ठाँय और शेर ढेर। गोली किसी की भी लगो विरुदावली राजा की ही गायी जाएगी।

इतने में सारा जंगल गूँज उठा– हुआँ, हुआँ हुआँ, हुआँ। सैकड़ों सियारों का समवेत स्वर।

"मन्त्री जी, ये सियार क्यों रो रहे हैं?" खास मन्त्री से पूछा राजा ने।

खास मन्त्री ने पहले खजाना मन्त्री की ओर अर्थपूर्ण संकेत किया, फिर बोले, "महाराज, सियार आपसे अर्जाऊ हो रहे हैं कि इस हड़कम्प ठंड में हम पर भी कुछ दया हो जाय। सबका धूजणी के मारे बुरा हाल है।"

"अच्छा ऐसी बात है?"

"हाँ हुजूर। बेचारे बहुत दुःखी हैं। ये भी आपकी प्रजा हैं।"

"तो सरकारी खजाने से सबके एक-एक ऊनी सूट सिलवा दो। कुल कितने सियार होंगे?"

खास मन्त्री ने गणना मन्त्री को इशारा किया। काबिल गणना मन्त्री को तो सब जबानी याद था। बोले, "अन्नदाता, पिछली गणना में पाँच हजार थे। अब छः हो गए होंगे।"

"छः हो कि सात। हम किसी को दुःखी नहीं देख सकते। एक भी सियार बिना सूट के न रहे।" राजा ने कपड़ा मन्त्री को आदेश दिया।

दूसरे ही दिन खजाने से बारह हजार गज ऊनी कपड़े के पैसे निकलकर खास-खास मन्त्रियों की तिजोरी में पहुँच गए। सिलाई का बजट बँट गया एहलकारों, हजूरियों में।

कुछ माह पश्चात् राजा के मन में फिर शिकार की तलब जगी। इस बार भी सियारों ने हुआँ, हुआँ ध्वनि के साथ उनका स्वागत किया। राजा चक्कर में पड़ गए। उन्होंने खास मन्त्री की ओर प्रश्नवाचक दृष्टि डाली कि भाई अब क्या माजरा है?

"हुजूर, ये सब आपकी जय-जयकार कर रहे हैं। कि वाह! महाराज कितने दयालु हैं। हम सियारों के भी ऊनी सूट सिलवा दिए। हुआँ, महाराज की मेहरबानी से हमारा भी कल्याण हुआ।" मन्त्री जी ने राजा की शंका का समाधान किया और पूरे जोश से बोले, "प्रजावत्सल महाराज की जय हो।"

लवाजमे ने भी टेर झेली, "महाराज की जय हो।"

वोटर

नगर परिषद के चुनाव थे। वार्ड नम्बर दस की गली के मुहाने पर एक जीप आकर रुकी। कुल पांच लोग उतरे। एक रौबीले व्यक्ति ने दूसरे कम रौबीले व्यक्ति को आंखों ही आंखों में इशारा किया, अर्थात् चुनाव प्रचार का श्रीगणेश कहां से करें। तीसरे ने सामने संकेत किया, "यहीं से

ठीक रहेगा नेताजी। शर्माजी रहते हैं, बड़े भले आदमी हैं। मुहूर्त अच्छा रहेगा।"

"तो चलो देर किस बात की। एक पैकेट भी ले लो। क्या नाम बताया तुमने। शर्माजी?" नेताजी बहुत जल्दी में थे मानो चुनाव से पहले ही जीत को गले लगा लेना चाहते थे।

शर्माजी दालान में बैठे अखबार पढ़ रहे थे। नेताजी ने खंखारकर गला साफ किया, फिर झपटते हुए आगे बढ़े और दुबले-पतले शर्माजी को उठाकर बांहों में भर लिया, "ओह हो। शर्मा साहब। वाह भाई वाह। कितने बरसों बाद मिल रहे हैं। कॉलेज में जब हम साथ पढ़ते थे तब की बात ही और थी। आह, वो भी क्या जमाना था। ओह हो हो।"

शर्माजी आत्मीयता के इस अप्रत्याशित आक्रमण से अचंभित रह गये। कॉलेज के दिनों की यादों में इस अजनबी का चेहरा कहीं फिट नहीं हो रहा था। फिर भी शिष्टाचारवश वे चुप रहे। अन्दर से कुर्सियां मंगवायी। सबको चाय के लिए पूछा। यह जानकर कि नेताजी इस वार्ड से खड़े हो रहे हैं प्रसन्नता जाहिर की। वोट देने का वायदा भी किया।

"वाह शर्मा साहब! तबीयत प्रसन्न हो गई। ये लीजिये बच्चों के लिए फूल की जगह पांखुरी। जीतने पर आप जो भी हुकुम करेंगे...।" उन्होंने मिठाई का पैकेट शर्माजी के हाथों में ठूंस दिया।

"अरे रे! यह क्या कर रहे हैं? बच्चे तो बड़े हैं। मिठाई की उम्र के नहीं रहे अब।"

"तो वोट की उम्र के होंगे।" नेताजी ने कान फोड़ ठहाका लगाया और पूछा, "कितने हैं?"

"तीन।"

"क्या तीनों ही...?"

"जी हां, अठारह से ऊपर।" शर्माजी उनके प्रश्न का मर्म समझ गये।

नेताजी ने फिर से वाह वा वाह वा करते हुए शर्माजी को भींच लिया।

"अरे भाई मंगलजी, पर्चियां काटकर दे दो ताकि पोलिंग के दिन शर्मा परिवार को कोई दिक्कत न हो।" नेताजी खुशी से फूले नहीं समा रहे थे।

मंगलजी ने वोटर लिस्ट को कई बार उलट-पुलट लिया, किन्तु हरिप्रसाद शर्मा सपरिवार नदारद थे।

"सर, इनका तो लिस्ट में नाम ही नहीं है।"

"क्या कह रहे हो? जरा ध्यान से देखो यार। पांच वोट का सवाल है।" नेताजी तनिक खीजे।

"नहीं है सर, चार बार टटोल लिया।"

नेताजी के चेहरे की रंगत उड़ गई, "सुबै,सुबै कहां लाकर भिड़ा दिया। इतनी देर दस घर संभालते। शर्मा, तुम नहीं बोल सकते थे? कितना टाइम बरबाद कर दिया हमारा। चलो.. चलो। रुकने से कोई फायदा नहीं।" नेताजी चिढ़ रहे थे।

सब चलने लगे तो नेताजी ने मिठाई के पैकेट पर तिरछी नजर डालते हुए मंगल को धीमे से कहा, "ले लो वापस। किसी वोटर को देंगे।"

मंगल ने बड़ी मुस्तैदी से पैकेट लगभग छीनते हुए अपने झोले में रख लिया।

लुटे-लुटे से शर्माजी लोकतंत्र के पहरुओं को जाते हुए देखते रहे, चुपचाप।

बिग बॉस

रामबाबू को बॉस दो बार अपने कमरे में बुला चुके हैं। वही सुहालका एण्ड सुहालका के टेण्डर वाला मामला। बीस कम हैं तो क्या। प्रताप एण्ड सन्स को किसी तरह रिजेक्ट कर दो। बहुत से दांव-पेंच हैं। आप से पहले वाले एकाउंटेंट श्यामबाबू करते ही थे। कोई बाल तक बांका नहीं कर सका। और सुनो। जब दुबारा बुलावा आया तो साहब ने संकेत कर ही दिया। सुर को जरा धीमा करके बोले,पहुँची हुई पार्टी है। करोड़पति। एक पेटी का ऑफर दिया है। आधी तुम्हारी। बस! खुश! फिर ठहाका लगाते हुए कहा, 'रामजी,सब कर रहे हैं आजकल। सरकार कानून बनाने वाली है कि रिश्वत देना अपराध नहीं होगा। देना अपराध नहीं तो लेना कैसे हो गया? समझ गये न? इसलिए बेधड़क रहो और अभी का अभी फाइनल कर दो।'

रामबाबू चुपचाप अपनी सीट पर आकर बैठ गये। बैठे रहे। अपने आप में डूबे हुऐ से। एकाएक उन्होंने सुहालका वाली फाइल एक तरफ पटक दी और प्रताप एण्ड सन्स को पास कर ठप्पे लगाने लगे। जोर-जोर से। इतने में रोड़ीलाल ने आकर कहा, "रामबाबूजी, बॉस ने पुछवाया है कि उन्होंने जो काम कहा वह हो गया क्या?"

"नहीं हुआ रोड़ीलाल। बॉस को कहना कि बिग बॉस ने मना कर दिया है।"

रोड़ीलाल नासमझ की तरह खड़ा रहा। फिर हिम्मत बटोरकर सवाल किया, "रामबाबूजी, ये बिग बॉस कौन है? कहां है इसका ओफिस?"

"बिग बॉस हम सबके भीतर रहता है रोड़ीलाल। हरदम चिल्लाता रहता है कि यह ठीक है, यह गलत है। मगर आजकल उसकी सुनता कौन है।" रामबाबू ने दार्शनिक अंदाज में कहा, "खैर तुम नहीं समझोगे। यह फाइल लेते जाओ। साहब की टेबल पर पटक देना।"

रोड़ीलाल जाते-जाते ठिठक गया। कहने लगा, "मैं सब समझ गया। मेरा बिग बॉस कहता है कि आप सच्चे आदमी हो।"

चन्द्रेश कुमार छतलानी

जन्म– 29 जनवरी, 1979, उदयपुर (राजस्थान)।

शिक्षा– पी-एच. डी. (कम्प्यूटर विज्ञान)।

लेखन/प्रकाशन– लघुकथा-क्षेत्र में कुछ वर्षों से निरन्तर कलम चल रही है। विभिन्न संकलनों में लघुकथाएँ आई हैं। सह-सम्पादक भी रहे, अपना संग्रह अभी प्रकाशित नहीं। कम्प्यूटर पर दो तथा रोगोपचार पर एक पुस्तक आ चुकी है।

सम्प्राप्ति– विभिन्न संस्थाओं द्वारा पुरस्कृत/सम्मानित।

सम्प्रति– सहायक आचार्य (कम्प्यूटर विज्ञान)।

सम्पर्क– 3/46, प्रभात नगर, सेक्टर 5, हिरण मगरी, उदयपुर–313002 (राजस्थान)।

ई मेल–chandresh.chhatlani@gmail.com

मोबाइल– 99285-44749

"मैं समझता हूँ कि यदि सामाजिक बदलाव के प्रति लेखकों को प्रतिबद्ध होना है तो लघुकथा एक उचित माध्यम है। लघुकथा लेखन आसान नहीं, स्थितियों पर गूढ़ चिंतन के बाद उचित रचना का प्रतिफल प्राप्त होता है। सावन में हरा-हरा लिखने में बुराई नहीं लेकिन सावन में बिलों में पानी भर आने से कीड़े, साँप आदि बेघर हो जाते हैं, उसे भी दृष्टिगत करना है। सत्य के अनावरण के लिए भी लघुकथा एक सशक्त माध्यम है। यही कारण है कि लघुकथा लेखन मेरा पसन्दीदा लेखन है।"

–चन्द्रेश कुमार छतलानी

वक्तव्य

साहित्यिक कृतियों का कार्य मनुष्य का मानवीकरण करना और मानवता से इतर कृत्यों पर प्रहार करना है। जब कोई इस तरह की बात हमारे भीतर निरन्तर चिन्तन उत्पन्न कर देती है तो प्रेरणा बन किसी साहित्यिक कृति को जन्म दे सकती है। इसी प्रकार मैं भी लेखन की प्रेरणा विभिन्न विषयों को कभी पढ़ते, सोचते, देखते या सुनते समय पाता हूँ। बाह्य प्रेरणा के अतिरिक्त परम्पराओं के बदलाव की अन्तःप्रेरणा भी मुझे लेखन की तरफ मोड़ती है। अच्छी रचनाएँ पढ़ते समय भी कभी ऐसा विचार आ जाता है जिसे सहेजकर रख लेने पर वह भी कुछ दिनों में मंथन के लिए तैयार हो जाता है। हिन्दुओं में श्रीकृष्ण ऐसे अवतार रहे जिन्होंने बहुत से सामाजिक और धार्मिक परिवर्तन किए, उदाहरणस्वरूप इन्द्र की बजाय गोवर्धन पूजा प्रारम्भ करवा कर प्रकृति को सँभाला, सुदामा को आदर देकर दलित/गरीब उत्थान, महाभारत में सारथि बन समय आने पर लीक से हटकर चलना, मनु की सन्तान से आत्मा बता देने का ज्ञान आदि। आज कृष्ण सरीखे व्यक्ति मिलना तो मुश्किल है, लेकिन साहित्य में सामर्थ्य है कि सामाजिक विकास हेतु समयानुसार जो परिवर्तन आवश्यक हैं, उन्हें दर्शा कर उनके लिए मार्ग प्रशस्त कर सके। इस और इस तरह के अन्य विचारों को आधार मानकर मेरा प्रारम्भिक लेखन साम्प्रदायिक द्वेष, मानसिक पराधीनता, राजनीतिक विरोध, राष्ट्रीयता और कुछ सामाजिक विसंगतियों से प्रभावित रहा। मेरी अधिकतर रचनाओं का सहज रूप अन्तर्मन में ही बनता है।

लुकमान से एक व्यक्ति ने पूछा कि आपने तमीज कहाँ से सीखी, उन्होंने जवाब दिया "बदतमीज़ों से। मैंने अपनी आदतों को उनकी आदतों की उलटी कसौटी पर कसा।" यह आज के समाज का भी सच है। जब भी हम आदर्श स्थिति शब्दों का प्रयोग करते हैं, प्रायः उसका अर्थ यही होता है कि वो तो हो ही नहीं सकती। इन परिस्थितियों में साहित्यिक रचनाओं में सीधे-सीधे आदर्श सन्देश देने से रचना न सिर्फ उबाऊ हो सकती है वरन् उसका ईमानदार होना भी कठिन हो जाता है। ऐसे समय में लघुकथा साहित्य की ऐसी विधा के रूप में आई है जो उपदेश देने की बजाय सत्य को दर्शा देती है और पाठकों को सोचने पर मजबूर कर देती है। वह पूरी तरह समाधानपरक नहीं होती। पाठक अपने विवेक से समस्या को जाने और स्वचेतना जागृत कर पाए। मैं समझता हूँ कि यदि सामाजिक बदलाव के प्रति लेखकों को प्रतिबद्ध होना है तो लघुकथा एक उचित माध्यम है। लघुकथा लेखन आसान नहीं, स्थितियों पर गूढ़ चिंतन के बाद उचित रचना का प्रतिफल प्राप्त होता है। सावन में हरा-हरा लिखने में बुराई नहीं लेकिन सावन में बिलों में पानी भर आने से कीड़े, साँप आदि बेघर हो जाते हैं, उसे भी दृष्टिगत करना है। सत्य के अनावरण के लिए भी लघुकथा एक सशक्त माध्यम है। यही कारण है कि लघुकथा लेखन मेरा पसन्दीदा लेखन है।

लघुकथा लेखन का एक अन्य महत्त्व भी है जो मुझे आकर्षित करता है, वह यह है कि लघुकथा सूक्ष्मता को भी विस्तृत रूप में दर्शाने में समर्थ है और कई बार जो लम्बी कहानियाँ

भी कह नहीं पाती, एक लघुकथा आसानी से दर्शा देती है। कुछ ही पंक्तियों द्वारा परिवेश निर्माण से लेकर रचना को अन्तिम रूप देना निःसन्देह समय लेता है, लेकिन कई बार लघुकथा का सौंदर्य कहानी से ज़्यादा अच्छा प्रतीत होता है। इसके लेखन से मुझे लेखकीय सन्तुष्टि का अनुभव होता है।

परम्परागत मूल्य, जो समय के अनुसार नहीं बदले गए, को अस्वीकार करने का साहस लघुकथा रखती है। यह सत्य है कि हमारा आज का जीवन हमारे ही बीते कल की परछाई है और दूसरा इसी का विपरीत सत्य यह भी है कि कल जिसे हम सही मानते थे आज उसे ही गलत मान सकते हैं। उदाहरणस्वरूप किसी समय में बाल-विवाह ही होते थे जिसे आज कुरीति माना जाता है। यही बात साहित्यिक लेखन पर भी लागू होती है। आज का साहित्य समाज का सिर्फ़ दर्पण ही नहीं वरन् विविधताओं से भरपूर समाज की एक सम्पूर्ण वेबसाइट की तरह है। लघुकथा को उसका एक डायनामिक भाग मान सकते हैं, जिसमें कुछ हिस्सा लेखक ने बना रखा है और उसके विजिटर (पाठक) भी स्वयं पर हो रहे लघुकथा के प्रभाव में अपने विचारों के अनुसार डेटा दे सकते हैं।

मैं अपनी लघुकथाओं की बात कहूँ तो मेरे लिए लघुकथा लेखन कभी भी आसान नहीं रहा। लेखन के प्रारम्भ से ही जिस उद्देश्य को लेकर लेखन कर रहा हूँ, कोशिश करता हूँ उससे सम्बंधित विषयों का ठीक-ठाक अध्ययन ज़रूर कर लूँ, ताकि तकनीकी दृष्टि से लघुकथा सही रहे। मैं यह मानता हूँ कि रचना की उम्र लम्बी रखनी है तो शिल्प भी प्रभावी होना चाहिए। इसलिए उद्देश्य और कथ्य दिमाग में होने के बावजूद मुझे किसी रचना को पूरा करने में बहुत समय लगता है। सहज सृजन में कभी आदर्शवाद किसी रचना में आ ही जाता है, लेकिन लघुकथा के पात्रों को आदर्श पात्र बताने में मैं अधिक समय खर्च नहीं करता न ही उपदेश में। यह प्रयास ज़रूर करता हूँ कि आधुनिक पाठक के साथ तादात्म्य की शक्ति लघुकथा में हो। लघुकथा का शीर्षक लघुकथा की आत्मा को दर्शाता है। अधिकतर बार मैं पूर्ण सृजन के बाद ही अपने अनुसार सही शीर्षक सोच पाता हूँ, क्योंकि लघुकथा के शब्द, वाक्य-विन्यास आदि सृजन के समय ही सोचे जाते हैं, जो शीर्षक के साथ सीधे सम्बन्धित होते हैं।

लघुकथा सृजन में मैं यथार्थपरक रहना अधिक पसन्द करता हूँ। लेकिन लेखन के समय मैं वास्तविक जीवन के पात्रों का पीछा करने की बजाय उन्हें रचना के काल्पनिक पात्रों का आधार बनाता हूँ। इसके अलावा पात्रों के बजाय मैं व्यवहार पर केन्द्रित होने का प्रयास करता हूँ, रचना का फलक व्यक्तिगत न होकर विस्तृत हो। कोशिश यह रहती है कि पात्र कथ्य का हिस्सा हो, कथ्य पात्र का नहीं। अपने प्रयासों में कोई लेखक कितना सफल और कितना असफल रहता है, इसके अन्तिम निर्णायक तो पाठक ही होते हैं। मैं यह मानता हूँ कि रचना दरअसल होती ही वैसी है, जैसा कोई पाठक उसे समझ पाता है।

अन्त में मैं आदरणीय अशोक भाटिया जी का अन्तःकरण से आभार प्रकट करना चाहूँगा। आपने बड़ी सरलता से मुझे एक ऐतिहासिक पुस्तक का हिस्सा बना दिया। मेरी साहित्यिक यात्रा में यह सबसे बड़ी उपलब्धियों में से एक है।

—चन्द्रेश कुमार छतलानी

गरीब सोच

अपेक्षानुसार परदादा की अलमारी से भी कुछ नहीं मिला तो अलादीन ने निराश होकर जोर से उसका दरवाज़ा बन्द किया, अन्दर से मिट्टी सना एक चिराग बाहर गिरा। चिराग बेचकर कुछ रुपयों की उम्मीद से वह उस पर लगी मिट्टी साफ़ करने लगा ही था कि उसमें से धुआँ निकला और देखते-ही-देखते धुआँ एक जिन्न में बदल गया।

जिन्न ने मुस्कुराते हुए कहा, "मैं इस चिराग का जिन्न हूँ, मेरे आका, जो चाहे माँग लो।"

अलादीन ने पूछा, "क्या तुम मेरी गरीबी हटा सकते हो?"

"क्यों नहीं!" जिन्न के कहते ही अगले ही क्षण रुपए-हीरे-जवाहरात आ गए, अलादीन ने ख़ुशी से पूछा, "यह लाते कहाँ से हो?"

"ये सब देश के एक बड़े उद्योगपति के हैं।"

"क्या...? टैक्स चोरी, एक रुपए की चीज़ सौ रुपए में बेच कर कमाए हुए रुपए मैं नहीं लूँगा" अलादीन ने इनकार कर दिया।

जिन्न उन्हें गायब कर रुपयों का एक बक्सा ले आया।

अलादीन को पहले ही सन्देह हो चुका था, उसने पूछा, "यह कहाँ से आया?"

"एक नेता ने घर में छिपा रखा था।"

"नहीं, यह काली कमाई भी मैं नहीं लूँगा।"

जिन्न उसे हटाकर, एक सन्दूक-भर रुपया ले आया, और बताया, "यह अनाज, सब्जी और फल बेचकर कमाया गया है, जो इसके मालिक ने किसानों से खरीदा था।"

"और किसान भूखे मर रहे हैं..., यह मैं हरगिज़ नहीं लूँगा।"

अब जिन्न बहुत सारे रुपए लाया और बताया, "ये रुपए एक साधु के हैं, जो हस्पताल और समाजसेवी संस्थाएँ चलाते हैं।"

"ये तो सबसे बड़े चोर हैं, समाजसेवा की आड़ में नकली दवाएँ और गलत धन्धे चलाते हैं, ये मैं नहीं ले सकता, मुझे केवल शराफत से कमाए रुपए चाहिए।"

जिन्न सोचते हुए कुछ क्षण खड़ा रहा, और अलादीन को एक पर्ची थमाकर गायब हो गया। अलादीन ने पर्ची खोली, उसमें लिखा था,

"रुपए पेड़ों पर नहीं उगते हैं।"

मानव-मूल्य

वह चित्रकार अपनी सर्वश्रेष्ठ कृति को निहार रहा था। चित्र में गाँधी जी के तीनों बन्दरों को विकासवाद के सिद्धान्त के अनुसार बढ़ते क्रम में मानव बनाकर दिखाया गया था।

उसके एक मित्र ने कक्ष में प्रवेश किया और चित्रकार को उस चित्र को निहारते देख उत्सुकता से पूछा, "यह क्या बनाया है?"

चित्रकार ने मित्र का मुस्कुराकर स्वागत किया फिर ठंडे, गर्वमिश्रित और दार्शनिक स्वर में उत्तर दिया, "इस तस्वीर में ये तीनों प्रकृति के साथ विकास करते हुए बन्दर से इन्सान बन गए हैं, अब इनमें इन्सानों जैसी बुद्धि आ गई है। 'कहाँ' चुप रहना है, 'क्या' नहीं सुनना है और 'क्या' नहीं देखना है, यह समझ आ गई है। अच्छाई और बुराई की परख-पूर्वज बन्दरों को 'इस अदरक' का स्वाद कहाँ मालूम था?"

आँखें बन्द कर कहते हुए चित्रकार की आवाज़ में बात के अन्त तक दार्शनिकता और बढ़ गई थी।

"ओह! लेकिन तस्वीर में इन इन्सानों की जेब कहाँ है?" मित्र की आवाज़ में आत्मविश्वास था।

चित्रकार हौले से चौंका, थोड़ी-सी गर्दन घुमाकर अपने मित्र की तरफ देखा और पूछा, "क्यों...? जेब किसलिए?"

मित्र ने उत्तर दिया,

"ये केवल तभी बुरा नहीं देखेंगे, बुरा नहीं कहेंगे और बुरा नहीं सुनेंगे जब इनकी जेबें भरी रहेंगी। इन्सान हैं बन्दर नहीं...

तीन संकल्प

वो दौड़ते हुए पहुँचता उससे पहले ही उसके परिवार के एक सदस्य के सामने उसकी वो ही तलवार आ गई, जिसे हाथ में लेते ही उसने पहला संकल्प तोड़ा था कि 'वो कभी किसी की भी बुराई नहीं सुनेगा'। वो पीछे से चिल्लाया, "रुक जाओ तुम्हें तो दूसरे धर्मों के लोगों को मारना है।" लेकिन तलवार के कान कहाँ होते हैं, उसने उसके परिवार के उस सदस्य की गर्दन काट दी।

वो फिर दूसरी तरफ दौड़ा, वहाँ भी उससे पहले उसी की एक बन्दूक पहुँच गई थी, जिसे हाथ में लेकर उसने दूसरा संकल्प तोड़ा था कि 'वो कभी भी बुराई की तरफ नहीं देखेगा'। बन्दूक के सामने आकर उसने कहा, "मेरी बात मानो, देखो मैं तुम्हारा मालिक हूँ।... लेकिन बन्दूक को कुछ कहाँ दिखाई देता है, और उसने उसके परिवार के दूसरे सदस्य के ऊपर गोलियाँ दाग दीं।

वो फिर तीसरी दिशा में दौड़ा, लेकिन उसी का आग उगलने वाला वही हथियार पहले से पहुँच चुका था, जिसके आने पर उसने अपना तीसरा संकल्प तोड़ा था कि 'वो कभी किसी को बुरा नहीं कहेगा'। वो कुछ कहता उससे पहले ही हथियार चला और उसने उसके परिवार के तीसरे सदस्य को जला दिया।

और वो स्वयं चौथी दिशा में गिर पड़ा। उसने गिरे हुए ही देखा कि एक बूढ़ा आदमी दूर से धीरे-धीरे लाठी के सहारे चलता हुआ आ रहा था, गोल चश्मा पहने, बिना बालों का वो कृशकाय बूढ़ा उसका वही गुरु था जिसने उसे मुक्ति दिलाकर ये तीनों संकल्प दिलाए थे।

उस गुरु के साथ तीन वानर थे, जिन्हें देखते ही सारे हथियार लुप्त हो गए।

और उसने देखा कि उसके गुरु उसे आशा भरी नज़रों से देख रहे हैं और उनकी लाठी में

उसी का चेहरा झाँक रहा है, उसके मुँह से बरबस निकल गया 'हे राम!'।

कहते ही वो नींद से जाग गया।

इतिहास गवाह है

"योर ऑनर, सच्चाई यह है कि महाराणा ने युद्ध जीता था... इसलिए युद्धभूमि का नाम अब महाराणा के नाम पर ही होना चाहिए", न्यायालय के एक खचाखच भरे कक्ष में पहले वकील ने पुरजोर शब्दों में दलील दी।

"माफ़ी चाहता हूँ योर ऑनर, लेकिन मेरे विद्वान मित्र सच नहीं कह रहे। युद्ध शहंशाह ने जीता था, इतिहास गवाह है..." दूसरे वकील ने अन्तिम तीन शब्दों पर ज़ोर देते हुए कहा।

पहले वकील ने मुस्कुराते हुए प्रत्युत्तर दिया, "अगर मेरे दोस्त का कहना सच है कि इतिहास गवाह है... तो योर ऑनर उन्हें यह आदेश फरमाएँ, कि बुला लें इतिहास को गवाही के लिए..."

सुनते ही कोर्ट रूम में बैठे ज़्यादातर लोग हँसने लगे, यहाँ तक कि जज भी मुस्कुराने से बच नहीं सके।

पीछे बैठा एक व्यक्ति शरारत से चिल्लाया, "इतिहास हाज़िर हो..."

लेकिन जब तक कोई चिल्लाने वाले व्यक्ति की शक्ल भी देख पाता, कटघरे के नीचे से धुएँ का एक गुबार उठा और कटघरा धुएँ से भर गया।

वहीं से एक गम्भीर स्वर गूँजा, "मैं वर्तमान और भविष्य की कसम खाकर कहता हूँ कि मैं कभी झूठ नहीं बोलता, मेरे नाम से लोग झूठ बोलते हैं।"

कोर्ट रूम में बैठे सभी व्यक्ति हतप्रभ रह गए, कटघरे में धुएँ के अतिरिक्त कुछ भी दिखाई नहीं दे रहा था। जज हड़बड़ाये स्वर में बोला, "कौन है वहाँ?"

स्वर गूँजा, "इतिहास..."

दोनों वकीलों के हलक सूख गए। पहले वकील ने किसी तरह खुद को सँभाल कर अपनी आँखें धुएँ में गाड़ने का असफल प्रयास करते हुए पूछा, "युद्ध... महाराणा... ने ही..." बाकी शब्द उसके कंठ में ही अटक गए।

स्वर गूँजा, "नहीं..."

यह सुनकर दूसरे वकील की जान में जैसे प्राण आ गए, वह बोला, "मतलब शहंशाह ने जीता..."

स्वर फिर गूँजा, "नहीं..."

"तो फिर?" जज ने पूछा, हालाँकि उसे समझ में नहीं आ रहा था कि वह प्रश्न कर किससे रहा है।

"युद्ध जीता था– नफरत ने।" स्वर तीक्ष्ण था।

जज ने अब उत्सुकतापूर्ण स्वर में अगला प्रश्न पूछा, "लेकिन हम कैसे मान लें कि तुम इतिहास हो?"

और अगले ही क्षण धुएँ का गुबार छँट गया। कटघरा खाली था...

कहीं से वही स्वर आया, "मुझे पहचान नहीं सकते तो कटघरे में खड़ा कैसे कर सकते हो?"

कोर्ट रूम में फिर खामोशी छा गई।

ख़ामोशी उसी स्वर ने तोड़ी–

"उस ज़मीन का नाम मोहब्बत रख देना– आपको आपके भविष्य की कसम..."

और इस बार स्वर भर्राया हुआ था।

विधवा धरती

साम्प्रदायिक दंगे अपने पीछे छोड़ गए थे सुनसान रक्तरंजित सड़कें, दर्द से चीखते घर, उजाड़ शहर और बसते हुए शमशान और कब्रिस्तान। उसे हमेशा से याद था कि उसकी सात वर्ष की आयु में ही उसके पिताजी स्वतन्त्रता संग्राम में शहीद हो गए, उनकी शहादत के तीन वर्ष बाद देश स्वतन्त्र हो गया था। वो यही समझता था कि पिताजी भारत माँ को सदा सुहागन का आशीर्वाद देकर गए हैं।

शहर के हालात देखकर आज उससे रहा नहीं गया, वो कर्फ़्यू के बावजूद तीन साड़ियाँ लेकर बाहर निकल गया, और ढलती उम्र में भी किशोरों की तरह जाने कैसे छुपते-छिपाते शहर के एक बड़े चौराहे पर पहुँच गया। वहाँ जाकर उसने पहली साड़ी निकाली, वो केसरिया रंग की थी, उसने उसमें आग लगा दी।

फिर उसने दूसरी साड़ी निकाली, जो कि हरे रंग की थी, उसने उसमें भी आग लगा दी।

और तीसरी सफ़ेद रंग की साड़ी निकालकर उसमें खुद का मुँह छिपा दिया।

तब तक पुलिसवाले दौड़कर पहुँच गए थे, उनमें से एक चिल्लाकर बोला, "क्या कर रहा है? आगजनी कर रहा है?"

उसने चेहरा साड़ी से निकाला, उसकी लाल सुर्ख आँखों से पानी टपक रहा था, भर्राये स्वर में उसने कहा, "ये मेरी माँ की साड़ियाँ हैं, जो जल रही हैं अब बस यही बची है।" उसने सफेद साड़ी दिखाते हुए कहा।

पागल है? यहाँ पूरे शहर में आग लगी है और तुम माँ की साड़ी को रो रहे हो। कौन है तुम्हारी माँ?"

उसने कुरते के अन्दर से तिरंगे की साड़ी पहने भारत माँ की तस्वीर निकाली और उसे सिर पर लगा फफकते हुए कहा, "माँ फिर विधवा हो रही है, उसे बचा लो पिताजी!"

इन्सान जिन्दा है

वह अपनी आत्मा के साथ बाहर निकला था, आत्मा को इन्सानों की दुनिया देखनी थी।

वे दोनों एक मन्दिर में गए, वहाँ पुजारी ने पूछा, "तुम हिन्दू हो ना! आत्मा हाथ जोड़कर चल दी।

और एक मस्जिद में गए, वहाँ मौलवी ने पूछा, "तुम मुसलमान हो ना! आत्मा ने मना कर दिया।

फिर एक गुरुद्वारे में गए, वहाँ पाठी ने पूछा, "तुम सिख तो नहीं लगते आत्मा वहाँ से चल दी।

और एक चर्च में गए, वहाँ पादरी ने पूछा, "तुम इसाई हो क्या?" आत्मा चुपचाप रही।

वे दोनों फिर घर की तरफ लौट गए। रास्ते में उसकी आत्मा ने कहा, "इन्सान मर गया, सम्प्रदाय ज़िन्दा है।"

उसने कहा, "नहीं! इन्सान जिंदा है। सभी जगह सम्प्रदाय नहीं होते।"

अपनी बात को साबित करने के लिए वह अपनी आत्मा को पहले एक हस्पताल में लेकर गया, जहाँ बहुत सारे 'रोगी' ठीक होने आए थे।

और फिर एक जेल में लेकर गया, जहाँ बहुत सारे 'कैदी' थे।

और मदिरालय लेकर गया, जहाँ सब-के-सब 'शराबी' थे।

और एक विद्यालय लेकर गया, जहाँ 'विद्यार्थी' पढ़ने आए थे।

अब आत्मा ने कहा, "इन्सान ज़िन्दा तो है, लेकिन कुछ और बनने के बाद।"

धर्म-प्रदूषण

उस विशेष विद्यालय के आखिरी घंटे में शिक्षक ने अपनी सफेद दाढ़ी पर हाथ फेरते हुए, गिने-चुने विद्यार्थियों से कहा, "काफिरों को खत्म करना ही हमारा मक़सद है, इसके लिए अपनी ज़िन्दगी तक कुर्बान कर देनी पड़े तो पड़े, और कोई भी आदमी या औरत, चाहे वह हमारी ही कौम के ही क्यों न हों, अगर काफिरों का साथ दे रहे हैं तो उन्हें भी खत्म कर देना। ज़्यादा सोचना मत, वरना जन्नत के दरवाज़े तुम्हारे लिए बन्द हो सकते हैं, यही हमारे मज़हब की किताबों में लिखा है।"

लेकिन हमारी किताबों में तो क़ुरबानी पर ज़ोर दिया है, दूसरों का खून बहाने के लिए कहाँ लिखा है?" एक विद्यार्थी ने उत्सुक होकर पूछा।

लिखा है... बहुत जगहों पर, सात सौ से ज़्यादा बार हर किताब पढ़ चुका हूँ, हर एक हर्फ़ को देख पाता हूँ।"

लेकिन यह सब तो काफिरों की किताबों में भी है, खून बहाने का काम वक्त आने पर अपने खानदान और कौम की सलामती के लिए करना चाहिए। चाहे हमारी हो या उनकी, सब किताबें एक ही बात तो कहती हैं...

"यह सब तूने कहाँ पढ़ लिया?"

वह विद्यार्थी सिर झुकाये चुपचाप खड़ा रहा, उसके चेहरे पर असन्तुष्टि के भाव स्पष्ट थे।

चल छोड़ सब बातें... अब उस शिक्षक की आवाज़ में नरमी आ गई, "तू एक काम कर, अपनी कौम को आगे बढ़ा, घर बसा और सुन, शादियाँ काफिरों की बेटियों से ही करना...

लेकिन वो तो काफिर हैं, उनकी बेटियों से हम पाक लोग शादी कैसे कर सकते हैं?"

शिक्षक उसके इस सवाल पर चुप रहा, उसके दिमाग़ में यह विचार आ रहा था कि "है तो नहीं लेकिन फिर भी कल मज़हबी किताबों में यह लिखा हुआ बताना है कि, 'उनके लिखे पर सवाल उठाने वाला नामर्द करार दे दिया जाएगा'।"

अन्नदाता

फसल कटाई के बाद उसके चेहरे और खेत की ज़मीन में कोई खास फर्क नहीं दिखाई दे रहा था। दोनों पर गड्ढे और रेशे। घर की चौखट पर बैठा धँसी हुई आँखों से वह कटी हुई फसल और काटने वाली ज़िन्दगी के अनुपात को मापने का प्रयास कर रहा था कि एक चमचमाती कार उसके घर के सामने आ खड़ी हुई। उसमें से एक सफेद कुर्ता-पजामाधारी हाथ जोड़ता हुआ बाहर निकला और उसके पास आकर बोला, "राम-राम काका। और अपने कुर्ते की जेब से केसरिया सरीखा रंग निकालकर उसके ललाट पर लगा दिया। उसने अचम्भित होकर पूछा, "आज होली..."

उस व्यक्ति ने हँसते हुए उत्तर दिया, "नहीं काका। यह रंग हमारे धर्म का है, इसे सिर पर लगाए रखिए। दूसरे लोग हमारे धर्म को बेचना चाहते हैं, इसलिए आप वोट हमें देना ताकि हमारा धर्म सुरक्षित रहे और हाँ! हम और सिर्फ हम ही आपके साथ हैं और कोई नहीं।

सुनकर उसने हाँ की मुद्रा में गर्दन हिलाकर कहा, "जी अन्नदाता।"

उस चमचमाती कार के जाते ही एक दूसरी चमचमाती कार उसके घर के सामने आई। उसमें से भी पहले व्यक्ति जैसे कपड़े पहने एक आदमी निकला। हाथ दिखाते हुए उस आदमी ने उसके पास आकर उसकी आँखों और नाक पर सफेद रंग लगाया और बोला, "देश को धर्म के आधार पर तोड़ने की साजिश की जा रही है। आप अपनी आँखें खुली रखें और देश की इज्जत बचाए रखने के लिए हमें वोट दें और हाँ! हम और सिर्फ हम ही आपके साथ हैं और कोई नहीं।

उसे भी अपने साथ पा वह मुस्कुरा कर बोला, "जी अन्नदाता।"

उस व्यक्ति के जाते ही एक तीसरा आदमी अन्दर आ गया। उसके चेहरे के रंगों को देखकर वह आदमी घृणायुक्त स्वर में बोला, "तुम खुद अन्नदाता होकर गलत रंगों में रँगे हो! अपने लिए खुद आवाज़ उठाओ, और हाँ! सिर्फ हम ही हैं जो तुम्हारे साथ हैं। कहकर उस आदमी ने उसके मुँह पर लाल रंग मल दिया।

वह प्रफुल्लित हो उठा। सभी तो उसके साथ थे।

उसने अपने बायीं तरफ देखा, वहाँ वह खुद ही खड़ा था और दाएँ तरफ भी वही। अपने सभी ओर उसने खुद को ही खड़ा पाया। अलग-अलग रंगों से पुता हुआ उसका हर रूप अलग-अलग कुर्ता-पजामा धारियों के नाम के ढोल बजाता हुआ चल दिया, इस बात से अनभिज्ञ कि घर की चौखट पर एक रंगीन फंदे में लुढ़की हुई गर्दन लिये उसका जिस्म सड़ने लगा है।

उम्मीद

भीषण गर्मी के कारण कुछ दिन पहले ही सूखे कुएँ के आस-पास बहुत भीड़ जमा थी, गाँव के निवासी अपने-अपने घरों से पानी भरने के पात्र, बाल्टी और रस्सियाँ लेकर आए हुए थे और आशा भरी निगाहों से कुएँ के अन्दर देख रहे थे।

गाँव के मुख्य मन्दिर का पुजारी भी वहीं था, कुएँ में तीन-चार आदमी खुदाई कर कुएँ

को गहरा कर रहे थे और पुजारी मुँह में सुपारी चूसते हुए, चंदन का तिलक लगे अपने उन्नत भाल पर हाथ रखे बहुत ध्यान से कुएँ में झाँक रहा था, साथ में कुछ मन्त्र भी बुदबुदा रहा था।

जैसी अपेक्षा थी, खोदते-खोदते एकदम पानी का फव्वारा छूटा और खोदने वालों में से एक आदमी गीला भी हो गया।

यह देखते ही पुजारी चिल्लाया, "तुरन्त बाहर आओ, एक क्षण की भी देरी मत करो!

वो सभी व्यक्ति तेज़ी से ऊपर चढ़े और कुएँ से बाहर आ गए, जिस स्थान से वो बाहर निकले, वहाँ खड़े लोगों ने अपने-अपने पात्र उठाकर, उनके लिए रास्ता खाली कर दिया।

अब पुजारी कुएँ के मुहाने पर खड़ा होकर पवित्र-जल, फूल और अन्य सामग्री कुएँ में फेंकते हुए मन्त्र पढ़ने लगा।

और लगभग पाँच मिनट के बाद पुजारी ने कहा, "अब पानी भर सकते हैं।"

तब तक थोड़ा पानी भी कुएँ में भर चुका था, सभी ने खुश होकर पानी भरना प्रारम्भ किया।

और जो आदमी कुएँ के अन्दर गीला हुआ था, वह वहीं एक पेड़ के पीछे खड़ा अपनी कमीज़ को आखिरी बार निचोड़कर पानी को अपने चुल्लू में भर अपनी बेटी को पिलाते हुए कह रहा था, "पी ले, सवर्णों के कुएँ का मीठा पानी है, पता नहीं फिर कब नसीब हो?"

मुआवज़ा

शाम ढले वह दलित महिला अपने पाँच साल के बेटे को लेकर गाँव के ठाकुर के घर के दरवाज़े के बाहर खड़ी थी। चेहरे ही से लग रहा था कि वह बहुत क्षुब्ध है। नौकर के बुलाने पर ठाकुर बाहर आया और उसे घूरकर देखा।

उसने तीक्ष्ण स्वर में कहा, "साब, मेरे इत्ते से बेटे को चोर कहकर माँ-बाप की गाली क्यों दी?"

तो चोर को चोर नहीं कहूँ, यह कुत्ते का पि... मेरे बाग़ के अमरूद चोरी कर रहा था... ठाकुर की आवाज़ से साफ़ प्रतीत हो रहा था कि वह नशे में था।

"इत्ता-सा बच्चा कुछ समझता है क्या?" महिला भी चुप रहने के मानस में नहीं थी।

तुम जैसे छोटी जात के लोग हमारे घर की दहलीज़ के अन्दर भी नहीं आ सकते हैं, और इसकी यह मजाल कि हमारे बाग़ में घुस गया...ठाकुर की आँखें तमतमा उठीं।

महिला ने भी ठाकुर को तीक्ष्ण नज़रों से देखा, और शब्द चबाते हुए, स्वयं की तरफ इशारा करते हुए कहा,

"जब जबरदस्ती इसकी इज्जत की दहलीज लाँघी थी...तब?"

ठाकुर चौंका, लेकिन उसने संयत होकर कहा, "उस बात का हमने तुझे मुआवज़ा अदा कर दिया है।"

यह भी तो उसी मुआवजे में ही मिला है... महिला ने बच्चे की तरफ इशारा करते हुए भर्राये स्वर में कहा।

और ठाकुर की नज़रें उस बच्चे को ऊपर से नीचे तक तौलने लगीं।

रसीला फल

उस राज्य में सियासी सरगर्मी और बढ़ गई, चुनावों के मौसम में दंगों के वृक्ष पर पलायन नामक एक फल लगा था। राजनीतिक दल 'अ' का प्रमुख सोच रहा था, इस वृक्ष को मैंने सींचा है, पानी दिया है इसलिए यह फल मेरे लोग खाएँगे, उसी तरह राजनीतिक दल 'ब' का प्रमुख भी सोच रहा था कि इस पेड़ का बीज हमने बोया है, इसलिए इस फल को खाने के अधिकारी मेरे लोग हैं।

दोनों दलों के लोग उस वृक्ष के पास पहुँच गए और अपने-अपने तरीके से उस फल को तोड़ने का प्रयास करने लगे। लेकिन एक दल के कार्यकर्ता उस फल को तोड़ने वृक्ष के ऊपर चढ़ते तो दूसरे दल के कार्यकर्ता शोर मचाकर उन्हें उतार देते और ऐसा ही दूसरे दल के साथ भी होता।

आखिर दोनों जनता की अदालत में चले गए, लेकिन उस अदालत के अनुसार दंगों का वृक्ष अवैध और अनैतिक था।

'अ' के प्रमुख ने रंग बदलते हुए अपनी पैरवी में कहा, "दंगों के पेड़ का बीज 'ब' ने बोया है, इसलिए 'ब' बुरा है।

और 'ब' के प्रमुख ने भी समय को पहचानकर अपनी दलील में कहा, "दंगों के पेड़ को 'अ' ने सींचा है, अतः 'अ' बुरा है।

उसी समय यह समाचार आया कि एक और जगह अकाल नाम का पेड़ अपने आप ही उग आया है और 'किसान-पलायन' नाम का एक फल उस पर भी लगा है।

दोनों दलों के प्रमुखों ने तब धीमे स्वर में अपने कार्यकर्ताओं से कहा, "उस राज्य में फ़िलहाल चुनाव का मौसम नहीं है, इसलिए वहाँ के फल में रस की सम्भावना नहीं।

और बहस पुनः प्रारम्भ हो गई।

बच्चा नहीं

"बधाई हो, बच्चा हुआ है।"

हर बार की तरह जनाना हस्पताल की उस उपचारिका ने प्रसव के बाद इन्हीं शब्दों से बधाई दी।

वार्ड के बाहर खड़ी वृद्ध महिला को बच्चे के जन्म की बधाई देकर वह फिर से अन्दर जाने लगी ही थी कि, उस वृद्ध महिला ने कौतूहलवश पूछा, "लेकिन सिस्टर, लड़का है या लड़की?"

"उससे क्या फर्क पड़ता है? जानवर तो नहीं हुआ। जच्चा ठीक है और आँगन में एक स्वस्थ बच्चे की किलकारी गूँजने वाली है, उसकी ख़ुशी तो है ना!" और वह उस वृद्ध महिला का चेहरा देखे बिना ही दूसरी महिला का प्रसव करवाने चली गई।

दूसरी महिला ने भी एक शिशु को जन्म दिया, उपचारिका ने बच्चे का लिंग देखा और बाहर जाकर उस महिला के पति से कहा,

"जच्चा ठीक है, डिलीवरी भी नॉर्मल हो गई, और... उसके बच्चा... किन्नर हुआ है।

उसके स्वर की लड़खड़ाहट आसानी से पहचानी जा सकती थी।

खरीदी हुई तलाश

उस रेड लाइट एरिया में रात का अँधेरा गहराने के साथ ही चहल-पहल बढ़ती जा रही थी। जिन्हें अपने शौक पूरे करने के लिए रोशनी से बेहतर अँधेरे लगते हैं, वे सभी निर्भय होकर वहाँ आ रहे थे।

वहीं एक मकान के बाहर एक अधेड़ उम्र की महिला पान चबाती हुई खोजी निगाहों से इधर-उधर देख रही थी कि सामने से आ रहे एक आदमी को देखकर वह चौंकी और उसके पास जाकर पूछा,

"क्या हुआ साब, आज यहाँ का रास्ता कैसे भूल गए? तीन दिन पहले ही तो तुम्हारा हक़ पहुँचा दिया था।"

सादे कपड़ों में घूम रहे उस पुलिस हवलदार को वह महिला अच्छी तरह पहचानती थी।

"कुछ काम है तुमसे।" पुलिसकर्मी ने थकी आवाज़ में कहा।

"परेशान दिखाई दे रहे हो साब, लेकिन तुम्हें देखकर हमारे ग्राहक भी परेशान हो जाएँगे, कहीं अलग चलकर बात करते हैं।"

वह उसे अपने मकान के पास ले गई और दरवाज़ा आधा बन्द कर इस तरह खड़ी हो गई कि पुलिसकर्मी का चेहरा बन्द दरवाजे की तरफ रहे।

पुलिसकर्मी ने फुसफुसाते हुए पूछा,

"आज-कल में कोई नयी लड़की... लाई गई है क्या?"

"क्यों साब? कोई अपनी है या फिर... उस महिला ने आँख मारते हुए कहा।

"चुप... तमीज़ से बात कर... मेरी बीवी की बहन है, दो दिनों से लापता है।" पुलिसकर्मी का लहजा थोड़ा सख्त था।

उस महिला ने अपनी काजल लगी आँखें तरेरकर पुलिसकर्मी की तरफ देखा और व्यंग्य से मुस्कुराते हुए कहा,

"तुम्हारे जैसों के लालच की वजह से कितने ही भाई यहाँ आकर खाली हाथ लौट गए, उनकी बहनें किसी की बीवी नहीं बन पायीं और तुम यहीं आकर अपनी बीवी की बहन को खोज रहे हो!

और वह सड़क पर पान की पीक थूककर अपने मकान के अन्दर चली गई।

मृत्यु दंड

हज़ारों वर्षों की नारकीय यातनाएँ भोगने के बाद भीष्म और द्रोणाचार्य को मुक्ति मिली। दोनों कराहते हुए नर्क के दरवाज़े से बाहर आए ही थे कि सामने कृष्ण को खड़ा देख चौंक उठे, भीष्म ने पूछा, "कन्हैया! पुत्र, तुम यहाँ?"

कृष्ण ने मुस्कुराकर दोनों के पैर छुए और कहा, "पितामह-गुरुवर आप दोनों को लेने आया हूँ, आप दोनों के पाप का दंड पूर्ण हुआ।"

यह सुनकर द्रोणाचार्य ने विचलित स्वर में कहा, "इतने वर्षों से सुनते आ रहे हैं कि पाप किया, लेकिन ऐसा क्या पाप किया कन्हैया, जो इतनी यातनाओं को सहना पड़ा? क्या अपने राजा की रक्षा करना भी..."

"नहीं गुरुवर।" कृष्ण ने बात काटते हुए कहा, "कुछ अन्य पापों के अतिरिक्त आप दोनों ने एक महापाप किया था। जब भरी सभा में द्रोपदी का वस्त्रहरण हो रहा था, तब आप दोनों अग्रज चुप रहे। स्त्री के शील की रक्षा करने के बजाय चुप रह कर इस कृत्य को स्वीकारना ही महापाप हुआ।"

भीष्म ने सहमति में सिर हिला दिया, लेकिन द्रोणाचार्य ने एक प्रश्न और किया, "हमें तो हमारे पाप का दंड मिल गया, लेकिन हम दोनों की हत्या तुमने छल से करवाई और ईश्वर ने तुम्हें कोई दंड नहीं दिया, ऐसा क्यों?"

सुनते ही कृष्ण के चेहरे पर दर्द आ गया और उन्होंने गहरी साँस भरते हुए अपनी आँखें बन्द कर उन दोनों की तरफ अपनी पीठ कर ली फिर भर्राये स्वर में कहा, "जो धर्म की हानि आपने की थी, अब वह धरती पर बहुत व्यक्ति कर रहे हैं, लेकिन किसी वस्त्रहीन द्रोपदी को... वस्त्र देने मैं नहीं जा सकता।"

कृष्ण फिर मुड़े और कहा, "गुरुवर-पितामह, क्या यह दंड पर्याप्त नहीं है कि आप दोनों आज भी बहुत सारे व्यक्तियों में जीवित हैं, लेकिन उनमें कृष्ण मर गया...

आँखों का दायरा

शाम का धुँधलका गहराता जा रहा था, बस्ती से कुछ दूर बने एक मकान के पास लगभग 14-15 वर्षीय दो लड़के छिपकर खड़े थे, चेहरों से ही वे दोनों अधीर दिखाई दे रहे थे।

एक लड़का जो उम्र में कुछ बड़ा था, उसने दूसरे से कहा, "सुन अन्दर क्या बातें हो रही हैं?"

दूसरे ने खिड़की से कान लगाकर सुना और कुछ क्षण सुनने के बाद पहले से कहा, "भैया, उसका पति कह रहा है कि रात की पारी है, वो दस मिनट में चला जाएगा और वह कह रही है कि बाद में वह बच्चे को दूध पिलाकर सुला देगी।"

अन्तिम वाक्य कहते-सुनते दोनों की आँखों में लाल डोरे तैरने लगे और वे दूसरी दीवार की तरफ चले गए, जहाँ मकान के अन्दर झाँकने के लिए उन्होंने आज ही एक छेद किया था। कुछ मिनटों की प्रतीक्षा के बाद स्कूटर शुरू होने की आवाज़ आई, जिसके मन्द पड़ते ही बड़े लड़के ने दूसरे को आगे से हटाया और अपनी एक आँख छेद से सटाई।

जैसा वह चाह रहा था, छेद के लगभग सामने ही, उसी तरफ मुँह किए हुए वह महिला अपने बच्चे को अपना दूध पिला रही थी, वह लड़का उस महिला को नीचे से ऊपर तक निहारने लगा, फिर गौर से उसके चेहरे को देखने लगा।

उधर छोटे लड़के की बेताबी बढ़ती जा रही थी, उसने बड़े लड़के की पीठ पर हाथ रखा। हाथ का स्पर्श पाते ही बड़े लड़के की तन्द्रा भंग हुई और वह मुड़ गया। छोटे लड़के ने उससे फुसफुसाते हुए पूछा, "भैया क्या देखा?"

बड़े लड़के ने शून्य में निगाह ठहरा दी, और ठंडे स्वर में बोला, "कुछ नहीं रे, माँ की याद आ गई... चल चलते हैं।"

और यह सुनते ही लाल पड़ी दीवार का रंग सफ़ेद में बदलने लगा।

ममता

नये साल की वह पहली सुबह जैसे बर्फानी पानी में नहाकर आई थी। 10 बज चुके थे पर सूर्यदेव अब तक धुंध का धवल कंबल ओढ़े आराम फरमा रहे थे। अनु ने पूजा की थाली तैयार की और ननद के कमरे में झाँककर कहा, "नेहा! प्लीज नोनू सो रहा है, उसका ध्यान रखना। मैं मन्दिर जाकर आती हूँ।

शीत लहर के तमाचे खाते और ठिठुरते हुए उसने मन्दिरवाले पथ पर पग धरे ही थे कि उसके पैरों को जैसे जकड़ लिया, एक बोतल, जिसमें से शराब रिस रही थी, उसके पैरों के नीचे आते-आते बची थी।

"ये भिखारी, नये साल का स्वागत भी शराब से करते हैं..." सर्दी से काँप रहे होंठों से बुदबुदाते हुए उसने पास ही फुटपाथ पर बनी तम्बूनुमा झोंपड़ी की तरफ घृणा से देखा और शराब की बोतल से दूर हट गई।

वह फिर से मन्दिर जाने के लिए बढ़ने ही वाली थी कि उस झोंपड़ी से कुम्हलाए हुए चेहरेवाली एक महिला बाहर आकर बैठ गई। उसकी गोद में लगभग दो महीने का बच्चा था, जो चिल्ला-चिल्लाकर रो रहा था। उस महिला को देखकर अनु के चेहरे पर घृणा के भाव और भी अधिक उभर आए। वह क्रोध में कुछ कहने ही वाली थी कि, उस महिला ने अपना फटा हुआ आँचल हटाया और बच्चे को अपना दूध पिलाने लगी। वह बच्चा उसकी छाती से मुँह हटा रहा था, अनु समझ गई उस महिला के दूध नहीं आ रहा है।

तभी हवा थोड़ी तेज़ हुई और झोंपड़ी की दिशा से बदबू का एक भभका आया, अनु उसे सहन नहीं कर पाई और नथूने बन्द कर चल पड़ी। मन्दिर से आती आरती की घंटियों की आवाज़ ने उसकी चाल को और भी तेज़ कर दिया।

अनु के कदम बढ़ रहे थे, लेकिन उसकी निगाहों से वह दृश्य नहीं हट रहा था। वह कुछ सोचकर मुड़ी, और महिला के पास जाकर, अपनी पूजा की थाली में रखा दूध का लोटा उसकी तरफ बढ़ा दिया। महिला ने कृतज्ञता भरी नजरों से अनु की तरफ देखा और लोटा अपने रोते हुए बच्चे के मुँह से लगाने लगी, लेकिन अनु ने उसका हाथ पकड़कर उसे रोक दिया और कहा,

"यह दूध तुम्हारे लिए है।

कहकर अनु ने उसके बच्चे को लिया और अपनी शाल में छिपाकर दूध से गीली हो रही छाती से लगा दिया।

जानवरीयत

वृद्धाश्रम के दरवाज़े से बाहर निकलते ही उसे किसी कमी का अहसास हुआ, उसने दोनों

हाथों से अपने चेहरे को टटोला और फिर पीछे पलटकर खोजी आँखों से वृद्धाश्रम के अन्दर पड़ताल करने लगा। उसकी यह दशा देख उसकी पत्नी ने माथे पर लकीरें डालते हुए पूछा, "क्या हुआ?"

उसने बुदबुदाते हुए उत्तर दिया, "अन्दर कुछ भूल गया..."

पत्नी ने उसे समझाते हुए कहा, "अब उन्हें भूल ही जाओ, उनकी देखभाल भी यहीं बेहतर होगी। हमने फीस देकर अपना फ़र्ज़ तो अदा कर ही दिया है, चलो..." कहते हुए उसकी पत्नी ने उसका हाथ पकड़कर उसे कार की तरफ खींचा।

उसने जबरन हाथ छुड़ाया और ठंडे लेकिन द्रुत स्वर में बोला, "अरे! मोबाइल फोन अन्दर भूल गया हूँ।"

"ओह!" पत्नी के चेहरे के भाव बदल गए और उसने चिन्तातुर होते हुए कहा,

"जल्दी से लेकर आ जाओ, कहीं इधर-उधर हो गया तो? मैं घंटी करती हूँ, उससे जल्दी मिल जाएगा।"

वह दौड़ता हुआ अन्दर चला गया। अन्दर जाते ही वह चौंका, उसके पिता, जिन्हें आज ही वृद्धाश्रम में दाखिल करवाया था, बाहर बगीचे में उनके ही घर के पालतू कुत्ते के साथ खेल रहे थे। पिता ने उसे पल-भर देखा और फिर कुत्ते की गर्दन को अपने हाथों से सहलाते हुए बोले, "बहुत प्यार करता है मुझे, कार के पीछे भागता हुआ आ गया... जानवर है ना!"

डबडबाई आँखों से अपने पिता को भरपूर देखने का प्रयास करते हुए उसने थरथराते हुए स्वर में उत्तर दिया, "जी पापा, जिसे जिनसे प्यार होता है... वे उनके पास भागते हुए पहुँच ही जाते हैं..."

और उसी समय उसकी पत्नी द्वारा की हुई घंटी के स्वर से मोबाइल फोन बज उठा। वो बात और थी कि आवाज़ उसकी पैंट की जेब से ही आ रही थी।

सिर्फ चाय!

"सवेरे गुड़िया के कारण देर हो गई, बेटा होता तो तैयार होने में इतना समय थोड़े ही लगाता। दिन में भी इसी परेशानी से काम में गड़बड़ हो गई और बॉस की बातें सुननी पड़ीं, पूरे दिन में सिर्फ तीन चाय ही पी है, खाना खाने का भी समय नहीं मिला। अब ठंड इतनी हो रही है और गर्म टोपी और दस्ताने भी भूल गया।"

सर्द साँझ में थरथराते हुए अपनी इन सोचो में गुम हो जा रहा था कि अनदेखी के कारण अचानक उसकी मोटरसाइकिल एक छोटे-से गड्ढे में जाकर उछल गई, और वह गिर पड़ा। हालाँकि ना तो मोटरसाइकिल और ना ही उसे चोट आई, लेकिन उसके क्रोध में वृद्धि होना स्वाभाविक ही था।

घर पहुँचते ही उसने गाड़ी पटककर रखी, आँखें गुस्से में लाल हो रही थीं। घंटी भी अपेक्षाकृत अधिक बार बजाई। दरवाज़ा उसकी बेटी ने खोला, देखते ही उसका चेहरा तमतमा उठा।

लेकिन अपने पिता को देखकर बेटी उछल पड़ी और उसके गले लगकर बोली, "डैडी, आज मैंने चाय बनाना सीख ली। आप बैठो, मैं सबसे पहले आपको ही चाय पिलाऊँगी।"

और अचानक उसके नथुने चाय की गंध से महकने लगे।

दायित्व-बोध

पिता की मृत्यु के बारह दिन गुज़र गए थे, नाते-रिश्तेदार सभी लौट गए। आखिरी रिश्तेदार को रेलवे स्टेशन तक छोड़कर आने के बाद, उसने घर का मुख्यद्वार खोला ही था कि उसके कानों में उसके पिता की कड़क आवाज़ गूँजी, "सड़क पार करते समय ध्यान क्यों नहीं देता है, गाड़ियाँ देखी हैं बाहर।"

उसकी साँस गहरी हो गई, लेकिन गहरी साँस दो-तीन बार उखड़ भी गई। पिता तो रहे नहीं, उसके कान ही बज रहे थे और केवल कान ही नहीं उसकी आँखों ने भी देखा कि मुख्यद्वार के बाहर वह स्वयं खड़ा था, जब वह बच्चा था जो डर के मारे काँप रहा था।

वह थोड़ा और आगे बढ़ा, उसे फिर अपने पिता का तीक्ष्ण स्वर सुनाई दिया, "दरवाज़ा बन्द क्या तेरे फ़रिश्ते करेंगे?"

उसने मुड़कर देखा, वहाँ भी वह स्वयं ही खड़ा था, वह थोड़ा बड़ा हो चुका था, और मुँह बिगाड़कर दरवाज़ा बन्द कर रहा था।

दो क्षणों बाद वह मुड़ा और चल पड़ा, कुछ कदम चलने के बाद फिर उसके कान पिता की तीखी आवाज़ से फिर गूँजे, "दिखाई नहीं देता नीचे पत्थर रखा है, गिर जाओगे।"

अब उसने स्वयं को युवावस्था में देखा, जो तेज़ चलते-चलते आवाज़ सुनकर एकदम रुक गया था।

अब वह घर के अन्दर घुसा, वहाँ उसका पोता अकेला खेल रहा था, देखते ही जीवन में पहली बार उसकी आँखें क्रोध से भर गईं और पहली ही बार वह तीक्ष्ण स्वर में बोला, "कहाँ गए सब लोग? कोई बच्चे का ध्यान नहीं रखता, छह महीने का बच्चा अकेला बैठा है।"

और उसे ऐसा प्रतीत हुआ जैसे उसके पैरों में उसके पिता के जूते हैं।

अपरिपक्व

जिस छड़ी के सहारे चलकर वो चश्मा ढूँढ़ने अपने बेटे के कमरे में आए थे, उसे पकड़ने तक की शक्ति उनमें नहीं बची थी। पलँग पर तकिए के नीचे रखी ज़हर की डिबिया को देखते ही वह अशक्त हो गए। कुछ क्षण उस डिबिया को हाथ में लिये यूँ ही खड़े रहने के बाद उन्होंने अपनी सारी शक्ति एकत्रित की और चिल्लाकर अपने बेटे को आवाज़ दी,

प्रबल...! यह क्या है...?"

बेटा लगभग दौड़ता हुआ अन्दर पहुँचा, और अपने पिता के हाथ में उस डिबिया को देखकर किंकर्तव्यविमूढ़ होकर खड़ा हो गया। उन्होंने अपना प्रश्न दोहराया, "यह क्या है...?"

जी... यह... रौनक के लिए... बेटे ने आँखें झुकाकर लड़खड़ाते स्वर में कहा।

सुनते ही वो आश्चर्यचकित रह गए, लेकिन दृढ़ होकर पूछा, "क्या! मेरे पोते के लिए तूने यह सोच भी कैसे लिया?"

पापा, पन्द्रह साल का होने वाला है वह, और मानसिक स्तर पाँच साल का ही... कोई

इलाज नहीं... उसे अर्थहीन जीवन से मुक्ति मिल जाएगी... बेटे के स्वर में दर्द छलक रहा था।

उनकी आँखें लाल होने लगीं, जैसे-तैसे उन्होंने अपने आँसू रोके, और कहा, "बूढ़े आदमी का मानसिक स्तर भी बच्चों जैसा हो जाता है, तो फिर इसमें से थोड़ा सा मैं भी...?

उन्होंने हाथ में पकड़ी ज़हर की डिबिया खोली ही थी कि उनके बेटे ने हल्का-सा चीखते हुए कहा, "पापा...! बस!, और डिबिया छीनकर फेंक दी। वो लगभग गिरते हुए पलँग पर बैठ गए।

उन्होंने देखा कि ज़मीन पर बिखरा हुआ ज़हर बिल्कुल पन्द्रह साल पहले की उस नीम-हकीम की दवाई की तरह था, जिससे केवल बेटे ही पैदा होते थे।

और उन्हें उस ज़हर में डूबता हुआ उनकी पुत्रवधू का शव और अपनी गोद में खेलता पोते का अर्धविकसित मस्तिष्क भी दिखाई देने लगा।

भेद-अभाव

मोमबत्ती फड़फड़ाती हुई बुझ गई।

अँधेरे हॉल में निस्तब्धता फ़ैल गई थी, फिर एक स्त्री स्वर गूँजा, "जानते हो मैं कौन हूँ?"

वहाँ बीस-पच्चीस लोग थे, सभी एक-दूसरे को जानते या पहचानते थे। एक ने हँसते हुए कहा, "तुम हमारी मित्र हो– रोशनी! तुमने ही तो हम सभी को अपने जन्मदिन की दावत में बुलाया है और हमें ताली बजाने को मना कर अभी-अभी मोमबत्ती को फूँक मारकर बुझाया।"

स्त्री स्वर फिर गूँजा, "विलियम, क्या तुम देख सकते हो कि तुम गोरे हो और बाकी सब तुम्हारी तुलना में काले?"

विलियम वहीं था उसने कहा, "नहीं।"

वही स्त्री स्वर फिर गूँजा, "शुक्ला, क्या तुम बता सकते हो कि यहाँ कितने शूद्र हैं?"

वहीं खड़े शुक्ला ने उत्तर दिया, "पहले देखा तो था लेकिन बिना प्रकाश के कैसे गिन पाऊँगा?"

फिर उसी स्त्री ने कहा, "अहमद, तुम्हारे लिए मांसाहार रखा है, खा लो।"

अहमद ने कहा, "अभी नहीं, अँधेरे में कहीं हमारे वाले की जगह दूसरा वाला मांस आ गया तो...?"

अब स्वर फिर गूँजा, "एक खेल खेलते हैं। अँधेरे में दूसरे को सिर्फ छूकर यह बताना है कि तुम उससे बेहतर हो और क्यों?"

उनमें से किसी ने कहा, "यह कैसे सम्भव है?"

उसी समय हॉल का दरवाज़ा खुला। बाहर से आ रहे प्रकाश में अन्दर खड़े व्यक्तियों ने देखा कि उनकी मित्र रोशनी, जिसका जन्मदिन था, वह आ रही है। सभी हक्के-बक्के रह गए। रोशनी ने अन्दर आते हुए कहा, "सभी से माफ़ी चाहती हूँ, तैयारी में कुछ समय लग गया।"

और बुझी हुई मोमबत्ती खुद-ब-खुद जलने लगी, लेकिन वहाँ कोई खड़ा नहीं था। सिर्फ एक कागज़ मेज पर रखा हुआ था। एक व्यक्ति ने उस कागज़ को उठाकर पढ़ा, उसमें लिखा था, "मैंने तुम्हें प्रकाश में नहीं बनाया... जानते हो तुम कौन हो?"

अपवित्र कर्म

पौ फटने में एक घंटा बचा हुआ था। उसने फांसी के तख्ते पर खड़े अंग्रेजों के मुजरिम के मुंह को काले कनटोप से ढक दिया, और कहा, "मुझे माफ कर दिया जाए। हिंदू भाईयों को राम-राम, मुसलमान भाईयों को सलाम, हम क्या कर सकते है हम तो हुकुम के गुलाम हैं।"

कनटोप के अंदर से लगभग चीखती सी आवाज़ आई, "हुकुम के गुलाम, मैं न तो हिन्दू हूँ न मुसलमान! देश की मिट्टी का एक भक्त अपनी माँ के लिये जान दे रहा है, उसे 'भारत माता की जय' बोल कर विदा कर..."

उसने जेल अधीक्षक की तरफ देखा, अधीक्षक ने ना की मुद्रा में गर्दन हिला दी। वह चुपचाप अपने स्थान पर गया और अधीक्षक की तरफ देखने लगा, अधीक्षक ने एक हाथ में बंधी घड़ी देखते हुए दूसरे हाथ से रुमाल हिला इशारा किया, तुरंत ही उसने लीवर खींच लिया। अंग्रेजों के मुजरिम के पैरों के नीचे से तख्ता हट गया, कुछ मिनट शरीर तड़पा और फिर शांत पड़ गया। वह देखता रहा, चिकित्सक द्वारा मृत शरीर की जाँच की गयी और फिर सब कक्ष से बाहर निकलने लगे।

वो भी थके क़दमों से नीचे उतरा, लेकिन अधिक चल नहीं पाया। तख्ते के सामने रखी कुर्सी और मेज का सहारा लेकर खड़ा हो गया।

कुछ क्षणों बाद उसने आँखें घुमा कर कमरे के चारों तरफ देखना शुरू किया, कमरा भी फांसी के फंदे की तरह खाली हो चुका था। उसने फंदे की तरफ देखा और फफकते हुए अपने पेट पर हाथ मारकर चिल्लाया,

"भारत माता की जय... माता की जय... मर जा तू जल्लाद!"

लेकिन उस की आवाज़ फंदे तक पहुँच कर दम तोड़ रही थी।

मारते कंकाल

दंगों के दौर में एक मकान, जिसके नामपट्ट के ऊपर लिखा था 'हिन्दुस्तान', में राम-रहीम बैठे थे कि एक सम्प्रदाय के दंगाई आ गये और घर का दरवाज़ा तोड़ दिया। वो दोनों घबरा गये।

राम ने उनसे पूछा, "तुम तो मेरे सम्प्रदाय के हो, तुम्हें किसने और क्यों भेजा है?"

उन्होंने चिल्ला कर उत्तर दिया, "राम ने भेजा है, तुम्हारे घर के बाहर 'हिन्दुस्तान' लिखा है, यह विधर्मियों की भाषा का शब्द है।"

राम कुछ और कहता इतने में दूसरे सम्प्रदाय के दंगाई आ गये,

अब रहीम ने पूछा, "तुम लोग तो मेरी कौम के हो, तुम्हें किसने और क्यों भेजा है?"

उन्होंने भी चिल्ला कर उत्तर दिया, "रहीम ने भेजा है, तुम्हारे घर के बाहर 'हिन्दुस्तान' लिखा है, 'हिन्दू' काफ़िर ही तो होते हैं।"

अब राम-रहीम दोनों ने एक साथ आश्चर्यचकित होकर कहा, "तुम गलत कह रहे हो, हमने तुम्हें नहीं भेजा है, हम दोनों उपद्रव नहीं चाहते।"

लेकिन दोनों सम्प्रदायों के दंगाई कुछ सुनने को तैयार नहीं थे, उनकी आँखों में खून

उतरा हुआ था और दिमाग में केवल मारने का भूत सवार था। एक तरफ के लोगों ने अपने राम को अनसुना कर रहीम को मार दिया और दूसरी तरफ के लोगों ने अपने रहीम को अनसुना कर राम को।

और 'हिन्दुस्तान' नाम के उस घर के दरवाज़े पर एक आदमी चमचमाता खद्दर का कुर्ता पहने राम और रहीम दोनों को श्रद्धांजली देने का इंतज़ार कर रहा था। उसकी जेब में उन सभी दंगाईयों के दिमाग रखे हुए थे।

स्वप्न को समर्पित

लेखक उसके हर रूप पर मोहित था, इसलिये प्रतिदिन उसका पीछा कर उस पर एक पुस्तक लिख रहा था। आज वह पुस्तक पूरी करने जा रहा था, उसने पहला पन्ना खोला, जिस पर लिखा था, "आज मैंने उसे कछुए के रूप में देखा, वह अपने खोल में घुस कर सो रहा था"

फिर उसने अगला पन्ना खोला, उस पर लिखा था, "आज वह सियार के रूप में था, एक के पीछे एक सभी आँखें बंद कर चिल्ला रहे थे"

और तीसरे पन्ने पर लिखा था, "आज वह ईश्वर था और उसे नींद में लग रहा था कि उसने किसी अवतार का सृजन कर दिया"

अगले पन्ने पर लिखा था, "आज वह एक भेड़ था, उसे रास्ते का ज्ञान नहीं था, उसने आँखें बंद कर रखीं थीं और उसे हांका जा रहा था"

उसके बाद के पन्ने पर लिखा था, "आज वह मीठे पेय की बोतल था, और उसके रक्त को पीने वाला वही था, जिसे वह स्वयं का सृजित अवतार समझता था, उसे भविष्य के स्वप्न में डुबो रखा था"

लेखक से आगे के पन्ने नहीं पढ़े गये, उसके प्रेम ने उसे और पन्ने पलटने से रोक लिया। उसने पहले पन्ने पर सबसे नीचे लिखा– 'अकर्मण्य', दूसरे पर लिखा– 'राजनीतिक नारेबाजी', तीसरे पर– 'चुनावी जीत', चौथे पर– 'शतरंज की मोहरें' और पांचवे पन्ने पर लिखा– 'महंगाई'।

फिर उसने किताब बंद की और उसका शीर्षक लिखा– 'मनुष्य'

दीपक मशाल

जन्म– 24.09.1980, उरई (उ. प्र.)।

शिक्षा– जैव-प्रौद्योगिकी में परास्नातक तथा बेलफास्ट (यू.के.) से पी-एच. डी.।

प्रकाशित कृतियाँ– अनुभूतियाँ (कविता-संग्रह), खिड़कियों से (लघुकथा-संग्रह)

अनुवाद– 'ब्रेवहार्ट्स ऑफ इंडिया' (लेखक ले. जन. सूभी सूद) पुस्तक का हिन्दी में अनुवाद।

अन्य– 2014 से 2016 तक 'जनसत्ता' में 'दुनिया मेरे आगे' के लिए नियमित लेखन। पिट्सबर्ग (अमेरिका) से प्रकाशित द्विभाषी पत्रिका 'सेतु' (मासिक) का सम्पादन।

सम्मान/पुरस्कार– 2012 में अक्षरम, प्रवासी दुनिया द्वारा युवा प्रवासी रचनाकार सम्मान सहित अनेक सम्मान।

सम्प्रति– ओहायो स्टेट युनिवर्सिटी कोलम्बस में प्रवक्ता एवं हिन्दी क्लब सलाहकार।

सम्पर्क– (1) 739, मालवीय नगर, बज़रिया, कोंच–285205, जिला जालौन (उ. प्र.)।

(2) 584, Stinchcomb De. # 2, Columbus OH 43202 (U.S.A.)

ई-मेल– mashal.com@gmail.com

फोन– +1 614 772 5936

"व्यक्ति को उतावला बनाती तकनीक के इस युग में जहाँ एक ओर लेखक अपनी रचना को स्वयं ही लघुकथा घोषित कर लोगों के सामने लाता है वहीं दूसरी ओर आलोचक के पास भी समयाभाव है और वह हर रचना को दुरुस्त करने का ज़िम्मा नहीं ले सकता। हाँ, यह कहना कि 'पढ़ते रहिए और कोशिश करते रहिए' ग़लत नहीं लगता क्योंकि लिखने की विधा पढ़ते-लिखते ही सधती है और अच्छे लेखन हेतु निरंतर अच्छे साहित्य के अध्ययन से बेहतर कोई दूसरा उपाय नहीं।"

–दीपक मशाल

वक्तव्य

मेरे लिए क्या है लघुकथा!

जहाँ तक याद पड़ता है मुझे लघुकथा से लगाव की शुरुआत आठवीं या नवीं कक्षा में हुई थी। उन दिनों अमर उजाला, दैनिक जागरण आदि दैनिक समाचार पत्रों में सिर्फ रविवार के दिन पूरक पत्र आता था और उनमें एक कोना लघुकथाओं के लिए आरक्षित रहता था। छुट्टी के दिन के अखबार का वह पृष्ठ मेरे लिए विशेष आकर्षण लिए होता और जब तक उसे पढ़ न लेता तब तक मन को शान्ति न मिलती थी। मेरे लिए वह समय लघुकथाओं के स्वर्णिम काल जैसा था, जब लगभग हर लघुकथा मन पर एक अमिट छाप छोड़ जाती थी। कमल चोपड़ा, सुकेश साहनी, अशोक भाटिया, रामेश्वर काम्बोज 'हिमांशु', भगीरथ, बलराम अग्रवाल, बलराम, सुभाष नीरव आदि जैसे नाम लगभग तभी से अपने से लगते हैं। ये और बात है कि व्यक्तिगत परिचय इक्कीसवीं सदी के पहले दशक के आखिर या दूसरे दशक के आरम्भ में ही हो सका, पर आप सबकी लघुकथाओं से कई गुरुमंत्र मिले और किशोरावस्था तक आते-आते मैंने भी लघुकथा लिखने की कोशिश आरम्भ कर दी थी। जब गंभीरता से लेना शुरू किया तभी रमेश बत्तरा, शकुंतला किरण, मधुदीप, मधुकांत, शंकर पुणताम्बेकर, सतीश दुबे, सुदर्शन, सतीशराज पुष्करणा, माधव नागदा, सूर्यकान्त नागर, पृथ्वीराज अरोड़ा, अशोक भाटिया, ज्ञानप्रकाश विवेक, अशोक जैन, अशोक लव, असगर वज़ाहत, कमलेश भारतीय, शहज़ाद उस्मानी, चित्रा मुद्‌गल, जीतेन्द्र जीतू, मार्टिन जॉन, विक्रम सोनी, शराफत अली खान आदि अन्य महत्वपूर्ण हस्ताक्षरों के बारे में जाना और फिर उनके आलेखों और लघुकथाओं से इस विधा की बारीकियों को सीखने का मौका मिला।

वास्तव में मुझे अपने आसपास की दुनिया और दर्शन की समझ विकसित करने में जहाँ एक ओर कुछ योगदान स्वयं के अनुभवों का रहा तो दूसरी ओर एक बड़ा हिस्सा लघुकथाओं का रहा है। किशोरावस्था के दौरान ही कई मित्रों के साहित्यिक अभिरुचि वाले अभिभावकों से अखबारों में प्रकाशित हुई लघुकथाओं पर चर्चा होती और निश्चित ही अंत में कुछ सीखने-समझने को मिलता था।

मेरा मानना है कि लघुता और कथा तत्व को समेटे इस विधा की लोकप्रियता में इसके आकार का योगदान नकारा नहीं जा सकता। मैंने उन बहुत लोगों को, जो लघुकथा से परिचित नहीं, यह कहते सुना है कि 'इतने कम शब्दों में इतनी बड़ी बात कह देना आसान नहीं'। मेरे व्यक्तिगत सम्पर्क के अधिकांश लोग, चाहे उनमें समयाभाव से जूझतीं घर सम्हालने वाली या नौकरीपेशा महिलाएँ हों अथवा पुरुष, अगर उनकी साहित्य में रुचि कम है तब भी अखबारी कविताएँ और लघुकथाएँ वे अवश्य पढ़ते व सराहते हैं। सच में इतनी दक्षता के साथ कम शब्दों में विशेष एवं प्रभावी तरीके से अपनी बात कह पाना कम ही विधाओं में देखने को मिलता है। यही कारण है कि इस विधा में आम और ख़ास सभी की प्रिय बनने की क्षमता है।

यह बहुत ख़ुशी की बात है और लघुकथा के भविष्य के लिए शुभ संकेत देती है कि

2010 के आसपास के सालों के बाद से लघुकथा एक बड़ी संख्या में पाठकों और रचनाकारों को आकर्षित करने में सफल रही। इनमें से कई लघुकथाकार लघुकथा को एक नए मुक़ाम तक ले जाने का माद्दा रखते हैं और लघुकथा को उनसे बहुत उम्मीदें हैं। हिन्दी साहित्य में लगभग तीन पीढ़ियों का सफर तय कर चुकी लघुकथा के पास आज सैकड़ों आलेखों और हज़ारों लघुकथाओं का विशाल संग्रह है, जिनसे गुजरना किसी भी नए लघुकथाकार के लिए एक मुकम्मल गुरु का काम कर सकता है।

स्वयंसहित अपने साथी लघुकथाकारों के लिए मैं सोचता हूँ कि हम घोषित, अघोषित नियमों का पालन अपनी समझ के अनुसार करें और नए प्रयोगों से हिचकिचाएँ नहीं। हमें याद रखना होगा कि संवेदना साहित्य का मूल है और साहित्य पर एक सबसे आवश्यक जिम्मेवारी व्यक्ति को संवेदनशील बनाए रखने की भी है। चूंकि हम एक भावनाप्रधान देश और समाज का हिस्सा हैं इसलिए शोषित-प्रताड़ित आमजन के दुःखों की बात करते हुए अक्सर हमारी कलम कुछ सत्यों को उद्घाटित करते वक़्त भावुक हो जाती है जो स्वाभाविक है, लेकिन यह भी ध्यान रखना होगा कि लघुकथा पाठक को सिर्फ भावुक करके न छोड़ दे। वह तर्क की कसौटी पर भी खरी उतरे और समय-काल, समाज को भी ध्यान में रखकर लिखी जाए, यह संतुलन बहुत आवश्यक है। यदि किसी लघुकथा का पाठक लघुकथा के अंत में भावुक होते हुए यह जान पाता है कि एक बेहतर समाज बनाने या बनाए रखने के लिए सही क्या है तो ऐसी भावनाओं को मैं आवश्यक मानता हूँ, बजाय इसके कि लघुकथा को सिर्फ तार्किकता व वैज्ञानिकता की कसौटी पर कसकर उसके पाठन से उपजने वाली संवेदना का क़त्ल कर दिया जाए। वैज्ञानिकता और तार्किकता की हद वहीं ख़त्म हो जाती है जहाँ कोई लघुकथा कथ्य और शिल्प का उदाहरण प्रस्तुत करने में तो सफल रहती है मगर भावनात्मक स्तर पर ठूँठ बनने लगती है। अतः यदि किसी अपवाद की बात न की जानी हो तो संतुलन वैसा ही रहना चाहिए जैसा प्रकृति हमें सिखाती है।

हमारा समाज एक संक्रमण चरण में है। हम एक विकासशील देश हैं जिसमें अभी तक पूर्णसाक्षरता भी नहीं, वैज्ञानिक चेतना तो दूर की बात है। युवावस्था तक हमारी जितनी समझ बन पाती है वह भी रोजी-रोटी या निन्यानवे के फेरे में पड़कर यूँ ही जीवन गुजार देती है। अंग्रेज़ी में कहीं एक उद्धरण पढ़ा था कि, 'अगर मैं आपके सिखाने के तरीके से नहीं सीख पा रहा तो क्या आप मुझे उस तरीके से सिखाना चाहेंगे जिसमें मैं आसानी से सीख लेता हूँ?' यह बात साहित्य और समाज के रिश्ते पर भी लागू होती है। यदि हम विज्ञान को स्कूल-कॉलेज या समाचारों तक सीमित रखने वाले लोगों को इस समय खालिस वैज्ञानिक आधार वाली कथा प्रस्तुत करेंगे तो उन्हें वे अरोचक लग सकती है एवं ऐसा करना अंततः समाज की साहित्य से दूरी बढ़ा सकता है। आप स्वयं ही आंकिए कि आपके आसपास कितने लोग विज्ञान पत्रिकाएँ या समाचारपत्रों के विज्ञान व तकनीकी पृष्ठ पढ़ना पसंद करते हैं। मैं यह नहीं कह रहा कि उन्हें तर्क और विज्ञान से दूर रखिए, पर हाँ, इन्हें धीरे-धीरे उनके सामने रखिए और रोचक तरीके से उन्हें इनके आदी बनाइए।

यदि हम सात-आठ किलोमीटर प्रति घंटा की रफ़्तार से चलने वाले व्यक्ति से अगले दिन से ही सौ किलोमीटर प्रति घंटा दौड़ने की उम्मीद करें या पांचवीं कक्षा में पढ़ रहे विद्यार्थी से

अचानक दसवीं के कठिन सवाल समझने और हल करने की अपेक्षा रखें तो हमारी उम्मीदें और अपेक्षाएँ बेमानी होंगी। हमें पाठक की आज और आने वाले कल की समझ और आवश्यकताओं को पहचानकर लघुकथाएँ गढ़ते हुए भविष्य के एक बेहतर बौद्धिक और तार्किक समाज के निर्माण की ओर कदम बढ़ाना होगा, परन्तु एक संयमित गति से।

लिखते समय हमें ख्याल रखना होगा कि हर लघुकथा सिर्फ कुछ सिखाने के लिए न हो, जबरन सन्देश न देती हो। सिर्फ संकेत भर काफी है, पाठक को जो सीखना होगा वो वह सीख ही लेगा, उस पर विश्वास करें, पर हाँ अतिविश्वास भी न करें। उदाहरण के लिए पिछली शताब्दी के अंतिम दशक की पृष्ठभूमि की किसी लघुकथा में आप तर्क और विज्ञान के नाम पर आज के किसी सुधार आंदोलन को नहीं दिखा-बता सकते, भले ही वह बात इंसान को और बेहतर इंसान बनाने के लिए कितनी भी ज़रूरी क्यों न हो। हम एक बीते समय की सोच रखने वाले परिवार या समाज की कथा लिखते समय उनके सम्वादों पर प्रगतिशील सोच को जबरन आरोपित नहीं कर सकते, खासकर कि तब जब लघुकथा किसी अन्य बुराई या कमी की ओर संकेत करने के लिए रची गई हो। अच्छा हो कि लघुकथा में घटना एक से दो तक हों, पात्र कम हों और एक ही विषय को लेकर चले।

साथ ही अब समय है कि बदलते विश्व, देश और समाज के साथ हम नए विषय तलाशें, वर्तमान की और भविष्य की संभावित चुनौतियों को लघुकथा में स्थान दें। नए सुख-दुःख, समस्याओं को विषय बनाएँ और नए अन्दाज के कथ्य व शिल्प का भी उद्‌घाटन करें।

अक्सर हम में से कई नए लेखकों को शिकायत रहती है कि उन्हें इस विधा में कोई मार्गदर्शक नहीं मिलता। तो व्यक्ति को उतावला बनाती तकनीक के इस युग में जहाँ एक ओर लेखक अपनी रचना को स्वयं ही लघुकथा घोषित कर लोगों के सामने लाता है वहीं दूसरी ओर आलोचक के पास भी समयाभाव है और वह हर रचना को दुरुस्त करने का ज़िम्मा नहीं ले सकता। हाँ, यह कहना कि 'पढ़ते रहिए और कोशिश करते रहिए' ग़लत नहीं लगता क्योंकि लिखने की विधा पढ़ते-लिखते ही सधती है और अच्छे लेखन हेतु निरंतर अच्छे साहित्य के अध्ययन से बेहतर कोई दूसरा उपाय नहीं।

कोई व्यक्ति पहले दिन से हाथ में रंग और कूची लेकर बड़ा कलाकार नहीं हो जाता, समय और अभ्यास चाहिए, अन्य कलाकारों के चित्रों से सीखना होता है। यह भी होता है कि बड़े कलाकार की बनाई हर तस्वीर भी बड़ी नहीं होती। अभ्यास से अनुभव आता है और अनुभव से परिपक्वता। यह बात लघुकथा के हम सभी नए साधकों को समझनी होगी।

—दीपक मशाल

इज़्ज़त

उससे सहन नहीं हुआ। जब तक उसके साथ ये सब होता रहा तब तक वो खामोशी से सब सहती रही। परिवार और छोटे भाई बहिनों की खातिर एक लाश बना लिया खुद को। लेकिन जब वही सब उसकी छोटी बहिन के साथ करने की कोशिश होने लगी तो उसने घर से भाग कर पुलिस थाने में शिकायत दर्ज करा दी.. आखिर कैसे उसकी भी अस्मत लुट जाने देती उस राक्षस के हाथों।

अनजाने ही कई लोगों को कम से कम कुछ दिनों के लिए रोजी-रोटी दे दी उसने। जाने कैसे सूंघ-सूंघ कर पत्रकार उस तक पहुँच गए। उसके धुंधले चेहरे के साथ उसकी तस्वीर टी.वी. पर आ गई। पुलिस ने बड़ी बेटी के बयान और मेडिकल जांच के आधार पर घर के मुखिया यानि उसके बाप को तुरंत ही गिरफतार कर लिया। छोटी को उसने ना पुलिस के सामने आने दिया और ना ही टी.वी. वालों के। सामने आने भी कैसे देती? माँ के मर जाने के बाद से वही माँ थी अपने से छोटी और एक छोटे भाई के लिए। उसे ही तो उन सब को हर धूप-बारिश से बचाना था।

शराबी पिता को पुलिस पकड़ के ले गई। जब शराब का नशा उतरा तो ज़माने को मुँह दिखाने से बचने के लिए वो हवालात में ही अंगोछे को फंदा बना फांसी पर लटक गया।

पंचनामे के बाद लाश का अंतिम संस्कार भी उसी को करना था। रिश्तेदार और सम्बन्ध तो आने से कतराए लेकिन खानदान के कुछ लोग जमा हो गए। अब तक सबको पता चल चुका था।

सब आपस में कानाफूसी कर रहे थे और अर्थी बाँधने की तैयारी में लगे थे.. हर किसी की नज़र में नफरत देखी जा सकती थी.. हाँ नफरत!!! लेकिन मरने वाले बलात्कारी बाप के लिए नहीं.. उनकी नज़रों में घर की इज्जत को मिट्टी में मिला देने वाली लड़की के लिए।

सोच

सारा कॉलेज जानता था कि वो दोनों कितने गहरे दोस्त हैं और उसी तरह उन दोनों की बहनें भी आपस में 'दुपट्टा बदली' वाली सहेलियाँ थीं। एक दिन की बात कि एक सहेली ने दूसरी के भाई को दूर से देखते हुए आपस में चुहुल की

- यार तेरा भाई तो आजकल बड़ा हैंडसम दिख रहा है, क्या राज है? कोई मिल गई क्या?'

दूसरी ने उसे चिकोटी काटी और बोली

- ओये-होए!! अभी तक तो नहीं लगता कोई मिली। तू पूछ क्यों नहीं लेती उससे?

लड़कियों ने कहकहे लगाए और बात आई-गई हो गई।

एक दिन दोनों दोस्त कहीं जा रहे थे तभी दूसरे ने पहले से कह दिया।

- यार तेरी बहन तो बड़ी प्यारी लग रही थी कल शादी में।

अगले ही पल दोनों गुत्थमगुत्था हो सड़क पर पड़े एक दूसरे पर लात-घूँसे बरसाए जा रहे थे।

बेचैनी

दोनों परिवारों में दोस्ती बहुत पुरानी या गहरी तो नहीं थी लेकिन वक़्त बीतने के साथ-साथ बढ़ती जा रही थी। महीने में कम से कम एक बार दोनों एक दूसरे को खाने के बहाने, मिलने के लिए अपने घर आमंत्रित कर ही लेते थे, इस बार दूसरे वाले ने किया था।

सुरक्षा के उद्देश्य से दोनों की ही बिल्डिंग में इस तरह का सिस्टम था कि जब तक मेजबान खुद बाहर निकल कर नीचे मुख्य द्वार तक लेने ना आये तब तक कोई मेहमान भीतर नहीं आ सकता था। पहले दोस्त ने परिवार सहित बिल्डिंग के नीचे पहुँच कर फोन किया।

- हैलो! हाँ जी, पहुँच गए हैं गेट पर।

- जी अभी दो मिनट में नीचे आता हूँ।

- जी ठीक है।

मेजबान मित्र निकलने को चप्पल पहन ही रहा था कि पत्नी ने टोका।

- आपको क्या जल्दी पड़ी रहती है भागकर तुरंत जाने की, याद नहीं जब भी उनके घर आते हैं दो मिनट का कह कर दस मिनट में दरवाजे पर आते हैं। आज थोड़ी देर उन्हें भी इंतज़ार करने दीजिये, आराम से जाइये।

चप्पलें उतार वो सोफे में धँस गया, लेकिन फिर एक मिनट भी न गुजरा होगा कि उठकर चहलकदमी करने लगा। बेचैनी बढ़ती जा रही थी, किसी तरह पत्नी से बोला।

- मैं सोच रहा था कि वो जान-बूझकर थोड़े करते होंगे, और फिर करते भी हों तो हम उनके जैसे क्यों.....

बात ख़त्म भी ना हुई थी कि पत्नी बोल पड़ी।

- जी, वही मुझे लगा कि फिर उनका छोटा बच्चा भी तो बाहर सर्दी में खड़ा होगा, आप जल्दी जाइये।

और दोनों मुस्कुरा दिए।

पानी

श्मशान या कब्रिस्तान से लौटते वक़्त किसी व्यक्ति की जो मनोदशा होती है कमोवेश वही शर्मा जी की थी। गए तो तीर्थ को थे लेकिन लौटते वक़्त लगता था कि महाप्रलय से बचकर निकल आये। वैसे हाथ-पैर में कुछ खुलीं, कुछ मुंदी चोटें थीं और कई छोटी-मोटी खरोंचें लेकिन औरों की तरह कोई गंभीर ज़ख्म नहीं था। अकेले गए थे सो साथी के खोने-छूटने का गम भी नहीं था लेकिन जितनी बड़ी त्रासदी उस घाटी में हुई थी और उनकी आँखों के सामने देखते ही देखते जितने लोग बेजान हुए थे वह दृश्य उन्हें अब भी सहज नहीं होने दे पा रहा था। सेना की मदद से दिल्ली तक पहुँच गए, वहाँ से ट्रेन पकड़ी और जनरल डब्बे में बैठ अपने गाँव की तरफ चल दिए। अभी भी एक भय सा था मन में, उन्हें लगता कि अभी यहाँ भी सैलाब आएगा और सबको डुबो देगा, लगता कि यहाँ भी पहाड़ टूटेगा और उसमे कई सारे दुःख भरे होंगे। अर्द्धविक्षिप्त से वो कभी खुद की हालत देखते तो कभी भूसे की तरह भरी ट्रेन

में लोगों को और संसार की सार-हीनता के दर्शन से भर उठते।

ट्रेन से अपने गाँव के नजदीकी कसबे में उतरकर आगे के लिए उन्होंने बस ले ली। गाँव पहुँचे तो स्टैण्ड पर ही उनके भाई और गाँव के कई लोग हाथों में फूल-माला लिए खड़े थे, उन्हें ध्यान आया कि उन्होंने ही दिल्ली से निकलते समय आज घर पहुँचने की सूचना दी थी। लोगों में प्रसन्नता की लहर देख वह धीरे-धीरे आश्वस्त हो रहे थे, ठीक वैसे ही जैसे कोई मिट्टी को सुपुर्द-ए-खाक कर या जलाकर घर आने के बाद धीरे-धीरे दुनिया में घुलमिल जाता है।

घर पहुँचकर नहा-धोकर बरामदे में बैठे ही थे कि तभी छोटे शर्मा जी ने आकर उनसे कहा

- दद्दू, नया कुर्ता और धोती पहनकर बैठिएगा, अखबारवाले एक घंटे में आ जायेंगे।

शर्मा जी ने विस्मय भरी नज़रों से छोटे की तरफ देखा।

- अरे आप इतनी बड़ी विपदा से बचकर लौटे हैं, वो लोग अपने अखबार के लिए आपसे कुछ सवाल पूछेंगे और आपको वहाँ जो कुछ भी हुआ वो बता देना है बस।

- लेकिन मुझे तो न कुछ बोलना आता है और ना ही मैं किसी से बात करने की अवस्था में हूँ, खामख्वाह तुमने...

बड़े शर्मा जी की आवाज़ कुए में पड़े असहाय आदमी की सी लग रही थी लेकिन उसे बीच में ही काटते हुए छोटे ने समझाया-

- अरे आपको नहीं पता तो मैं बता देता हूँ कैसे क्या बोलना है,आपके पीछे से हम लोग भी टी.वी. पर बहुत कुछ देखते-सुनते रहे वहां के बारे में। इस साल प्रधानी के लिए खड़े कर रहे हैं आपको और इस इंटरव्यू से जिले भर के लोग जान जायेंगे। गाँव वाले मान रहे हैं कि आप पर शिव जी की विशेष कृपा है,तभी न बच के आ पाए।

बड़े शर्मा जी छोटे का मुँह देखे जा रहे थे, उन्हें दिखाई दिया कि छोटा बड़ी तेजी से आपदा के समय पानी बेचने वाले के साँचे में ढलता जा रहा है, वह अपनी हथेलियों से दोनों कानों को ढंकते हुए चीख पड़े।

- चल भाग जा राक्षस...... मैं मर जाऊँगा लेकिन बीस गुनी कीमत का तेरा पानी नहीं खरीदूँगा।

भाषा

इमीना नाम था लड़की का, तुर्की देश से थी। कहानियों की हिरनी जैसी आँखें, गोरा रंग और कत्थई एवं सुनहरे को मिलाने से बने रंग के बाल उसके पास थे, व्यक्तित्व आकर्षक था। फ्रांस में फ्रैंच भाषा से दोस्ती के दौरान उस हिन्दुस्तानी लड़के की उससे मुलाक़ात हुई। उस विद्यालय में एक साथ एक ही कक्षा में नई भाषा सीखते हुए उन्हें अभी दो ही हफ़्ते बीते थे। इमीना को अपनी मातृभाषा के अलावा कोई दूसरी भाषा न आती और लड़के की पकड़ भी सिर्फ़ हिन्दी-अंग्रेज़ी में ही थी बावजूद इसके दोनों कुछ और दोस्तों के साथ मध्यावकाश में एक साथ खाते-पीते और फ्रैंच बोलने का अभ्यास करते।

एक दिन मध्यावकाश में कक्षा से बाहर बैठे हुए थे कि दूसरी कक्षा के कुछ लड़के जो मध्य-पूर्व के किसी देश से लगते थे, चील की तरह उनके आस-पास मँडराने लगे। एक ने

इमीना की तरफ़ इशारा करके फ्रैंच में पूछा।

- एलो मादाम! इजिप्शियाँ?

अपरिचित लोगों के अचानक हुए सवाल से इमीना हैरान थी। उसने अपने बाकी साथियों की ओर देखा, पर किसी ने कुछ न कहा। वही लड़का फिर बोला

- अल्ज़ीरिया?

इमीना ने इंकार में सिर हिलाया और अपना लंच बॉक्स सिमेट कर कक्षा में चली गई, उसकी आँखों में आँसूं थे। शक्ल-सूरत से बदमाश लगते उन लड़कों से कोई कुछ न बोला, बस सबने अपना सामान उठाया और इमीना के पीछे-पीछे कक्षा में आ गए।

हिन्दुस्तानी लड़का रात भर खुद को समझाता रहा।

- 'इतने लोग थे, जब किसी ने उन्हें नहीं रोका तो मैं ही क्यों बोलता? मुझे तो अभी फ्रैंच भी ढंग से नहीं आती, कुछ कहता भी कैसे? और क्या मालूम उन्हें भी अंग्रेज़ी न आती हो।'

उसको खुद के न बोलने की ढेरों वजहें मिल रही थीं।

- 'फिर इमीना को भी तो स्कूल वालों से शिक़ायत करनी चाहिए थी। जाने कैसे लड़के हों, शक्ल से ही गुण्डे लगते थे। ऊपर से पराए देश में जहाँ अब तक क़ानून ही नहीं मालूम वहाँ फसाद में क्यों पड़ना। और फिर मैं कुछ बोलता भी तो और सहपाठी जाने क्या समझते।'

इस तरह बहाने खोजते वह नींद में चला गया।

अगले दिन दोपहर में सभी ने कक्षा के भीतर ही खाना खाया और वहीं बात करने लगे। मगर वो लड़के आज फिर इमीना को खोजते सीधे कक्षा में पहुँच गए। उनकी हिम्मत आज कुछ और बढ़ी हुई थी, एक ने कुर्सी पर बैठते हुए अपने जूते मेज़ से टिका दिए। पिछले दिन वाला लड़का फिर से फ्रैंच में बोला।

- मोरक्को मादाम? ये तो बता दो नाम क्या है।

इमीना ने दोनों हाथों का घेरा बनाया और उस पर माथा टेक, झुककर बैठ गई। सभी सहपाठी मूकदर्शक बने रहे। वह बोलता रहा।

- तुम से ही बात कर रहा हूँ खूबसूरत मादाम।

अचानक पीछे से कोई आवेश भरी आवाज़ में अंग्रेज़ी में बोला।

- जब वह तुम लोगों से बात नहीं करना चाहती तो क्यों तंग कर रहे हो उसे? हमारी कक्षा से बाहर जाओ वरना अब हम सीधा प्रिंसिपल के पास जाऐंगे।

असर हुआ। वो सारे लड़के चुपचाप बाहर चले गए। इमीना ने उस आवाज़ वाले हिन्दुस्तानी दोस्त की तरफ भरी आँखों से देखकर कुछ कहा। वह भी अपने पर हैरान था कि कैसे इमीना की भाषा समझ गया।

औरों से बेहतर

मधुबाला को चीड़घर से घर पहुँचते-पहुँचते देर शाम हो गई थी। मगर सिर्फ कटा-फटा जिस्म था, रूह तो पिछली रात ही उसका साथ छोड़ गई थी। उसे इस तरह देखना बाकी सखियों के लिए जीवन में एक और नर्कगुफा से गुजरने का सा था। यूँ तो पूरे कुनबे के लिए ये मुश्किल

घड़ी थी लेकिन परिवार की मुखिया होने के नाते डिम्पल और शबनम के लिए ये अग्निपरीक्षा का समय था।

हमेशा यही कहती थी मधुबाला-

'बोलते रहें जिसे जो बोलना है, बहन मैं तो हर जनम में ऊपरवाले से यही अधूरी देह चाहूँगी।'

'ऐसे अपशकुन नहीं भांखते री, गैरज़रूरी होकर दुनिया में जीने का दर्द तू न जानती क्या!! क्यों बार-बार इसी जहन्नुम में आना चाहती है?'

और हर बार कोई न कोई ऐसा ही कुछ समझाता था उसे। वह जवाब में कुछ बड़बड़ाती तो थी, लेकिन क्या यह साफ समझ नहीं आया कभी।

बीती रात बाहर वाले कमरे में सोई थी मधुबाला। और अचानक घर के पास वाले खंडहर से गूं-गूं की आती आवाज़ सुन उधर भागी गई थी। जाकर देखा तो चार साल की मासूम का मुँह दाबे एक शैतान अपने नापाक इरादों को अंज़ाम देने की फिराक में था। बच्ची को बचाने के लिए पास पड़ी आधी ईंट उस हैवान के सिर पर दे मारी थी उसने। दर्द से बिलबिलाकर दो पल को वह पीछे हुआ तो, पर अगले ही पल एक छुरा निकालकर मधु के पेट में घुसा दिया था।

चीख-पुकार सुन दूसरे हिंजडे भी दौडे आए। लेकिन इतना लहू बह चुका था कि मधुबाला बच नहीं पाई।

अब फिर से रात गहराने लगी तो सारी सखियों ने विलाप करना आरम्भ कर दिया। रीति-रिवाज तो लाश को पीटते हुए 'दोबारा हिंजडे की देह में मत आना' समझाने का था, परन्तु आज यह शुरु करता कौन!

सब एक दूसरे से नज़रें चुरा ही रहे थे कि तभी शबनम कह उठी–

'खबरदार! कोई हाथ नहीं लगाएगा उसे'

डिम्पल भी फफकते हुए बोल पड़ी–

'हाँ, जाने दो.. जाने दो उसे ऐसे ही। फिर इसी रूप में लौटने के लिए। बाकियों से तो यही...'

कद्र

प्रमुख रूप से चित्रकारी, मूर्तिकला और मीनाकारी वगैरह को समर्पित पेरिस स्थित ओर्सी अजायबघर में उन पर्यटक महोदय ने अपने साथी को हमराज बनाते हुए बताया।

- यार मेरे तो घर वाले बहुत बेवकूफ हैं, तुम्हें मालूम है जब मैं छोटा था तो घर में कई सारी पुरातत्व महत्व की चीजें जमा थीं।

- रियली! लेकिन तुम्हारे घर में कहाँ से आईं।

मित्र आश्चर्यचकित था।

- हाँ, मेरे किसी दादा-परदादा को ऐसी चीजें संजोने का शौक़ था। काफी पुराना हाथी दाँत का नक्काशीदार बेंत, कई तरह के पुराने सिक्के, एक कोई पुरानी पेंटिंग, मेरे पुश्तैनी खेतों में खुदाई में मिले कुछ बर्तन और मूर्तियाँ वगैरह मैं उस वक़्त बहुत छोटा था और उन वस्तुओं का महत्व नहीं समझता था।

- हम्म

- फिर जब मैं अमरीका पढ़ने गया और ऐसे म्यूजियम देखे तब इनका महत्व समझा, सोचा कि इस बार घर जाकर देखूँगा क्या-क्या जमा है। लेकिन जब छुट्टियों में घर गया तो पता चला कि किसी ने उन सामानों की कदर न जानी, सब कौड़ियों के भाव बेच दिया....

- ओह! हुआ तो गलत लेकिन उन्हें समझ नहीं रही होगी, उनकी गलती नहीं इसमें।

साथी ने सांत्वना का हाथ उसके कन्धे पर धरते हुए कहा। पहला वाला अपनी ही रौ में बोले जा रहा था।

- .....अरे अच्छी कीमत मिलती अगर कहीं म्यूजियम वालों या इनके संग्रहकर्ता को बेचते या नीलाम करते।

- आखिर तुम भी तो उसकी कीमत ही लगाते न दोस्त, कद्र कहाँ करते!!

गौर से एक खूबसूरत कलाकृति देखते हुए दोस्त फुसफुसाया।

सयाना होने के दौरान

सर्दी की गुनगुनी धूप में छत पर अधलेटा किशोर हैरत में था। जिस डिज़ाइन के बैगी स्वेटर के लिए उसने माँ से सिर्फ चंद रोज पहले ज़िद की थी, वह इतनी जल्दी कैसे तैयार होने वाला है! बाकी कामों के लिए तो कहती रहती हैं कि 'ज़रा सबर करा कर, तुझे तो हमेशा गद्दी पे आम जमाना होता है'।

फिर उसने सोचा—'माँ को फुर्सत रही होगी तो बुन दिया। ठीक ही तो है, सर्दियाँ ख़त्म होने से पहले, अब कम से कमएक बार तो पहनकर कॉलेज जा सकेगा। कितना जलेंगें उसके दोस्त इतना शानदार स्वेटर देखकर! और रिया... वो तो वारी-वारी जाएगी उस पर।'

तभी माँ ने कहा—''अब क्या सोचने लगा, जल्दी से कंधे मिलाने दे। सई बैठा तो सुम्मोआर तक तैयार हो जाएगा।''

वह कंधे मापकर अलग ही हुई थीं कि बगल वाली छत से आवाज़ आई—''आंटी! हो गया क्या? लंबाई वगैरह सब ठीक तो है ना!!''

देखा, तो दो छतों को अलग करती मुंडेर पर कुहनियाँ टिकाए और हाथ में सलाइयाँ लिए वही लड़की मुस्कुराते हुए खड़ी थी जो बगल वाले मकान में रहती थी। यह परिवार पिछले महीने ही किराए पर आया था। महीने भर में तीन-चार बार दोनों का आमना-सामना हुआ होगा। जब भी लड़की ने मुस्कुराकर कुछ कहने की कोशिश की, किशोर ने अज़ीब-सा मुँह बनाया और आगे बढ़ लिया था।

अब उसे समझते देर न लगी कि स्वेटर माँ ने नहीं, उसी लड़की ने बुना है। उसने आव देखा न ताव, ऊन का एक सिरा पकड़कर एक झटके में उसे उधेड़ डाला।

लड़की की आँखें आंसुओं से भर आईं और चेहरा तकलीफ से। तुरंत ही वह धड़ाधड़ छत की सीढ़ियां उतरकर नीचे चली गई।

वह उधड़ा स्वेटर ज़मीन पर फेंककर वहाँ से जाता, इससे पहले माँ ने उसकी शर्ट की आस्तीन भींची और गाल पर एक ज़ोरदार तमाचा रसीद किया। फिर शोलों-सी आँखों से घूरते हुए कहा- ''भाई नहीं है उस बेचारी का..!''

बँटवारा

रोशन ने जब यह शहर छोड़ा था तब वह और महेन्दर इंटर में थे, आज सालों बाद किसी काम से यहाँ फिर आना हुआ तो वह पुरानी यादें ताज़ा करने अपनी चिर-परिचित गली को पार करता हुआ दोस्त के दरवाज़े पर जा पहुँचा। खुशकिस्मती कि गर्मियों की शाम थी सो महेन्दर दरवाज़े पर ही कुर्सी डाले बैठा मिल गया। घनिष्ठता इतनी थी कि सालों बाद भी एक-दूजे को पहचानने में कोई मुश्किल न हुई।

दोनों गले मिले, महेन्दर ने पास ही पड़ी कुर्सी को अंगोछे से साफ़ किया, उसे बिठाया और घर के सामने चबूतरे पर खेल रहे बच्चों से अंदर से चाय-पानी लाने को कहा। उसके एक इशारे पर चारों बच्चों ने पहले रोशन का अभिवादन किया और फिर अंदर को दौड़ पड़े।

बीते सालों में क्या-क्या बदला इस पर चर्चा होती रही। उसे जानकर दुःख हुआ कि इस दौरान न सिर्फ महेन्दर के माता-पिता चल बसे थे बल्कि आँगन में दीवार भी खड़ी हो गई थी। छोटे भाई का पता ३१४ बी था और उसका ३१४ ए। दोनों घरों में मिलाकर चार बच्चे थे।

बच्चे अन्दर से चाय लेकर लौटे तब तक महेन्दर ने सामने से गुजरते एक फलवाले से चार संतरे खरीदे और चारों को एक-एक संतरा पकड़ा दिया। दो घण्टे कब गुज़र गए पता नहीं चला। लौटने का वक़्त हुआ तो रोशन ने खड़े होते हुए धीरे से पूछा

- महेन्दर इनमें से तुम्हारे बच्चे कौन से हैं?

उसके कन्धे पर हाथ रखते हुए महेन्दर ने जवाब दिया।

- वो बात ऐसी है यार कि बच्चे अभी बँटे नहीं हैं।

रेजर के ब्लेड

- मनीष तुम्हारे पास कोई ब्लेड पड़ा है क्या? मुझे शेव बनानी है और देखा तो ब्लेड ख़त्म हो रखे हैं. बाजार तो कल ही जा पाऊँगा।

आँगन में खड़े होकर सुखलाल ने अपने ही मकान में हिस्सा बांटकर ऊपर वाले हिस्से में रह रहे बेटे को आवाज़ देकर पूछा।

आँगन के ऊपर पड़े जाल पर आकर मनीष ने कहा।

- पापा, अब आपके तरह एक ब्लेड के ज़माने नहीं रहे। मैं पाँच ब्लेड वाला हाईटेक सेफ्टीरेजर इस्तेमाल करता हूँ, आप भी करके देखिये। आपकी किस्मत कि एक नया रेजर अतिरिक्त पड़ा हुआ है।

- जो भी हो दे दे बेटा, अभी काम चलाना है।

- अच्छा दे देता हूँ, लेकिन बाज़ार जाएँ तो लौटाने के लिए याद से इसी ब्राण्ड का रेजर लाइयेगा।

मनीष ने ऊपर से रेजर का नया पैकेट फेंका तो वह सुखलाल के हाथ से टकरा कर आँगन के फर्श पर गिर पड़ा। वो कैच करता भी कैसे, दिमाग तो इस सवाल का जवाब खोजने में उलझ गया था कि 'क्या ब्लेड बढ़ने से खून के रिश्ते भी इतनी तेज़ी से कटते हैं?

खबर

साँझ ढलने के साथ-साथ उसकी चिड़चिड़ाहट बढ़ती जा रही थी, मनसुख को लगा कि

- दिन भर की भूखी-प्यासी है और ऊपर से थकी-माँदी इसीलिए गुस्सा आ रहा होगा, ये करवाचौथ का व्रत होता भी तो बहुत कठिन है।

राजपूताना रेजीमेंट में ड्राइवर की नौकरी पर तैनात मनसुख आज ड्यूटी ख़त्म होते ही सीधा घर को भागा आया, लेकिन आज प्रतिमा का व्यवहार उसे और दिनों से अलग सा लगा। वह खुद से मशविरा करने लगा।

- पिछले साल भी तो व्रत रखा था, तब तो ऐसा मूड उखड़ा न था जबकि तब तो यह पहली बार था। फिर इस बार क्या ऐसी बात हो गई जो रह-रहकर चौके के बर्तन भड़भड़ाए जा रहे हैं।

पानी पीने के बहाने वह चौके में गया तो देखा कि वह सिसक भी रही थी। एकबारगी सोचा कि पूछ लिया जाए कि वज़ह क्या है लेकिन उसकी हिम्मत न हुई, उसे याद आया कि

- सुबह ड्यूटी जाने के वक़्त देर हो रही थी सो वह चिल्ला पड़ा था कहीं वही वजह तो नहीं?

चाँद निकलने का वक़्त हुआ तो प्रतिमा चलनी, करवा, सींकें और बाकी पूजा सामग्री लेकर छत पर जा पहुँची, मनसुख भी साथ में आ खड़ा हुआ। पूजा पूरी होने के बाद जब वह व्रत तुड़वाने के लिए पानी का गिलास अपनी ब्याहता के होंठों तक ले जाने को हुआ तो प्रतिमा ने पानी पिए बिना ही गिलास परे हटाते हुए कँपकँपाती आवाज़ में पूछा

- अखबार में ऐसी खबर है, क्या सच में जंग छिड़ सकती है?

लहू से गाढ़े

नाना-नानी के गुजरने के बाद पहली बार माँ का मामा को राखी बाँधने पुश्तैनी गाँव जाना हुआ। माँ तीन बहनों, दो भाईयों में सबसे बड़ी थीं। यूँ तो गाँव महज़ बीस मील की दूरी पर था पर गड्ढायुक्त सड़क ने इस दूरी को तीन घण्टे का बना दिया था। सालों से तीनों बहनों का एक साथ सावन के झूलों के बीच मिलने का संयोग नहीं बना था, हर बार किसी न किसी को कोई न कोई मजबूरी आ घेरती। तय हुआ कि इस बार कैसे भी हो, मिलना ही है।

समस्या थी कि कई महीनों से अस्वस्थ पिता को कैसे दिन भर के लिए छोड़ा जाए, मगर उनकी देखभाल का जिम्मा बाबा को सौंपकर, दो बसें बदलते हुए माँ मेरे साथ नियत समय पर मामा के घर पहुँच गईं। माँ यह जानकर तनिक मायूस हुईं कि बड़ी मौसी को पहुँचने में अभी वक़्त लगेगा, पर ख़ुशी भी थी कि छोटी मौसी आ चुकी थीं। चारों भाई-बहिन देर तक अपने माता-पिता की यादों में डूबते-उतराते, रोते-मुस्कुराते रहे। पौर से लेकर आँगन, चौका, मढ़ईया, अटारी, पूजा का कमरा, दाह्लान और हर वो जगह देखी गई जिनसे उनके जन्मदाताओं की यादें जुड़ी थीं। लगता था जैसे नाना या नानी अभी किसी कमरे से निकल बाहर आऐंगे और हमें सीने से लगा लेंगे।

दो बजे बड़ी मौसी का दोबारा फ़ोन आया कि वह बस से निकलने ही वाली हैं। माँ

परेशान हो उठीं।

- याने अब नों निकरियईं नईं हतीं।

माँ ने उस क्षेत्र में प्रचलित बुंदेली में कहा और उदास हो गईं।

- पाँच बजे हमें लौटवे की बस पकरने, अब का मिळवो हो पातई! बस कहबे भर कों मिळवो हुए.... बातचीत तो कौनऊँ हो ना पैहे।

कैसे भी खुद को तसल्ली दे बचे हुए समय में माँ छोटी मौसी के साथ एक पटी से दूसरी पटी होते हुए गाँव-पुरा के उन सभी काका-काकियों के पके बाल देख आईं, जो उनकी स्मृति में अब तक युवा या प्रौढ़ बने हुए थे।

देखते-देखते शाम के पौने पाँच बज गए, पर बड़ी मौसी की कुछ ख़बर नहीं थी। पाँच बजे की बस ही आख़िरी बस थी और हमें पास के शहर से आगे की बस भी पकड़नी थी, माँ के चेहरे पर बेचैनी को पढ़ना मुश्किल काम न था। उनका दिल कहता था कि 'जाने अब मिलना हो पाता है या नहीं'। जब शहर को जाने वाली आख़िरी बस के आने तक भी मौसी न आईं तो उन्होंने बुझे मन से कहा।

- चलो अब गुड्डी सें फिर कभउँ मिळवो हो पैहे, भाग्गइ में न बदो। भाग सें कोऊ जीत पाओ का? इनकी तबियतऊ ऐसी है के इनें अकेलो नईं छोड़ो जा सकत।

बस में चढ़ते हुए भी माँ मुड़-मुड़ कर शहर से आई बस से उतरती सवारियों की तरफ देखती रहीं। रास्ते में मिलने वाली हर लौटती बस को भी माँ की निगाहें जैसे स्कैन कर रही थीं। उनके जी में आता कि 'बहिन सें मिल न सकें तो कम से कम देखई लेवें'।

मैंने उनके कंधे पर हाथ रखते हुए कहा

- शहर पहुँचकर देख लेते हैं, गाँव वापसी की कोई बस बची होगी तो आप वापस चली जाना। एक ही रात की तो बात है, पापा को मैं सम्हाल लूँगा।

- नहीं बेटा, वो मेरे खिलाए बिना खाना भी तो नहीं खाते। कोशिश तो बहुत करती हूँ कि दिल पत्थर कर लूँ, पर धड़कने के लिए भी तो कुछ मुलामियत चाहिए...... बस उसी में।

कहकर माँ ने मुँह खिड़की की तरफ़ फेर लिया। सामने से एक बस और आ रही थी।

माचिस

देश को आज़ादी दिलाने के लिए उन्होंने अपनी जान की बाजी लगा दी, जब तक रहे अँगरेज़ सरकार की नाक में दम कर के रखा। आज़ाद भारत में उनके महापुरुष घोषित होते ही उनके विचारों का अपहरण कर लिया गया। उनके इर्द-गिर्द भगवा झंडे लगा दिए गए, विचारों में समानता का हवाला दे उन्हें उस 'पार्टी' का बना दिया गया, सन्दर्भ थी वो तस्वीर जिसमे एकबार वो मंदिर में पूजा करते देखे गए थे।

उन्होंने देश के लिए आधी उम्र जेल में गुजार दी, कितने ही आन्दोलन चलाये तब जाकर कहीं देश स्वतंत्र हुआ. कुछ लोग आये, उनके विचारों की विरासत पर कब्ज़ा जमा लिया.. उन्हें अपने मनपसंद तीन रंगे झंडे से ढँक दिया.. अब वो उनके थे, कारण था उनका हर धर्म से प्रेम, हर किसी को समभाव से स्नेह।

तीसरे दल में खलबली थी.. उनको भी अपना झंडावरदार कोई असरकारी दिवंगत महापुरुष चाहिए था, दिवंगत इसलिए जिससे कि वो अपना पक्ष रखने ना आ सके और बिना किसी विरोध के उनके झंडे-बैनरों पर एक अमर शख्सियत चिपक सके.. इतिहास खंगाला गया, एक और इस माटी का लाल मिला जिसकी मूर्ति हरे, लाल रंग से पोत डाली गई.. ताजिंदगी मुफलिसों के लिए लड़ने वाला जबरन सिर्फ और सिर्फ एक धर्म विशेष का समर्थक घोषित कर दिया गया. सन्दर्भ के लिए गुलामी के ज़माने में गरीब अल्पसंख्यकों की हिमायत के लिए उनका आगे आना, सेवइयाँ खाना काफी था।

बाकी दल भी उतावले थे.. कैसे इस दौड़ को जीता जाए. लाल झंडे वाले परेशान थे अपने लिए चेहरा तलाशने को.. हाँ ऐसा भी कोई था जो ना मानता था ईश्वर को, जिसने कभी सराहा था मार्क्स को, मैक्स मूलर को.. उन्हें भी अपना अगुआ पहचानते देर ना लगी, उसकी मूर्ति की बगलों में लाल झंडे खोंस दिए गए।

एक लम्बी लिस्ट थी जो भारत को आज़ादी दिलाने वालों की बनी थी, अब उस पर कुछ ख़ास अलग-अलग रंगों के हाईलाइटर चल चुके थे.. वो नेता हो चुके थे अपने-अपने दलों के.. जिनकी नींव उन्होंने आजादी मिलने से पहले डाल दी थी. उनके आजादी पाने जैसे एक समान विचार को भुला दिया गया. अब वो नेता थे.. सिर्फ एक ख़ास पार्टी के दिवंगत नेता, संस्थापक नेता. हर पार्टी दूसरे के महापुरुष को छोटा बताती, नीचा दिखाती.. खैर, जब जीते-जागते लोग सिर्फ वोट में तब्दील हो सकते थे तो गुज़र चुके दिग्गजों का किसी ख़ास विचारधारा का होना तो उनके कभी जिंदा होने का सबूत ही था।

अपना-अपना उल्लू सीधा करते वक़्त कहीं से उनके हाथ कुछ तस्वीरें लगीं जो भगवा वाले नेता को ईद मिलन करते, तिरंगे वाले को शंखनाद करते, लाल-हरे वाले को दीवाली की फुलझड़ी छुड़ाते और लाल झंडे वाले नेता को एक बड़े उद्योगपति मित्र के साथ पैग टकराते दर्शाती थीं, इनसे भी ऊपर एक तस्वीर इन चारों को कंधे से कंधा और क़दम से क़दम मिलाकर एक आन्दोलन की अगुआई करते दिखाती थी। हर पार्टी के ऑफिस में माचिस-माचिस की पुकार मची थी।

सूद समेत

विदाई के दिन मंच पर बैठा वह सोच रहा था कि वह ताउम्र कभी पत्नी तो कभी दोस्तों से अपने मातहतों की यही शिकायत करता रहा।

- अजीब लोग हैं, मैं इनके साथ शराफ़त से पेश आता हूँ तो मुझे कुछ समझते ही नहीं।

- हुआ क्या?

सुनने वाला जानते हुए भी पूछ बैठता और वह हल्के गुस्से में कहता।

- ऑफिस में जिसे देखो वही अपनी जरूरत का रोना रोकर मुझसे पैसे उधार माँगने आ पहुँचता है,

- आप देते ही क्यों हैं उन्हें? आदत तो आपने बिगाड़ रखी है।

- गलती तो मेरी है पर क्या करूँ? ये कमबख्त बहाने ऐसे बनाते हैं कि किसी की माँ

बीमार तो किसी के बीवी बच्चे।

- ......

अक्सर ही इस बात का श्रोता के पास कोई जवाब न होता।

- कोई भी मेरी कार का दरवाज़ा खोल ऐसे आ बैठता है, जैसे सरकारी गाड़ी नहीं उसके बाप की कार हो।

- हुम्म.....

कोई दिलचस्पी न ले तब भी वह अपनी रौ में बहा जाता।

- उसे खन्ना को देखो मुझसे जूनियर अफसर है तब भी मज़ाल किसी की जो कोई उससे नज़र मिलाकर बात भी कर ले, ऐसा टेरर है उसका। मुझे तो कई बार सलाम तक नहीं ठोकते ये एहसानफ़रामोश। बग़ल से निकल जाता हूँ और ये अपने साथियों के साथ खी-खी करते रहते हैं।

- अरे तो आप ही तो इतना मुंह लगाए घूमते हैं उन्हें कि दिहाड़ी मज़ूर से लेकर आपका जूनियर अफसर तक सब अपना यार समझते हैं।

कभी-कभी सच में अपने पर ही झल्ला उठता था वह।

आज नौकरी के अंतिम दिन लोग उसके लिए जितनी मालाऐं और उपहार लेकर आए थे उतने शायद कभी किसी के विदाई समारोह में नहीं आए होंगे। उसने महसूस किया कि ऑफिस कैम्पस के उसके अंतिम क्षणों में हर शख्स की पलकें भीगी थीं मानो उनका कोई अपना उनसे दूर हो रहा हो। मंच पर आने वाला हर कर्मचारी उसके बारे में जब कुछ कहता तो उसे लगता कि आज इतना प्यार देख वह भी रो देगा। काफी देर वह किसी तरह वह खुद को सम्हाले रहा मगर आखिर में बाँध ढह गया, जब कुछ मज़दूरों ने आकर बिलखते हुए कहा।

- 'साहब' जिन्नगी निकर गई, आप सा अफसर नईं देखा। इस परदेस में आप माई-बाप थे हमारे।

उसे लगा कि इस सूद के ढेर के पीछे मूल की छोटी सी गठरी कहीं गुम गई है।

शिकार

राजा शिकार को निकला, पूरे दल-बल के साथ। यों कि जैसे किसी छोटी-मोटी जंग के लिए। हाथी पर राजा, घोड़ों पर मंत्री, सिपहसालार और कुछ सैनिक। तीर-तलवार, भाले-धनुष सब साथ लिए।

जंगल कम हो गया था लेकिन बाघ और भी कम, सारा दिन निकल गया लेकिन मनचाहा शिकार न मिला। साँझ ढलने को हुई तो राजा ने कहा

- खाली हाथ न जावेंगे, अब जो भी जनावर दिखे बताना।

किस्मत की बात कि थोड़ा आगे बढ़े तो एक जंगली भैंसा कुछ दूरी पर नज़र आया। राजा की थी कुछ नज़र कमज़ोर सो मंत्री के इशारे पर राजा के तीर के साथ कई और तीर छूटे। नतीज़ा ये कि भैंसा डकार मारकर वहीं गिर, मर गया। राजा, मंत्री सेना सब भागे-भागे शिकार के पास पहुँचे तो देखते क्या हैं कि भैंसे के जिस्म में शाही तीर तो कोई न धँसा था अलबत्ता

दो सादा तीर जरूर लगे थे। अगले पल जब दो आदिवासी हाथ जोड़े और सिर झुकाए आकर सामने खड़े हो गए तो स्थिति साफ़ हुई कि ये उनके विषबुझे तीर थे।

अब जैसी उम्मीद थी, उन्होंने कहा

- महाराज, जंगल आपका, हम आपके, शिकार आपका।

राजा खुश हुआ और जंगलियों के आग्रह पर उनके कबीले में रात्रि-विश्राम को मान गया। रात के तीसरे पहर जब सब सो गये तो मंत्री राजा को जगाकर बोला

- महाराज, इन जंगलियों का क्या भरोसा, कल को राजधानी में जाकर कह दिया कि आपसे एक शिकार न हुआ तो बड़ी जग-हँसाई होगी।

कहते हैं उस रात क़बीले में अचानक लगी आग में सब भस्म हो गया और सुबह जब राजा राजधानी पहुँचा तो शाही तीर पर सिर्फ भैंसे का लहू लगा था।

जी आप कहते हैं इसमें नया क्या है! अजी नया यह है कि यह कहानी तो राजतन्त्र की है लेकिन घटना लोकतंत्र की।

जंगल का क़ानून

कत्ले-आम के आरोप में बंदी खरगोश कटघरे में खड़ा था।

भेड़िये, लकड़बग्घे, लोमड़ी, सियार उसके खिलाफ अपनी-अपनी गवाही दे चुके थे।

प्रतिवादी वकील ने उनकी गवाही के प्रतिकूल अपना तर्क अदालत के सामने रखा।

- योर ओनर! मेरे मवक्किल की बेगुनाही का सबसे बड़ा सबूत यह है कि वह मांसाहारी ही नहीं है। उसके दाँत मेरी इस बात के गवाह हैं।

लेकिन सरकारी वकील ने उसकी बात काटी।

- सवाल शाकाहारी या मांसाहारी होने का है ही नहीं मी लोर्ड! हत्याखोरी का है. मेरे काबिल दोस्त ने इसके दाँतों की बनावट को इसकी बेगुनाही का सबूत बताया है; लेकिन आप इसके पैने नाखून देखिए, क्रूरता से भरे इसकी आँखों के स्थाई लाल डोरे देखिए। पुलिस की आहट से चौकन्ना रहने के अभ्यस्त, हर दिशा में घूम सकने वाले इसके बड़े-बड़े कानों को देखिए; और हादसे को अंजाम देकर पल भर में ही मौका-ए-वारदात से गायब हो सकने में सहायक बला की फुर्ती को देखिए।

यह कहकर सरकारी वकील ने आरोपी को कड़ी से कड़ी सज़ा देने की सिफारिश अदालत से की।

उसके द्वारा पेश सबूतों और जंगल के प्रभावशाली गवाहों के बयानों पर अदालत ने गम्भीरता से विचार किया। जंगल में अमन-चैन को जारी रखने के मद्देनज़र उसने खरगोश को सज़ा-ए-मौत सुनाई और वहीं पर अपनी कलम तोड़ दी।

मुआवज़ा

सत्तर से ऊपर के बुजुर्ग बता रहे थे कि इससे पहले क़स्बे में ऐसी बाढ़ उन्होंने सिर्फ तब देखी

थी जब वो खुद बच्चे या फिर किशोर थे। हफ्ते भर की मूसलाधार बारिश और नजदीकी बाँध को कुछ स्वार्थी तत्वों द्वारा काट दिए जाने ने समूचे जिले को प्रलय का नमूना दिखा दिया था। पानी उतरा तो सरकार ने प्रतिनिधियों और अधिकारियों को नुकसान का अनुमान लगाने के काम में लगा दिया। पीड़ितों के पुनर्वास में मदद के लिए घोषणाएँ होने लगीं। राज्य सरकार ने बाढ़ पीड़ितों की सूची माँगी।

रातोंरात सूची भी तैयार हो गई, अंतिम रूप देने के लिए लेखपालों को कुछ असली पीड़ितों के नाम दर्ज करने के लिए लगाया गया। 'अक्कड़-बक्कड़ बम्बे बोल' के हिसाब से नाम दर्ज करके जब लेखपाल राहत शिविर से जाने लगा तो पीछे से नेकसिंह बंजारे ने गुहार लगाई।

- सा'ब, हमऊँ को नाँओ लिख लेओ।

- का नाम है।

लेखपाल ने बेरुखी से पूछा

- नेकसिंह

- नुक्सान?

- सबई चलो गओ सा'ब, दो बकरियाँ चली गईं, एक कुत्ता मर गओ.. पहनवे-ओढ़वे के सब उन्ना-लत्ता बह गए. खटिया, चूल्हो-चौका बासन गुज़ारे खों कछू नईं बचो।

दुःखी स्वर में नेक सिंह ने बताया

- भक ससुर, कुत्तन को मुआओजा मिळत कऊँ? घर कच्चो हतो के पक्को?

पड़ताल करते लेखपाल ने झिड़ककर सवाल किया।

- घर न हतो मालिक, ऐसेई गाड़ी पे बरसाती तान कें काम चलात ते। तीन साल सें जई गाँव में बसे।

बंजारे ने ब्यौरा दिया।

- फिर तुम्हें न मिल पाहे, जो मदद स्थाई निवासियन के लाने है ।

पैंट झाड़ते हुए लेखपाल ने असमर्थता जाहिर की।

नेक सिंह रिरियाने लगा।

- दया करो सा'ब बिलकुलई बर्बाद हो गए, खाबे तक के लाले पड़े। अब तो कामऊ नईंयाँ करबे खों।

- अरे कर लीजिये लेखपाल सा'ब, ग़रीब आदमी है.।

साथ में चल रहे सिपाही ने सिफारिश लगाई ।

- आप कहते हैं तो कर लेता हूँ दीवान जी, वर्ना ठीक है जाओ, कर लओ नाओं दर्ज।

एक-एक कर सिपाही और नेक सिंह से मुखातिब होते हुए लेखपाल बोला।

नेक सिंह ने सिपाही और लेखपाल को कृतज्ञतापूर्वक दोनों हाथ जोड़े और आश्वस्त होकर चला गया।

- जब चोरी-चकारी या राहजनी जैसे मामले नहीं सुलझ पाते तो प्रेशर कम करने के लिए गिरफ्तारी दिखाने में बड़े काम आते हैं ये बंजारे।

सिपाही ने हँसते हुए सिफारिश का राज बताया और दोनों चाय की गुमटी की तरफ बढ़ गए।

फेलोशिप

हॉस्टल से निकलते हुए आज फिर उसकी अमर उम्मीद उसके साथ थी कि इस बार तो जरूर फ़ेलोशिप आ गई होगी। पिछले तीन महीने से उसका अकाउंट लगभग खाली पड़ा था जबकि अखबार में समाचार था कि एक महीने पहले यूजीसी ने फ़ेलोशिप सम्बंधित विश्वविद्यालयों को भेज दी हैं।

प्रयोगशाला जाने की बजाय वह पहले सीधे बड़े बाबू के ऑफिस पहुँची।

- प्रणाम बड़े बाबू, इस बार तो पैसा आ गया होगा ना? दिल्ली से तो कब का रिलीज हो चूका है।

-अरे कहाँ आया मैडम जी, आया होता तो हम अकाउंट में पहुँचा न देते। अब आपको काहे जल्दी पड़ी है, अच्छे खासे घर से हैं आपको काहे की कमी।

- पर मुझे बहुत लोगों के बकाये लौटाने हैं आप यूजीसी के ऑफिस फोन करके पता क्यों नहीं करते कि इतनी देर क्यों लग रही है?

उसने हताश होते हुए सवाल किया।

- करते तो हैं लेकिन कहाँ कोई उठाता है जी, परसों हम खुद ही जा रहे हैं दिल्ली, आप वहां के बाबू लोगों की मिठाई का कुछ प्रबंध कर दें तो काम थोड़ा जल्दी हो जाएगा और क्या है। आपके पापा तो पीडब्ल्यूडी में बड़े साब हैं सब समझती ही होंगीं।

बड़े बाबू ने बत्तीसी दिखाकर अपनी राय देते हुए कहा।

लडकी अपना आप खो बैठी।

- बड़े बाबू ये फ़ेलोशिप हमारी योग्यता की कमाई है, और हाँ मेरे पापा पीडब्ल्यूडी में इंजीनियर जरूर हैं लेकिन उन्होंने अपने मुँह कभी मिठाई का खून नहीं लगने दिया, वरना हम अब तक किराए के घर मे ना रह रहे होते। अब आप काम कराते हैं या मैं वी सी सर से मिलूँ?

बड़े बाबू कालरात्रि के दर्शन कर चुपचाप यूजीसी का नंबर लगाने में लग गए।

साँचा

अधिकारी गाड़ी से निकल कर अपने चैम्बर की तरफ बढ़ रहा था कि अचानक दो कदम पीछे होकर विवेक की मेज़ की तरफ आते हुए बोला।

- क्यों! पहुँचा दी फ़ाइल मेरी टेबल पर?

- सर वही तैयार कर रहा हूँ... वो कुछ और काम आ गए थे तो...

इससे पहले कि बात पूरी होती अधिकारी ने डाँटना शुरू कर दिया।

- एक काम ढंग से नहीं होता तुमसे! ऑफिस में हफ्ता भर हुआ नहीं कि रंग चढ़ गया

- नहीं सर।

- आधे घण्टे के अंदर मुझे फ़ाइल कम्प्लीट चाहिए टेबल पर, समझे?

- जी जी सर।

विवेक फिर से फ़ाइल में घुस गया। अधिकारी चैम्बर की तरफ़ बढ़ते हुए भी बड़बड़ा

रहा था।

- अनुकम्पा के नाम पर कैसे-कैसे काहिल गधों को भरना पड़ता है, जिन्हें दो कौड़ी की अक्ल नहीं होती।

इस सबकी आदत नहीं थी विवेक को इसलिए ऐसा अपमान सुन रो दिया। बगल वाली टेबल पर से बड़े बाबू उठकर उसके क़रीब आ गए, कन्धे पर दिलासा का हाथ रखते हुए समझाने लगे।

- अरे रोते नहीं है बेटा! ये आदमी ही टेढ़ा है, तुम्हारे पिता को तो क्या-क्या नहीं बोल जाता था। बड़े भले आदमी थे बेचारे, कभी पलटकर जवाब तक नहीं देते थे। हमेशा मुस्कुराते रहते, अफ़सोस ऐसे इंसान के लिए भी मौत ने कैसा बहाना ढूँढ़ा....

पिता के अपमान की बात सुन विवेक की सिसकियाँ थम गईं, दाँत भिंच गए, मुट्ठियाँ कस गईं। वह कुर्सी से उठने ही वाला था कि तभी उसका मोबाइल फोन बज उठा, दूसरी तरफ से आवाज़ आई।

- हैलो भईआ!

- हाँ बबलू कहो।

उसने संयत होते हुए जवाब दिया।

- वो मकान मालिक आए हैं, कह रहे हैं तुम लोगों ने पिछले महीने का किराया भी नहीं भरा।

- ह्हहाँ उनसे कहना इस महीने की सैलरी मिलते ही दे देंगे।

फोन कट चुका था। उसने देखा कि उसकी कुर्सी पर वह नहीं उसके पिता का साँचा रखा है, वह पिघल रहा है और पिघलकर पिता के साँचे में ढलता जा रहा है।

बड़े बच्चे

जिस अखबार में वो काम करता था वह बंद होने की कगार पर था, जब दो महीने से तनख्वाह ही नहीं मिली तो ऐसे में दीवाली के बोनस के बारे में तो सोचना भी फ़िज़ूल था। वो तो अच्छा हुआ कि बाजार में बिक रहे नकली खोवे की ख़बरों का हवाला देकर उसने पहले ही पत्नी को बेसन और मैदे की दो चार मिठाइयाँ घर में ही बना लेने को मना लिया था। बाकी खर्चों के लिए एक दोस्त के बही खाते में अपने नाम पर आठ सौ रुपये और चढ़वा लिए। सोचा कि इससे ज्यादा क्या खर्च होगा लेकिन बाज़ार के बीच पहुँचने पर उसे महँगाई की झुलसाती गर्मी से जेब में पड़े नोट सिकुड़ते हुआ महसूस हुए।

गणेश-लक्ष्मी की सबसे सस्ती मूर्तियाँ भी ऐन मौके पर लेने की वजह से सौ से कम में न मिलीं, दस दुकानों पर भाव लेने के बाद कुछ दिए खरीदे, आधा लीटर सरसों का तेल, थोड़ी रुई, आधा पाव देसी घी, खीलें-बताशे और कुछ सब्ज़ियाँ। दोनों बच्चों के लिए एक-एक जोड़ी कपड़ा लेने के बाद सिर्फ बीस रुपये बाकी रहते थे। पर वह खुश हुआ कि तयशुदा सीमा के भीतर ही त्यौहार मन जाएगा।

भीड़ को चीरता हुआ घर वापस लौटने लगा कि तभी कहीं से पटाखा फूटने की आवाज़

उसके कानों में पड़ी। बहुत तेज़ आवाज़ न होने पर भी वह पल भर को ठहर गया, याद आया कि बच्चों के लिए पटाखे भी लेने होंगे।

शहर के बीचों-बीच बने तालाब के किनारे लगीं आतिशबाज़ी की अधिकृत दुकानों पर पहुँचकर जब कीमतें पता कीं तो दिल घबरा उठा। लेकिन बिना पटाखों के घर पहुँचना भी तो मुश्किल था। बच्चों के उदास चेहरे याद आते ही उसे अपने पैरों में घन बँधे होने का एहसास होने लगता। सोचते हुए काफी देर हो गई थी, अचानक उसका मोबाइल बज उठा, देखा तो पत्नी का फोन था। कुछ और जरूरत बढ़ आने की आशंका के साथ उसने मरे हुए स्वर में कहा।

- हाँ बोलो।

- अरे आप कितनी देर में पहुँचेंगे? पूजा का मुहूर्त शुरू हो गया है।

पत्नी ने समय का ध्यान दिलाया।

- हाँ बस आ ही रहा था।

- अरे हाँ एक मिनट ये रोहन कुछ कह रहा था सुन लीजिए।

उसे अंदाज़ा था कि उधर से क्या कहा जाएगा पर ज़वाब उसके पास नहीं था कि तभी बच्चे की आवाज़ सुनाई दी।

- हैलो डैडी, अच्छा सुनो मेरे और सोहन के लिए पटाखे मत लाना, स्कूल में मैडम ने कहा था कि उनसे प्रदूषण फैलता है।

चारों तरफ एक नज़र दौड़ाई, सब अपने में व्यस्त थे। उसने अपनी दाईं बाँह मोड़कर कमीज़ की आस्तीन से आँसू सोख लिए।

कुएँ में भाँग

कभी मालूम न चल सका कि उसके बालों का रंग कैसा था या यह कि वह सीधे थे या घुँघराले। वे हमेशा एक स्कार्फ से ढँके रहते जिसे पहनना वह भूलकर भी न भूलती। असमा नाम था लड़की का, अल्जीरियन थी और मेरी पत्नी की सहेली। पेरिस में विश्वविद्यालय ने जहाँ हमें रहनेको अपार्टमेन्ट दिया था उसी बिल्डिंग के एक फ़्लैट में वह रहती थी।

धीरे-धीरे जानना हुआ कि दन्त चिकित्सा की छात्रा थी। अल्जीरिया की राजधानी में बसे उसके परिवार में माता-पिता और एक भाई भी डॉक्टर थे, एक बहन और भाई अभी पढ़ रहे थे। अक्सर उसका भाई वहाँ आता-जाता रहता। जब भी मौक़ा मिलता अपने भाई के बारे में बात करती

'मेरे भाई को गोरी लड़कियाँ बहुत पसंद हैं, खासकर स्पेनिश'

'भाई फ़ुटबाल का दीवाना है, कहीं भी मैच हो टिकट लेकर देखने पहुँच जाता है'

'भाई को मटन कलेजी बहुत अच्छी लगती है'

एक दिन पत्नी ने पूछ लिया।

'तुम्हें किस देश के लड़के पसंद हैं?'

'किसी के नहीं'

उसने बिना सोचे झट से जवाब दिया, जवाब मे तनिक रोष था

'...और अगर तुम्हारे भाई की तरह तुम्हें कोई पसंद आ जाए तो!'

'मार देंगे सब मुझे'

उसकी आँखों में डर दिखा जैसे कुछ खौफ़नाक याद आ गया हो....

'तुम तो कहती हो कि वे सब आधुनिक सोच के हैं!' पत्नी ने हैरानी जताई

'कैसी बातें करती हो! यह क्या कम है कि उन्हें वतन से बाहर मेरे अकेले रहने और पढ़ाई करने पर आपत्ति नहीं...'

तभी उसका मोबाइल बजा। देखा तो, सन्देश था। वह चहकते हुए बोली

'मेरे भाई ने उड़ते हुए प्लेन से मैसेज किया है। पता है! कल उसने मैड्रिड में रियल मैड्रिड और वार्सिलोना क्लब का मैच देखा था..'

उसने आँखें मूँद लीं, खुद बादलों में तैरती सी महसूस हुई। आगे बोली

- उसने कहा है थोड़ी देर में पेरिस पहुँच जाएगा, वह भूखा है। मुझे जाकर उसकी पसन्द का खाना तैयार कर देना चाहिए।

वह तेज़ी से उठी और बाहर निकल गई। मैंने बाहर कॉरीडोर में झाँका, लगा कि जैसे वह अपनी बेड़ियों को चूमती हुई जा रही हो।

दूध

ज्यों-ज्यों चमड़ी की चमक कम हो रही थी, उसके ग्राहक भी कम होते जा रहे थे। आजकल हाल ये था कि उस गली में लोग तो कई आते लेकिन उस पर कम ही लोग हाथ धरते। दल्ले ने ज्यादा कमीशन लेकर कैसे भी आज एक ग्राहक उसके कमरे में भेज दिया। सोलह-सत्रह का रहा होगा, गोरा चिट्टा लड़का था। आँखों पर चढ़े ऐनक, बालों की कटिंग से उसने अंदाज़ा लगाया कि किसी स्कूल का ग्यारहवीं-बारहवीं का छात्र होगा। उसने सर झटका, 'उसे क्या, पैसा पूरा हो बस'

प्याज के छिलके की तरह तेज़ी से कपडे निकाल कर उसने लड़के को बिस्तर पर खींच लिया। लड़के का सारा ध्यान उसके वक्षों पर था, थोड़ी देर उनसे खेलते रहने के बाद लड़के के होंठ सूखने से लगे। वह कोशिश भर सहयोग कर रही थी मगर तभी जाने कैसे और कहाँ से उसके दिमाग में ख्याल आया–

'सोलह बरस पहले जो उसने अपना बच्चा न गिरवाया होता तो आज इतना सा ही होता'

उसने लड़के के सिर को और जोर से सीने से चिपटा लिया, नौकाकार आँखों के किनारों में खारा पानी जमा हो गया। एक अनिश्चित आनंद के अतिरेक में उसने पलकें ढाँप लीं और सारा खारा पानी उलीच दिया।

तभी उसने सीने पर गर्म पानी की बूँदें महसूस कीं, सिसकारियाँ भी..... और वे निश्चितरूप से उसकी नहीं थीं। लड़का बड़बड़ाये जा रहा था

- क्यों मम्मी!! क्यों चली गईं छोड़कर..... क्यों??

उसने लड़के के सर पर हाथ फेरा तो वह गले से और जोर से लिपट गया। फिर अचानक

उठा, नज़रें नीची कर अपने कपड़े पहने और सॉरी कहकर कमरे से बाहर निकल गया। वह अवाक सी खुद को सामने लगे आईने में देखती रह गई, लगा कि सालों बाद छातियों में दूध उतर आया है।

दास मलूका कह गए...

सुबह ज़रा जल्दी अस्पताल पहुँचना पड़ा। सारी दस्तावेजी औपचारिकताएँ पूरी हो चुकी थीं। मिस्टर पीटरसन की 'बॉडी' अब उनके पूर्व घरवालों के हवाले थी। पार्थिव देह को यहाँ से उनके हिस्से के शेष घर लौटाना था। कानूनी जटिलताओं और भावनाओं की आपस में अजब गुत्थम-गुत्थी हो रखी थी। मृतक की पत्नी पत्नी होकर भी पत्नी नहीं थी और न बच्चे बच्चे।

चौदह-पंद्रह दिन पहले की एक शाम थी वह। मैं पेशेंट वार्ड में राउण्ड पर थाI एक पलंग के पास से गुज़र रहा था कि अचानक किसी ने मेरा हाथ पकड़ लियाI मैं पलटा तो जाना कि यह आखिरी स्टेज़ के कैंसर से लड़ रहे मि. पीटरसन थे।

– डॉक्टर, तुम भारतीय किस्मतवाले होते हो।

प्रशंसा सुन मैं थैंक्स कहकर मुस्कुरा भर दिया था। फिर उनके हाथ पर हाथ रखकर कहा

– आप आराम कीजिए माइक, आपको इसकी जरूरत है।

पर उन्होंने मेरा हाथ और ज़ोर से भींच लिया, आँखों में आँसू थे। मैं ठिठककर रुक गया।

– मेरा डिवोर्स हो गया आज डॉक्टर। बत्तीस साल का रिश्ता, बच्चे सब...

बाकी के शब्द निकले तो लेकिन धुएँ से।

मुझे और भी मरीज़ों को देखना था मगर दिल ने जैसे पैरों पर बर्फ़ मल दी हो। उन्होंने बोलना ज़ारी रखा

– लेकिन वो बेचारे और करते भी क्या! मेरे सर कर्ज़ा भी तो इतना था। घर, कार, व्यापार के लोन और ऊपर से क्रेडिट काड्र्स की देनदारी। अलग नहीं होता तो मेरे बाद सब बीवी-बच्चों के सर आता।

मैंने खामोशी से दूसरा हाथ उनके कंधे पर रख दिया। उन्होंने पनीली आँखों से मेरी तरफ देखते हुए कहा

– पर उसने वादा किया है कि जब तक मैं हूँ तब तक तो वो साथ निभाएगी मेरा। बस कानूनी कागजों में कोई रिश्ता नहीं।

उन्होंने मेरे हाथ पर से पकड़ ढीली कर दी, जो दर्द बँट जाने का संकेत था। 'आप अब आराम कीजिए' कहकर मैं दूसरे कामों में उलझ गया था।

और आज... आज मौत एक हुई थी, पर मुक्त कई हुए थे।

खेल–ए–लोकतंत्र

चार पर्चियाँ बनाई गईं... उन पर नाम लिखे गए।

चोर, सिपाही, वजीर और बादशाह।

उन्हें उछाला गया, चार हाथों ने एक-एक पर्ची उठाई। फिर उनमें से एक सीना चौड़ा करके गरजा

- बोल-बोल, मेरा वजीर कौन?

- मैं जहाँपनाह!

- हम्म... इन दोनों में से चोर सिपाही का पता लगाओ

वजीर दो मिनट सोचता रहा फिर बोला

- जाने भी दीजिये हुज़ूर, दोनों अपने ही आदमी हैं वैसे भी इनके हाथ तो सिर्फ कौड़ियाँ लगी होंगी, अशर्फियाँ तो महफ़ूज़ ठिकानों में पहुँच ही चुकी हैं

जिसका माल चोरी हुआ था वह खेल में शामिल हुए बिना ही चारों में से चोर ढूँढ़ने की कोशिश में लगा था।

●●●